# LE CARTÉSIANISME
## CHEZ LES BÉNÉDICTINS

# DOM ROBERT DESGABETS

### SON SYSTÈME,
### SON INFLUENCE ET SON ÉCOLE,

d'après plusieurs Manuscrits et des Documents rares ou inédits.

## THÈSE POUR LE DOCTORAT
### PRÉSENTÉE A LA FACULTÉ DES LETTRES DE GRENOBLE

PAR

## Paul LEMAIRE

> « Je vous diray, Monsieur, que j'ay travaillé avec tant de succès, qu'il n'y a aucun corps de Réguliers en France, où la philosophie de M. Descartes ayt plus de vogue que le nostre. Il ne se fait aucun cours de philosophie où elle ne soit débitée avec éloge, et mesme on la fait passer en théologie où je ne l'ay point oubliée ces années dernières particulièrement dans le Traité du Saint-Sacrement que je croy avoir aucunement éclaircy par vos pensées. » — 10 déc. 1603.
>
> *Extrait d'une lettre à CLERSELIER, man. de Chartres, n° 366, p. 272.*

PARIS
ANCIENNE LIBRAIRIE GERMER BAILLIÈRE ET Cie
**Félix ALCAN, Editeur**
108, BOULEVARD SAINT-GERMAIN, 108

1901

LE CARTÉSIANISME CHEZ LES BÉNÉDICTINS

# DOM ROBERT DESGABETS

# LE CARTÉSIANISME
## CHEZ LES BÉNÉDICTINS

# DOM ROBERT DESGABETS
### SON SYSTÈME,
### SON INFLUENCE ET SON ÉCOLE,

d'après plusieurs Manuscrits et des Documents rares
ou inédits.

## THÈSE POUR LE DOCTORAT
### PRÉSENTÉE A LA FACULTÉ DES LETTRES DE GRENOBLE

PAR

## Paul LEMAIRE

> « Je vous diray, Monsieur, que j'ay travaillé avec tant de succès qu'il n'y a aucun corps de Réguliers en France où la philosophie de M. Descartes ayt plus de vogue que le nostre. Il ne se fait aucun cours de philosophie où elle ne soit débitée avec éloge, et mesme on la fait passer en théologie où je ne l'ay point oubliée ces années dernières particulièrement dans le Traité du Saint-Sacrement que je croy avoir aucunement éclaircy par vos pensées. » — 10 déc. 1663.
>
> *Extrait d'une lettre à* Clerselier, *man. de Chartres, n° 366, 272.*

## PARIS
Ancienne Librairie GERMER BAILLIÈRE et Cie
### Félix ALCAN, Editeur
108, Boulevard Saint-Germain, 108

## 1901

a

# MM. Ch. Charaux et G. Dumesnil

*Hommage de profond respect.*

# BIBLIOGRAPHIE

## I

## OUVRAGES A CONSULTER

*Dom François.* — Bibliothèque générale des écrivains de l'Ordre de Saint-Benoit, par un religieux de la Congrégation de Saint-Vanne. 4 vol. in-4°.

*Dom Tassin.* — Histoire de la Congrégation de Saint-Maur — Paris 1770 — 1 vol. in-8°.

*Dom Calmet.* — Histoire ecclésiastique et civile de la Lorraine. — Bibliothèque Lorraine.

*Dom Jean Mabillon.* — Traité des études monastiques — Paris, 1691, 1 vol. in-4°.

*Dom Joseph de l'Isle.* — Histoire de la célèbre abbaye de Saint-Mihiel — Nancy — 1657.

*Moreri.* — Dictionnaire historique et géographique, notice sur Desgabets.

*Nicole.* — Essais de morale ou lettres écrites par feu M. Nicole. — Paris — Edition de 1755, t. VIII, lettre LXXXIII : De la philosophie eucharistique.

*Goujet* (l'abbé). — Vie de Nicole.

*Arnauld.* — Lettres, t. II, p. 527 — (Lettres 143 du 18 octobre 1669).

*Madame de Sévigné.* — Lettres 620, 663, 1282. (Edition des grands écrivains.)

*Malebranche.* — Recherche de la vérité — Tome second de la 3me édition, 1677 — Avertissement.

*Mercier de Saint-Léger.* — Nouvelles remarques critiques sur les deux premiers volumes de la Bibliothèque générale des écrivains de l'Ordre de Saint-Benoit — 1778.

*Durival.* — Description de la Lorraine et du Barrois.

*Michaud.* — Biographie universelle. 10e vol. p. 494.

*Sainte-Beuve.* — Histoire de Port-Royal t. v, p. 593, 594.

*Amédée Hennequin.* — Les œuvres philosophiques du cardinal de Retz, Challamel, éditeur, 4, rue de l'Abbaye — Faubourg Saint-Germain — 1842.

*Victor Cousin.* — Fragments de Philosophie cartésienne — Paris, Didier, 1852 : Procès-verbal d'une séance d'une société cartésienne (p. 99 à 114) — et — le cardinal de Retz cartésien (p. 114 à 228).

*L'abbé Rabbe.* — Etude philosophique : l'abbé Simon Foucher — 1867 — Didier et Cie.

*Raymond de Souhesmes.* — Notice sur Souhesmes — Nancy — Typographie G. Crépin-Leblond, — 1884.

*Couture (Léonce).* — Commentaire d'un fragment de Pascal sur l'Eucharistie, broch. in-8°, Paris, Lecoffre, 1899.

*E. Levesque.* — Examen d'une nouvelle explication du Mystère de l'Eucharistie, broch. in 8° — Paris — De Soye — 1900.

# II

# CATALOGUE DES ÉCRITS

DE

## Dom ROBERT DESGABETS.

### A

**Ecrits publiés du vivant de l'auteur.**

1. — Critique de la Critique de la Recherche de la vérité, où l'on découvre le chemin qui conduit aux connaissances solides pour servir de réponse à la lettre d'un Académicien. — Imprimé sans nom d'auteur, à Paris 1675, in-12. Cet ouvrage se trouve à la bibliothèque de Colmar.

2. — Considérations sur l'état présent de la controverse touchant le Très Saint-Sacrement de l'autel, où il est traité en peu de mots de l'opinion qui enseigne que la matière du pain est changée en celle du corps de Jésus-Christ par son union substantielle à son âme et à sa personne divine. — Imprimé sans nom d'auteur, en Hollande, à la sphère. Bibl. nat. Z. 2120, petit in-12 de 15 pages.

### B

**Ecrits publiés après la mort de Desgabets.**

1. — Une lettre de D. Robert Desgabets à D. Jean Mabillon sur la question des azymes. — Elle fut imprimée en 1724 dans le tome premier des œuvres posthumes de Mabillon et de D. Thierri-Ruinart.

2. — Quelques opuscules du manuscrit d'Epinal, reproduits par Victor Cousin dans ses « Fragments de philosophie Cartésienne. »

## C

**Ouvrages manuscrits conservés à Epinal.** [1]

PREMIÈRE SÉRIE : *Philosophie*

### 1

Epitre dédicatoire de D. Desgabets aux religieux de la Congrégation de Saint-Vanne et de Saint-Hydulphe. P. 1 à 11.

### 2

Préface générale sur tous les ouvrages de l'auteur, ou avertissement touchant la réforme que l'on prétend faire dans l'empire des lettres ou dans les sciences divines et humaines. — On y a joint l'extrait d'un interrogatoire fait à Dom Desgabets par ses supérieurs, au sujet de l'explication cartésienne du mystère de l'Eucharistie, et une lettre de Monsieur de Pontchateau, où ce gentilhomme le félicite de ses nouveaux sentiments avec la réponse de Dom Robert qui contient ses réserves, au sujet de la doctrine de l'indéfectibilité des créatures. P. 11 à 31.

### 3

Préface particulière de Dom Desgabets, en forme de lettre, où il essaie de donner une harmonie des sciences divines et humaines P. 31 à 47.

### 4

Traité de l'indéfectibilité des créatures. P. 47 à 131.

---

(1) Le manuscrit d'Epinal se compose de deux volumes in-folio, très lisiblement écrits par des mains différentes, mais toutes du XVIII° siècle : l'un contient les œuvres philosophiques, l'autre les œuvres théologiques de D. Robert. Ces volumes sont mentionnés ainsi qu'il suit dans le catalogue de la Bibliothèque : n° 143 — D. Desgabets, bénédictin de Saint-Vanne, Procureur général de son ordre. Ses ouvrages philosophiques embrassant un grand nombre de sujets, moderne, très lisible, de sept cent trente-huit pages, de trente lignes. Un vol. in-fol° venu de Senones — n° 142. Du même, les œuvres de théologie recueillies par Dom Calmet, mises en nouvel ordre par D. Catelinot, avec des notes, moderne, très lisible, six cent douze pages de cinquante-deux lignes.

## 5

On peut grouper ici les diverses pièces qui se rapportent aux Conférences de Commercy. Voici les titres : Propositions tirées du traité de l'indéfectibilité des substances par Dom Robert Desgabets. — Critique des propositions précédentes par M. le Cardinal de Rais. — Descartes à l'alambic distillé par Dom Robert. — Réflexions du Cardinal de Rais sur la distillation. — Réponse aux réflexions du Cardinal de Rais. — Propositions tirées de l'indéfectibilité du mouvement. — Des défauts de la méthode de M. Descartes. — Réponse à la réplique de Dom Robert. — Récit de ce qui s'est passé à Paris, dans la dernière assemblée, touchant la question si toutes les pensées de l'âme dépendent du corps. — Propositions de M. Corbinelly touchant la dépendance que Dom Robert prétend que l'âme pensante a du corps, avec les réflexions de Dom Robert. — Réponse du Cardinal de Rais aux mêmes propositions. — Réponse à celle que Dom Robert a faite aux objections touchant l'être objectif. — Dernier écrit de Dom Robert touchant les défauts de la méthode de M. Descartes. — Eclaircissement des remarques sur les défauts attribués à la méthode de M. Descartes. — Réponse du cardinal au dernier écrit de Dom Robert. — Examen du dernier écrit de Dom Robert sur l'être objectif. — Examen de la réponse à la réplique de D. Robert. — Réflexions du Cardinal de Rais sur la question si c'est la terre qui tourne. — Réponse aux réflexions ci-dessus. — Réponse du Cardinal à celle de Dom Robert. — Réflexions du Cardinal de Rais sur les négations non convertibles. P. 131 à 223.

## 6

Les fondements de la philosophie et de la mathématique chrétienne contenus dans les lois de la nature et dans les règles de la communication du mouvement, et découverts dans la réfutation du discours du mouvement local du R. P. Ignace Pardie, de la Compagnie de Jésus. P. 223 à 279.

### 7

Supplément à la philosophie de M. Descartes par le R. P. Dom Robert Desgabets, religieux bénédictin de la Congrégation de Saint-Vanne et Saint-Hydulphe. — C'est une espèce de somme de ses traités philosophiques. L'ouvrage est divisé en deux parties : la première contient des « réflexions sur la démonstration de M. Descartes de la distinction réelle de l'âme d'avec le corps », la seconde comprend les « réflexions sur les démonstrations de l'existence de Dieu ». P. 279 à 519.

### 8

Mécanique pratique. P. 519 à 599.

### 9

De l'union de l'âme et du corps. P. 599 à 627. — Nous publions ce traité.

### 10

Lettre d'un cartésien à un de ses amis touchant le supplément de la philosophie de M. Descartes. — Cet écrit est adressé à un admirateur de Descartes : Dom Robert constate avec plaisir qu'il n'a pas perdu son temps en lui conseillant d'étudier les doctrines de ce grand homme. Il se félicite de lui avoir tracé un plan de la philosophie cartésienne qui lui en a facilité l'intelligence. P. 627 à 637.

### 11

Réponse d'un cartésien à la lettre d'un philosophe de ses amis pour la défense de M. Descartes. — Une note marginale indique que le philosophe en question est le P. Rapin, Jésuite. P. 647 à 671. On trouvera cette réponse à la fin du volume.

### 12

Lettres de Dom Robert Desgabets qui traitent des principes de philosophie et de théologie et autres, tant de lui que de ses amis. — La première est datée du 18 septembre 1676. — La seconde du 17 novembre 1676. — La troisième du 17 juillet 1677. Suit l'extrait d'une lettre à un ami touchant quelques questions de philosophie sur lesquelles on avait fait des objections. P. 671 à 681.

### 13

Lettre écrite à M. Clerselier touchant les nouveaux raisonnements pour les atomes et le vide contenus, dans le livre du discernement du corps et de l'âme. P. 685 à 699.

### 14

Remarques sur les éclaircissements du P. Poisson touchant la mécanique et la musique de M. Descartes. — Réponse au P. Poisson du 19 janvier 1669. P. 699 à 705.

### 15

Lettre au Père Malebranche où Dom Robert expose en quelques pages toutes ses idées. P. 705 à 717.

### 16

Remarques sur la Logique de Port-Royal. P. 723 et suivantes.

## DEUXIÈME SÉRIE : *Théologie.*

### 1

Dissertation si le pain est anéanti dans le Saint-Sacrement de l'autel. P. 1 à 51.

### 2

Seconde dissertation ou explication familière de Théologie eucharistique. P. 51 à 147.

### 3

Troisième dissertation théologique ou examen des réflexions physiques d'un docteur de la prétendue religion réformée sur la Transsubstantiation. P. 147 à 193.

### 4

Quatrième dissertation théologique ou réflexion sur le sens naturel des paroles de l'Institution du Saint Sacrement de l'autel. P. 193 à 200.

### 5

Défense d'un écrit composé touchant la manière dont les Pères et les écrivains de l'Église grecque ont expliqué la présence du corps de N.-S. dans l'Eucharistie. P. 200 à 201.

### 6

Considérations sur l'état présent de la controverse

touchant le Saint-Sacrement de l'autel. P. 201 à 215.

### 7

Traité en forme de lettre touchant la Sainte Eucharistie. P. 215 à 243.

### 8

Explication de l'opinion de M. Descartes touchant l'Eucharistie. P. 243 à 255.

### 9

Instances que l'on peut faire contre deux précédents écrits qui expliquent le mystère de l'Eucharistie par la doctrine de M. Descartes. P. 255 à 266.

### 10

Lettre à M. Rohault. — Réponse à un billet envoyé à Dom Robert le 13 janvier 1672. P. 266 à 273.

### 11

Défense de la sainteté de la doctrine du Concile de Trente touchant l'attrition. P. 289 à 315.

### 12

Examen de la prémotion physique de saint Thomas, par rapport au système de saint Augustin touchant la prédestination et la grâce. P. 315 à 333.

### 13

La transfusion naturelle et nécessaire du péché originel. P. 333 à 353.

### 14

Lettre touchant le mystère de la Très-Sainte Trinité. P. 353 à 361.

### 15

Union de la foi et de la raison dans le mystère de la Très-Sainte Trinité. P. 361 à 381.

### 16

Entretien de D. Robert Desgabets avec D. Charles de Gondrecourt sur la nature des anges. P. 381 à 405.

### 17

Lettre à Monseigneur le cardinal de Retz. Ce titre est faux : c'est une lettre que D. Robert écrivit à l'archevêque de Paris ; on la retrouve dans le manuscrit de Chartres. — P. 405 à 409.

### 18

Autre lettre sur le même sujet à une autre personne. P. 409.

### 19

Lettre de D. Desgabets sur la Sainte Eucharistie. Elle est adressée à Clerselier et contient une réponse aux objections du Père Poisson. P. 410 à 429.

### 20

Extrait du dernier ouvrage de M. Claude, contre le livre de la perpétuité de la foi de M. Arnauld. P. 437 à 461.

### 21

Ecrit latin : « Explicatio positionis ac præsentiæ realis Christi Domini in sacra Eucharistia ». P. 435 à 437.

### 22

Considération sur la défense de la reformation composée par M. Claude, ministre de Charenton, contre le livre intitulé : « Préjugés légitimes de M. Nicole contre les Calvinistes ». P. 461 à 493.

### 23

Traité de l'Incarnation du Verbe, par Dom Robert. P. 493 à 509.

### 24

Discours sur l'état de pure nature, selon les sentiments de saint Augustin. P. 509 à 545.

### 25

Pensées touchant la justification et le principe de la morale chrétienne. P. 545 à 553.

### 26

Réfutation de la réponse de M. Claude, au livre de la perpétuité de la foi de M. Arnauld, docteur en théologie de la maison de Sorbonne. P. 553 à 577.

### 27

Traité de la Religion chrétienne, selon les pensées de M. Pascal, par D. Robert Desgabets. Cet ouvrage est incomplet. P. 577 et suivantes.

# D

## Ecrits de Desgabets conservés à Chartres.

*Manuscrit 366* (1)

**1**

Réponse de Dom Robert Desgabets, bénédictin, aux instances de M. Pastel, fol° 239 et suivants.

**2**

Extrait d'une lettre de D. Robert Desgabets, à M. Pastel, sur le sens que M. Claude a donné aux Pères Grecs, touchant la transsubstantiation, fol. 227.

**3**

Autre extrait de D. Robert Desgabets, au même M. Pastel, à l'occasion du changement qui est arrivé à la créance de l'Eucharistie, fol. 268.

**4**

Extrait d'une autre lettre de D. R. Desgabets, à M. Pastel, sur le sens scolastique, touchant le fond du mystère Eucharistique, fol. 271.

**5**

Extrait d'une autre lettre de D. R. Desgabets, à M. Clerselier, où il lui envoie ses écrits sur le Saint-Sacrement et lui mande qu'il a entretenu M. le Cardinal de Retz de l'opinion de M. Descartes sur le Saint-Sacrement et qu'il la trouve fort orthodoxe, fol. 273.

**6**

Extrait des écrits de D. R. Desgabets, sur le

---

(1) N° 366. — Sentiments de M. Descartes et de ses sectateurs sur le mystère de l'Eucharistie. Recueil rare et curieux. — XVIII° Siècle, papier, 933 feuillets ; 210 sur 168 millim., rel. veau. — (Chapitre.) A l'intérieur on trouve ce sous-titre : Pensées de M. Descartes sur le mystère de l'Eucharistie ou explication de la manière dont se fait la transsubstantiation du pain et du vin au corps et au sang de J.-C. dans le Saint-Sacrement de l'autel, suivant les sentiments de ce philosophe contenus en quatre lettres qu'il a écrites sur cette matière, lesquelles ont servi de fondement à tous les écrits qui ont été faits à ce sujet tant par Clerselier que autres, contenus en ce volume. Lequel est très rare et fort curieux, ayant été copié sur les originaux de M. Clerselier pendant son vivant, lesquels après sa mort ont été pour la plupart perdus.

Saint-Sacrement, envoyés à M. Clerselier, par la lettre précédente, fol. 276.

### 7

Extrait d'une lettre de D. R. Desgabets, à M. Clerselier, sur la concomitance, où il prouve que les bêtes n'ont point une âme connaissante, fol. 304.

### 8

Autre extrait d'une lettre de D. R. Desgabets, à M. Clerselier, sur la concomitance et où il approfondit la manière d'être de J.-C. sous les deux espèces du pain et du vin, fol. 306.

### 9

Réflexions de D. R. Desgabets sur les quatre écrits de l'Incompatibilité de la philosophie de M. Descartes avec le mystère de l'Eucharistie, fol. 381.

### 10

Lettre de D. R. Desgabets à M. Clerselier, par laquelle il lui envoie une copie d'une lettre qu'il a écrite à D. Thomas Le Géant, Bénédictin, en conséquence d'une lettre qu'il avait écrite à son supérieur en suite d'une conférence qu'il avait eue avec Messieurs Arnauld et Nicole, à l'occasion de la doctrine du Saint-Sacrement, fol. 398.

### 11

Copie de la lettre à D. Thomas Le Géant, par D. R. Desgabets, où il s'explique sur la conduite qu'il a tenue pour enseigner la doctrine de la transsubstantiation et en écrire suivant les sentiments de M. Descartes, fol. 399.

### 12

Lettre de D. Robert Desgabets, à M. l'Archevêque de Paris, où il explique son sentiment sur l'Eucharistie, fol. 410.

### 13

Copie de l'écrit intitulé : Considérations sur l'état présent de la controverse touchant le Saint-Sacrement de l'Autel, fol. 446.

### 14

Lettre de D. Robert Desgabets, envoyée à M. Clerselier, pour présenter à M. l'Archevêque de Paris avec l'interrogatoire qu'il subit en présence de ses supérieurs à l'occasion de l'écrit « ad hominem », fol 486.

### 15

Lettre de D. Desgabets, sur l'écrit « ad hominem », fol. 494.

### 16

Lettre du même Père, à M Arnauld, au sujet de l'Ecrit « ad hominem », fol. 496.

### 17

Lettre du même, à M. l'Evêque de Condom, sur le même sujet, fol. 499.

### 18

Lettre du même, à M. Claude, au sujet du même discours, fol. 502.

### 19

Lettre du même Père, à M. Clerselier, à l'occasion de la réponse de M. Claude, au livre de la perpétuité de M. Arnauld, fol. 503.

### 20

Lettre du même Père à M. Clerselier au sujet des discours précédents, fol° 505.

### 21

Extrait d'une lettre de D. R. Desgabets à M. Clerselier sur l'abjuration d'un parent de M. Arnauld faite à l'occasion de l'explication du Saint Sacrement suivant les maximes de M. Descartes, fol° 512.

### 22

Extrait d'une lettre du même Père à M. Clerselier où il confirme que la doctrine de M. Descartes sur l'Eucharistie est la véritable, fol. 512.

### 23

Autre extrait du même Père à M. Clerselier sur la lettre que M. Arnauld lui a envoyée sur l'écrit « ad hominem », fol. 516.

**24**

Autre extrait du P. Desgabets à M. Clerselier, sur la concomitance et le fond de la doctrine du mystère de l'Eucharistie, fol. 517.

**25**

Autre extrait du P. Desgabets à M. Clerselier, sur des objections particulières qu'on fait contre les sentiments de M. Descartes sur l'Eucharistie, fol. 519.

**26**

Autre extrait du même Père à M. Clerselier. Il lui parle d'une lettre que le Père Poisson, de l'oratoire, a fait imprimer sur le Saint Sacrement, fol. 522.

**27**

Autre extrait du Père Desgabets au Père Poisson, au sujet de la lettre qu'il a fait imprimer sur le Saint Sacrement, fol. 523.

**28**

Lettre de D. R. Desgabets à M. Clerselier, pour répondre aux deux lettres du P. Poisson, fol. 562.

## E

### Ecrits de Desgabets conservés à la Bibliothèque nationale.

#### I. — *Manuscrit français n° 463*

(In-fol. de 171 fol.)

1. — La Philosophie Eucharistique, contenant l'explication de la manière dont N.-S. est présent au Très-Saint-Sacrement de l'autel, suivant l'opinion de saint Jean de Damas, par le Révérend Père D. R. Desgabets, Religieux bénédictin de la Congrégation de Saint-Vanne. P. 1 à 95.

2. — Le traité de l'indéfectibilité des substances, par le P. Desgabets, religieux de la Congrégation de Saint-Vanne. P. 97 à 171.

## II. — *Manuscrit français 13,262* [1]

(XVIIᵉ Siècle, papier)

1. — Réponse du R. P. Dom Robert Desgabets, savant religieux bénédictin, aux Instances faites par M. Pastel, docteur en médecine en Auvergne, à Clerselier, contre les réponses de celui-ci aux objections du P. Viogué. P. 304 et suivantes.

2. — Extrait des écrits dictés par le R. P. Dom Robert Desgabets, religieux bénédictin, professeur de théologie en l'année 1663 ou 1664. « Sectio tertia : De modo præsentiæ seu positionis corporis Christi Domini in Sacramento Eucharistiæ juxta principia Cartesii ». En marge, p. 254 en face des lignes suivantes : « Verum cum non nisi paucissimis verbis in privata quidem epistola mentem suam aperuit (Descartes), non magnum operæ pretium fecisse dicendus esset, nisi eruditum æque ac pium nactus esset interpretem cui omnia hic dicenda unice debemus » on trouve : « Nempe Dominum Clerselier ».

3. — Réponse à quelques objections qui ont été proposées par une personne de grand mérite pour donner occasion de prévenir celles des autres, 19 juin 1671. Il y a sept

---

(1) Il comprend 509 pages, mesure 180 sur 120 millim. et est relié en maroquin rouge. A l'intérieur de la reliure, on trouve l'indication suivante : R. B. nº 3,068, 1842. Ce qui veut dire : ce volume inscrit dans le registre B des acquisitions sous le nº 3,068 a été acheté en 1842. Francisque Bouillier, qui cite ce manuscrit dans sa savante histoire de la philosophie Cartésienne, t. 1, chap. XXI, a pris le chiffre 3,068 pour le nº du catalogue. C'est une erreur : il a d'abord été supplément français 695, et est devenu ensuite le nº 13,262 du fonds français, chiffre sous lequel il est encore désigné actuellement. Outre les écrits de Robert Desgabets on trouve dans ce manuscrit les objections proposées à Clerselier par le calviniste Terson, au sujet du Saint-Sacrement expliqué d'après les principes cartésiens, celles du R. P. Viogué, les instances du docteur Pastel, avec les réponses de Clerselier. On y voit aussi une copie des deux lettres de Descartes au Père Mesland « qui ont servy de fondement à tout cet ouvrage » et les censures de la philosophie cartésienne du R. P. Fabri, Jésuite, et de M. Malleval, théologien de Marseille.

objections accompagnées chacune d'une réponse. A la page 452, en marge, à la fin de la 4ᵉ objection on lit : « ces quatre premières objections sont de M. Arnauld et la réponse est du R. P. Desgabets, ainsi que je l'ai reconnu par un exemplaire écrit de sa main parmi les lettres qu'il a écrites à M. Pastel ».

### III. — *Manuscrit français n° 14,837*

Explication familière de la théologie Eucharistique. — Cet écrit de Desgabets se trouve mêlé dans ce manuscrit p. 273 et suivantes, parmi les ouvrages de Jacques Rohault. Le nom de Desgabets ne s'y trouve pas.

### IV. — *Manuscrit n° 17,155*

1. — Lettres du P. Robert, Bénédictin, professeur à Verdun, où il est parlé de l'opinion de saint Jean de Damas sur l'Eucharistie, et de celle de Descartes pour l'expliquer. La première du 15 septembre 1670 est une copie de la lettre à D. Thomas Le Géant, la seconde du 21 septembre de la même année est celle où il apprend à Clerselier que son écrit est entre les mains du Procureur général de son ordre, fol. 306.

2. — Explication de l'opinion de M. Descartes touchant l'Eucharistie par rapport à saint Jean de Damas, fol. 317.

### V. — *Manuscrit n° 19,652*

Une lettre autographe de Dom Robert à Mabillon, fol. 113. — On ne la trouve ni dans le manuscrit d'Epinal, ni dans celui de Chartres, et elle est inédite.

## F

### Ouvrage de Desgabets conservé à la Bibliothèque de l'arsenal.

Considérations sur l'état présent de la Controverse touchant le Saint-Sacrement de l'autel, p. 1133 et suivantes, — man. 5423.

## G

**Ecrits de Dom Robert conservés à la Bibliothèque de la ville de Metz.**

1º Premier supplément de la philosophie de Descartes, — man. 540.

2º Supplément à la philosophie de M. Descartes, — man. 692.

## H

**Ecrits perdus.**

Lettres adressées par Dom Robert aux religieux de sa congrégation pour les exhorter à l'étude.

Lettre à l'auteur de la Recherche de la vérité, du 1ᵉʳ septembre 1674.

Lettre à Madame de... princesse de... C'est peut-être, dit Dom Calmet une épître dédicatoire sur la vie de madame Antoinette de sainte Scholastique, princesse d'Orléans.

Lettre à un prélat, pour servir de réponse au livre de M. l'évêque de Rhodes qui porte pour titre : « Eclaircissement utile pour la paix des âmes et pour le soulagement des consciences, touchant la nécessité de la contrition ou la suffisance de l'attrition pour l'effet du sacrement de pénitence.

Lettre de D. Desgabets prieur de Saint-Airy au R. P. Président de la congrégation, le 30 septembre 1670.

Lettre de D. Desgabets à Nicole, datée de Breuil le 17 mars 1674.

Lettres de D. Desgabets sur le sujet de l'union de l'ordre de Cluny à la congrégation de Saint-Vanne du 17 août 1648, du 8 et du 16 octobre de la même année.

Réponse de Dom Desgabets à M. de Launoy, contre

son sentiment sur le concours de Dieu et de la créature, adressée au Cardinal de Retz.

Les principes de la conduite pastorale contenus en 12 vérités fondamentales.

Le guide de la raison naturelle.

Les mystères abrégés de la grâce de N. S. J.-C. et de la morale chrétienne en vers.

Parallèle du système de Saint-Augustin et de Saint-Thomas, touchant l'ordre des décrets de Dieu, la prédestination, la grâce et la liberté.

Abrégé de l'extrait du livre de Jansenius intitulé « Augustinus » fait en latin par le R. P. N. (c'est le P. George, chanoine régulier de la Congrégation de Saint-Sauveur en Lorraine) et mis en français par le R. P. Dom Desgabets. Cet abrégé est divisé en 10 livres. — Voyez le dictionnaire de Moreri. (Supplément aux anciennes éditions. P. 402).

# I

### Ouvrages non authentiques.

Un petit opuscule en forme de thèses intitulé : « Historia de doctrina veteris recentiorisque philosophiae ». Ces thèses contiennent 35 articles ou positions sur l'histoire de la philosophie.

Thèses de Logique, en 5 positions. — « Nova conjectura de metaphysica » contenant 16 positions.

Une physique dans le même goût, comprenant 94 articles qui contiennent particulièrement le parallèle des hypothèses peripatéticiennes et cartésiennes.

Ces divers écrits conformes au système de D. Robert se trouvent à la tête des ouvrages de Dom Barthelemy Senocque et de son Académie.

Explication de la grâce selon les principes de M. Descartes. Cet ouvrage est attribué à D. Hennezon.

Onze prescriptions sur la conception de la vierge. Une

note marginale du manuscrit d'Epinal apprend que M. de Launoy est l'auteur de cet écrit.

## J

**Ecrit dont l'authenticité peut paraitre douteuse.**

Mémoire sur le prétendu Jansénisme. (Man. d'Epinal).

# INTRODUCTION

## Le Cartésianisme dans la Congrégation de Saint-Vanne et dans la Congrégation de Saint-Maur.

« On a beaucoup dit, et on ne dira jamais assez, écrit Victor Cousin, quel immense événement a été, au XVIIe siècle, la philosophie de Descartes dans toute l'Europe et particulièrement en France. Dès qu'elle parut elle obscurcit de son éclat les plus brillantes tentatives qui eussent été faites jusqu'alors, pour fonder une philosophie conforme à l'esprit nouveau. On reconnut que le point de départ de la philosophie moderne était enfin trouvé. Toutes les discussions datèrent de là ; et on peut dire avec vérité que, depuis le Discours de la Méthode, de 1637 jusqu'à la fin du siècle, il ne parut pas un livre philosophique de quelque importance qui ne fut pour, ou contre, ou sur Descartes.

» Il faut ajouter que la constitution de la société, à cette époque, était admirablement faite pour que les choses de l'esprit y excitassent un sérieux intérêt. La noblesse sortie de la rouille du moyen-âge et non encore abâtardie et efféminée par la vie de cour, mettait à honneur de protéger et même de cultiver les lettres. Une magistrature riche et presque héréditaire, nourrie de graves et fortes études, prenait part à tout ce qui se faisait de grand dans les lettres et dans les sciences. Mais c'était surtout le clergé, avec tous les ordres religieux, répandus d'un bout de la France à l'autre, que la philosophie était certaine d'intéresser, par le rapport intime qui unit la philosophie à la théologie. Et puis le clergé et les ordres religieux avaient du loisir pour étudier, pour penser, pour écrire. Le cartésianisme trouva donc un vaste auditoire, il remua toutes les congrégations dont il troublait l'enseignement (1); et de toutes parts lui vinrent, du fond des cloîtres et des monastères, des partisans ou des adversaires. Les jésuites, après quelques ménagements pour leur illustre élève, reconnaissant bientôt le génie et la portée de la nouvelle doctrine, prirent parti contre elle. L'Oratoire l'adopta et souffrit pour elle jusqu'à la persécution... Arnauld, à peine reçu docteur de Sorbonne, avait, un des premiers, adhéré publiquement à la méthode et à l'esprit général des Méditations... Le minime Mersenne fut, jusqu'à sa mort, le correspondant de Descartes et le zélé propagateur de ses découvertes en tout genre... Enfin l'Ordre de Saint-Benoît, dans ses deux branches principales, la congrégation de Saint-Maur et la congrégation de Saint-Vanne, intervint dans cette grande querelle (2) ».

Plus que tous les autres, en effet, les moines bénédictins, que le goût de l'étude et l'amour de la vérité animaient sans relâche, regrettaient de voir régner partout la tyrannie péripatéticienne. « Restés fidèles à cette manière noble et platonicienne dont les Pères ont expliqué les mystères de la foi (3) », la philosophie

---

(1) Descartes eut des disciples chez les frères mineurs eux-mêmes : « Le 21 Septembre 1705, étant professeur de philosophie à Nancy, le P. Gérard, cordelier, fit soutenir des thèses en présence de toute la cour, en Français, dans le château de Madame de Pique-de-Bar, près Nancy. Ces thèses furent dédiées à son Altesse Royale et l'estampe qui les accompagna représentait le buste du prince, soutenu des quatre vertus qui éclataient en lui. Dans le corps de ces thèses le P. Gérard établissait les principes de la nouvelle philosophie. » Additions et corrections à la bibliothèque Lorraine par Dom Calmet, P. 130.

(2) Fragments de philosophie Cartésienne par V. Cousin, 1852, P. 99.

(3) Les Œuvres philosophiques du Cardinal de Retz ; Notice sur un manuscrit inédit de la Bibliothèque d'Epinal par Amédée Hennequin-Challamel, Editeur, 4, Rue de l'Abbaye, 1842. P. 22-23.

cartésienne, claire et simple comme la géométrie, sans pédantisme ni érudition d'aucune sorte, était faite pour leur plaire ; elle les séduisit au plus haut point, et ils l'embrassèrent avec enthousiasme.

« Il y a longtemps, *s'écrie l'un d'eux qui laisse déborder sa joie*, que l'on commence de s'apercevoir que la manière dont on s'est appliqué à l'étude des sciences humaines en suivant une espèce de tradition fondée sur le respect que l'on a eu pour les sentiments de quelques anciens philosophes, n'était propre qu'à immortaliser les disputes dans les Ecoles sans faire aucun progrès dans la connaissance de la vérité. Les plaintes qu'on en a faites de tout temps ont enfin fait ouvrir les yeux à quelques-uns des plus beaux esprits de ce siècle, qui ont commencé à secouer peu à peu le joug d'un si fâcheux esclavage, et à rendre aux hommes la liberté de former leurs jugements touchant les choses naturelles par leur propre lumière. Nous voilà donc arrivés en un siècle libre, poli et lettré, qui ne sera pas moins remarquable par les belles découvertes qu'on y a faites dans les sciences, que par les autres grands événements qui le distinguent de tous les autres ; ce qui donne occasion à un très grand nombre de personnes très éclairées à se prévaloir d'un si grand bien et à tirer toutes sortes d'avantages de cette faveur de la divine Providence envers notre siècle (1) ».

Dès son origine, l'Ordre de Saint-Benoît s'était d'ailleurs appliqué à puiser dans les écrits de saint Augustin ses doctrines et ses inspirations. Tandis que la Compagnie de Jésus était restée fidèle au péripatétisme, les Pères bénédictins, de beaucoup plus anciens, avaient appris dans l'étude assidue des ouvrages de l'évêque d'Hippone à échapper au joug de la Scolastique. Ce fut même ce qui détermina leur penchant au cartésianisme, car ils croyaient retrouver quelques-unes des idées de saint Augustin dans les écrits du nouveau philosophe, qui en était resté plus pénétré que de ses autres lectures.

C'est dans la branche de l'Ordre bénédictin connue

---

(1) Préface générale sur tous les ouvrages de D. Robert Desgabets ; manuscrit d'Epinal AR 2, 143, P. 11.

sous le nom de « Congrégation de Saint-Vanne et Saint-Hydulphe » que la philosophie de Descartes fut d'abord en honneur. Un religieux qui paraît avoir été l'esprit le plus original de l'Ordre, et à l'étude duquel nous nous proposons de consacrer le présent travail, se fit l'initiateur et le défenseur des nouvelles doctrines. Il s'appelait Dom Robert Desgabets. (1)

C'était un robuste Lorrain, le plus actif peut-être et le plus laborieux de ces érudits bénédictins du XVIIe Siècle, « qui cherchèrent la vérité avec une passionnée indépendance sans cesser d'être d'humbles chrétiens. » (2)

Et ce fut une belle vie que celle de ce religieux : on peut dire en effet, sans exagération, qu'il ne déroba pas une heure de son existence, soit à ses devoirs d'état, soit à sa vocation de penseur.

A ce titre seul il mériterait déjà de nous occuper ici :

---

(1) Les bénédictins cartésiens furent nombreux dans la Congrégation de Saint-Vanne. L'un des moins connus à ce titre, et qui pourtant paraît avoir été le plus enthousiaste, est D. Antoine Vinot, ami particulier de Dom Desgabets, qu'il appelle dans une de ses lettres à Clerselier « le cher père D. Robert Desgabets. » Né à Luxeuil, D. Vinot fit profession à Saint-Remi de Reims, le 15 décembre 1649. L'auteur de la Bibliothèque générale des écrivains de l'Ordre de Saint-Benoît dit qu'il fut en relation avec les plus savants hommes, non seulement de France, mais de toute l'Europe. Il a laissé des notes ou observations sur les premiers conciles. Comme ses confrères, il professait un profond mépris pour les subtilités de l'Ecole et répétait souvent que tous les autres philosophes n'étaient que philosophes par parties : « Soli Cartesio datum ex omni parte sapere. » (Manuscrit de Chartres n° 366, p. 654). Dom Vinot mourut dans l'abbaye de Saint-Ouen de Rouen, le 17 septembre 1679. — Un autre religieux de la même congrégation, Dom Jean Oudet, né à Carignan, qui fit profession à Verdun, partageait lui aussi, l'admiration des religieux de son Ordre, pour la nouvelle philosophie. On ne connaît pas d'ouvrages de lui, mais ses biographes disent qu'il était « un de ces hommes célèbres et singuliers qui font époque dans les corps où ils se trouvent placés. » C'était, en effet, un des plus habiles professeurs de Saint-Vanne où il passait « pour un phénix en métaphysique. » Un jour les ouvrages de Malebranche tombèrent entre ses mains : Jean Oudet les étudia avec ardeur, et comme certains principes lui paraissaient inacceptables, il partit sur le champ pour Paris et alla trouver le célèbre oratorien pour disputer contre lui. Malebranche le reçut cordialement, « le festoya pendant plusieurs jours et les deux athlètes en demeurèrent là. » (Bibliothèque générale des écrivains de l'Ordre de Saint-Benoît, articles Oudet et D. Vinot.)

(2) Histoire de la Littérature Française, par Gustave Lanson, P. 479 : Les érudits Bénédictins.

mais son importance nous a paru grandir, depuis que des documents que nous mettons au jour pour la première fois, nous ont fait voir en lui un des hommes qui contribuèrent le plus avant Malebranche, à répandre en France la philosophie cartésienne. — Au moral, il paraît avoir été affectueux et tendre, d'une franchise un peu rude, d'une personnalité fortement accusée, confiant en ses propres idées, téméraire comme le plus imprudent des théologiens, tout en gardant la foi naïve et simple d'un enfant. Ceux qui l'ont le mieux connu déclarent « qu'il ne sortit jamais des termes de la bienséance et de la discrétion » ; ils font de lui le plus bel éloge. Ce qui est certain, c'est que les sentiments mauvais n'altérèrent jamais la sérénité de son âme.

A cette description d'un noble caractère, il faut pourtant ajouter plus d'un défaut, par exemple : une présomption excessive, une hardiesse trop grande à soulever les plus difficiles problèmes, une tendance à « s'imaginer que ce qui est le plus outré dans les sciences est le plus vrai (1) ». Mais ces défauts sont rachetés par d'excellentes qualités : par son immense désir de savoir, par son zèle à ranimer dans son ordre le goût des fortes études, par la fidélité de ses amitiés.

Grâce à son originalité, il devait tôt ou tard, attirer l'attention de ces infatigables chercheurs qui se montrèrent au XIX° siècle si désireux de connaître sur le passé la vérité tout entière. Aussi, lorsqu'en 1842, M. Amédée Hennequin étudia les œuvres philosophiques du Cardinal de Retz, éparses çà et là parmi les écrits inédits de ce bénédictin, il ne tarda guère à reconnaître en Desgabets un des hommes les plus distingués de son temps, et comme il dit lui-même : « un de ces esprits avancés, sagaces éclaireurs, agiles courriers des sciences, qui préparent les voies aux découvertes, lorsqu'ils n'en sont pas eux-mêmes les auteurs (2) ». Dans l'intéressant

---

(1) Lettre de Dom Claude Paquin à Dom Ildephonse Cattelinot. — Appendice.
(2) Les Œuvres philosophiques du Cardinal de Retz, P. 21.

volume qu'il publia peu après, au nom de la justice, il montra la nécessité de faire connaître ce libre esprit, ardent ami de la vérité, et dont la vie laborieuse s'était écoulée modestement dans le silence d'un cloître. « Les érudits, écrivait-il alors, qui dorénavant auront à raconter l'histoire littéraire de notre temps, ne risquent pas d'ignorer le nom et les titres des contemporains. Les précoces et ardentes convoitises de la vanité des auteurs, excitées et soutenues par les adulations banales de ceux qui disposent de la célébrité, auront au moins cet avantage d'épargner à la justice de nos neveux, les labeurs des patientes recherches. Nous laisserons plus de réputations florissantes, à ensevelir que de gloires méconnues à exhumer. Combien d'exécutions rigoureuses et justes on peut déjà prévoir ! A considérer l'affluence de nos grands hommes, il est à craindre que l'histoire n'écarte de ses annales plus d'intrus, qu'elle n'y introduira d'hôtes oubliés.

» Il n'en était pas ainsi au temps passé. L'amour-propre avait alors plus de retenue, et la renommée moins de complaisance. Les derniers siècles, si riches qu'ils aient été en illustrations légitimement acquises, nous ont légué beaucoup d'omissions à réparer ; l'équité commande de mettre en lumière et de célébrer selon ses forces, lorsque l'occasion se présente, ces talents qui se sont volontairement repliés dans leur modestie. Les corporations religieuses surtout, les ordres savants qui ont tant brillé dans les Lettres et dans les Sciences, sont loin d'avoir livré à nos hommages et à nos respects le nom de tous les hommes distingués qu'ils ont cachés dans le silence des monastères studieux. Combien de moines, historiens judicieux, philosophes ou théologiens profonds, n'ont pas voulu d'autres confidents de leurs ouvrages que la communauté au sein de laquelle ils vivaient ! Parmi ceux qui ont eu recours à l'imprimerie, il en est beaucoup qui par humilité chrétienne, par mépris de la renommée, ont voulu garder l'anonyme auquel Spinoza s'était condamné par un attachement à ses idées, par un esprit de secte plus fort que l'amour-propre.

» Dom. Robert Desgabets est un de ces modestes et savants religieux, dont la dépouille gît sans honneur sous les arceaux profanés des abbayes en ruines. Cette vie dévouée tout entière, sans faste et sans ostentation, aux plus austères études, a passé sans laisser un souvenir dans les recueils de biographies que l'on dit les plus complets (1) ».

Mais ce n'a été qu'en passant, et pour faciliter l'intelligence des Conférences cartésiennes de Commercy que M. Amédée Hennequin a donné quelques détails sur les actions et les travaux de ce membre éminent de l'Ordre des bénédictins. Le cadre est réellement trop étroit et il restait beaucoup à dire. Aussi bien, Dom Robert paraît éclipsé par la figure merveilleusement ondoyante et diverse du cardinal de Retz. Et il faut en dire de même de deux chapitres des « Fragments de philosophie cartésienne» de V. Cousin : il ne mentionne les écrits de Desgabets que pour amener et faire paraître ceux du célèbre coadjuteur.

Il y avait donc là une lacune que nous nous proposons de combler. Nous avons pensé, en effet, qu'il serait patriotique, à cette époque où les nations voisines célèbrent à l'envi leurs moindres philosophes, de révéler au public la vie et les œuvres de ce bénédictin français si peu connu, et, croyons-nous, si digne de l'être. Puissions-nous ne pas rester trop au-dessous de notre entreprise, et ajouter ainsi un utile chapitre à l'histoire de la philosophie cartésienne.

Toutefois, avant de commencer notre étude, nous devons rappeler que D. Desgabets ne fut pas le seul religieux de son Ordre qui se fit remarquer par son dévouement à la philosophie cartésienne et qu'un autre bénédictin bien plus connu que lui, Dom Lami, introduisit quelques années plus tard les nouvelles doctrines dans la Congrégation de Saint-Maur.

François Lami naquit en 1636, l'année même où

---

(1) Les Œuvres philosophiques du Cardinal de Retz, P. 19.

Desgabets faisait profession, au château de Monthireau, dans le diocèse de Chartres. Sa mère lui donna comme précepteur M. Rohault qui devait, dit son biographe (1), illustrer la faculté de médecine de Paris : sous un tel maître, il fit de rapides progrès et ne tarda guère à briller dans ses humanités et en philosophie. Quand l'âge fut venu de mettre au service le jeune gentilhomme, on le confia au duc de Richelieu : sous ses ordres il fit une ou deux campagnes, dans lesquelles il donna des marques éclatantes de son intrépidité. Touché de la grâce, il entra dans la congrégation de Saint-Maur et prononça ses vœux solennels en l'abbaye de Saint-Remi de Reims, en 1659. Comme il était doué de rares talents, il ne tarda guère à devenir par son application « excellent philosophe, écrivain sublime et poli, homme judicieux et savant dans la connaissance du cœur humain (2) ». Nommé sous-prieur de l'abbaye de Saint-Faron de Meaux, il quitta bientôt ce monastère pour aller « s'ensevelir » dans la la solitude de Saint-Basle. Tandis qu'il s'y trouvait, une grave maladie vint l'éprouver, et Dom Claude de Bretagne, prieur de Saint-Remi, qui avait pour lui une singulière estime, l'attira « sous prétexte de soulagement » près de sa personne, et le chargea d'enseigner la philosophie et la théologie. Ayant trouvé les ouvrages de Descartes dans la bibliothèque du monastère, il les lut, goûta sa philosophie, et, quittant les préjugés qu'il avait eus jusqu'alors, il fut le premier qui l'enseigna publiquement dans la congrégation de Saint-Maur. Il professa ensuite dans les abbayes du mont Saint-Quentin et de Saint-Médard de Soissons de 1672 à 1676, puis fut chargé d'enseigner la théologie pendant trois ans à Saint-

---

(1) Dom Tassin.
(2) Dom Calmet : Bibliothèque Lorraine, V° Lami. Le bénédictin Dom François dit que F. Lami était encore plus « estimable » par les qualités du cœur que par sa science. « Par ses paroles et par ses lettres, il tranquilisa en mille occasions un nombre infini de personnes plongées dans la douleur. Quand ses amis étaient dans la disgrâce, son amitié l'attachait volontiers à eux. Il donna en faveur des pauvres jusqu'à ses beaux instruments de physique avec lesquels il avait fait d'utiles découvertes ».

Germain-des-Prés. Il le fit avec éclat et se distingua surtout dans la discussion, où il paraissait, en effet, avoir conservé quelque chose de l'humeur belliqueuse des camps. Invité bien souvent à prendre part aux conférences philosophiques qui se tenaient à Paris, quand le directeur de l'Académie avait exposé l'état des questions qu'il fallait traiter, il lui demandait au nom de l'assemblée, de donner « un plus grand jour et plus de netteté » à la matière de l'entretien qu'il venait de proposer. Alors, raconte Dom Tassin, François Lami parlait, et « on l'écoutait avec une sorte d'admiration car il était regardé comme l'arbitre de toutes les difficultés ».

Lorsqu'il eut achevé d'enseigner la théologie à Saint-Germain-des-Prés, il retourna dans la « solitude de Saint-Basle » où il passa plusieurs années et alla ensuite à Saint-Faron, où il eut ses conférences avec Bossuet. Nommé prieur de Rebais dans le diocèse de Meaux, à la considération de l'illustre prélat, Dom Lami fut déposé deux ans après, sur un ordre particulier du roi qui ne pouvait lui pardonner son attachement à la philosophie cartésienne. Il rentra avec joie dans l'état de simple religieux et se rendit à l'abbaye de Saint-Denis, où il devait achever sa carrière le 11 avril 1711 à l'âge de 75 ans.

Cartésien avoué et disciple enthousiaste de Malebranche, Dom François Lami ne brille pourtant pas par l'originalité : très souvent dans ses divers ouvrages il reproduit et imite le célèbre Père de l'Oratoire non pas seulement pour le fond, mais aussi quant à la forme (1).

---

(1) Dom Lami n'est cependant pas sans mérite. Dans une partie du *traité de la connaissance de soi-même* consacrée à la morale, on trouve une étude approfondie et parfois originale du cœur humain et des obstacles qui nous empêchent de nous bien connaître. De plus, la preuve directe de l'existence de Dieu fondée sur ce fait que l'infini ne peut être représenté par rien de fini, énoncée simplement par Malebranche (Recherche de la vérité), a été très bien développée par notre auteur. (Connaissance de soi-même, t. VI, P. 29].

Voici maintenant les titres des principaux ouvrages de D. François Lami : Conjectures physiques sur les effets du tonnerre, in-12, 1688. — La connaissance de soi-même, 6 vol. in-12, Paris, 1094-1698. —

Non moins hardi que Dom Lami, un autre religieux de Saint-Maur, aussi distingué par sa science profonde que par sa grande humilité, Dom Jean Mabillon, dans son beau traité des Etudes monastiques, fait ainsi son procès à la philosophie de l'école : « Depuis saint Thomas, dit-il, la scolastique a beaucoup dégénéré de son premier état, et on y a vu régner une vaine subtilité et une basse chicane, indigne de la gravité des écoles chrétiennes. Ce qui a fait dire à un pieux et savant évêque : que les scolastiques modernes, plus subtils que solides, voulant enchérir sur saint Thomas, ont embrouillé les vérités qu'ils prétendent éclaircir, ruiné l'étude de l'Ecriture, des saints Pères et des Conciles, débauché les esprits et éteint peu à peu dans les âmes l'esprit de piété par leur manière sèche de s'expliquer, ce qui est un grand mal ». Il conseille donc aux jeunes religieux de se former désormais par la lecture de bons ouvrages comme sont l'Art de penser, les petits traités de M. de Cordemoi, les ouvrages de Rohault sur la philosophie de Descartes, quelques endroits choisis de la Recherche de la vérité du Père Malebranche. Abordant ensuite une grosse question, celle de l'autorité en matière de philosophie, il se demande si pour empêcher les maîtres d'enseigner une mauvaise doctrine, on doit les obliger à s'attacher à une secte philosophique. Tel n'est pas son avis, et il rappelle qu'il convient d'appliquer en pareille matière la règle de saint Augustin, c'est à savoir : que quelque autorité ou quelque sainteté qu'ait un auteur, on ne doit ajouter foi à ce qu'il dit qu'autant que ses raisons

---

Traité de la vérité évidente de la religion chrétienne, 1 vol. in-12, 1694. — Le nouvel athéisme renversé, in-12, 1696. — Gémissements de l'âme sous la tyrannie du corps, in-12, 1703. — La même année : La rhétorique du collège trahie. — Les premiers éléments des sciences ou entrée aux connaissances solides en divers entretiens proportionnés à la portée des commençants et suivis d'un traité de logique, in-12, 1706. — L'incrédule amené à la religion par la raison, en quelques entretiens où l'on traite de l'alliance de la raison et de la foi, in-12, Paris, 1710. — Le livre de la connaissance et de l'amour de Dieu, ouvrage posthume, in-12, 1712.

Nous publions dans notre appendice une lettre inédite, dans laquelle ce religieux défend quelques principes de sa philosophie.

nous en convainquent, puisqu'après tout il n'y a que Dieu à l'autorité duquel nous devions aveuglément nous soumettre. Aussi bien, continue-t-il, qui suivre en philosophie ? Sera-ce Platon, sera-ce Aristote ? Mais saint Augustin et la plupart des anciens Pères préfèrent le premier, tandis que saint Thomas est pour le second. Avec Melchior Canus dont il évoque le souvenir, il s'étonne, quant à lui, de voir un si grand nombre de chrétiens manifester à l'égard d'Aristote, qui n'est qu'un payen, une aveugle préférence, recourant sans cesse à son autorité sans savoir s'il a raison ou non. Et il termine par ces mots, où le cartésien s'affirme avec une rare vigueur : « Un véritable philosophe ne s'arrête ni à l'autorité des auteurs ni à ses préjugés (1). Il remonte toujours jusqu'à ce qu'il ait trouvé un principe de lumière naturelle et une vérité si claire qu'il ne puisse la révoquer en doute. »

Enfin, Dom François Gesvres, lui aussi bénédictin de Saint-Maur, enseigna brillamment la philosophie en l'abbaye de Saint-Denis ; il y fit soutenir des thèses cartésiennes qui firent honneur au maître et aux écoliers, et lui valurent les applaudissements des plus habiles professeurs de Paris. « Un tel éclat, dit Dom François, attira l'attention des Jésuites, et l'un d'entre eux, le Père Langlois, publia contre lui un libelle sous ce titre : «Theologiæ Scholasticæ tumulus in thesibus sandionysianis anni 1699. » Gesvres répliqua et réfuta son adversaire dans un écrit qu'il intitula : « Philosophiæ sophisticæ in thesibus sandionysianis tumulus sincerior ». Remontant aux origines de la philosophie scolastique, il insistait sur le caractère sophistique qu'elle n'avait guère tardé à prendre, en particulier sous Abailard et Gilbert de la

---

(1) Dans des thèses philosophiques soutenues en l'abbaye royale de Saint-Denis par des religieux bénédictins de la congrégation de Saint-Maur le 22 août 1719 nous lisons ces mots qui expriment la même idée : « Philosophiam comparare qui tentat, ne se totum uni alterive auctori committat, aut nimiam adversus antiquos reverentiam habeat, aut cum multitudine temere sentiat, sed in solius veritatis verba jurare constituat. Hanc ubi invenerit, totis ulnis amplectatur. » Collection Henri Wilhelm. — Bibliothèque de Colmar.

Porée ; il montrait le mauvais usage qu'en avaient fait divers auteurs dans les siècles suivants, et les maux infinis qui en étaient résultés pour l'Eglise (1).

On a voulu faire passer le XVIII° siècle pour le siècle par excellence de la philosophie. C'est celui peut-être où l'on en parle davantage, mais où sans contredit la pensée en est le moins profondément occupée, chez les bénédictins comme partout en France. Il s'y rencontre peu d'ouvrages de longue haleine, de travaux sérieux, en un mot d'œuvres de maîtres. Pour juger les doctrines alors en honneur nous nous trouvons réduits, ou peu s'en faut, à des thèses d'étudiants (2). On assiste volontiers à leur soutenance et l'on constate que dans les abbayes bénédictines, en général, Descartes continue à occuper le

---

(1) Nous publions plus loin, dans l'appendice, quelques pages du bénédictin cartésien D. Maur Fouquet. Il naquit à Manse, bourg du diocèse de Chartres, fit profession dans l'abbaye de Vendôme, le 10 février 1646 à l'âge de 30 ans et mourut en celle de Josaphat-lès-Chartres le 19 avril 1679. Dom Fouquet, dans plusieurs écrits, prit la défense de Descartes contre Adrien de la Rue, chanoine de Chartres, et Picques, docteur de Sorbonne, tous deux anti-cartésiens. (Archives nationales, M. 825, n° 142 : lettres d'Adrien de la Rue).

Citons seulement quelques lignes de cet intéressant personnage. Comparant la méthode d'Aristote qui veut « qu'on commence par les choses les plus sensibles » avec celle de René Descartes qui dit que l'on doit commencer « par les choses les plus insensibles » il s'applique à montrer la supériorité de la seconde sur la première. « On ne sçauroit douter, dit-il, que la méthode la plus excellente de toutes ne soit celle des géomètres, du consentement mesme d'Aristote qui appelle cette méthode L. II Metaph. C. V : « exactam mathematicorum dicendi rationem » et par conséquent, que la méthode qui suit et imite cette méthode ne soit plus excellente que celle qui au lieu de l'imiter tient un chemin contraire. Or, la méthode de M. Descartes imite celle des géomètres. Car 1° les choses qu'il propose les premières sont connues sans l'aide des suivantes, et il dispose tellement les suivantes qu'elles sont démontrées par les seules choses qui précèdent ; c'est ainsi que les géomètres procèdent. 2° Descartes commence par les choses qui sont les plus simples ou les moins composées telles que sont la connaissance de sa propre pensée, de ses idées de Dieu, de ses différents attributs ; après il traite des plus composées, comme des choses matérielles considérées en général etc. C'est de cette manière que les géomètres proposent toutes choses. » La méthode cartésienne est donc la meilleure. Manuscrit de Chartres, n° 433. — Ajoutons que Dom Fouquet passait « pour fort habile cartésien. » Comme Desgabets, il défendait la transsubstantiation, suivant les principes de Descartes, mais ses supérieurs lui imposèrent silence.

(2) Voyez Appendice, V, documents rares ou inédits.

premier rang. Toutefois la fréquence de ces exercices diminue, ainsi que le nombre des religieux à mesure que l'on approche de la révolution. Une curieuse requête présentée au roi le 23 juillet 1765 par Dom Delrue, supérieur général de la congrégation de Saint-Maur, « contre l'entreprise de vingt-huit religieux de l'abbaye de Saint-Germain-des-Prés », qui voulaient s'affranchir de leurs vœux, montre bien d'ailleurs le relâchement qui s'introduisait dans les cloîtres : « Déjà, disait ce religieux, le goût des études diminue, déjà nos savants, moins modestes et moins appliqués, redoutent les recherches lentes et pénibles ; leur ardeur se refroidit ; la voix des supérieurs peut à peine les ranimer : on craint de ne travailler plus que pour la réputation des successeurs ; on se livre à ses caprices ; on préfère les fleurs de la littérature à la profonde et laborieuse érudition ». Forcément la philosophie cartésienne subit le sort commun : les convictions deviennent moins fermes ; la prédilection pour Descartes est moins prononcée (1) : on discute davantage le système et on s'en sépare sur plusieurs points. Quant aux doctrines de Locke et de Condillac, qui jouissaient alors d'une grande réputation dans la société française, elles ne semblent guère avoir été en faveur chez les bénédictins. L'ordre donne alors à la philosophie un esprit plein d'une étrange originalité, nous voulons dire ce moine libre-penseur et panthéiste, Dom Deschamps, auteur d'un curieux système auquel il s'efforçait de gagner Jean-Jacques Rousseau, Diderot, d'Alembert et même Voltaire. M. Émile Beaussire a cru retrouver dans ses ouvrages : *Lettres sur l'esprit du siècle* et *La voix de la raison contre la raison du temps*, les antécédents de l'hégélianisme en France. Ce qu'il y a de certain, c'est que Dom Deschamps relève lui

(1) Il convient d'ajouter que certains bénédictins, dans la seconde moitié du siècle sont franchement opposés à Descartes. Ainsi, par exemple, Dom Ambroise Riche, religieux de l'ordre de Saint-Benoît, professait au Collège Académique de Saint-Vaast à Douai, vers 1754, un cours de philosophie, où il se montre hostile aux doctrines cartésiennes.

aussi de Descartes : il se déclare, en effet, partisan du système des idées innées et de la théorie des tourbillons.

Voilà, en quelques mots, quelle fut la fortune du cartésianisme chez les bénédictins. Descartes trouva sans doute ailleurs des disciples plus intelligents et plus habiles, mais on peut affirmer sans crainte d'erreur qu'il n'eut jamais de plus intrépides défenseurs.

Actuellement, les religieux de l'Ordre de Saint-Benoît continuent à étonner le monde par leurs savants travaux, mais ils semblent avoir perdu cet esprit d'indépendance et de libre initiative, qui se fit remarquer chez eux dans les siècles précédents. Un de leurs admirateurs, qui a dépensé sa fortune et sa vie à collectionner les ouvrages de leurs pères, et auquel nous devons beaucoup pour le présent travail (1), les comparant à leurs devanciers, nous disait qu'il les trouvait timides. De fait, on ne connaît guère, de nos jours, de philosophe bénédictin bien original, et c'est à peine si nous pouvons citer, en terminant, le Père Gardereau mort il y a quelques années, qui philosophait dans les journaux et dans les revues avec une tendance rosminienne assez marquée.

---

(1) M. Henri Wilhelm qui nous a prêté libéralement le concours de son inépuisable érudition et de sa riche bibliothèque. Il a mis également à notre disposition quelques documents inédits ou curieux : qu'il nous soit permis d'acquitter ici envers lui notre dette de gratitude, puisque sa mort ne nous a pas permis de lui dédier notre travail.

# DOM ROBERT DESGABETS

> *Illud in primis scribentium obrerṣetur animo « primam esse historiæ legem ne quid falsi dicere audeat, deinde ne quid veri non audeat.»*
>
> « Qu'avant tout l'écrivain se rappelle que la première obligation de l'histoire est de ne rien dire de faux, la seconde, de ne pas craindre de dire TOUT LE VRAI. »
>
> Le pape Léon XIII rappelant la parole de Cicéron (De oratore, II, 15) dans la lettre « De studiis historicis », adressée aux cardinaux Pitra, de Luca et Hergenroether. — (Ed. Desclée, 1897, t. II, p. 26).

# CHAPITRE PRÉLIMINAIRE

## Vie, ouvrages, caractère de Dom Robert Desgabets.

Robert Desgabets naquit dans les premières années du XVII° siècle (1) à Ancemont ou Ancimont, (2) petit village de Lorraine situé à gauche de la Meuse, à deux lieues au-dessus de Verdun. Ceux qui ont été amenés à parler de lui, extrêmement sobres de détails ne nous renseignent ni sur les parents, ni sur l'éducation première de ce savant bénédictin ; ils ne nous permettent point de suivre, pour ainsi dire pas à pas, les développements de cette riche intelligence. Nous ignorons dans quel milieu se passa son enfance, ce qui décida sa vocation et le porta à entrer dans l'Ordre alors florissant de Saint-Benoit, dont il devait être l'une des gloires.

Le vénérable Dom Calmet, « l'érudit qui se fit pardonner, à force de science, sa foi et sa piété par

---

(1) Nous avons vainement cherché la date de la naissance de Desgabets. Les papiers de la famille Bardelet, alliée à celle de Dom Robert, nous auraient peut-être procuré ce renseignement : ils ont malheureusement été brûlés en 1880.

(2) Matricula Religiosorum Congregationis Sancti Vitoni et Hydulphi. — C'est par erreur que Dom Calmet et Dom Ildephonse Catelinot le faisaient naître à Dugny ; le premier a reconnu formellement sa méprise ainsi qu'en font preuve les lignes suivantes : « Nous avons dit dans la Bibliothèque Lorraine que le célèbre Dom Robert Desgabets était natif de Dugny, nous étions mal informés. Il était d'Ancemont ou Ancimont où l'on a montré fort longtemps la chambre où il était né » Notices de la Lorraine. — En 1594, Jean Gablé (sic) écuyer, demeurant à Ancemont, figure au nom de Barbe Richard son épouse, parmi les écuyers qui tiennent des parties de fiefs.

Voltaire, son hôte respectueux dans l'abbaye de Senones », dit qu'il était de famille noble (1).

Des papiers conservés aux Archives de la Meuse et de Meurthe-et-Moselle, des actes qui se trouvent en l'étude des notaires de Souilly, quelques écrits qui sont entre les mains de M. de Souhesmes, à Nancy, prouvent qu'il ne se trompait pas. On apprend, en effet, à ces sources diverses que le « 19 janvier 1583 et le 29 octobre 1588 Simon des Gabets et Nicolas des Gabez, escuyers », prennent le titre de seigneurs de la Petite-Souhesmes. Les lettres patentes du 9 avril 1594 signalent un autre membre de la famille, Robert de Gabet, qui fait ses reprises avec Simon de Gabet, pour leurs portions dans la seigneurie de la « Petite-Soubhanne ». La maison des

---

(1) Nous empruntons à l'intéressante notice sur Souhesmes, par M. Raymond de Souhesmes, (Nancy 1884) les détails suivants : « Le 2 mai 1603, le duc Charles III admit les seigneurs de Souhesmes à lui prêter foi et hommage pour leur fief. C'étaient Robert des Gabest, tant en son nom qu'au nom de Pierre Gallois, Jacques des Gabest, Jacques des Godins, en son nom et comme tuteur des enfants mineurs de Nicolas des Godins, Didier de Bertinet et Jean le Saillet. . . . . .

Le 13 juillet 1607, la Chambre des comptes de Bar rendit un arrêt sur l'aveu et dénombrement présenté le 24 janvier précédent par « Symon de Gabert (Desgabé ou des Gabets), escuyer, seigneur en partie de Soubhesme la petite, Osches et Fleury en Argonne, Robert des Gabé et consorts. » Ce document donne la liste des Seigneurs de la Petite Souhesmes à cette époque : la famille des Gabets est représentée par quatre de ses membres, Simon, Robert, Nicolas et Jacques, tous qualifiés d'écuyers, plus Jean le Petit-Collin, qui intervient en qualité de curateur de Marguerite le Petit-Collin sa fille, à cause de feue Marie Desgabets sa mère...

Le 9 avril 1614 Henri, duc de Lorraine, reçut les foi et hommage de son « cher et bien aymé le sieur Jacques des Godins, tant en son nom que comme procureur des sieurs Simon des Gabets, Jacques des Gabets, Isaac Saillet et Pierre Gallois, Didier des Godins et Claude de Condé, à raison de damoiselle Marguerite des Gabets sa femme, René Gillion, Geoffroi Jeandin, Estienne Boucquard, Christophe Boucquard et Jean Saillet, tous seigneurs en partie de la petite Souhesmes. »

Sous l'année 1602 le 21 juillet, George Gillon, écuyer, demeurant à Osches, figure dans un acte de vente (minute de l'Etude de M° Herteloite, notaire à Souilly), avec Robert et Nicolas des Gabets, écuyers, seigneurs de Souhesmes-la-Petite et y demeurant....

Au xvıı° siècle, en 1649, les des Gabets ajoutent à leur nom celui de Souhesmes. (Contrat de mariage du 14 février 1649. Papiers de famille).

La famille Gabbé, Gabbetz, Des Gabbetz ou Des Gabets a habité Clermout-en-Argonne et le Clermontois, Souhesmes et Ancemont.

Gabets portait : D'AZUR AU LION D'OR, DRESSÉ CONTRE UN CHÊNE DE MÊME.

Quoi qu'il en soit, Robert entra de bonne heure dans la Congrégation de Saint-Vanne et Saint-Hydulphe, alors dans la première rigueur de la réforme, et brilla bientôt entre ses jeunes confrères, dans son cours de philosophie et de théologie. Il fit concevoir à ses supérieurs les plus hautes espérances : on jugea, d'après ces commencements, qu'il serait par la suite « un subtil philosophe et profond théologien ».

Ce fut le 2 juin 1636 qu'il fit sa profession en l'abbaye d'Hautvillers, dans le diocèse de Reims « parce qu'alors, nous dit Dom Catelinot, les trois provinces de Champagne, Bourgogne et Lorraine, n'étaient point séparées, et que le noviciat était dans cette maison, sous la sage et prudente conduite des premiers réformateurs ».

Chargé dès le 25 juillet 1635 (1) d'enseigner la théologie dans l'abbaye de Saint-Epvre de Toul, Dom Robert ne tarda guère à s'y faire remarquer par son originalité. En effet « sa théologie n'était pas celle de l'Ecole qui ne fait qu'embarrasser les esprits, où souvent on s'écarte en des questions chimériques et inutiles, pour ne pas dire indignes de la gravité de la religion, où l'on s'éloigne de l'ancienne tradition, en négligeant l'étude des Pères de qui seuls on peut l'apprendre ; où enfin à force de disputer on devient sophiste, (2) on soutient le *sic et non* comme le fameux Abélard du XIIe siècle, mais une théologie plus épurée et traitée avec plus de dignité, de solidité de raisonnement, d'utilité, où on ne touche que les principaux mystères de la foi ». Il prenait

---

(1) C'est du moins ce qu'affirme D. Calmet dans sa Bibliothèque Lorraine; Vᵉ Desgabets. — Dans une lettre de D. Ildephonse Catelinot au savant abbé de Senones, l'exactitude de cette date est mise en doute. (Voir la Revue Bénédictine de l'abbaye de Maredsous (Belgique), livraison de Mai 1898 : Quelques correspondants de Dom Calmet, par D. Ursmer Berlière, p. 227.

(2) Inanibus sympathiæ, antipathiæ, antiperistaseos sonis quaestiones multas involvebant veteres, non solvebant. — Thèses soutenues par des bénédictins de Saint-Maur à Saint-Sulpice de Bourges, les 8 et 13 juillet 1713. Collection H. Wilhelm.

pour modèle et pour maître saint Augustin, celui des pères, selon lui, qui avait raisonné le plus solidement sur les vérités fondamentales.

En 1637, paraissait le Discours de la Méthode, qui donnait le moyen à tout être raisonnable, de découvrir par lui-même la vérité à condition de la chercher avec sincérité et de ne se rendre qu'à l'évidence. Descartes y proclamait la déchéance des autorités que l'on invoquait avant lui, et « mettait au-dessus de Platon et d'Aristote l'éternelle vérité ». Robert Desgabets, que la scolastique rebutait, éprouva sans doute à la lecture de ce livre de grands transports d'admiration, semblables à ceux qui devaient faire battre avec tant de force le cœur de Malebranche.

« Tous ceux qui considèrent sans passion, *écrivait-il plus tard*, le progrès que l'on a fait jusques à présent dans la découverte de plusieurs vérités importantes, sont obligés d'avouer, à la honte des siècles passés, que le nôtre les a tous surpassés en la gloire des belles inventions. Les savants ne s'entretiennent maintenant que des machines inventées depuis peu de temps, de nouvelles lunettes et des objets infinis que l'on découvre par leur moyen ; des beaux secrets que l'on a trouvés en l'anatomie, qui sont tels qu'on les préfère à toute la théorie de la vieille médecine. Nous ne manquons pas même de génies extraordinaires, qui ont formé des corps entiers de philosophie, établis sur une suite de principes évidents, et qui sont propres à nous faire entrer jusques à l'intérieur de la nature, par la découverte des vraies causes, au lieu que nos pères se contentaient de notions générales, ou tout au plus d'une connaissance historique de plusieurs faits que le hasard, l'expérience, ou la chimie leur donnait. Aussi, nous pouvons nous vanter que l'on a trouvé en nos jours les vrais principes d'une philosophie démontrée, et qu'on a ouvert un chemin qui nous conduira bien loin, et qui aboutira quelque jour à une espèce de réformation générale du monde, qui peut devenir par ce moyen tout autre qu'il n'est à présent. C'est donc proprement en ces temps, que les personnes, qui ont quelque goût des connaissances solides, doivent s'appliquer à la recherche de la vérité qui commence à s'apprivoiser avec les hommes, par une faveur toute particulière de la Providence envers notre siècle. Les ouvertures en sont si belles, que l'on entrevoit déjà les moyens de s'instruire à fond, non seulement des choses plus communes et plus faciles, mais encore des plus grandes vérités, qui sont comme le fondement de toutes les autres dont les hommes sont capables en cette vie. » (1)

Toutefois, l'admiration qu'il éprouve pour Descartes, ne l'aveugle pas sur les défauts qui déparent sa doctrine, et disciple respectueux mais libre, il se propose de montrer que Descartes est parfois infidèle à ses propres principes, parce « qu'il s'est laissé aller au torrent de certains préjugés imperceptibles, qui ont obscurci et affaibli ce qu'il y a de plus fondamental dans sa philosophie ». Corrigée par de « nouvelles réflexions », la philosophie cartésienne pourra être regardée à bon droit : « comme le chef-d'œuvre de l'esprit humain, comme le grand moyen du rétablissement ou plutôt de la première fondation de la plupart des sciences. » Ajouter ce « supplément à la philosophie de Descartes », ce sera désormais la grande, l'unique passion de notre bénédictin, ce qui remplira tous ses écrits et presque toutes ses lettres. C'est en y travaillant, qu'il aboutira à composer lui-même un système harmonique, à la fois un dans ses parties et multiple dans ses applications. Sans doute d'autres philosophes s'étaient servis avant lui des principes de M. Descartes pour expliquer des phénomènes qu'il n'avait point connus : Dom Robert le reconnaît volontiers. « Et c'est à cette sorte de supplément, ajoute-t-il, que M. de Cordemoi, Rohault, Delaforge et autres ont travaillé dans les beaux ouvrages qu'ils ont donnés au public, où l'on voit de quelle manière nous pouvons étendre nos connaissances à des choses également belles et utiles. » C'est une « entreprise trop vaste et trop disproportionnée » aux forces de Dom Robert : plus modeste, il se contentera « d'examiner avec soin s'il n'y a pas quelque vérité dont Descartes ne s'est point aperçu et qui aurait pu rendre meilleure quelque partie d'un si beau corps qu'il a formé avec tant de succès ». Il cherchera à

---

(1) Mécanique pratique : Préface — Manuscrit d'Epinal.

faire voir « que les nouvelles pensées philosophiques servent admirablement à trouver le vrai fond des démonstrations des deux vérités incomparables de l'immortalité, ou plutôt de l'indéfectibilité de l'âme, et de l'existence de Dieu, dont on n'avait jamais pu découvrir toute la force, toute l'étendue et toute la beauté, parce qu'on avait raisonné sur de mauvais principes ». Ce supplément ne fut achevé sous sa forme définitive, et tel qu'il se trouve dans le manuscrit d'Epinal, qu'en 1676.

Ce fut pendant qu'il professait en l'abbaye de Saint-Epvre, que Desgabets fit la connaissance de Bossuet. A cette époque, le jeune archidiacre de Metz se rendait également célèbre comme orateur, comme écrivain, et comme polémiste : il ne dédaignait pas cependant de converser avec les religieux des monastères voisins, et plus d'une fois Dom Robert discuta avec lui sur la philosophie de Descartes, et sur les matières de la grâce qu'il enseignait alors. (1)

Nommé procureur général de la congrégation, et à ce titre envoyé à Paris pour les affaires de son ordre, Desgabets en profita pour se lier avec les principaux Cartésiens du temps ; malheureusement pour lui, son séjour dans la capitale ne fut point d'assez longue durée, et ce n'est pas sans amertume, qu'il écrivait plus tard au Père Malebranche : « que le peu de temps qu'il avait passé en cette ville ne lui avait servi qu'à prendre autant de connaissance des choses extraordinaires qu'il en faut pour avoir du goût sans pouvoir se satisfaire. » Ce qu'il y a de certain, c'est que Dom Robert y eut des discussions assez curieuses dans des sociétés savantes.

On sait que dès 1638 — peut-être même avant — un certain nombre d'esprits cultivés et d'amateurs de sciences se réunissaient toutes les semaines au couvent des Minimes de la place Royale, chez le Père Mersenne, traducteur de la Mécanique de Galilée, l'un des vulgarisateurs scientifiques les plus infatigables qui aient

---

(1) **Lettre de Desgabets à Monsieur l'évêque de Condom.** — Manuscrit de Chartres.

jamais existé. Pascal, Descartes, Gassendi, l'architecte Blondel, le physicien Roberval, faisaient partie de ces réunions, qui continuèrent, après la mort de Mersenne, chez le maître des requêtes Habert de Montmort, l'un des quarante de l'Académie Française, cartésien avoué, lequel nous dit Baillet, avait offert à Descartes avec beaucoup d'instance « l'usage entier d'une maison de campagne de trois à quatre mille livres de rente, appelée le Menil Saint-Denis ». Ce fut peut-être Clerselier, si dévoué au triomphe de la philosophie cartésienne, qui conduisit Desgabets en 1658, chez M. de Montmort. Chez ce savant, Dom Robert assista en particulier à une conférence où se trouvèrent des ingénieurs qui venaient de raisonner avec les magistrats sur les moyens de détourner une partie de la Seine hors de la ville, car ce fleuve qui venait de déborder avait renversé le pont Marie. (1) Dom Robert qui était par nature, selon le mot de Pasquier, « grandement désireux de nouveautés » se mêla hardiment à la conversation, et ne tomba point d'accord avec eux. C'est à la suite de cet entretien, qu'il forma le projet de composer le petit traité de mécanique pratique qui se trouve mêlé à ses œuvres philosophiques. (2) Là comme

---

(1) Ce pont était ainsi appelé de Christophe Marie, entrepreneur général des ponts de France, qui en commença la construction en 1614.

(2) Voici les titres des chapitres de la « méchanique pratique »: Principe pour mouvements. — Mouvements par roues. — Roues pour chevaux. — Chariots, char, charrette. — Chaises roulantes à deux roues. — Chaises suspendues d'un seul côté. — Chaises roulantes à crochets. — Briques poreuses et légères. — Nettoyer terre à tuilliers et à potiers. — Adoucir et affiner la laine. — Pompes. — Machine plus simple que la vis d'Archimède. — Pompes par soufflets. — Pompes aisées et sans frixions. — Manières de soufflets. — Eau sale faisant monter eau de fontaine. — Communication d'une ville à l'autre. — Communication par lumière. — Distribution des corps élevés par le poids de l'air, chaleur, etc. — Distribution d'air chaud et froid. — Eventail pour carrosse, coches, etc. — Grands bateaux portatifs. — Faire monter bateaux sur une rivière rapide. — Navires conjoints. — Mâts fourchus. — Empêcher l'infection et la puanteur d'un navire. — Longitudes. — Horloges. — Diverses façons de roues de rencontre. — Cartes et mappemonde. — Gros canons portatifs. — Bombes. — Marcher au fond de la mer. — Instruments de musique: archiviole, musettes à plusieurs parties, touches sur violes, tambour pour instrument et pour carillon. — Avancer la production des plantes et la maturité des fruits. — Mouvements par soufflerie. — Mouvement par le feu. —

partout ailleurs, il se montre extrêmement original et se propose « de fournir des inventions et des moyens capables de nous soulager dans la plupart des besoins de la vie. » Après avoir déclaré qu'il y a donné des ouvertures pour toutes sortes d'usages, Dom Catelinot, qui s'enthousiasme fort vite, s'écrie « qu'il n'y a point de doute que le monde changerait entièrement de face si tout cela se réduisait en pratique ! »

On voit déjà que l'enseignement de la théologie et ses préférences pour la philosophie « où il excellait », n'absorbaient pas Desgabets au point de lui faire négliger les autres sciences. Il cultivait aussi la physique, que Bacon et Descartes avaient tirée de l'obscurité des écoles, où elle avait vieilli sous l'autorité d'Aristote. Le temps était venu, en effet, où au lieu de deviner la nature comme on l'avait fait jusqu'alors en lui prêtant autant d'intentions et de vertus particulières qu'il se présentait de phénomènes à expliquer, on l'interrogeait par l'expérience, étudiant ses secrets par des observations assidues et bien méditées. Libres de penser autrement qu'en péripatéticiens, les nouveaux philosophes osaient contrôler les oracles du stagyrite, et se créer par eux-mêmes des idées raisonnées sur des problèmes auxquels ils n'eussent jamais eu la témérité, quelques années auparavant, de chercher une solution ailleurs que dans ses écrits. Désormais on ne perdit plus le temps « à rêver sur le mouvement perpétuel, sur les attractions prétendues, et autres causes imaginaires des effets qu'on leur attribuait précédemment (1) ». A la place d'érudits, on eût de véritables savants.

---

Mouvement par l'eau. — Fontaines naturelles par artifice. — Mouvement perpétuel naturel. — Construction d'un vaisseau de pièces rapportées. — Plancher mobile pour le service et pour le plaisir. — Roue plus simple que la vis d'Archimède. — Grand instrument astronomique. — Bourse, pompe la plus simple de toutes. — Dessaler l'eau de la mer. — Fontaines mines. — Faire monter en peu de temps de grands bateaux sur rivières rapides par le travail de trois hommes et de deux chevaux sans roues ni autres machines ; secondement sans travail d'hommes ni de chevaux et sans interruption. — Horloge la plus simple et la plus juste de toutes. — Horloges et montres portatives à balancier juste comme la pendule.

(1) Préface de la mécanique pratique par D. Robert Desgabets, (Manuscrit d'Epinal).

Persuadé plus que personne, qu'en matière de physique surtout il ne faut point être esclave de l'autorité, Dom Robert reprenait les expériences que l'on avait faites avant lui, et en vérifiait les résultats. On sait, par exemple, qu'un des préjugés les plus invétérés de l'Ecole était l'absolue croyance à ce fameux axiome : « la nature a horreur du vide » et que deux hommes de génie, Torricelli en Italie, Pascal en France, firent justice de cette erreur, et démontrèrent que les effets attribués à cette prétendue horreur de la nature pour le vide avaient pour cause la pression de l'air atmosphérique. A la première nouvelle de ces expériences, Desgabets fut amené à examiner l'opinion des physiciens de son temps, qui s'imaginaient qu'il était impossible de tirer le piston d'une seringue bien bouchée sans la faire crever. L'expérience qu'il fit lui démontra la fausseté de cette assertion, comme il l'écrivit à Clerselier quelques années plus tard.

C'est pour défendre la physique cartésienne, que Dom Robert composa divers écrits contre le P. Pardies de la Compagnie de Jésus et le P. Poisson de l'Oratoire : nous aurons occasion d'en parler plus loin.

Descartes ne dédaignait pas de laisser là par moments les méditations métaphysiques, pour se livrer aux occupations les plus diverses. Baillet nous apprend qu'il employa tout l'hiver passé à Amsterdam en 1629 à l'étude de l'anatomie. L'ardeur qu'il avait pour cette connaissance le faisait même aller presque tous les jours chez un boucher pour lui voir tuer les bêtes, et de là il faisait apporter dans son logis les parties de ces animaux qu'il voulait anatomiser plus à loisir. Robert Desgabets, à qui aucun genre d'études n'était étranger, faisait de même. Il nous dit — et ses biographes le répètent après lui — que pendant qu'il enseignait la philosophie à la jeunesse de Metz dans l'abbaye de cette ville, c'est à dire d'après le manuscrit d'Epinal vers 1650, il inventa la transfusion du sang (1) « qui consiste à tirer du sang des artères

---

(1) Dans ses « Remarques critiques sur la bibliothèque générale des

d'un homme ou de quelque animal vivant, et à le faire passer dans les veines d'un autre, à qui on a tiré une partie de son sang à peu près égale à celui qu'on doit infuser. » Il découvrit cette invention à quelques amis de Paris, mais la chose ayant été négligée pour lors, « les Anglais qui se font honneur de tout » la publièrent, quelques années après, comme une de leurs découvertes. D. Robert pensait avoir trouvé une « ouverture » qui aurait un jour de fort grands usages, et il conseillait de « faire des expériences sur les animaux pour voir si on ne pourrait introduire directement certaines poudres et certaines liqueurs, dont on tirerait profit en médecine ». On lui doit même un appareil composé de deux tubes d'argent réunis par une bourse de cuir, qu'il avait imaginé pour faire ces opérations (1).

Passionné pour le travail, Robert Desgabets s'efforça d'en inspirer l'amour aux religieux qui étaient sous sa direction. Il était persuadé que l'étude est le moyen le plus propre, pour conserver l'esprit de recueillement et de piété qui doit animer les solitaires, et plus encore, pour

---

écrivains de l'Ordre de Saint-Benoît », Mercier de Saint-Léger, conteste à Desgabets la première idée de cette découverte : « Il y a peut-être quelque mérite, dit-il, à avoir imaginé la transfusion du sang, quoique proscrite, presque dès sa naissance, comme dangereuse et inutile ; mais il me semble que D. François a tort de donner Desgabets pour l'inventeur de cette méthode. Ce dernier ne fait pas remonter au-delà de 1650, l'enseignement qu'il fit à Metz de la transfusion : or, André Libavius, dans un livre imprimé à Francfort dès 1615, avait déjà parlé de la transfusion, à la vérité, sans approuver ce moyen de curation. On peut voir le texte de Libavius dans le Chapitre II, page 7, du curieux traité de George-Abraham Mercklin : *De ortu et occasu transfusionis sanguinis*, publié à Nuremberg en 1679, in-8°. Dans ce chapitre, où l'auteur fait des recherches sur les véritables inventeurs de la transfusion, il nomme Jean Colle, Libavius, dont je viens de parler, Timothée Clerck et D. Henshaw, anglais, Denis, médecin de Paris, etc., sans dire un seul mot du P. Desgabets. » — Sans avoir besoin de vérifier ici les affirmations de Mercier de Saint-Léger, et en admettant que le germe de cette découverte se trouve dans les livres anciens, il semble du moins qu'on ne peut guère refuser à Desgabets la priorité de l'expérience qui en fut faite. Ce n'est en effet qu'en 1664 que les Anglais s'en occupèrent.

(1) D$^r$ Azygos : Le sang, sa vie, ses habitants, ses maladies. P. 32. — Robert Desgabets paraît avoir le premier soupçonné la possibilité des inoculations intra-veineuses qui sont aujourd'hui d'un commun usage en bactériologie.

leur faire éviter l'oisiveté qui est l'un des plus grands malheurs des cloîtres. Aussi D. Catelinot l'a-t-il justement appelé un autre Mabillon.

De retour en Lorraine, (1) D. Robert n'avait pas tardé à s'occuper, sur les instances de Clerselier, de défendre la philosophie de Descartes contre les attaques des docteurs de l'Ecole.

Aussi bien, persuadé depuis longtemps que le cartésianisme « purgé de ses défauts », a une liaison particulière « avec la vraie et ancienne théologie que l'on tire de l'Ecriture, de la tradition, et surtout des ouvrages de saint Augustin, l'aigle de la théologie, (2) » Desgabets eut voulu en faire comme le portique de la théologie catholique. Il prétendait par là cimenter, avec les principes cartésiens, cette alliance entre la foi et la raison, qui fut tentée par tous les grands génies du XVIIe siècle : Malebranche, Pascal, Bossuet et Leibnitz.

Or, tel n'était pas l'avis des théologiens, tant catholiques que protestants, qui regardaient comme particulièrement dangereuse la physique cartésienne. Voëtius écrivait en effet dans une de ses thèses de 1641 : « La philosophie qui rejette les formes substantielles des choses, avec leurs facultés propres ou leurs qualités actives, et conséquemment, les natures distinctes et spécifiques des choses,... ne peut s'accorder ni avec la physique de Moïse, ni avec tout ce que nous enseigne l'Ecriture. Cette philosophie est dangereuse, favorable au scepticisme, propre à détruire notre créance touchant l'âme raisonnable, la procession des personnes divines dans la Trinité, l'Incarnation de Jésus-Christ, le péché originel, les

---

(1) En 1659, autant que les documents que nous avons eus en mains permettent de le conjecturer. — D. Robert enseigna successivement à Saint-Epvre de Toul, à Saint-Arnould de Metz, à l'abbaye de Breuil près Commercy, au monastère de Mouzon dans le diocèse de Reims, et à Saint-Airy de Verdun. Pendant qu'il était prieur en cette dernière abbaye « une grave et fâcheuse maladie vint l'accabler, et faillit avoir raison de son robuste tempérament. » Lettre au R. P. Poisson du 17 Janvier 1668.

(2) Amédée Hennequin, ouvrage cité : P. 23.

miracles, les prophéties, la grâce de notre régénération, et la possession des démons. » Quant aux théologiens catholiques, l'accusation la plus grave qu'ils formulaient contre elle, c'était celle d'incompatibilité avec l'Eucharistie.

Descartes, non moins religieux que philosophe, s'était efforcé d'expliquer la présence réelle, sans le secours des accidents absolus, pour sauver l'impossibilité qu'on prétendait qu'ils impliquaient. Il avait même écrit à ce sujet deux lettres au P. Mesland, le priant de ne pas les répandre. Son explication assez ingénieuse parut très bonne à Clerselier ; Desgabets entreprit de la défendre.

Oubliant que c'était sagesse, en ce temps-là surtout, où le cartésianisme souffrait persécution, d'éviter d'interminables disputes sur des choses qu'il faut plutôt adorer que chercher à expliquer, il devait bientôt cruellement expier sa rude franchise, et plus d'une fois, au milieu des tracasseries de tout genre qui le vinrent assaillir, pénétré de la vérité de sa doctrine, il dut lui revenir aux lèvres ce mot qu'il se plaisait à redire : « Veritas odium parit. »

Le moment n'est pas venu de faire connaître cette histoire dans toutes ses péripéties : d'autres philosophes, qui ont bien mérité, eux aussi, de la nouvelle doctrine, y furent imprudemment mêlés, et nous essaierons plus loin d'éclaircir en détail ce point assez peu connu de l'histoire du Cartésianisme en France, et qui en est pourtant, comme dit Cousin, l'un des principaux nœuds. Disons seulement ici que charitablement averti par Dom Homassel, puis dénoncé à ses supérieurs par un autre religieux de son ordre, Dom Thomas Le Géant, dont l'orthodoxie s'alarmait, Robert Desgabets allait rencontrer, dans la personne de l'archevêque de Paris, un ennemi autrement terrible.

Fort de l'autorité royale, derrière laquelle il s'abritait, Harlay écrivit en effet au Révérend Père Président de veiller désormais sur ce religieux, demandant en outre qu'on voulût bien contrôler tous ses actes, de peur qu'il ne vint par ses écrits, à troubler la paix qui régnait alors parmi les savants.

L'ordre s'émut, on fit subir à Desgabets un long interrogatoire, et on le déposa du prieuré de Saint-Airy de Verdun. Une « diète » (1) se tint ensuite à Metz, le 15 Décembre 1672, et notre bénédictin reçut ordre de renoncer à ses sentiments particuliers sur la Sainte Eucharistie. On lui fit aussi défense d'en écrire à l'avenir, et surtout de communiquer à qui que ce fût ses nouvelles opinions sur ce mystère. Dom Robert promit d'obéir, et par sa prompte et entière soumission, disent les biographes, il dissipa tous les ombrages.

En fait, c'était un rude coup, et un moment Desgabets profondément découragé demanda qu'il lui fut permis de « se transporter à la trappe » (2) espérant trouver enfin, dans la solitude et le silence de la retraite, la paix qu'on lui refusait parmi les hommes. On le lui accorda, mais après réflexion, et peut-être aussi sur les instances de fidèles amis, il consentit à demeurer sous-prieur du monastère de Breuil. Aussi bien, sa carrière philosophique n'était pas terminée, et il allait trouver au château de Commercy, dans le Cardinal de Retz, un adversaire digne de lui.

Après bien des tracas que ses intrigues lui attirèrent, et dont le récit est consigné dans ses propres mémoires, François Paul de Gondi obtint du roi, en 1662, la permission de se retirer dans la principauté de Commercy, moyennant sa démission pure et simple de l'archevêché

---

(1) On appelait diète annuelle l'assemblée du P. Général, de ses assistants et des six visiteurs de province. Elle se tenait tous les ans, un mois après Pâques, à Paris, ou à Saint-Denis de France. La diète provinciale, dont il est ici question, avait lieu tous les trois ans et précédait de quelques semaines le chapitre général. Elle était composée du visiteur de la Province, du Supérieur de chaque monastère de la même province, et d'un député de chaque communauté élu à la pluralité des voix données par scrutin. — Bibliothèque Nationale, Manuscrit Français 12,783. Pièces relatives à l'histoire des bénédictins français principalement au XVII<sup>e</sup> Siècle.

(2) L'expression est de Dom Calmet, Bibliothèque Lorraine, V° Desgabets.

de Paris. Aimant les gens instruits, il ne tarda guère à
se lier étroitement avec l'abbé de Saint-Avold, Dom
Henri Hennezon, qu'il emmena bientôt après à Rome,
lorsqu'il s'y rendit pour le conclave qui élut Clément IX.
Retz y sollicita, et obtint du cardinal Piccolomini, sa
résignation de l'abbaye de Saint-Mihiel en faveur de son
nouvel ami. Dans le même voyage, le Cardinal procura
l'extinction du titre du prieuré de Breuïl, près Commercy,
qu'il fit unir à la congrégation de Saint-Vanne. De retour,
M. de Retz passa la plus grande partie de son temps à
des exercices plus conformes à son caractère de prêtre :
deux fois par semaine il rendait en personne la justice à
ses sujets, en son château de Commercy, assisté de son
conseil.

Dans ce séjour, il se plaisait principalement en la
compagnie des religieux bénédictins de Breuïl, de la
congrégation de Saint-Vanne et Saint-Hydulphe, qui le
regardaient comme leur fondateur et leur insigne bienfaiteur. L'un d'entre eux, Dom Jean Picart lui servait
même de secrétaire. L'originalité de Desgabets, ses
profondes connaissances sur les matières de philosophie
et de théologie, la recommandation de Dom Hennezon,
attirèrent tout de suite l'attention du Cardinal sur Dom
Robert, et Dom Calmet dit en effet qu'il s'entretenait
souvent avec lui.

En 1675, Retz avait formé le projet de quitter entièrement le monde, et de se faire religieux en l'abbaye de
Saint-Mihiel. Il en suivit même quelque temps les
exercices, et « les bénédictins édifiés le virent s'asseoir
plusieurs fois à leur table, revêtu de leur robe et l'écuelle
de bois à la main (1). » Dom Henri Hennezon, qu'il
consulta à ce sujet, ne s'opposa point à son pieux dessein,
et M. de Retz écrivit à Rome pour qu'il lui fût permis
de renvoyer au Pape son chapeau de cardinal. Sa dernière
heure approchait, disait-il, et il songeait sérieusement à
la grande affaire du salut éternel. Clément X lui donna

---

(1) Amédée Hennequin, ouvrage cité, P. 7

l'ordre de conserver une dignité dont le Saint Siège l'avait honoré pour son mérite. Depuis, le Cardinal vécut d'une manière réglée, retirée et édifiante, dans son château de Commercy (1) C'était une ancienne forteresse, assise sur la Meuse, et située sur une sorte de monticule. M. de Retz en fit raser, jusqu'à une certaine hauteur, les tours qui dominaient la prairie, et à leur place fit construire une fort belle galerie. C'est là qu'il recevait les religieux de Breuil, parmi lesquels Dom Robert Desgabets, et Dom Humbert Belhomme qui fut plus tard abbé de Moyenmoutier. Ils venaient dans ces réunions familières se délasser des travaux monastiques par des entretiens et des discussions sur la philosophie. Dom Robert Desgabets, toujours infatigable, prenait en ce moment-là même la défense de Malebranche contre Simon Foucher dans un écrit imprimé en 1676 et qui a pour titre : *Critique de la critique de la Recherche de la vérité*, où l'on découvre le chemin qui conduit aux connaissances solides, pour servir de réponse à la lettre d'un académicien. N'ayant pu obtenir — suivant l'expression de Bayle — « la main-levée de sa plume et de sa langue » en ce qui concernait l'explication du mystère de l'Eucharistie d'après les nouveaux principes, il se dédommageait ainsi de la réserve qui lui était imposée. Les conférences du château de Commercy offraient au sous-prieur de Breuil une autre consolation ; les doctrines cartésiennes fournissaient l'aliment des discussions, Dom Robert « distillait Descartes à l'alambic », montrait les défauts de sa philosophie, proposait ses correctifs, ou encore exposait sa curieuse théorie de l'indéfectibilité des créatures : le Cardinal réfutait Desgabets. D'autres fois, on discutait sur les sciences physiques, et l'on agitait la question encore indécise alors de l'immobilité de la terre ou de son mouvement autour du soleil. C'est cette académie de Commercy qui a donné naissance à quelques-uns des plus curieux ouvrages contenus dans le manuscrit

---

(1) Bibliothèque Lorraine. — Article Gondy.

d'Epinal. Interrompues par le voyage du Cardinal à Rome pour l'ouverture du conclave, et par un court séjour de Dom Robert « en la belle ville de Metz » où il était allé au début de l'année 1677 « par ordre de l'intendant de la Province pour y donner commencement à une espèce d'Académie (1) », les conférences continuèrent jusqu'à la mort de Desgabets, arrivée le 13 Mars 1678 au monastère de Breuïl.

Homme de devoir, pour qui la vie n'avait d'autre valeur que celle du travail dont elle est toute pleine, Robert Desgabets n'avait cherché dans ses nombreux écrits — ses biographes l'affirment — que la gloire de Dieu et l'utilité qui pouvait en revenir à son ordre. Aussi bien, il ne lui avait pas fait moins d'honneur par sa sage conduite. Jamais, dit Ildephonse Catelinot, il ne s'était dérangé dans ses pieux exercices, et il avait rempli tous les devoirs de son état, non pas en philosophe qui fait vanité de sa science, mais en véritable religieux qui ne tend qu'à l'éternité. Il ne s'était donné aucun repos, écrivant sans cesse pour éclaircir ce qu'il y avait de plus obscur, ou pour répondre à ce qu'on lui objectait. Aussi laissa-t-il « une mémoire très honorée dans son ordre, et la réputation d'un esprit peu ordinaire, disciple à la fois et adversaire de Descartes, hasardeux en philosophie, novateur en théologie, par-dessus tout ardent ami de la vérité, des libres discussions et des sérieuses études (2) ».

Il est des hommes, qui après avoir consacré toute leur existence à d'austères études, où les portaient leurs goûts, demeurent néanmoins inconnus du monde pour qui ils ont si laborieusement médité. Leurs travaux restent longtemps obscurs, ils ne sont recueillis que par un petit nombre de fidèles qui les défendent courageusement contre la résistance d'esprits imbus d'anciennes doctrines, ou contre l'indifférence des ignorants. L'oubli ne tarde guère à se faire sur leur tombe, jusqu'à ce que, par un

---

(1) Lettre de Desgabets au Père Poisson, du 9 Mars 1677. — Manuscrit d'Epinal.
(2) V. Cousin. — Fragments de Philosophie Cartésienne, P. 103.

légitime retour, sonne l'heure d'une justice tardive. Ce fut le sort de l'humble religieux dont nous venons de retracer la vie.

A la mort de Dom Robert, ses volumineux écrits se trouvèrent dispersés dans les divers monastères de la Congrégation où il avait résidé, et avec lesquels il était en étroites relations : on en trouvait à Hautvillers, à Breuil, à Moyenmoutier, à Saint-Mihiel, à Saint-Mansui près Toul. Dom Henri Hennezon commença à les recueillir ; cinquante ans plus tard, Dom Calmet, qui avait pour Desgabets une singulière vénération, continua les recherches, activement secondé par Dom Ildephonse Catelinot, le savant bibliothécaire de Saint-Mihiel. Déjà même ce dernier se préparait, en 1748, à livrer ces ouvrages à l'impression, lorsqu'un sage religieux, Dom Claude Paquin, l'en dissuada dans une lettre que nous publions à la fin de ce volume. D'ailleurs « le temps des in-folio, des in-folio de théologie et de métaphysique surtout était passé ; Dom Catelinot le comprit, (1) et il laissa les œuvres de Dom Robert sur les rayons de la bibliothèque de Senones, en attendant un jour plus favorable à leur publication. C'est la révolution qui survint et les arracha de ce paisible asile ; lors de la suppression des ordres monastiques, les livres et les manuscrits de Senones qui purent être sauvés furent répartis entre les chefs-lieux du département des Vosges, Saint-Dié, Remiremont, Neufchâteau et Epinal. Cette dernière ville eût dans son lot les manuscrits de Dom Desgabets (2). »

Pour en prendre connaissance dans cette ville « dont le paisible silence, à peine interrompu par le murmure de la rapide et limpide Moselle, inspire à l'étude », nous avons sacrifié sans regret un légitime repos, ayant sans cesse

---

(1) Six ans plus tard, à l'âge de 84 ans, D. Ildephonse Catelinot qui n'avait point encore renoncé à son dessein, soumettait à la diète provinciale les ouvrages de Robert Desgabets qu'il avait recueillis en 2 vol. in-fol. Cette fois encore la publication fut jugée inopportune. — Lettre de D. Catelinot à D. Jean Calmet, ce 8e Juillet 1754. — Revue Bénédict. loc. cit.

(2) A. Hennequin : Les Œuvres philosophiques du Cardinal de Retz.

devant les yeux le souvenir réconfortant de ce bénédictin, dont la vie consacrée tout entière au service d'une philosophie proscrite, nous rappelait des vertus d'un autre âge. Certes, comme Mercier de Saint-Léger, nous pensons qu'en général, les bibliographes des ordres religieux sont volontiers prodigues d'éloges excessifs. Leurs confrères sont presque toujours des saints, ou des savants de premier ordre, et l'épithète de « grand homme » leur est très familière. Mais il semble que pour Desgabets on peut faire une légitime exception, et nous nous associons de tout cœur à ces paroles du prieur d'Hautvillers : « Il serait à souhaiter que l'on pût retrouver tout ce que Dom Robert a écrit pour en faire part au public. Cela ne serait que très utile aux gens qui aiment les belles sciences, et honorable pour la congrégation. » Nous croyons aussi qu'on nous saura gré d'avoir de nouveau attiré l'attention sur lui, car après tout, comme le dit Dom Catelinot : « Il ne peut lui être honteux d'être celui de tous les hommes, qui s'est servi avec plus de liberté, des droits dans lesquels on est rentré de philosopher à sa mode, après un esclavage de tant de siècles. »

PREMIÈRE PARTIE

—

# DOM ROBERT CARTÉSIEN

# CHAPITRE I.

## Dom Robert Desgabets défenseur et apologiste de Descartes. (1)

*Lettre d'un philosophe à un cartésien, où l'on critique la physique et la métaphysique de Descartes. — Réplique de Dom Robert : réponse d'un cartésien à un philosophe de ses amis.*

Tandis que la nouvelle philosophie, « fière de voler de ses propres ailes, secouait avec impatience les liens et les traditions du passé, » de tous côtés s'élevaient contre elle d'innombrables et de redoutables adversaires.

Au premier rang combattaient les jésuites. En vain Descartes s'était-il efforcé de les gagner à sa doctrine à force d'égards, et même de flatteries : il n'avait réussi qu'à

---

(1) En tête du manuscrit d'Epinal, se trouve une « Epître dédicatoire de D. Robert Desgabets aux religieux de la congrégation, » sorte de préface ou d'introduction au « Supplément à la philosophie de M. Descartes » que notre bénédictin avait alors l'intention de publier. Dans cet écrit, Desgabets félicitait les religieux de son ordre d'avoir toujours eu du dégoût pour la scolastique « sèche et échauffée, » qui avait rempli le monde de questions problématiques et de disputes, et de s'être porté avec ardeur à la lecture des ouvrages des Pères, tout particulièrement de saint Augustin. Il les complimentait aussi d'avoir joint à « cet entretien secret avec ces illustres morts », l'étude de la philosophie cartésienne, et de travailler avec succès à former par ce moyen, « l'harmonie complète et bien accordante des sciences divines et humaines, qui est la chose du monde la plus estimable et la plus ravissante. » Il les priait enfin de l'excuser, lui, le dernier d'un si grand corps, de ce qu'il osait leur présenter « ce petit recueil de ses pensées » et mêler sa faible voix à la leur pour célébrer les louanges du maître.

conserver parmi eux quelques liaisons d'estime et d'amitié personnelle.

Robert Desgabets devait échouer, lui aussi, dans une semblable tentative, et nous ne pouvons mieux faire, au début de notre travail, que de le montrer bataillant courageusement pour défendre le maître attaqué.

Bientôt, en effet, un jésuite (1) plein d'esprit et du plus caustique, qu'il avait essayé de convaincre, lui écrivait les lignes suivantes, où, avec un réel talent, il faisait ressortir tout ce qui, dans la philosophie de Descartes, pouvait prêter à la plaisanterie ou au ridicule :

« Monsieur. — Pour satisfaire à votre désir, je vous envoie sans façon, mes sentiments sur la philosophie de M. Descartes, et les raisons qui m'ont empêché jusques ici de me déclarer pour lui. Vous me disiez dernièrement que vous ne sauriez comprendre qu'on puisse lire, avec

---

(1) Quel est ce Jésuite ? D'après les bénédictins, c'est le Père Rapin ; d'après les historiens de la Compagnie de Jésus, c'est le Père Rochon, jésuite de Bordeaux. Nous rencontrons ici une difficulté d'attribution qu'il nous parait impossible de résoudre. Voici, d'ailleurs, ce que l'on peut dire en faveur des deux opinions.
Cette lettre, dit M. Bouillier, signée des initiales R. J. est du Père Rapin, jésuite, comme le conjecture M. Cousin ; cette conjecture est confirmée par un passage du Mémoire d'Arnauld au Parlement de Paris. En outre, une note marginale du manuscrit d'Épinal indique formellement que le P. Rapin en est l'auteur. Enfin, dans la bibliothèque lorraine et dans l'article de Moreri consacré à Desgabets, Dom Calmet dit : cette lettre est du Père Rapin.
D'autre part, le R. P. Chérot S. J., rédacteur aux *Études*, qui a bien voulu faire, à notre demande, d'obligeantes recherches, écrit : « L'autorité de Bouillier est aussi nulle dans l'espèce que les conjectures de Cousin même confirmées en apparence par un mémoire d'Arnauld. Le P. Sommervogel qui a fait sa spécialité des pseudonymes de la Compagnie de Jésus a seul voix au chapitre. » Or, ce Père, à l'article Pardies, s'exprime ainsi : Cette lettre est signée R. J. On a cru longtemps que ces initiales désignaient le P. Rapin, mais elles appartiennent au P. Rochon, jésuite de Bordeaux. Le P. Pardies a mis cette lettre en état de paraître, et il la publia pour détruire l'idée qu'on avait conçue d'après son « Discours de la connaissance des Bêtes, » qu'il était cartésien. Dom Desgabets, bénédictin de Saint-Vanne répondit à cette lettre. — Les mémoires de Trévoux et le dictionnaire de Moreri à l'article Pardies semblent donner raison au P. Sommervogel.
Rochon Antoine, né à Périgueux, le 2 août 1637, enseigna sept ans la grammaire, les humanités, et la rhétorique, quatre ans la philosophie. En 1681, il était prédicateur dans la province de Toulouse. Quoique profès, il sortit de la Compagnie, le 15 février 1685, pour entrer chez les Bénédictins.

attention, les écrits de ce philosophe sans être convaincu, et vous me vouliez flatter quand vous ajoutiez que j'étais le seul qui avais pénétré sa philosophie sans la suivre, qu'assurément j'étais retenu par quelque considération humaine, qu'après tout, en certaines choses, je n'étais pas fort éloigné de ses principes, et qu'enfin dans mon âme j'étais déjà cartésien. Je m'estime bien honoré, Monsieur, que vous m'ayez jugé digne d'entrer dans vos mystères, et si je me connaissais moins, j'aurais quelque opinion de moi-même en voyant l'empressement avec lequel vous tâchiez de m'engager dans votre parti, ou du moins de faire accroire au monde que j'entrais dans vos sentiments. Mais souvenez-vous, s'il vous plaît, des conditions que j'ai toujours mises, qu'avant de passer outre, je souhaitais de l'éclaircissement sur quelques points qui me faisaient de la peine ; après quoi, je vous promettais que si vous satisfaisiez à mes doutes, je me ferais cartésien. Je vous fais encore la même promesse, et il n'y a point de considération humaine qui m'empêche de la garder, étant bien certain que les personnes, au jugement de qui je dois le plus déférer, n'apporteront aucun obstacle à ma conversion. Voici donc ce qui me fait peine, et si vous avez du zèle pour moi, songez à me donner quelques éclaircissements. »

Et d'abord, il reproche à la philosophie cartésienne son incompatibilité avec la foi, et surtout avec l'Eucharistie : « Ne serait-ce pas exposer notre foi, dit-il, à la risée des philosophes et des géomètres, si l'on disait que nous sommes obligés de croire qu'il y a au monde un triangle dont les angles sont égaux à quatre droits ? Et ceux qui se tiennent à votre philosophie n'auraient-ils pas le même sujet de rire, et de se moquer de notre simplicité, lorsque nous leur dirons que la foi nous enseigne qu'il y a au monde un corps sans son étendue actuelle, ce qui, selon vous, n'est pas moins contraire à l'essence du corps, que quatre angles droits le sont à la nature du triangle. » Puis il ajoute avec ce ton de persiflage qui lui sied à merveille : « Suivant M. Descartes, Dieu peut faire ce qui répugne à la nature et à l'essence des choses.... C'est porter la puissance de Dieu bien loin, et les anciens pères de l'Eglise ont eu une idée bien basse de cette nature infinie, quand ils se sont imaginé qu'il y avait bien des choses que Dieu ne saurait faire avec sa toute-puissance : M. Descartes l'entend bien mieux que les saints. Le mal que je vois en ceci, c'est qu'il aura bien de la peine à persuader une si importante vérité... Je me suis trouvé à une assemblée célèbre, où l'on aurait profité de ces belles lumières de M. Descartes... On y soutenait publiquement que Dieu peut faire que ce qui a été n'ait jamais été. On disputa contre cette thèse avec bien de la chaleur, on apporta des passages des pères qui disent le contraire · et enfin, comme on pressait le répondant de dire comment donc il faudrait que Dieu s'y prît pour faire que nous qui étions là présents, n'eussions jamais été, on répondit qu'il n'y avait rien de plus aisé à faire entendre, et que Dieu pouvait faire tout cela *non produxissendo (sic) mundum*. Cette manière de parler est assurément fort élégante et elle pourra plaire à vos messieurs qui ne la savaient peut être pas. »

Procédant dans la composition de sa lettre avec un certain désordre, et pour ainsi dire sous l'inspiration du moment, R. (1) accuse ensuite le père de la philosophie moderne de penser comme Epicure sur la formation du monde : « M. Descartes, dit-il, ne croit pas à la vérité que le monde ait été fait par hasard et sans la Providence, mais au fond ce qu'il dit n'est point différent de ce que dit Epicure, car il veut seulement que Dieu ait fait toute la matière, qu'il l'ait divisée en de petites parties à peu près égales, c'est-à-dire en de petits cubes ou des parties carrées comme des dés, qu'il les ait agitées en divers sens chacune en son propre centre et plusieurs d'elles autour d'un centre commun Voilà tout ce que

---

(1) Ne pouvant valablement décider lequel du P. Rapin et du P. Rochon est le véritable auteur de la « lettre d'un philosophe à un cartésien », nous nous contenterons désormais de désigner cet auteur inconnu par la lettre initiale R.

M. Descartes veut que Dieu fasse, après quoi Dieu peut demeurer en repos ; il n'a que faire de se mêler davantage de la conduite du monde : les choses se feront d'elles-mêmes. » La preuve de la distinction de l'âme et du corps par la seule idée claire et distincte que nous avons de ces deux espèces d'êtres, les preuves de l'existence de Dieu par l'idée de parfait ou d'infini sont pour lui des paralogismes et des chimères : « M. Descartes, dit-il, a fort bien parlé de Dieu, mais il n'a pas bien procédé pour démontrer son existence : pourquoi s'est-il attaché à vouloir faire cette démonstration par la seule idée que nous en avons .. C'est trahir sa cause aussi bien que celle de Dieu. Ces raisons ainsi abstraites de M. Descartes, sont les raisons du monde les plus chicaneuses et les plus sujettes à mille difficultés. » Le Père R. se demande, en effet, si le Dieu que prouve M. Descartes est le vrai Dieu et il lui paraît que non : « Ce Dieu, continue-t-il, c'est un Dieu qui peut faire que 2 et 1 fassent 15. (1) C'est un Dieu dont le monde peut se passer depuis qu'une fois il en aura divisé et agité les parties. C'est un Dieu qui a fait la matière et le corps de toute éternité ou plutôt qui n'a fait ni corps ni matière, puisque toute la substance indéfiniment étendue est de toute éternité. C'est un Dieu qui ne saurait détruire maintenant un seul degré de mouvement ou en produire un de nouveau à moins que de se déclarer lui-même sujet au changement. C'est un Dieu qui nous oblige à croire ce qui répugne à l'essence des choses, et qui ne peut mettre un corps sous les apparences du pain, sinon en la manière qu'il peut faire

---

(1) Le P. Daniel, dans son Voyage du monde de Descartes, parle à peu près dans les mêmes termes : « Dieu, selon lui, dit-il, peut faire que deux et trois ne soient pas cinq ; qu'un carré n'ait pas quatre côtés ; que le tout ne soit pas plus grand qu'une de ses parties ; choses que tous les autres mettent sans scrupule au-dessus du pouvoir de Dieu. » Voyage du monde de Descartes par le P. G. Daniel, de la Compagnie de Jésus. — A Paris, chez Denis Mariette, 1703, 1ʳᵉ partie, P. 5.

Cette critique d'ailleurs est assez juste : Descartes avait tort de faire dépendre le vrai et le bien de la volonté divine, leur enlevant ainsi leur caractère absolu.

un triangle à 4 angles droits .. Si l'intention de M. Descartes a été bonne, sa doctrine me paraît mauvaise. » Il lui reproche enfin d'avoir négligé les preuves physiques et « d'avoir ainsi plutôt prouvé la beauté de son esprit que l'existence de Dieu. » Le système du monde (1) de Descartes, ses grandes hypothèses sur la formation du globe terrestre, sont pour notre jésuite matière à d'inépuisables plaisanteries : « Que diriez-vous, monsieur, écrivait R., si dans une compagnie, d'honnêtes gens, qui n'ayant jamais rien appris de la doctrine de M. Descartes me priaient de leur en dire quelque chose, et que je commençais par leur dire brusquement que le soleil n'est qu'un ramas de poussière, et d'une certaine raclure ou limaille qui s'est faite des parties de la matière tournant sur leur centre, qui se sont froissées et usées les unes contre les autres ; que la terre a été autrefois une étoile fixe du firmament, ou plutôt un soleil qui éclairait un monde particulier ; mais que de certaines fumées, s'étant levées

---

(1) Comme si ce n'était pas assez de tant de titres qui le recommandent à la postérité, Descartes apparaît encore comme l'initiateur de ces sciences que l'on appelle aujourd'hui « Cosmologie » et « Géologie ». « Dans une synthèse des plus hardies, dit M. Daubrée, et dont l'esprit humain n'avait pas encore offert d'exemple, Descartes, continuant à transporter la mathématique dans des régions entièrement nouvelles, osait, le premier, considérer tous les phénomènes célestes comme de simples déductions des lois de la mécanique. — Affirmer l'idée mère de la belle théorie cosmogonique par laquelle Laplace a couronné le magnifique édifice dont Copernic, Kepler et Newton avaient élevé les assises ; proclamer l'unité de composition de l'univers physique ; telles sont, entre autres, les propositions fondamentales qu'avait suggérées à Descartes une intuition merveilleuse qui est le propre du génie. » — *Descartes, l'un des créateurs de la Cosmologie et de la géologie par M. Daubrée, Paris, Imprimerie Nationale, 1853.* — On sait, en effet, que ce philosophe considéra la terre, ainsi que les autres planètes, comme des astres refroidis à leur surface, et entourés d'une croûte solide. Il rattacha les dislocations que présente de toutes parts la « croûte terrestre » au refroidissement et à la contraction de la masse qui la supporte, montra ensuite avec la plus grande clarté que l'émersion des continents et la formation de leurs inégalités est le résultat « d'un déplacement relatif des voussoirs de la croûte terrestre. » Si l'on se reporte au temps où vivait Descartes, il faut bien avouer que c'était une innovation audacieuse, que d'assimiler ainsi les astres obscurs, tels que la terre, aux astres lumineux tels que le soleil. Aujourd'hui, « l'écorce terrestre, convenablement interrogée » a donné raison à Descartes, et, sur ce point particulier, les rieurs ne sont pas pour l'auteur de la lettre d'un philosophe à un cartésien.

et épaissies autour de ce soleil, avaient formé une croûte qui le renfermait, et l'empêchait de faire son mouvement ordinaire ; d'où vient que ne pouvant plus demeurer en sa place, ni faire la fonction de soleil dans son tourbillon, il en avait été chassé : de sorte que ce pauvre soleil, ainsi banni de son royaume, s'en allait errant par l'univers comme une comète fatale, et qu'enfin entrant dans le tourbillon où nous sommes, il s'y était arrêté parmi les planètes, et était devenu terre et planète lui-même, comme les autres planètes sont aussi autant de terres, qui ont encore été autrefois autant de soleils...

» Que diriez-vous, si ensuite je venais à décrire quatre ou cinq croûtes, qui se sont formées les unes sur les autres, et qui enveloppaient autrefois la terre comme les diverses peaux font un oignon ; si je disais que la plus basse croûte nous est inconnue, mais que la deuxième n'est encore aujourd'hui qu'une masse d'or et d'argent, et de toutes sortes de métaux confondus avec les plus précieuses pierreries : (Bon Dieu ! si les hommes pouvaient pénétrer jusque-là, que de richesses !) ; que la troisième est liquide comme de l'eau, que la quatrième est un peu dure et qu'elle demeurait autrefois suspendue comme une voûte, mais que par succession de temps venant à se sécher, elle s'était peu à peu entr'ouverte par plusieurs crevasses, et s'était enfin brisée en mille pièces, que dans ce fracas épouvantable, les débris tombant les uns sur les autres, une partie, s'étant trouvée ensevelie dans l'eau, avait ainsi laissé paraître la mer, et que par le bonheur du monde le plus grand, une partie de ces ruines accumulées se trouvait encore élevée au-dessus des eaux et servait à l'habitation des hommes ? (1) »

---

(1) Ne pouvant tout dire en quelques pages, nous indiquerons brièvement ici les principaux points de la philosophie de Descartes qui sont attaqués dans la lettre du P. R. — Ce que M. Descartes dit du vide. — Que le mouvement est aussi de toute éternité dans la doctrine de M. Descartes. — Quelle est l'union de l'âme et du corps selon les Cartésiens. — L'union de l'âme et du corps ne serait plus que morale. — Quelques difficultés particulières touchant la physique de M. Descartes. — Ce que M. Descartes dit de la glande pinéale, des muscles, de la rétine. — Qu'il s'est trompé dans les règles du mouvement et dans la

Et il terminait ainsi : « Laissez-moi donc la liberté de choisir ce qu'il me plaira de M. Descartes, et, de cette manière, je pourrai bien m'accommoder de sa philosophie. Et si autrefois Dieu permettait aux Hébreux d'épouser leurs captives, après beaucoup de purifications qu'ils pratiquaient comme pour les laver de tous les restes de l'infidélité, ainsi après avoir lavé et purifié la philosophie de M. Descartes, je pourrais bien en épouser les sentiments. C'est la pensée de saint Jérôme qui se sert de cet exemple pour montrer que les chrétiens peuvent s'accommoder des ouvrages des philosophes payens. » (1)

Robert Desgabets n'était pas homme à laisser passer sans y répondre de pareils arguments ; si son adversaire était un homme d'esprit, il était, lui, un homme d'enthousiasme, et le Père R. s'attira cette véhémente riposte :

« Monsieur. — Quoique je n'aie aucun sujet de me plaindre de ce que vous avez publié une lettre que vous m'aviez écrite, touchant la philosophie de M. Descartes, parce que mon nom n'y paraît pas, je puis prendre la liberté de vous dire que si vous m'aviez consulté sur cela, j'aurais tâché de vous en détourner, ou du moins de vous porter à ne pas imiter ceux qui ont entrepris jusques à présent de réfuter sa philosophie. Je vous ai dit plusieurs fois que vous la deviez considérer comme un corps entier de principes et de raisonnements suivis, et comme un système dont toutes les pièces s'entretiennent par le rapport qu'elles ont les unes aux autres, et non pas choisir çà et là des vérités particulières et détachées de leur corps, qu'il est aisé de faire passer non seulement

---

propagation de la lumière. — La philosophie de M. Descartes s'arrête à la surface des choses, celle d'Aristote passe plus avant. La façon dont les cartésiens parlent de la philosophie ancienne n'est pas honnête. — Le mouvement serait impossible dans la matière subtile de M. Descartes. — Cartésiens admirables à prédire le passé. — Qu'il y a de la chaleur dans le feu, quoi qu'en dise M. Descartes. — Que d'après M. Descartes la dureté n'est pas dans le marbre, mais dans notre âme, etc.

(1) Lettre d'un Philosophe à un Cartésien de ses amis, Paris, Gervais Jolly, 1672, in-12. — Rennes chez Mathurin Denys, 1681, in-12, pp. 192. — Paris, Vᵉ Jean Pocquet et Daniel de la Ville, 1683.

pour fausses, mais aussi pour ridicules auprès des personnes qui n'ont point étudié à fond cette philosophie.... Je m'étonne aussi de ce qu'il semble que vous voulez faire croire au monde que j'ai usé de voies indirectes, pour persuader que vous étiez de notre parti... Vous m'avez toujours paru si préoccupé contre notre philosophie, que je n'ai eu garde de m'imaginer que vous étiez cartésien dans votre âme... Le monde est plein d'ignorants, de fainéants, de téméraires, de malins et de jaloux qui ne manquent jamais de traverser l'établissement des plus belles choses. Il faut que la vérité se fasse jour peu à peu à travers les contradictions... Ainsi M. Descartes aura des adversaires qui le combattront, faute de lumières. Ce sera la corruption du cœur, la malignité et la jalousie qui lui en susciteront d'autres, et sans doute le moindre nombre sera de ceux qui lui feront bonne guerre, et qui agiront de bonne foi, ainsi qu'on l'a vu jusques à présent.... » Robert Desgabets suit alors pas à pas l'argumentation du Père R. « Vous dites, continue-t-il, que vous trouvez beaucoup de choses dans la philosophie de M. Descartes qui ne s'accordent pas, ce semble, avec la Religion. Par exemple, il dit que l'essence du corps, c'est d'être étendu en longueur, largeur et profondeur etc. ; que le corps de J.-C. est dans l'Eucharistie sans étendue et sans occuper l'espace qu'il occupait dans son état naturel. Voilà la grande ou plutôt l'unique machine des adversaires de M. Descartes. C'est sur cela qu'ils lui demandent continuellement : Qui vive! pour le faire tomber dans leur piège, de même que les Origénistes questionnaient sans cesse saint Jérôme sur le mystère de la Trinité, pour le chasser de la Terre Sainte où il les incommodait. Il ne lui servait de rien de leur répondre qu'il croyait la distinction des trois personnes divines dans une même essence, comme tous les catholiques l'entendent en Orient et en Occident ; ils l'importunaient continuellement sur le nombre des hypostases, qui était un mot bien délicat, dont la signification n'était pas encore fixée parmi les Orientaux et les Occidentaux. Ainsi il ne suffit pas à M. Descartes d'être catholique à la mode des Saints Pères et de tout le commun des fidèles, et même des plus savants et des plus illustres théologiens. On veut qu'il entre, malgré qu'il en ait, dans les conséquences philosophiques que l'on a tirées des principes qui ont été introduits dans l'Ecole en ces derniers siècles. » Desgabets répond ensuite aux objections du Père R. sur la manière dont Descartes conçoit la toute puissance de Dieu : « Vous faites faire aux Cartésiens des soumissions à votre mode, à la toute puissance de Dieu, qui lui seraient infiniment injurieuses, comme s'ils enseignaient... que Dieu pourrait changer toutes les natures des choses, faire du jour la nuit, que le passé n'a point été, que Dieu cesse d'être. Et vous ajoutez qu'un Cartésien, étant pressé dans une assemblée fort célèbre, sur tant de propositions étonnantes, prononça cet admirable oracle : Dieu peut faire tout cela *non produxissendo mundum...* En vérité..., si vous y aviez bien pensé, auriez-vous osé reprendre M. Descartes de s'être déclaré hautement pour les droits de Dieu, enseignant que sa puissance et son indifférence est si grande, que dans l'instant auquel on ne conçoit pas encore qu'il se soit déterminé à produire quelque chose hors de lui, il est absolument indifférent à faire tout ce qu'il veut sans aucune limitation, sans que cela vous donne droit de lui proposer en cet instant pour objet de son action aucune de vos chimères.... » Il reproche ensuite à son adversaire « la querelle de religion » qu'il fait à Descartes « touchant l'étendue immense qu'il attribue au monde » alors que le monde infini ou indéfini de M. Descartes n'est autre chose que ce qu'il pense « concevoir si clairement sous le nom d'espace imaginaire. » (1) La métaphysique du R. P. n'est point du tout de son goût, et il ne craint pas, avec sa rude franchise, de dire ce qu'il en pense : « Il vous suffit, écrit-il, de passer légèrement

---

(1) Dans l'ancienne philosophie, on donnait le nom d'espaces imaginaires à l'espace infini que l'on concevait au-delà des mondes existant.

sur les matières que vous avez choisies, pour réfuter M. Descartes et pour lui faire perdre toute créance parmi les dames et les honnêtes gens dont vous parlez, lorsqu'ils mêlent la philosophie dans leurs belles conversations. Mais pour moi, je ne saurais vous répondre qu'en parlant du fond des choses, quoiqu'en peu de mots, et d'une manière qui ne peut plaire à ces sortes de gens, parce que quand je serais aussi éloquent que vous êtes, je n'y pourrais joindre les beaux ornements du langage qui brillent dans votre lettre.... » Puis il relève avec vigueur l'accusation d'Epicurisme portée contre la philosophie cartésienne. « Vous ne viendrez jamais à bout, s'écrie t-il, de réduire les hypothèses de M. Descartes avec les opinions impies d'Epicure. (1) Ce que vous dites touchant cela dans l'article 20 et suivants, est renversé par tout le corps des opinions de M. Descartes, qui ne reconnait point de vrai agent corporel, et qui prouve que Dieu fait tout, étant le moteur unique, continuel et nécessaire. Je dois aussi passer sous silence ce que vous dites, dans l'article 24, contre les démonstrations de M. Descartes pour prouver l'existence de Dieu, après ce qu'il en a écrit dans ses Méditations, qu'il ne suffit pas de parcourir légèrement pour les bien entendre, ainsi qu'il nous en a assez averti... » Enfin, après avoir dit un mot de la doctrine de l'union de l'âme et du corps, que les abstractions métaphysiques seules ont obscurcie, « en considérant l'âme simplement comme une substance spirituelle sans passer plus avant, » Desgabets en vient à l'examen des difficultés qui regardent « la pure physique ». Il se plaint avec amertume de ce qui se passe dans le monde « où on ne se contente pas de combattre M. Descartes à force ouverte, » mais où on « ajoute les cabales pour ôter à ses sectateurs la liberté de se défendre et pour opprimer

---

(1) D'après Epicure, le monde visible était l'œuvre non de dieux invisibles, mais de purs principes physiques qui, selon lui, étaient au nombre de quatre : les atomes éternels, le mouvement inhérent à ces atomes, le vide infini, le hasard. Ces atomes étaient indivisibles par essence, étendus dans leur substance, infiniment variés dans leurs configurations.

la vérité. » Et cependant, dit-il, « d'où vient que depuis que la philosophie de M. Descartes a paru et qu'elle lui a suscité tant d'ennemis, qui ont toute liberté de faire et de dire ce qu'ils veulent, il ne s'en est pas trouvé un seul, qui ait osé entreprendre de réfuter solidement son système philosophique. Jusques à présent, on n'a vu que de petits artifices propres à tromper les personnes superficielles, au lieu d'ouvrages suivis et bien conduits, tels qu'un si grand sujet le demande, ce que vous ne devez pas néanmoins attribuer au défaut de champions capables d'entreprendre cette guerre : mais c'est que ceux qui ont voulu travailler tout de bon à approfondir les matières, sont devenus cartésiens malgré eux, à force de méditer sur des vérités qu'on ne peut comprendre sans être convaincu. » Et après avoir reproché au Père R. d'avoir avancé dans sa lettre « des exemples de tous les défauts qu'on reproche aux faux péripatéticiens, » après avoir attaqué, en passant, la philosophie scolastique, et réfuté les objections que le Père faisait à la doctrine cartésienne des qualités sensibles, Robert Desgabets finit ainsi : « Voilà, Monsieur, ce que j'ai cru devoir répondre aux difficultés que vous me proposez, dans l'assurance que vous ne le trouveriez pas mauvais, car d'ailleurs vous savez l'estime que j'ai pour vous en particulier, et pour ce nombre infini de gens de lettres, qui suivent la philosophie péripatétique et dont la plupart en jugent avec assez d'équité. Mais il n'y a rien de plus méprisable que cet entêtement ridicule de certaines gens, qui pensent tout de bon qu'Aristote a formé un vrai système de physique, et qu'il nous a découvert les vrais principes de la nature qu'il ne faut pas chercher ailleurs. Au reste, je vous laisse la liberté toute entière que vous me demandez de choisir ce qu'il vous plaira de M. Descartes, et de vous en accommoder comme vous pourrez. Je suis etc. (1) »

On remarquera sans peine qu'un même esprit anime

---

(1) Réponse d'un Cartésien à la lettre d'un philosophe de ses amis. — Manuscrit d'Epinal.

ces écrits, qui donnent d'ailleurs une idée assez exacte des batailles, qui au XVII<sup>e</sup> siècle, se livrèrent autour du nom de Descartes, nous voulons dire l'esprit de parti. Voilà pourquoi dans leur polémique, ni le Père R. ni Dom Desgabets n'ont absolument raison. Le premier se montre injuste, en déniant à Descartes toute originalité et toute valeur scientifique; quant à la lettre de D. Robert, que M. Cousin trouve très forte, elle n'a pas, croyons-nous, grande valeur, parce que son bouillant auteur, incapable de se maîtriser, dit souvent des injures au lieu de donner des raisons. (1) Et puis, Desgabets, en prétendant que la philosophie de Descartes doit être considérée comme un tout, « comme un corps entier de principes et de raisonnements suivis » et en refusant au Père R. le droit de critiquer les parties du système « détachées de leur corps », allait beaucoup trop loin ; il posait une règle trop absolue et inacceptable.

---

(1) Dom Catelinot dans sa « Préface générale » pense comme M. Cousin. « Bien que (le Père R.) ait employé plus d'éloquence que de force et d'adresse pour décrier et même pour rendre ridicule la philosophie de M. Descartes, que de bonnes raisons pour le réfuter solidement, on a cru, dit-il, qu'il fallait lui répondre d'une autre manière, en entrant dans le fond des matières, afin que le lecteur en pût profiter et qu'on ne fit pas servir des choses si importantes au simple divertissement des personnes, qui ne sont capables que de connaissance superficielle de la vraie philosophie. » Manuscrit d'Epinal.

# CHAPITRE II.

**La physique cartésienne et D. Robert Desgabets**

*La physique cartésienne séduit au plus haut point D. Robert Desgabets. — De la grande découverte de M. Descartes touchant la nature des prétendues qualités sensibles : six conséquences importantes de cette découverte ; que les anciens et particulièrement saint Augustin l'ont entrevue. — Du système du monde et du mouvement de la terre : Dom Robert partisan de la théorie des tourbillons. — Lettre écrite à Clerselier touchant les nouveaux raisonnements pour les atomes et le vide, contenus dans le « livre du discernement du corps et de l'âme. » — Extrait d'une lettre à un ami touchant quelques questions de philosophie, sur lesquelles on avait fait des objections : qu'il est permis à chacun de douter de la vérité ou de la fausseté de la philosophie cartésienne, et qu'il suffit de ne pas l'enseigner pour obéir aux ordonnances du roi, et aux constitutions des supérieurs.*

Le P. Le Bossu écrivait en 1669 : « La physique de M. Descartes est si belle et si charmante, pour ceux qui l'ont une fois goûtée ; elle satisfait l'esprit si pleinement, elle donne une méthode si juste, si aisée et si sensible de concevoir tout ce que la nature nous présente, que quelque censure et quelque condamnation dont elle fût flétrie, elle trouverait toujours des sectateurs. » (1) Ces

---

(1) Lettre du R. P. René Le Bossu, Chanoine régulier de Saint-Augustin, au sujet des écrits de M. Descartes, de M. Clerselier et autres sur la transsubstantiation. — A Saint-Jean de Chartres, ce dernier Janvier 1669. — Man. de Chartres, n° 366, fol. 829.

mots du savant génovéfain, que nous empruntons à un document inédit de la bibliothèque de Chartres, donnent une idée assez exacte de l'enthousiasme qui s'empara des esprits au moment, où s'opérait, dans les sciences, la révolution cartésienne.

De fait, en affirmant l'enchaînement rigoureux des phénomènes de la nature, en proclamant le déterminisme absolu de tous les mouvements auxquels se peuvent ramener le flux et le reflux des forces du monde, Descartes semblait bien initier ses contemporains à une conception nouvelle de l'univers, la conception positive, et ceux-ci ne s'y trompèrent pas. Aussi quoique certains fanatiques, comme le recteur de l'Université d'Utrecht, Gisbert de Voet ou Voetius, dont nous avons déjà parlé, se fissent les champions des anciennes doctrines, en déclarant la physique cartésienne dangereuse et favorable au scepticisme, la plupart des esprits se lancèrent à la suite du maître sur des routes encore inexplorées, et embrassèrent avec ardeur ces principes, qui ouvraient à la science des perspectives nouvelles, éclairées d'une lumière inconnue jusque-là.

Robert Desgabets nous apprend qu'il se livra avec passion « à l'examen de ces nouvelles ouvertures » qui lui donnèrent sans doute entière satisfaction, puisque s'il se montra, comme nous dirons plus loin, « révolté » contre les théories de son maître en métaphysique, il n'en fut point de même en physique :

« Il y a fort longtemps, s'écrie-t-il, qu'on travaille dans le monde à la recherche des vrais principes qui puissent servir de fondement à toutes les sciences divines et humaines. Outre ce que les anciens ont fait pour cela depuis plus de 3,000 ans, dont il n'est pas nécessaire de parler ici, à cause qu'on n'a pu rien bâtir de solide sur leurs principes, à la réserve des démonstrations mathématiques, on sait qu'environ le commencement de ce siècle, Galilée proposa de nouvelles ouvertures pour mieux philosopher qu'on n'avait fait auparavant, et fit de belles découvertes touchant quelques vérités particulières. Il fut suivi par le chancelier Bacon, qui eut encore des vues plus générales : mais on peut dire que ni l'un ni l'autre n'ont formé de corps de principes et d'opinions suivies et dépendantes les unes des autres, et que c'est proprement M. Descartes qui a travaillé le premier à nous donner un nouveau système philosophique complet... »

Puis, comparant la physique cartésienne avec celle de Gassendi, il proclame hautement la supériorité de la première sur la seconde, parce que, dit-il, elle est plus mathématique, c'est-à-dire en un mot qu'elle a plus d'évidence et de certitude. Et il ajoute :

« L'inclination que les Gassendistes donnent à leurs atomes au mouvement, les uns d'un côté, les autres d'un autre dans l'espace imaginaire, comme s'ils en connaissaient tous les endroits, fait voir qu'ils y supposent un principe autre que la matière qui ne se meut point de soi, et qui est indifférente à tout mouvement : ce qui donne sujet de dire que cette philosophie est dangereuse, en ce que l'on y confond ce qui n'appartient qu'à l'esprit, avec ce qui n'appartient qu'au corps. Or on sait que les libertins prennent cela pour raison, et qu'ils n'en ont point de plus forte pour combattre l'immortalité de l'âme que la supposition qu'ils font que les corps peuvent penser (1) ».

. . . . . . . . . . . . . . . .

Cette physique cartésienne veut expliquer le monde entier par les lois de l'étendue et du mouvement. A l'étendue se réduit le réel des choses, ce qui les constitue ; quant aux accidents qu'admettait la philosophie ancienne et scolastique, ce sont d'après les disciples de Descartes, pures imaginations. C'est bien ainsi que l'entend D. Robert Desgabets :

« Tous les savants, dit-il, ne peuvent ignorer à présent que M. Descartes a prouvé, en plusieurs manières, par raison et par expérience, qu'il n'y a rien autre chose hors de nous, dans tout le monde corporel, qu'une matière étendue en longueur, largeur et profondeur, dont les parties sensibles et insensibles ont leurs dispositions locales, c'est

---

(1) Nouvelle préface sur le premier supplément à la Philosophie de M. Descartes. — Man. d'Epinal AR 2, n° 143, P. 493. — Gassendi adoptait le système d'Epicure mais en le modifiant profondément. Il supposait que les atomes, qui d'après Epicure existaient de toute éternité dans le vide infini, doivent leur existence à un être incréé et créateur, qu'ils étaient mus par l'infinie puissance, et réglés dans leurs mouvements par l'infinie intelligence de Dieu.

à savoir: mouvement, repos, figure, arrangement, grandeur, petitesse, de l'assemblage desquelles résultent uniquement les formes corporelles, c'est-à-dire les principes constitutifs et essentiels de tous les corps particuliers, tels que sont l'eau, la terre, les animaux, etc. (1) »

Donc, en résumé, une chose quelconque dans la nature n'est qu'une partie de la quantité universelle, qui est l'étendue. Et il ajoute :

« Par une erreur la plus ancienne, la plus étrange, la plus enracinée de toutes les erreurs, nous y mettons encore ce qu'on appelle qualités sensibles et corporelles, telles que sont lumière, chaleur, saveur, odeur, etc.; il est même remarquable que nous les y mettons toutes semblables aux sentiments que nous avons, lorsque les choses extérieures agissent sur nous par nos sens, et qu'elles excitent les perceptions innombrables qui sont proprement de notre côté, et que nous prenons néanmoins pour des qualités corporelles qui affectent les choses matérielles. Une si grande erreur, et qui nous faisait prendre ci-devant le spirituel pour le corporel, et le corporel pour le spirituel, n'a pas manqué de fermer la porte à toutes les connaissances claires et distinctes tandis qu'on a été prévenu, c'est-à-dire depuis qu'on a commencé la philosophie, jusqu'à nos jours ; mais on peut dire avec raison que la découverte de la vérité contraire nous ouvre enfin une admirable carrière, pour commencer à jeter les fondements d'une philosophie. »

---

(1) Telle est bien, en effet, la théorie cartésienne. Selon Descartes les qualités sensibles ne sont pas autre chose que la matière et le mouvement des corps. Une matière homogène, avec les différentes configurations de ses éléments, avec les divers mouvements de ses parties, il n'en faut pas davantage pour faire naître en nous une quantité de sensations différentes, sans qu'il soit nécessaire de recourir aux qualités occultes des scolastiques. Les modifications des substances ne sont rien de plus que les substances. On lui répond dans l'école par un dilemme auquel on n'a jamais pu donner aucune réponse satisfaisante: le voici. — Soit une boule de cire, dont la rondeur est une modification. La rondeur de cette cire, ou dit quelque chose de plus, ou ne dit rien de plus que la substance de la cire. Si cette rondeur ne dit rien de plus que la substance de la cire, cette rondeur existera, tant qu'existera cette cire, lors même qu'elle sera aplatie : ce qui est absurde. — Si cette rondeur dit quelque chose de plus que la substance de la cire, cette chose n'est pas un rien. C'est donc un être, puisqu'entre l'être et le non-être il n'y a pas de milieu. C'est donc un être distingué de la substance de la cire, puisque cette substance peut exister sans cet être.

Dom Robert est d'ailleurs persuadé que l'on peut donner, de ces vérités fondamentales, des preuves également belles et solides. Que l'on veuille seulement un peu réfléchir sur ce qui arrive, à la suite du changement des modes ou dispositions locales des parties de la matière, et l'on reconnaîtra « que leur simple dérangement, sans y supposer autre chose, suffit pour faire paraître les choses tout autres qu'elles ne paraissaient auparavant, et même toutes contraires. » Ainsi par exemple :

« Une fleur, toute froissée entre les doigts, perd sa couleur et son éclat ; un verre de cristal réduit en poudre cesse d'être luisant, dur, sonnant, poli, et devient opaque, mou, sourd, raboteux ; le verre triangulaire étant manié devant nos yeux fait paraître les murailles et les campagnes toutes chargées des couleurs de l'Arc-en-Ciel qu'elles n'ont pas : un aveugle sent avec son bâton différentes impressions, à la rencontre de l'eau, des pierres, du bois, etc., sans qu'il se fasse en tout cela que de différents trémoussements de son bâton, et par le moyen de ses mains et autres organes, etc... (1) »

Après avoir donné ces arguments en faveur de la physique cartésienne, Desgabets fait connaître les principales conséquences de cette doctrine :

« La première, dit-il, et la plus immédiate est que toutes ces prétendues qualités sensibles, n'étant aucunement dans les choses extérieures, le soleil n'est pas lumineux, la neige n'est pas blanche, le feu n'a pas de chaleur, au sens qu'on s'imaginait avant nos jours (2).

» La seconde, qui suit de la précédente, c'est que toutes ces choses étant de notre côté, ce sont effectivement nos sentiments, nos perceptions, ce sont des pensées, des passions de l'âme dont elle est le sujet et l'objet immédiat, et qui n'ont aucune ressemblance avec les modes ou accidents de la matière...

---

(1) Supplément à la Philosophie de M. Descartes, Man. d'Epinal, P. 279 et suivantes.

(2) Cette remarque est très juste. L'erreur assez générale que combat ici Desgabets provient d'une fausse conséquence que nous tirons du témoignage de nos sens. Ceux-ci nous apprennent qu'il y a dans les corps qui nous affectent une propriété permanente, en vertu de laquelle ils peuvent exciter en nous telle ou telle sensation ; nous concluons à tort que ces qualités sensibles des corps sont quelque chose dans ces corps qui ressemblent à nos sensations.

» La troisième est que les choses extérieures ont la force et le pouvoir d'exciter en nous des perceptions innombrables et très différentes, en touchant nos corps, et en portant par le moyen des organes de nos sens, leurs actions jusqu'au siège principal de l'âme, que l'on met dans le cerveau...

» La quatrième consiste en l'explication claire et solide que l'on donne de la nature de nos sens et de nos fonctions extérieures, que l'on avait ignorée jusqu'à présent...

» La cinquième est, qu'avant la découverte de ces vérités, il a été impossible qu'il y eut de vraie philosophie dans le monde, puisque les philosophes n'ont été occupés jusqu'à nos jours qu'à chercher dans son objet qui est le corps naturel, des choses qui n'y étaient pas du tout, et qui sont tout au contraire toutes spirituelles quoiqu'elles soient excitées par le corps...

» Enfin, on peut dire pour sixième conséquence que tout ce qui se fait dans la matière, par les différents mouvements et autres modes de ses parties, appartient à la métaphysique ou mécanique qui a tout cela pour objet ; il se trouve que par ce moyen la physique est heureusement réunie avec les sciences infaillibles, qu'elles n'ont toutes qu'un objet total, que le corps naturel, dont les physiciens ont dit tant de choses en l'air, n'est autre chose que le solide des mathématiciens, en tant que les divisions, figures et arrangement de ses parties peuvent faire tout ce qui paraît sur le grand théâtre de la nature, ce qui donne à la nouvelle physique, qu'on établit maintenant sur ces fondements, toute la solidité que l'on rencontre dans les sciences mathématiques. »

Cette doctrine si importante, il est vrai, n'a pas été entièrement ignorée des anciens philosophes : « Saint Augustin, dont le génie a été extraordinaire, a eu de grandes vues sur ce sujet. » D'autres « ont parlé de vapeurs qui sortent des corps odoriférants, et on était en assez bon chemin pour regarder les qualités prétendues corporelles comme étant de notre côté. » Cependant on peut la regarder comme une véritable découverte, puisqu'on n'avait jamais auparavant tiré les conséquences qu'elle renferme, et qui peuvent servir à résoudre tous les doutes.

. . . . . . . . . . . . . . . . . .

Le 1ᵉʳ Mars 1664, Robert Desgabets écrivait à Clerselier :

« Je lis maintenant le *Monde* de M. Descartes
où sa manière d'écrire est assez reconnaissable (1). »
L'ouvrage venait de paraître et il ne comprenait que des
fragments, publiés d'ailleurs avec des précautions inouïes.
L'éditeur rappelait dans sa préface que l'illustre philosophe ne proposait sa théorie du mouvement de la terre
« que comme une fable qui ne peut être nuisible. »
Composé, en effet, en 1633, le *Traité du Monde* avait
été tenu secret par l'auteur qui venait d'apprendre la
condamnation de Galilée par le Saint-Office. On sait que
« plus tard, encouragé par l'exemple d'un grand nombre
de philosophes et de mathématiciens catholiques, Descartes transporta dans les *Principes* cette opinion du
mouvement de la terre, mais en se servant d'un biais,
pour ne pas heurter de front la Bible et les théologiens. »
Dans cet ouvrage le philosophe « se défend, en effet, de
la prétention d'expliquer les choses telles qu'elles sont,
il ne veut que faire une hypothèse pour connaître les
phénomènes et rechercher les causes naturelles, et il
adopte celle de Copernic, qui lui semble plus claire et
plus simple que celle de Tycho. Or, voici comment il
imagine de faire mouvoir la terre. Un ciel liquide
l'environne et la porte ; elle est emportée par le cours de
ce ciel, comme un vaisseau qui n'est poussé ni par le
vent, ni par des rames, quoique en repos au milieu de
la mer, peut être insensiblement emporté par le flux et
le reflux de cette grande masse d'eau. Ce sont les tourbillons qui, emportant la terre, lui donnent son mouvement (2) ». — Desgabets admirait cette doctrine, et il la
défendit contre un Jésuite qui soutenait que « quand il
n'y aurait pas de Saintes Ecritures, l'hypothèse qui met
la terre immobile est préférable à toute autre (3). »

. . . . . . . . . . . . . . . . . . . . . . .

---

(1) Manuscrit de Chartres, n° 366, P. 272.
(2) Bouillier : Histoire de la Philosophie cartésienne, t. I., Chap. VIII.
(3) Le P. Ignace-Gaston Pardies. — Réfutation du Discours du
mouvement local par D. Desgabets : Ch. XXIX : Du système du monde
et du mouvement ou du repos de la terre. La même question fut
agitée à Commercy entre D. Robert et le Cardinal de Retz. — V. Appendice, IV.

Deux ans après, en 1666, Clerselier faisait remettre à Dom Robert un ouvrage qui venait de paraître sous ce titre : « *Dissertations philosophiques sur le discernement de l'âme et du corps.* » Disciple de Descartes, l'auteur, Géraud de Cordemoi y combattait, sans le nommer, un ancien médecin de Louis XIII, gassendiste distingué, M. de la Chambre, et montrait nettement, croyait-il, « ce qui était essentiel au corps et ce qui était essentiel à l'âme. » Le livre ne fut pas du goût de Desgabets, qui écrivit peu après à son ami : « L'étroite amitié que vous avez eue avec M. Descartes, la succession de son esprit et de ses écrits qui vous est échue... vous donne quelques droits sur tout ce qui se fait de nouveau pour l'enrichir et pour le combattre. Et comme le livre que vous avez envoyé fait une espèce de schisme dans cette philosophie..., je n'ai pu mettre en de meilleures mains les remarques que j'ai faites pour soutenir la vérité des principes de notre philosophe, qui sont maintenant attaqués par celui qu'on croyait avec raison devoir être leur plus ferme appui. » Entrant en matière par cette considération générale : « que ceux qui sont attachés à la doctrine des atomes, du vide, et des autres choses qui s'en suivent, sont tombés dans cette erreur faute d'avoir bien pénétré ce que la vraie philosophie enseigne, touchant la composition du continu et de la divisibilité à l'infini, » D. Robert disait que c'était pour n'avoir pas bien pénétré la nature des purs indivisibles (1)

---

(1) Descartes, on le sait, n'admettait point d'atomes, au sens étymologique du mot, c'est-à-dire de parties des corps ou de la matière qui seraient de leur nature indivisibles. En effet, si petites qu'on imagine ces parties, il faut qu'elles soient étendues et par suite divisibles. C'est ce que soutient aussi D. Robert Desgabets.

L'ouvrage de Cordemoi nous amène à dire deux mots en passant de la doctrine de Desgabets sur la vie. Sur ce point encore il est cartésien, et il assimile, comme son maître, les animaux à de pures machines : comme lui il veut expliquer les phénomènes des êtres vivants par des mouvements. L'homme seul, selon Desgabets comme d'après Descartes, se distingue de l'animal par la pensée, mais tandis que pour Descartes le principe de la pensée est absolument indépendant de l'organisme, il est d'après Dom Robert en dépendance étroite avec lui. Il y a dans le Manuscrit de Chartres (fol. 304) une lettre

que Gassendi s'était engagé dans le parti d'Epicure. Cela ne serait point arrivé, ajoutait-il, s'il avait été bien convaincu « que Dieu ou un ange peut, avec une fine pointe, toucher indivisiblement la moindre face du plus petit atome d'Epicure, et en conduisant cette pointe çà et là sur cet atome, y décrire une carte du monde en y observant toutes les proportions, et les mesures qui sont effectivement dans le grand monde. » Pour n'avoir pas compris cette vérité, les gassendistes ont cru qu'en supposant les atomes d'une petitesse inconcevable et en en renfermant plusieurs milliers dans un grain de sable ils deviendraient semblables aux points mathématiques qui n'ont point d'étendue. En conséquence ils ont imaginé les points comme des grains de sable extrêmement petits, les lignes comme des filets très déliés, et les superficies comme des feuilles minces, ne prenant point garde que « ces indivisibilités » ne sont pas des choses réelles ni subsistantes qui puissent être prises pour des parties du « continu » mais que ce sont de simples modes ou accidents de la chose étendue, dont on ne peut les détacher pour les faire subsister à part.

Remarquant ensuite qu'Epicure, Lucrèce, Gassendi, et leurs sectateurs, n'ont employé pour prouver les atomes et le vide que des raisons physiques, Dom Robert prétend que Cordemoi, gassendiste sans s'en douter, établit la même doctrine par des considérations métaphysiques très subtiles, qu'il veut faire passer pour démonstratives et convaincantes. Mais il y a dans ses assertions, suivant Desgabets, autant d'hérésies contre la philosophie de Descartes ; aussi s'applique-t-il à les réfuter par une série d'arguments qu'il fait valoir avec sa subtilité ordinaire.

Cela fait, il examine et critique la partie du discours où l'auteur commence à traiter du vide et à rejeter les raisons par lesquelles M. Descartes a prétendu qu'il n'y en pouvait point avoir. D'après ce philosophe, en effet,

---

curieuse de Desgabets à Clerselier sur la concomitance où D. Robert prouve que les bêtes n'ont pas d'âme connaissante. Nous en reparlerons plus loin.

l'étendue est identique à la matière ; il s'ensuit que l'univers est sans bornes, et qu'il remplit tous les espaces imaginaires. Et non seulement le monde est sans bornes, mais il est sans lacune et sans vide. (1) Cette opinion de la non-existence du vide était pour Descartes riche de conséquences : elle lui permettait de réfuter la doctrine d'Epicure sur les atomes, et de concevoir l'unité du principe matériel. Quant à la croyance commune à l'existence du vide, il l'expliquait « par une association d'idées entre certains espaces et certaines substances qui les occupent ordinairement, de telle sorte que lorsque ces substances, que nous sommes accoutumés d'y voir, n'y sont plus, nous jugeons que ces espaces sont vides (2). » Robert Desgabets défend la même doctrine et développe familièrement la même idée : « On a vu, dit-il, que l'huile, le vin et l'eau remplissaient également un tonneau, le même espace y demeurait donc toujours, et après l'avoir séparé de l'huile, du vin, de l'eau et de l'air, et de tout autre corps particulier, on en a fait un genre subsistant hors tous ses individus ; en un mot il est devenu un espace incorporel, un néant d'étendue, et néanmoins une étendue. Mais comme il serait ridicule de prétendre qu'après que Pierre, Paul, et chaque homme en particulier, est sorti de la salle du palais, la nature humaine y est demeurée, de même, lorsque toutes les étendues particulières sont ôtées de quelque lieu, on a tort de laisser une étendue générique pour le remplir en la manière que les étendues le remplissent. (3) »

. . . . . . . . . . . . . . . .

La seule application des lois du mouvement, sans

---

(1) La physique moderne est cartésienne sous ce rapport, car elle admet au-dessus de notre atmosphère un fluide extrêmement raréfié qu'elle appelle *éther*, analogue à la matière subtile de Descartes, et croit à la non-existence du vide.

(2) F. Bouillier. — Histoire de la Philosophie cartésienne, t. I., Chap. VIII.

(3) Lettre écrite à M. Clerselier touchant les nouveaux raisonnements pour les atomes et le vide, contenus dans le livre du discernement du corps et de l'âme. — Man. d'Epinal.

intervention aucune de causes supérieures, suffisait, d'après Descartes, pour expliquer tous les changements qui se produisent dans l'univers. Or, « étendre ainsi sur le monde phénoménal tout entier, dans le passé et dans l'avenir, comme une sorte de réseau qui en relierait toutes les parties entre elles, par des liens d'une inflexible nécessité » (1) n'était-ce pas renoncer à la contingence des lois de la nature, faire disparaître toute transcendance, et du même coup déclarer le miracle impossible ? Aussi les théologiens ne furent-ils pas les derniers à l'attaquer; et Dom Robert, qui acceptait le mécanisme cartésien, crut cependant prudent, dans une de ses lettres, d'user de discrétion en écrivant : « *principia mechanica ad explicationem miraculorum forte non sufficiunt.* » A son correspondant que ce mot « *forte* » étonnait, Desgabets répondait qu'en réalité il condamnait formellement « les qualités occultes, les sympathies » et « cette foule d'entités confuses dont Maître Aristote est l'instituteur » comme « quelque chose de très-peu propre à rendre savants. » Son « sentiment particulier » était que pour expliquer tous les phénomènes de la nature, « il est bien plus conforme à la raison d'avoir recours aux principes de la mécanique, qui sont simples et faciles à concevoir, qu'aux notions vagues et confuses de la métaphysique. » Le mot « *forte* » qu'il employait à dessein, « au lieu d'être un terme trop fort » était, disait-il, « un *forte* adoucissant. » Et il ajoutait avec une légère pointe d'ironie : « *Forte* me paraît excellent pour tirer d'affaire un pauvre philosophe qui se voit menacé de toute part. S'il dit absolument que les principes de mécanique suffisent, il a beau crier que la raison est pour lui, on ne l'écoutera pas : le bon plaisir du roi est qu'il n'ait pas raison, et ce bon plaisir est tout puissant. S'il dit

---

(1) Charles Dunan : Essais de Philosophie générale. P. 516. — Le mécanisme admis comme la cause seconde et efficiente de tous les phénomènes, (Descartes en physique rejette, on le sait, les causes finales), qui donne à la philosophie cartésienne son caractère à part, fut aussi la cause d'un grand nombre d'erreurs, en physiologie surtout.

que les principes de mécanique ne suffisent pas, il a beau se flatter d'être soutenu par l'autorité royale, cette autorité ne saurait étouffer les remords de sa conscience, s'il n'est pas lui-même persuadé de ce qu'il dit. Si un adverbe latin est capable de conserver la paix tant intérieure qu'extérieure, peut-on l'accuser d'être trop fort?... (1) Voilà, monsieur, les raisons que j'ai eues de me servir de « *forte* » qui m'ayant rendu un bon service, mérite bien sans doute que, par un sentiment de reconnaissance, je plaide sa cause. C'est un pauvre étranger, qui a été banni depuis un temps immémorial de la philosophie, des collèges, où l'on décide de tout sans crainte de se tromper, qui ne sera pas reconnu dans l'Académie française, où en sa qualité d'adverbe il ne trouvera aucune alliance, et qui ne saurait attendre de grandes recommandations de la part des grammairiens qui le reconnaissent pour ce qu'il est, c'est-à-dire pour la partie la moins considérable de la construction. » Puis, faisant de nouveau allusion aux ordres récents du roi qui interdisaient formellement d'enseigner la philosophie cartésienne, dans les Universités et dans les Congrégations religieuses, Dom Robert tenait ce langage : « J'avoue que l'on peut encore mettre en question si après la défense du roi et celle de notre Chapitre général (2) qui défend d'enseigner la philosophie de Descartes, il m'a été permis de révoquer en doute, si les principes de la

---

(1) Le fond de la pensée de Desgabets c'est que les principes de mécanique suffisent à expliquer les miracles. Or admettre ainsi que les miracles s'expliquent par les lois générales du mouvement, cela revient à dire qu'il n'y a pas de miracles. Voilà où il en arrivait, contre son intention, sans doute.

(2) « En 1675 les Pères Bénédictins de la Congrégation de Saint-Maur décident que les Pères visiteurs avertiront ceux de leurs confrères qui se destinent à l'enseignement de la théologie ou de la philosophie : qu'ils doivent suivre, dans leurs avis et explications, les propositions qui ont été dressées par ordre du Chapitre général et pareillement qu'ils se doivent abstenir d'enseigner les nouvelles opinions touchant l'essence des corps, qu'elles mettent dans l'extension actuelle, et les accidents qu'elles ne distinguent point réellement de la nature..., et que s'ils ne veulent se soumettre à ces conditions, on jettera les yeux sur d'autres pour remplir cet emploi. » Voir F. Bouillier : Histoire de la Philosophie cartésienne, Chap. XXII. — C'est à cet événement sans doute que Desgabets fait ici allusion.

mécanique peuvent suffire à l'explication de la nature. Vous m'avouerez qu'il m'est facile de répondre à cette question, car y ayant plusieurs manières de philosopher selon les principes de mécanique, il s'agirait de savoir si celle que j'ai embrassée est celle de M. Descartes.. De plus, le roi par son ordonnance, et nos supérieurs par leurs constitutions, ne prétendent pas obliger à aucune créance intérieure, et il suffit pour leur obéir de ne pas enseigner cette philosophie, étant permis à chacun de douter de sa vérité ou de sa fausseté (1) ».

Robert Desgabets est tout entier dans ces derniers mots. Comme on en peut juger par l'étude de ses écrits et de sa correspondance, pour peu qu'on lise entre les lignes, il sut faire deux parts dans sa vie : celle du religieux docile à la règle et fidèle à obéir aux supérieurs, mais aussi, celle du philosophe convaincu et indépendant, persuadé malgré tout de la vérité de ses doctrines, observant scrupuleusement le silence qui lui était imposé, et cependant, applaudissant du fond du cœur aux efforts que faisait Clerselier pour amener le succès définitif de la philosophie cartésienne.

---

(1) Extrait d'une lettre écrite à un ami touchant quelques questions de philosophie sur lesquelles on avait fait quelques objections. — Man. d'Epinal.

# CHAPITRE III.

### Dom Robert Desgabets partisan de la mécanique cartésienne.

*Remarques sur les éclaircissements du P. Poisson, touchant la mécanique et la musique de M. Descartes. — Lettre du P. Poisson à D. Robert. — Réplique de D. Robert dans sa lettre du 19 Janvier. — Réfutation du discours sur le mouvement local du R. P. Ignace-Gaston Pardies.*

En 1668, le P. Poisson, de l'Oratoire, mathématicien et philosophe, fit paraître une traduction française du *Traité de la Mécanique de Descartes* (1). C'était un ouvrage incomplet, que le grand philosophe avait composé assez rapidement en 1636, pour faire plaisir à un ami, le père du savant astronome Huygens, et qu'il espérait refaire, en lui donnant plus d'étendue : la mort le surprit, et il n'en eut point le temps. Poisson joignit à cette traduction un Abrégé de Musique fait

---

(1) La mécanique, au XVIe siècle était à peu près telle que l'avaient laissée les anciens, et durant ce siècle elle fit peu de progrès : on n'avait alors que des notions vagues et incomplètes de la force et des lois du mouvement. La théorie générale du mouvement prit naissance avec Galilée. Après avoir considéré le mouvement des corps isolés, on examina celui que divers corps se communiquent, soit par le choc, soit par l'interposition de leviers, de cordes, etc. Les trois géomètres auxquels la science est redevable des premières découvertes réelles sur les lois du choc des corps, sont : Wallis, Wrin et Huygens. — Figuier : Vies des savants du XVIIe siècle, P. 24.

également par Descartes, en 1618, alors qu'âgé seulement de vingt-deux ans, il servait en Hollande sous les ordres de Maurice de Nassau, et il accompagna ces traités d'éclaircissements de sa façon. Il envoya son volume à Robert Desgabets, qui composa ses *Remarques sur les éclaircissements*. Cet écrit, adressé sous forme de lettre à l'oratorien par notre bénédictin, est conservé à la bibliothèque d'Epinal avec les autres ouvrages inédits de Dom Robert : il est juste que nous parlions ici de ce document, où Desgabets prend encore une fois la défense du maître, et que nous disions en même temps quelques mots de la réponse du R. P. Poisson :

« J'ai enfin reçu, lui écrit D. Robert, le beau livre que vous m'avez fait l'honneur de m'envoyer, sans que j'en puisse témoigner d'autre reconnaissance que par un mauvais compliment, en vous remerciant très-humblement, et en faisant toute l'estime que mérite un si beau travail.... Je n'ai pu faire autre chose que de mettre ici quelques méchantes réflexions que vous recevrez, s'il vous plait, comme de simples marques de ma reconnaissance, et non pas comme des avances que je fasse, pour lier aucune partie avec une personne pour laquelle je ne dois avoir que de l'admiration.»

Faisant ensuite l'éloge des mathématiques à qui « l'on a l'obligation de tout ce qui est resté de bon sens dans l'Ecole », Desgabets exprime le regret qu'il éprouve de n'avoir jamais pu rencontrer l'occasion d'approfondir cette science, que pourtant il estime beaucoup. Et sans s'attarder davantage, il passe à ce qu'il a remarqué en faisant lecture du livre du P. Poisson, d'abord, « en la page 21 touchant le principe général des Mécaniques que M. Descartes explique par l'espace que parcourt la force motrice et le poids qui est mû par cette force, au lieu que Galilée se sert de la considération de la vitesse ». Dom Robert est choqué de voir le P. Poisson mettre sur un même pied Descartes et Galilée :

« Quoique cet auteur, dit-il en parlant de ce dernier, ait été un grand homme, il faut néanmoins avouer qu'il a ignoré les vrais principes de la physique (1) et qu'il n'a pu former un corps d'opinions bien suivies, voire même qu'il s'est mépris en quelques unes de ses spéculations. » Je crois, ajoute-t-il, « que c'est par charité que vous prétendez l'excuser, en quoi vous êtes très-louable, mais au fond je ne pense pas qu'on puisse nier qu'il ne se soit pas trompé dans cette matière pour deux raisons : — 1° parce qu'on ne peut déterminer précisément quelle est la quantité de la force d'une cause motrice et de la résistance d'un poids, dans les divers degrés de vitesse qu'on y peut considérer, si on ne connait parfaitement tant la vraie nature des mouvements et des arrangements que produisent les diverses accélérations, que celle du medium (2) dans lequel se fait le mouvement, parce qu'il résiste plus ou moins selon qu'il est plus ou moins pesant, ou que ses parties sont plus ou moins liées..... — 2° parce qu'un corps n'en peut pousser un autre, s'il ne se meut lui-même, et qu'il ne peut se mouvoir que d'une certaine force capable de lui donner un certain degré de vitesse, lors même qu'il est mû seul et qu'il n'agit point sur un autre corps..... — C'est pourquoi M. Descartes a eu raison de laisser là la considération de la vitesse et de s'attacher à celle de l'espace, quoique la force et le poids se mouvant en même temps il s'en suit que si la force fait le double de chemin, elle va deux fois plus vite.

» La seconde remarque est touchant ce qui est dit dans la page 30 où Galilée est repris d'avoir dit qu'un corps supposé sur une ligne parallèle à l'horizon peut être mû par la moindre force, étant indifférent au repos ou au mouvement. Sur quoi vous dites si affirmativement qu'il est très-faux qu'un corps soit également de soi indifférent au mouvement et au repos, et que la première idée qui suit celle de l'étendue est l'idée du repos, que je ne puis me

---

(1) Robert Desgabets se montre injuste à l'égard de Galilée. C'est lui, on le sait, qui a découvert les lois de la chute des corps qui sont le fondement de la dynamique, et pour arriver à les déterminer, il suppose la notion d'un mouvement uniformément accéléré, dans lequel les vitesses croissent comme les temps. On peut rattacher à ces travaux l'observation si judicieuse du mouvement pendulaire et rappeler que Galilée eut une part importante dans l'invention du microscope et du thermomètre. Toute la mécanique actuelle est fondée sur les principes de Galilée.

(2) On entend par medium, le milieu (air, eau, miel, mercure) dans lequel se fait le mouvement. On sait, en effet, qu'en quelque endroit et de quelque manière qu'on fasse mouvoir un corps, il se trouve toujours dans quelque fluide qu'il doit pousser sans cesse devant lui pour se faire un passage.

persuader que je retrouve le sens de ces paroles ; car il est impossible qu'un homme, parfaitement bien versé dans la philosophie de M. Descartes, ignore qu'il enseigne expressément et démontre que le mouvement et le repos sont deux modes ou accidents de la matière, également positifs, et auxquels elle est également de soi indifférente, comme elle est indifférente à être ronde ou carrée, n'exigeant de demeurer en repos qu'autant qu'elle y est déjà, et n'exigeant aussi de se mouvoir qu'autant qu'elle se meut, parce qu'il est naturel à ce qui se meut de continuer à se mouvoir ; de même qu'il est naturel à un carré de demeurer carré ; comme au contraire il faut faire violence à ce qui se meut pour l'arrêter, et à ce qui est en repos pour le mouvoir..... Cette doctrine de l'indifférence de la matière au repos et mouvement doit passer pour le fondement de toute la physique et des lois de la nature et du mouvement : ainsi il n'y a que le vulgaire, et les sectateurs de la vieille philosophie qui en parlent autrement, à cause des préjugés de l'enfance qui nous font croire que les corps tendent au repos et non pas au mouvement, parce que la cause qui fait mouvoir ce qui est en repos nous est plus sensible et est plus connue que celle qui arrête ce qui est en mouvement....

» La troisième remarque est touchant ce qui est dit à la page 40 que M. Descartes devait commencer à traiter des mécaniques par le creuset, comme par la plus simple de toutes les machines. Car encore que d'abord le levier, considéré comme un simple bâton ou comme une balance sans mouvement, paraisse plus simple que toute autre machine aux yeux du vulgaire(1), néanmoins M. Descartes qui en a pénétré la force et l'usage a pensé, au contraire, que c'était la plus embarrassée et la plus difficile à expliquer. En effet, il ne peut y avoir rien de plus simple que l'uniformité parfaite qui se rencontre dans le mouvement qui se fait par la poulie, que M. Descartes explique la première, au lieu que l'action du levier passe par degrés très-inégaux et produit des mouvements incommensurables, ce qui suffit pour le ranger au dernier lieu de peur de tomber dans le défaut de ceux qui expliquent « obscurum per obscurius ».

» La quatrième remarque est touchant la merveille des merveilles de la balance romaine ou truchet à peser, p. 44, et expliquée très-subtilement dans les suivantes. Cette

---

(1) Desgabets fait erreur : le levier est bien la plus simple de toutes les machines. C'est toujours par là que l'on commence l'étude de l'équilibre des machines simples en mécanique.

question, qui a donné tant d'exercice aux savants, paraît nulle à M. Descartes, et en effet elle se peut résoudre en un mot par la raison de l'espace que les poids parcourent, et je ne doute pas qu'on en demeure d'accord si on considère cette balance dans le mouvement actuel, car il n'y a rien de plus que ce qui a été dit dans l'explication des machines simples, puisque cette balance n'est en effet qu'un levier. Toute la difficulté qui reste ne regarde donc que l'état d'équilibre et de repos qui résulte de la position inégale de deux poids de différente pesanteur. Or, cette difficulté ne paraît pas plus grande que la première à M. Descartes, d'autant qu'il est visible que la pression ou impulsion des poids, lors même qu'il ne s'en suit aucun mouvement, est une chose très-réelle et très-positive : que c'est une préparation au mouvement : que c'en est la vraie cause quand il se fait, et qu'il en faut parler de même que du mouvement qui en résulte.....

« Pour cinquième remarque touchant ce qui est contenu en la page 47, je dirai que quand il arrive que les bras d'une balance sont fort gros, fort longs ou fort pesants, et que la différence des poids du côté opposé est fort petite il s'en suit seulement, par raison mécanique, que le mouvement se doit faire fort lentement à cause de la résistance du medium, mais non pas que la force ajoutée à un des bras fut perdue, car encore que le contraire paraisse dans les expériences qu'on en fait, et qu'il faille ajouter un poids notable pour faire trébucher une poutre qui est en équilibre, il ne faut pas rapporter cet effet à une raison mécanique, mais plutôt à une raison physique qu'il faut tirer de ce que le soutien n'est jamais parfaitement dur et exactement poli, non plus que le corps appuyé dessus.....

» Pour sixième remarque touchant ce qui est dit dans la page 101, je dirai, ou que je ne prends pas bien votre sens, ou que j'ai sujet de m'étonner de ce que vous dites comme une chose fort constante que les cordes tendues sont plus bandées aux extrémités qu'au milieu, car M. Descartes dit expressément le contraire sans en apporter de raison, parce que la chose paraît sans difficulté.....

» Je ne répondrai rien à la remarque de ceux qui traitent des mécaniques touchant la rupture des cordes vers les bouts plutôt que vers le milieu, d'autant qu'on ne peut pas toujours savoir où est le faible de la corde, et que d'ailleurs il semble fort clair qu'elle rompt toujours où elle est le plus faible, sans qu'on doive s'arrêter à des expériences fautives contre une vérité si claire.

» Voilà, mon R. P., jusques où je puis porter mes libertés en suite de l'honneur que vous m'avez fait, vous priant de le prendre en bonne part, et d'excuser mes fautes et encore plus ma hardiesse, laquelle n'empêche pas que je ne me dise, avec autant d'intérêt que de soumission, etc. »

La réponse du P. Poisson ne se fit pas attendre : elle est intéressante, fort élogieuse pour notre bénédictin ; en voici les principaux passages (1) :

« Mon Révérend Père. — Je ne sais si l'auteur du plus bel ouvrage qui parût jamais, aurait pu espérer un remerciement aussi obligeant que vous me faites, s'il aurait assez de présomption pour attendre tant de louanges; pour moi je ne puis avoir assez d'aveuglement même pour les souffrir, mais comme ce serait vous obliger de m'en dire de nouvelles que de vous obliger de justifier ce que vous avancez en ma faveur, je ne me défendrai pas davantage et croirai plutôt qu'elles s'adressent à quelques autres dont je suis assez heureux de porter le nom. Néanmoins, si les louanges ne se rapportent pas à moi, je sens bien que les objections qui les suivent me regardent, et, si je suis insensible aux faveurs qui sont à la tête de votre lettre, je ne le suis pas aux coups qui me touchent... Cependant, comme il est quelquefois permis de représenter son droit à ses juges, souffrez que je vous dise en deux mots ce qui en demanderait plus grand nombre si vous n'étiez capable comme vous l'êtes de suppléer au reste.

» 1° Ce que vous dites contre Galilée : « *Il faut, dites-vous, connaître les diverses accélérations du mouvement et la nature du medium...* » ; pour répondre à tout cet article, je n'ai qu'à faire voir que M. Descartes et Galilée n'ont point expliqué, celui-là par l'espace, celui-ci par la vitesse, quelle était la cause de l'équilibre dans la Romaine, ainsi que je le ferai voir ; je n'ai qu'à remarquer que les raisons que vous rapportez contre l'un tombent aussi sur l'autre. Car l'espace ayant si grande liaison avec la vitesse ou le mouvement, qu'il n'en diffère que comme un mode dépendant d'un autre, comment voudriez-vous que la connaissance de tant de choses naturelles précède celle de la vitesse, et qu'elle ne soit pas nécessaire pour juger de l'espace. La vitesse, direz-vous, se mesure par le temps et

---

(1) « Cette petite correspondance, dit V. Cousin, serait bonne à extraire pour accroître les renseignements que nous possédons sur le P. Poisson. » *Fragments de Philosophie Cartésienne*, P. 221. — Nous nous faisons un plaisir de donner au public ces extraits.

l'espace par les grandeurs, j'en demeure d'accord, mais les mêmes inconvénients se rencontrent en l'un et en l'autre, car la diversité du medium, qui est la cause de tous les autres effets que vous remarquez, empêche aussi bien que vous ne puissiez rien décider de la Romaine par la voie de l'espace que par la voie de la vitesse, que le poids soit, par exemple, de cuivre, et le fardeau qui contrepèse en l'air soit de bois, l'un ni l'autre ne pesant plus dans le vif argent ou le fardeau de bois surnageant dans l'eau, vous ne pouvez rien connaître de sa pesanteur par l'espace, puisqu'il ne se fait point d'angles pour la mesurer, votre espace étant donc sujet à la diversité des mediums aussi bien que la vitesse de Galilée ; c'est un grand préjugé qu'il en faut venir à ma pensée pour parler de la Romaine et que, quand on a parlé de l'espace ou de la vitesse, ce n'a été que comme des moyens pour connaître l'action de la Romaine rapportant le temps du fardeau au temps du poids, ou l'espace à l'espace.

» 2º Lorsque j'ai dit que la première idée qui suit celle du corps est l'idée du repos, je ne crois pas avoir rien altéré du sens de M. Descartes ; car je ne prétends pas que le repos soit plus essentiel au corps que le mouvement, mais que l'idée du repos étant plus simple que celle du mouvement elle la doit aussi précéder. En effet, n'est-il pas vrai qu'entretenir les choses en l'état où elles sont, c'est quelque chose de plus simple que de les en tirer. Or, ce dernier effet, est celui du mouvement. Donc, etc.

» 3º Quand j'ai montré que la poulie n'avait d'action que parce que son diamètre qui fait tout le jeu est un levier, j'ai assez fait voir que M. Descartes eut dû suivre une autre méthode. Car il en est du levier à la poulie comme de la ligne au cercle. Or, aucun géomètre, que j'aie jamais lu, ne dit que le cercle fût plus simple que la ligne ; et, en effet, entre les choses naturelles, moins on peut tirer de propriétés et plus elles sont simples ; or, vous n'ignorez pas combien le cercle a de propriétés par dessus la ligne droite : ainsi ne doutez pas que la ligne ne soit plus simple. Quant à ce que vous dites que M. Descartes a bien commencé par la poulie à cause de l'uniformité de son tour, défiez-vous toujours de ces propriétés que vous rencontrez, n'en faites pas des mystères, crainte que les ayant découvertes vous ne les fassiez les guides de votre raison...

4º Je ne puis concevoir comment M. Descartes a jamais voulu dire que l'espace fût la cause de l'équilibre de la Romaine ; l'espace y contribue autant que le temps et l'un et l'autre sont tellement étrangers au bras de la balance, que je croirais aussitôt que le soleil a de la lumière parce que nos yeux seulement s'en aperçoivent, et, pour dire franchement ce que j'en pense, c'est que de toutes les pensées que M. Descartes a débitées dans ses lettres et qui ne sont que des suites nécessaires de ses principes, il y en a quelques-unes, lesquelles il aurait retouchées s'il les eut voulu mettre au jour, du nombre desquelles je ne crois pas que sa pensée sur l'équilibre de la Romaine et celle des cordes tendues, dont vous parlez ensuite, n'eussent été ; et il n'eut point en cela dérogé... Il faut distinguer le temps auquel on écrit. M. Descartes a pu dire des choses à la volée dans les premières années de sa retraite, qu'il eut corrigées après l'établissement de ses principes, et si on comparait ce qu'il écrivait en 1620 à ce qu'il a composé en 1650 on y trouverait peut-être autant de différence qu'entre saint Augustin semi-pelagien et saint Augustin défenseur de la grâce de saint Paul.....

» Je maintiens donc que M. Descartes n'a jamais dû dire... que l'espace contribuât à l'équilibre de la Romaine :

» 1° Parce que « prius est esse quam operari ». Or cet espace n'est pas encore, puisque les poids sont en équilibre. Donc etc.

» 2° L'espace est au corps mû, ce que le temps est au corps existant ; or un corps existe indépendamment du temps quoiqu'avec le temps ; donc le corps se pourra mouvoir indépendamment de l'espace quoique dans l'espace.

» 3° Les mêmes raisons qui prouvent que le lieu ne peut être mis au nombre des causes réelles dans la nature... prouvent aussi pour l'espace. Or le lieu ne peut rien... Donc.

» Mandez-moi si ces raisons ne vous satisfont pas, je suis tout prêt de me dédire et de faire réparation d'honneur à M. Descartes dont je maintiendrai les principes à tout le reste. Mais ce n'en est pas un que ce qu'il dit dans les lettres, que les cordes tendues sont plus bandées et souffrent davantage aux extrémités qu'au milieu. Votre Révérence demeure d'accord qu'il l'avance sans en apporter de raison, mais s'il en manque en cette rencontre l'expérience le convainct aussi du contraire, etc.....»

Cette lettre écrite le 28 Octobre 1668, ne fut remise à Dom Desgabets que le 20 décembre ; retenu par la maladie il ne put y répondre que le 19 janvier de l'année suivante. « Il ne me reste, disait-il au P. Poisson, aucune faiblesse corporelle, mais je pourrai peut-être faire paraître celle de mon esprit en répondant à vos raisonnements touchant lesquels je dirai mes pensées avec simplicité et sincérité, laissant là les compliments, que je ne crois pas nécessaires pour vous persuader que je suis un de vos plus grands admirateurs, et de vos plus passionnés serviteurs. »

« J'approuve fort, ajoute-t-il, ce que vous dites dans votre livre, qu'il importe peu, pour expliquer le principe des mécaniques, qu'on se serve de celui de M. Descartes ou de Galilée quoiqu'en vérité ces deux génies ne paraissent pas de même force, et qu'on puisse dire des pensées de Galilée, comparées au corps de sa philosophie, ce qu'on disait d'un livre de Balzac, que chaque période valait mieux que tout l'ouvrage, ce qui n'empêche pas que la philosophie de Galilée, faite de pièces refondues, ne vaille mieux que tout ce qu'on avait fait avant lui. Je ne puis aussi m'empêcher de préférer la simplicité du principe de M. Descartes à l'embarras qui est enveloppé dans celui de Galilée, car pour peu que le medium soit liquide, la force et le poids se pourraient mouvoir si lentement que le medium ne fera aucune résistance, et n'empêchera aucunement que la raison des espaces ne soit juste, au lieu que se servant de la vitesse il y a beaucoup de choses à considérer qui sont fort malaisées, si on les veut rapporter à l'usage ; il y a aussi de grandes difficultés dans la considération de ce que la force ou le poids doit faire pour se mouvoir soi-même.....

» Vous dites encore que la diversité des mediums empêche qu'on ne puisse rien décider de la Romaine par la considération de l'espace, non plus que par celle de la vitesse, et vous apportez pour cela l'exemple de deux poids, l'un de bois et l'autre de cuivre, plongés tantôt dans l'eau, dans le vif argent, dans l'air, où ils pèsent et ne pèsent pas. A quoi je réponds que cette considération n'est pas mécanique mais physique, d'autant que supposant que les poids perdent toujours quelque chose de leur pesanteur dans tout medium connu et même dans l'air, il est clair que ce qui est diminué du poids n'est d'aucune considération, parce que, à cet égard, il n'y a rien du tout à faire..... Pour examiner le phénomène de la Romaine, il ne faut qu'examiner que ce qu'il y a d'effort et de résistance, ou de gravitation actuelle, dans les poids, sans se mettre en peine de ce qui ne pèse pas et qui appartient à une autre spéculation.....

» Au reste je me trompe extrêmement, ou le principe du phénomène de la Romaine n'est autre que celui de M. Descartes. Car les poids, disposés comme vous le supposez, ne peuvent sortir de leur équilibre qu'en se mouvant, et, ne pouvant se mouvoir, qu'en observant les règles de l'espace posées par M. Descartes, il me semble qu'il ne faudrait pas aller chercher plus loin une raison qui se présente d'elle-même.....

» Je suis ravi de voir, par votre article deux, que vous ne vous écartez aucunement de M. Descartes touchant l'indifférence de la matière au repos ou au mouvement, je vous dirai néanmoins, franchement, que cette si grande simplicité, qu'on attribue au repos au lieu que le mouvement paraît plus composé, semble tenir quelque chose du vieux préjugé qui nous a fait juger qu'il y a quelque chose de plus dans le mouvement que dans le repos, où on ne voit qu'une parfaite uniformité pendant tout le temps de sa durée.....

» Le levier étant considéré sans rapport à son vrai usage, et comme un simple bâton soutenu par le milieu, est sans doute plus simple que la poulie, et devra être expliqué le premier, mais comme les machines ne sont point inventées pour produire des effets égaux à la force, il faut toujours considérer le levier comme une machine qui est en action, et qui est soutenue proche l'un des bouts, auquel cas ce n'est plus une machine très-simple mais très-composée ....

» Vous avez raison de ne rien diminuer de l'estime de M. Descartes pour avoir peut-être écrit négligemment dans une lettre particulière du phénomène de la Romaine.....»

Desgabets termine enfin en répondant aux raisons apportées par le P. Poisson contre le principe de Descartes. A l'adage de l'Ecole : prius est esse quam operari « et que l'espace n'étant pas encore il ne peut rien faire », il réplique :

« Que l'espace n'est pas encore parcouru mais qu'il est à parcourir non pas en général, mais d'une autre manière, et conformément à certaines règles qui s'observent non-seulement quand on se meut suivant icelles, mais aussi quand elles nous déterminent à ne nous pas mouvoir, et à demeurer en repos, comme il arrive dans la proportion d'égalité des poids et des distances.....»

Telle fut, en abrégé, la polémique de D. Robert Desgabets avec le P. Poisson, au sujet de la mécanique cartésienne. Cette fois encore, notre bénédictin apparaît comme un disciple enthousiaste et convaincu de Descartes, qui le voulait soutenir même en ses erreurs (1). Son argumentation, il faut bien le dire, est faible auprès de celle du P. Poisson, il semble même un peu étranger aux matières dont il traite, et l'oratorien a bien mieux saisi que lui les différentes questions auxquelles il s'applique : dans toute cette discussion c'est presque toujours le P. Poisson qui a raison.

. . . . . . . . . . . . . . . . . . . .

Descartes prétendait que l'unique cause de tous les changements, que l'on constate dans le monde des corps, consiste dans le mouvement local, qui n'est produit et conservé que par Dieu. Non seulement il refusait à tous les corps un principe de vie, mais il niait encore que ceux-ci aient au-dedans d'eux-mêmes quelque force pour influer activement sur d'autres. Cette explication rencontra une vive opposition chez les défenseurs de la philosophie de l'Ecole. Un professeur du collège Louis-le-Grand, très connu dans le monde savant, et dont nous avons déjà parlé, le P. Ignace-Gaston Pardies (2), fit pour le réfuter un « *Discours du mouvement local* ». Ici encore D. Robert Desgabets se déclara champion de Descartes et composa un assez long écrit qu'il intitula : « *Les fondements de la Philosophie et de la Mathématique chrétienne, contenus dans les lois de la nature, et dans les règles de*

---

(1) Descartes, dit M. Figuier, avait senti que des lois fixes et constantes président à la communication du mouvement : il fit des efforts pour les déterminer ; mais trop préoccupé de son système général, cause unique de la plupart des erreurs dans lesquelles il fut entraîné, il manqua le but qu'il s'était proposé. — Vie des savants illustres du XVII<sup>e</sup> siècle par Louis Figuier ; Librairie internationale, 1869, P. 24.

(2) Pardies, Ignace-Gaston, né à Pau, le 5 septembre 1636, entra au noviciat le 18 novembre 1652. Il enseigna pendant plusieurs années les Belles-Lettres, et composa quantité de petits ouvrages latins en prose et en vers, où il règne une grande délicatesse de pensée et de style. Il enseigna ensuite la philosophie, et professa avec éclat les mathématiques au collège de Louis-le-Grand, à Paris. On attendait de lui des ouvrages importants, quand une fièvre qu'il contracta en portant les secours de la religion aux prisonniers de Bicêtre, l'enleva aux sciences le 22 avril 1673. — Sommervogel, ouvr. cité.

*la communication des mouvements, et découverts dans la réfutation du discours du mouvement local du R. P. Ignace-Gaston Pardies* ». La préface est remarquable et, croyons-nous, assez intéressante pour mériter d'être reproduite presque entièrement à la fin de ce chapitre :

« La publication de la philosophie de M. Descartes qui s'est faite de nos jours, écrit Desgabets, a fait un si grand changement dans les fondements des sciences, qu'on la doit regarder comme un des plus grands événements de notre siècle... Elle contient un grand nombre de vérités importantes qui n'avaient point été connues... Il suffit de dire présentement que les fondements de sa physique qui consistent aux lois de la nature, et aux règles de la communication des mouvements, doivent passer pour des choses qu'on ne saurait assez estimer. Non-seulement il a découvert ces fondements... mais il a comme sanctifié toute la philosophie et la mathématique par l'attachement particulier qu'il a fait voir que les sciences ont avec la souveraine perfection de Dieu...

» Je ne prétends pas accuser de mauvaise foi tous ceux qui ont combattu cette philosophie naissante, et qui ont retardé le grand bien qu'elle fera quelque jour dans le monde... Outre les passions lâches, basses et malignes de quelques esprits mal tournés, on remarque une disposition moins mauvaise dans quelques personnes préoccupées, et qui n'ont pas assez travaillé pour pénétrer dans le fond des grandes vérités, ou bien qui, ayant beaucoup de pénétration pour les choses qui appartiennent à la pure mathématique, n'ont pas les lumières nécessaires pour entrer dans les vérités de la vraie métaphysique, sans laquelle il est impossible de rien dire de solide touchant les choses fondamentales...

» On a un grand exemple de ce que je viens de dire en la personne du R. P. Pardies, auteur du Discours du mouvement local dont j'entreprends ici la réfutation. Cet homme plein d'esprit et de bonnes intentions, n'ayant pu entrer dans le fond des lois de la nature, a cru qu'il était de son devoir d'en renverser les fondements. C'est ce qu'il a entrepris dans son discours qui est également ingénieux et éblouissant, ce qui lui a donné une si grande réputation parmi tous les adversaires de M. Descartes, qu'il est devenu comme le chef en ce point, sur qui tous les autres se reposent comme sur un champion invincible... Pour moi ayant eu peu d'occasions d'entrer dans cette carrière, je serais demeuré dans le silence... si je ne m'étais rencontré par hasard dans une grande assemblée, où l'occasion s'étant présentée de parler des fondements de la physique de M. Descartes, quelques mathématiciens et ingénieurs qui étaient présents, dirent d'un ton fort grave et d'un air fier, que le P. Pardies avait renversé tout cela dans son Discours du mouvement local, et que c'était la créance commune des savants, qu'il n'y avait rien à répondre à ses raisonnements, qui étaient autant de démonstrations.

» Voilà ce qui me donna occasion d'examiner cet ouvrage, et je reconnus par la lecture que j'en fis, que le P. Pardies avait l'esprit également vif et inventif, mais la bonne foi et l'amour de la vérité m'obligent de dire sérieusement qu'il n'a pas seulement compris l'état de la question, qu'il n'a point du tout connu la nature du mouvement, dont il pense nous découvrir les secrets....

» Tout le monde sait que M. Descartes a prétendu fonder sur la liberté souveraine de l'action de Dieu créateur, moteur et législateur, et sur l'immutabilité de ses volontés irrévocables, la nature de toutes les vérités, et particulièrement les lois de la nature et les règles de la communication des mouvements... Un si beau dessein étant bien conduit ne peut aboutir à rien moins qu'à rendre ces sciences toutes chrétiennes et divines. Mais l'éclat d'une si grande lumière se trouva trop fort pour les yeux de plusieurs qui furent éblouis, et notre auteur est celui de tous les hommes qui en a été le plus offensé : non seulement il rejette comme fausse toute cette doctrine, mais il la condamne hardiment comme très dangereuse, quoiqu'il fasse cette grâce à M. Descartes de l'excuser et de diminuer le mal qu'on croirait que ses principes auraient pu faire, dont il apporte cette admirable raison, qui est que ses raisonnements touchant cela ne sont propres qu'à faire rire ceux qui ont quelque teinture de la théologie.

» Nous verrons dans la suite de quel côté seront les rieurs. Cependant je puis me promettre qu'on m'accordera que si je fais voir que cet auteur s'est trompé autant qu'il est possible de se tromper, je ne ferai rien contre l'honnêteté lorsque j'emploierai des raisons populaires et des comparaisons très familières pour renverser ses préjugés. Je tâcherai... non seulement d'en faire voir, mais aussi d'en faire sentir la fausseté, afin que les personnes les moins attentives puissent faire quelques réflexions sur des choses très fausses, dont on n'a point le moindre doute, et que tout le monde reconnaisse qu'il n'y a rien de fort contre Dieu ni contre la vérité (1). »

---

(1) Man. d'Epinal, A R 2, 143 P. 133 et suiv.

# CHAPITRE IV.

### La philosophie eucharistique.

*Difficultés théologiques résultant du sentiment de Descartes sur la matière : les deux lettres au Père Mesland ; pourquoi elles ne furent pas publiées. — Zèle imprudent que Clerselier, Desgabets, et Rohault, mirent à les défendre. — Discussion de Claude Clerselier et du P. Viogué, sur la philosophie eucharistique : opinion de M. Denis, avocat au Présidial de Tours. — Clerselier et le P. Bertet : les censures du Jésuite Fabri et du Théologien Malleval ; le bénédictin D. Antoine Vinot. — Clerselier emploie Desgabets comme second, dans sa polémique avec le P. Poisson. — M. Pastel, médecin d'Auvergne, fait des objections aux réponses de Clerselier au P. Viogué : nouvelle intervention de D. Robert. — Ecrits sur l'incompatibilité de la philosophie de M. Descartes, avec le mystère de l'Eucharistie : réflexions de Desgabets sur ces divers ouvrages. — Entière bonne foi de Clerselier et de Dom Desgabets en toute cette affaire.*

Plusieurs dogmes de l'Eglise catholique, — celui de l'Eucharistie surtout, — intéressent de près la philosophie des corps matériels. L'ancienne et commune distinction de la substance et des accidents ; la puissance, universellement attribuée à Dieu, de conserver à ceux-ci leur existence, en les séparant de celle-là ; la doctrine enfin, qui mettait l'essence des corps en des principes inétendus par eux-mêmes, quoique source d'étendue, s'accommodaient parfaitement, et sans grande difficulté, avec l'enseignement catholique.

Descartes, au contraire, qui avait eu tant de soin, lorsqu'il avait entrepris de dépouiller son esprit de toutes ses connaissances, de « mettre à part, dans une arche sainte, les vérités révélées » se trouva fort embarrassé de les concilier avec son opinion sur l'étendue comme constitutive de la matière, et sur l'impossibilité d'en séparer les accidents corporels. Il fit à ce sujet quelques tentatives respectueuses, discrètes, secrètes même, au demeurant fort peu satisfaisantes, et des esprits bienveillants à son égard, avouaient que si la philosophie de ce grand homme n'était pas aussi bien vue de la Sorbonne, que de l'Académie, c'était uniquement parce que ni le maître ni les disciples n'avaient entrepris d'accommoder leur nouveau système avec les vérités théologiques, aussi justement qu'ils l'avaient fait avec les expériences de la nature.

Deux lettres au P. Mesland, dont on trouve une copie dans les manuscrits d'Epinal, de Chartres, et de Paris ; une réponse au P. Mersenne, au sujet des objections d'Arnauld ; quelques pages des Méditations métaphysiques, où il discute les difficultés qui lui avaient été faites sur la transsubstantiation par plusieurs philosophes et théologiens ; voilà en effet ce que l'on possède de Descartes sur la philosophie eucharistique. Nous avons en outre découvert à Chartres, une courte lettre de ce philosophe, sur le même sujet : elle est adressée à Clerselier, et aussi un extrait d'une autre lettre, écrite à une personne dont Clerselier déclare ignorer le nom. On sera peut-être bien aise de retrouver ici le texte de ces deux lettres, absolument inconnues, et dont les originaux sont aujourd'hui perdus :

1° LETTRE ESCRITTE PAR M. DESCARTES AU SIEUR CLERSELIER

D'Egmont, le 2 Mars 1646.

« Il n'y a que huit jours que j'ay eu l'honneur de vous escrire. Mais vos dernières, que j'ay receues aujourd'huy, me donnent un nouveau sujet de vous remercier, pour la peine que vous avez voulu prendre de recevoir les lettres de ma sœur, laquelle les adressoit auparavant au P. Mersenne. Je ne luy escris que deux ou trois fois l'an ; ainsy j'espère que vous n'en serez pas trop importuné.

Pour la difficulté que vous proposez touchant le Saint-Sacrement, je n'ay autre chose à y répondre, sinon que si Dieu met une substance purement corporelle, en la place d'une autre aussy corporelle, comme une pièce d'or, en la place d'un morceau de pain, ou un morceau de pain, à la place d'un autre, il change seulement l'unité numérique de leur matière, en fesant que la mesme matière *numero*, qui estoit or, reçoive les accidents du pain, ou bien que la mesme matière *numero*, qui estoit le pain A, reçoive les accidents du pain B, c'est-à-dire qu'elle soit mise sous les mesmes dimensions, et que la matière du pain B y soit ostée ; mais il y a quelque chose de plus au Saint-Sacrement, car, outre la matière du corps de Jésus-Christ, qui est mise sous les dimensions où estoit le pain, l'âme de Jésus-Christ, qui informe cette matière, y est aussy.

Je vous ay envoyé la copie du privilège, et je vous ay mandé mon sentiment, touchant les 5$^{ièmes}$ objections, il y a huit jours, et je suis

Vostre très humble et très obéissant serviteur

DESCARTES.

N'ayant qu'une petite lettre à envoyer au Père Mersenne, et celle-cy estant encore plus courte, j'ay cru n'en devoir pas faire deux pacquets. »

2° EXTRAIT D'UNE AUTRE LETTRE DE M. DESCARTES SUR LE MÊME SUJET.

« Quant à la difficulté dont vous me parlez, je ne vois pas qu'elle soit autre, au regard de ma philosophie, qu'au regard de celle de l'Escole ; car il y a deux principales questions touchant ce mystère. L'une est comment il se peut faire que tous les accidents du pain demeurent en un lieu, où le pain n'est plus, et où il y a un autre corps en sa place ; l'autre est comment le corps de J.-C. peut estre sous les mesmes dimensions où estoit le pain. J'ay dû respondre à la première autrement qu'on ne fait dans l'Escole, ayant une autre opinion de la nature des accidents. Mais pour la dernière, je n'ay pas besoin de chercher aucune nouvelle explication, et bien que j'en puisse trouver quelqu'une, je ne la voudrais pas divulguer, parce qu'en ces matières-là, les plus communes opinions sont les meilleures. Ainsy on peut demander à tous les théologiens comme à moy, lorsqu'une substance corporelle est changée en une autre, et que tous les accidents demeurent, qu'est-ce qu'il y a de changé ? Et ils doivent respondre comme moy, qu'il n'y a rien du tout de changé de ce qui tombait sous les sens, ny par conséquent rien de ce pourquoy on a donné divers noms à ces substances, car il est certain que la diversité des noms qu'on leur a donnez ne vient que de ce qu'on a remarqué en elles diverses propriétez qui tombent sous les sens. » (1)

. . . . . . . . . . . . . . . .

Lorsque Descartes mourut, Clerselier, son intime ami, recueillit et publia ses lettres. Toutefois, craignant de faire condamner les doctrines cartésiennes, il ne fit point paraître les divers écrits de Descartes, dans lesquels ce philosophe expliquait la manière, dont il concevait la présence réelle de Jésus-Christ dans l'Eucharistie. Il en tira seulement quelques copies, qu'il aimait à communiquer aux hommes du monde, ou aux religieux qui lui paraissaient admirateurs et partisans de Descartes : Augustins, Jésuites, bénédictins, oratoriens, théologiens de Sorbonne, avocats, voire même médecins, furent par lui consultés. Aux uns, il demandait le secours de leur érudition, à d'autres, quelles objections on pouvait faire à cette explication : il priait enfin ceux qui avaient « leur

---

(1) On lit dans le manuscrit de Chartres n° 366, P. 10, avant la première de ces lettres : « Cette lettre est escritte de la main de M. Clerselier » ; avant la seconde « idem de M. Clerselier », et ces mots de ce dernier : « Je ne sçay d'où, ny à qui, elle a été escritte. »

rendez-vous » au Vatican de consulter discrètement sur ce point délicat la cour Romaine (1).

Il se proposait, en effet, de laisser « rouler sous la presse » ces précieux documents, s'il était une fois assuré que cela se pût faire sans crainte de flétrissure pour la mémoire de son grand et cher ami. Les lettres de Descartes au P. Mesland, circulèrent donc de main en main, et furent le point de départ d'une foule d'écrits demeurés inédits, où de savants auteurs prirent parti pour ou contre l'opinion cartésienne.

C'est une intéressante histoire que celle de cette polémique ; bien des religieux y figurèrent, (2) mais trois

---

(1) Il est certain que, si Clerselier avait alors consulté le Cardinal de Retz, il n'aurait point fait cette imprudente démarche. Robert Desgabets lui écrivait en effet quelques années plus tard, en 1664 : « J'ai été bien aise que vos lettres m'aient donné l'occasion d'en conférer (de l'explication cartésienne du Saint-Sacrement) avec Monseigneur l'Archevêque de Retz. J'ai eu avec lui une conversation presque de trois heures sur ce seul sujet. Et comme il a l'esprit admirable et très solide, il n'a eu aucune peine à pénétrer dans le fond de la question, et de la manière dont il fallait répondre aux objections, quoiqu'il n'eût jamais ouï parler de cette opinion. Enfin, il a avoué que la chose était admirablement bien pensée, et qu'il n'y avait rien de contraire à la foi du Saint-Sacrement. Mais, comme il a grande connaissance de la manière dont les choses nouvelles sont reçues à Rome, il dit qu'il faut bien se garder de publier cette opinion, et qu'indubitablement elle y serait aussitôt censurée. On ne demande là que de la besogne, et la capacité des juges ne va pas au-delà de la Scolastique, qui les accoutume à recevoir tant de miracles qu'on voudra, et même des choses qui passent le miracle de bien loin. » Manuscrit de Chartres, n° 366. P. 273.

(2) Citons les titres de quelques écrits inconnus jusqu'ici, qui permettront d'ajouter plusieurs noms à ceux qui sont mentionnés par F. Bouillier dans son histoire de la philosophie cartésienne :
Conjectures du P. Daniel, récollet, sur un moyen que M. Descartes dit avoir dans une de ses lettres, pour expliquer le mystère de l'Eucharistie. Man. de Chartres fol. 818. — Lettre du R. P. Le Bossu, chanoine régulier de Saint-Augustin, lequel, ayant eu communication du présent manuscrit, en dit son sentiment, et expose, en même temps, une façon d'expliquer le mystère de l'Eucharistie, selon la pensée de M. Descartes, mais d'une autre manière que celle contenue dans ces écrits, fol. 829. Lettre du même, au P. de Bragelongne, sur le sujet de la lettre précédente, fol. 904. — Mémoire en forme de lettre, du R. P. Aubert, chanoine régulier, touchant la concomitance, fol. 917. — Lettre de M. Gravelle de Reverseaux, sur la lettre du P. Le Bossu, fol. 925.

Il faudrait encore nommer le P. Bertet, jésuite, et le bénédictin Dom Vinot : nous en parlerons plus longuement ailleurs.

Disons enfin, qu'un autre bénédictin, Dom Le Gallois, (mort en 1695)

philosophes surtout se distinguèrent par leur hardiesse et leur témérité : Clerselier, Dom Robert Desgabets et Jacques Rohault, qui fut même, de ce chef, accusé d'hérésie et inquiété jusque son lit de mort.

D'après M. Francisque Bouillier, de ces trois « nul ne remua plus témérairement la matière de l'Eucharistie, et ne mit plus de zèle à défendre les lettres au P. Mesland » que D. Desgabets. Il y a là quelque exagération. En fait, ce fut Clerselier qui provoqua les premières discussions ; depuis, on le vit sans cesse sur la brèche, et après la mort de son gendre Rohault et de Dom Robert, il réfutait encore en 1681 les objections du ministre Terson, pauvre « errant » qu'il avait la joie de voir rentrer dans le sein de l'Eglise catholique, et de gagner à son explication du divin mystère. Mais il est temps de parler de ces controverses subtiles, qui compromirent sérieusement le succès de la philosophie cartésienne.

. . . . . . . . . . . . . . . . . .

Le 1er mars 1654, le P. Viogué, (1) docteur en théologie de la Faculté de Paris, et religieux de l'ordre de Saint-Augustin, proposait à Clerselier les difficultés suivantes, au sujet de « l'opinion de M. Descartes, qui établit l'essence des corps dans l'étendue en longueur, largeur et profondeur » :

A. — « Si un corps ne peut être réellement et véritablement quelque part, sans que son essence y soit, et que l'extension soit l'essence du corps, il faut que le corps de Jésus-Christ ne soit point réellement et véritablement en l'Eucharistie, n'y ayant point d'extension pour lui. »

B. — « Dans la pensée de l'extension et que rien ne périt, les espèces ou apparences du pain, étant réelles

---

qui fit profession à Saint-Remi de Reims en 1662 et enseigna la philosophie à Saint-Vandrille la même année, exposa cette explication cartésienne du mystère eucharistique avec plus d'audace encore que Desgabets. Nous donnons dans l'appendice, le mémoire qui fut présenté contre lui à ses supérieurs par Dom Mège, bénédictin de Saint-Maur ; c'est un document intéressant.

(1) Le Père Viogué était aumônier de l'ambassade de Suède ; c'est lui qui avait assisté Descartes à ses derniers moments.

et véritables extensions, sont un vrai corps, lequel serait même pain, puisque les propriétés y sont : où sera la pensée catholique ? »

c. — « Et pourquoi le sentiment de Luther et de Calvin ne serait-il pas vrai, dans l'hypothèse que l'extension soit l'essence des corps, etc. » (1)

Clerselier répondit d'abord aux objections qui regardaient les accidents (22 mai), et dans une autre lettre (5 juin), il s'efforça de lever les difficultés qui concernaient le fond du mystère, c'est-à-dire la manière d'être du Christ dans l'Eucharistie. Ni l'une ni l'autre de ces réponses ne donna satisfaction au Père Viogué, et Clerselier, aux abois, s'adressa à un de ses amis appelé Denis, avocat au Présidial de Tours, le priant de lui fournir quelques arguments. Celui-ci lui conseilla d'affirmer d'une part que la physique cartésienne était vraie, c'est-à-dire que nous avons bien l'idée du corps comme d'une chose étendue en longueur, largeur et profondeur, mais d'ajouter d'autre part que le corps de Jésus-Christ, étant dans l'Eucharistie par miracle, nous ne pouvons concevoir la façon dont il s'y trouve. C'était sage, et si Clerselier avait voulu adopter ce système de défense, il se serait épargné bien des ennuis. Mais il n'y trouvait pas son compte, car ce qu'il cherchait c'était de faire triompher l'explication du mystère contenue dans les lettres au P. Mesland Il s'efforça donc d'expliquer la présence réelle, d'après ses principes de physique, citant à son appui les Pères et les Conciles. Ces raisons ne réussirent pas mieux que les premières à convaincre le P. Viogué, qui préféra « ne pas voir si clair, pour laisser plus de place à la foi véritable ». Clerselier dut lâcher pied, et abandonner le terrain.

. . . . . . . . . . . . . . . . .

A quelque temps de là, Clerselier crut rencontrer un précieux auxiliaire dans la personne du P. Bertet, jésuite, (2) qui ambitionnait l'honneur d'être son ami, et

---

(1) Biblioth. Nationale, manuscrit français 15,356, fol. 257.
(2) « Bertet Jean, né à Tarascon, le 22 février 1622, entra dans la

lui mandait que la « jeunesse » de sa compagnie commençait, grâce à lui, à s'attacher à la philosophie cartésienne. « M. Descartes, écrivait-il, est parfaitement catholique. Je puis dire que j'ai remarqué cette qualité dans ce grand homme sans fourberie et que l'existence de Dieu et l'immortalité de l'âme, où l'Epicurisme fait tant de mal, sont les premiers principes, sans lesquels sa philosophie des corps ne pourrait subsister. »

Admirateur jusque-là, de Gassendi, il n'avait pas hésité, ajoutait-il, à quitter sa physique « qui ne pénétrait pas jusqu'à la source des choses » pour embrasser celle de Descartes, dont la simplicité le ravissait. Entretenir avec Clerselier un commerce de lettres était une faveur qu'il estimait par-dessus tout : se donnant pour un persécuté, il s'efforçait de le gagner à lui. (1) Il lui demandait son avis sur un petit traité de philosophie eucharistique, qu'il avait composé d'après les principes cartésiens, sur la demande d'un aumônier de ses amis, (2) et lui promettait en outre un ouvrage anonyme qui serait comme une apologie des partisans de M. Descartes :

---

Compagnie le 25 janvier 1637. Il enseigna les humanités pendant huit ans, la philosophie durant le même nombre d'années et les mathématiques pendant douze années. Il fut ensuite préfet des études d'Emmanuel-Théodore de Bouillon, depuis cardinal. A la sollicitation de ce prince, le P. Bertet vint à Paris à la maison professe, en 1671. La curiosité qu'il eut d'écouter une devineresse qui faisait alors beaucoup de bruit à Paris, fut cause de sa sortie de la Société, quoi qu'il fût profès depuis 1659. Il sortit en 1681, se retira au monastère d'Oulx de l'ordre de St-Benoît, et mourut à Paris, le 29 juin 1692.» — Sommervogel, ouvrage cité T. I. col. 1374.

(1) « J'ai fait un cours de philosophie à Grenoble, où j'ai apporté toutes les précautions imaginables, et, malgré cela, la seule préoccupation que j'entendais cette philosophie, et que les curieux me visitaient pour en conférer, m'a attiré des déplaisirs, que j'ai dissimulés, et qui ne m'ont pas été sensibles dans l'approbation générale de cette ville. » — Lettre datée d'Aix, le 7 octobre 1659. — Manuscrit de Chartres, fol. 717.

(2) M. Pardessus, aumônier de Lesdiguières. — Le P. Bertet a composé de nombreux ouvrages restés manuscrits. Dans sa bibliothèque de la Compagnie de Jésus, le P. Sommervogel en énumère les titres classés sous les lettres A — Z. Nous avons remarqué le suivant qui pourrait bien intéresser le cartésianisme : (A) Traité de la présence réelle, de la transsubstantiation, du sacrifice de la messe, où toutes les disputes sur ce sujet sont recueillies, avec une concorde des anciens Pères et des controversistes modernes.— Nous ne savons où se trouvent les manuscrits du P. Bertet.

deux jésuites (1) lui prêteraient leur concours, et on y ferait voir que les disciples de ce grand homme n'avaient écrit sur le Saint-Sacrement qu'après qu'on les y eût obligés « en les décriant comme hérétiques, et sectateurs d'une philosophie dangereuse ». Il demandait enfin à Clerselier communication de ses écrits sur la philosophie eucharistique, ajoutant que le P. Fabri, qui avait dû quitter la province de Lyon, et s'en aller à Rome « pour les mécontentements que la philosophie nouvelle lui avait causés » était si fort son ami « que sans faire semblant de rien » il saurait de lui « ce qu'on dirait à Rome de cette explication ».

Mal en prit à Clerselier qui le crut sur parole, et eut la naïveté de lui envoyer ses ouvrages. La réponse lui vint en effet, non pas telle qu'il la souhaitait, mais sous forme de censures, du P. Fabri et d'un théologien de Marseille, qui avait nom Malleval.

Après avoir résumé en quelques lignes l'enseignement des conciles, le P. Fabri condamnait en termes formels l'explication philosophico-théologique de Clerselier. Cette opinion, affirmait-il, fourmille d'erreurs contre la foi : il s'ensuivrait que la substance du pain demeure en l'Eucharistie ; il n'y aurait plus de transsubstantiation, c'est-à-dire de conversion totale ; ce ne serait pas le corps du Christ, mais son âme seulement, qui se trouverait sous les saintes espèces ; il y aurait enfin autant de corps du Christ différents, qu'il y aurait d'hosties consacrées. Tout cela était dit d'un ton qui n'admettait

---

(1) Je vous promets un traité apologétique anonyme, et je crois que deux de mes amis y mettront encore quelque chose de leur façon.... Les père Rigaut (?) et Fabri sont obligés, par considération, à ne nous pas découvrir leurs sentiments. Cette contrainte nous prive des lumières de deux des grands hommes du monde. J'espère vous faire voir les sentiments du premier, et, pour le second, qui a quitté cette province, et est à Rome pour les mécontentements que cette philosophie lui a causés, il est si fort mon ami et si sincère, que sans faire semblant de rien je saurai de lui qu'est ce qu'on dirait à Rome de cette explication. Je ne lui enverrai pourtant qu'un précis de votre doctrine, si vous le jugez à propos, et j'en attends votre sentiment. — Manuscrit de Chartres, fol. 717.

pas de réplique, et dans un latin dont nous faisons grâce au lecteur (1).

M. Malleval, le théologien de Marseille, censurait cette proposition : « que supposé l'impossibilité de la pénétration, et de la reproduction de la même matière en nombre, même par voie surnaturelle, on peut néanmoins défendre la transsubstantiation dans le mystère de l'Eucharistie, en la manière que l'Eglise le croit. » — C'est une supposition fausse, disait-il, car nier la pénétration et la reproduction de la même matière en nombre, c'est détruire les premiers de nos mystères (2).

Clerselier répondit à tous deux : à Fabri, comme il convenait, latine et in forma, à Malleval en français. Reprenant un à un les arguments du jésuite, il s'efforçait de le réfuter à l'aide de distinctions subtiles ; il reprochait ensuite à M. Malleval de donner pour appui à notre foi, « des êtres qui ne furent jamais dans la nature, qui ne sont sortis du néant, et n'ont pris naissance, que depuis que les hommes ont pris plaisir à former des chimères, et à les faire passer pour des réalités ». Puis Clerselier communiqua censures et réponses au bénédictin Dom Antoine Vinot, en lui faisant connaître son aventure.

Dom Vinot fut irrité. Il n'aimait pas du tout les jésuites « qui s'approprient, disait-il, tout ce qu'il y a de beau et de bien inventé dans le royaume des sciences, dont ils veulent être les monarques et les juges souverains et indépendants » ; il les regardait comme les ennemis nés de la philosophie cartésienne « qui prennent pour eux cette célèbre voix : *Videant Censores ne quid Respublica*

---

(1) « Censura Honorati Fabri Societatis Jesu » — Manuscrit de Chartres, fol. 26. — Le P. Fabri, né vers 1607, au Grand-Abergement (Ain), professa la philosophie et les mathématiques pendant plusieurs années au collège de Lyon. Il fut ensuite appelé à Rome comme théologien de la Sacrée-Pénitencerie, et y mourut le 8 mars 1688. Le P. Fabri, en 1649, publia son cours de philosophie « Philosophia universa per propositiones digesta, et in breve compendium redacta, cum suis momentis rationum, Lugduni. » V. Sommervogel, ouvr. cité T. III, col. 511.

(2) Censure de M. Malleval, théologien de Marseille. - Man. de Chartres, fol. 33.

*Scholastica detrimenti patiatur* » et il ajoutait, non sans malice, « qu'ils quitteraient plutôt et la robe et le bonnet que la philosophie d'Aristote ». Il était également persuadé que les jésuites, seront à jamais persécuteurs des Cartésiens, Gassendistes, Digbistes, Hobbistes et Galiléens : dans les avances du P. Bertet, il soupçonnait un piège. Il savait que ce père était l'intime ami du Père Théophile Raynaud (1), de la même Compagnie, auteur d'un petit opuscule anti-cartésien, contre le P. Noël, jésuite de Paris, où Descartes était appelé *Empedocles renatus*. Il n'ignorait point aussi le mot d'un grand personnage du siècle, qui disait « qu'il vaudrait mieux être mordu par un chien fou, que d'être piqué par le bout de la plume du Père Théophile, qui envenime tout ce qu'il touche ». Aussi écrivit-il sans tarder à Clerselier une longue lettre, où il condamnait formellement son commerce avec le P. Bertet. Il lui disait en effet, après les compliments d'usage, qu'à son avis on ne pouvait donner « une atteinte plus mortelle à la philosophie de M. Descartes, ni à la réputation de sa personne » qu'en communiquant « à ces gens là » ses pensées et ses écrits « sur la matière de l'Eucharistie ». Il ajoutait qu'il craignait surtout que si le P. Théophile venait à avoir communication de ces pièces, « fécond comme il l'était en libelles », il ne fît bientôt paraître au jour « au lieu d'un *Empedocles renatus*, un *Geryon Cartesius* » car il ne manquera pas, ajoutait-il, d'y trouver pour le moins trois hérésies « qui seront comme les trois têtes de ce monstre qu'il

---

(1) Raynaud, Théophile, né le 15 nov. 1587 à Sospello (Comté de Nice), entra dans la Compagnie le 21 nov. 1602. Il enseigna la grammaire et les humanités à Avignon, la philosophie six ans et la théologie dix ans à Lyon, où il fut aussi deux ans préfet des études. Son biographe dit qu'il manquait de critique, en matière de goût. Il composa de nombreux ouvrages, qu'il entreprit de faire publier à la fin de ses jours, mais il ne vit pas l'entière exécution de ce dessein. Le P. Bertet termina l'édition qui fut faite aux frais de Charles Emmanuel, duc de Savoie : Théophile Raynaud résida quelques années à Grenoble, Chambéry et Rome, passa les treize dernières années de sa vie à Lyon, et y mourut, le 31 octobre 1663.

Il a composé contre Arnauld et les Jansénistes le libelle suivant : « *Arnaldus redivivus, natus Brixiae saeculo duodecimo, renatus in Gallia, aetate nostra* ». — Voir Sommervogel, V° Raynaud.

se formera pour le combattre ». Et il terminait en ces termes : « Pour vous le dire encore une fois, ne prenez plus pour arbitres ces bons Pères dont nous avons parlé, et croyez que M. Descartes n'a prophétisé que de ces bons Pères, quand il a dit dans sa réponse aux quatrièmes objections sur la fin : *Quoniam aliis doctiores videri volunt, nihil ægrius ferunt quam si quid novi in scientiis etc.*, que vous savez par cœur. Adieu, mon cher Monsieur, prenez soin de votre santé ». (1)

Peu de temps après, paraissait le décret de la Sacrée Congrégation de l'Index, qui interdisait aux fidèles la lecture des ouvrages de Descartes. Dom Antoine Vinot crut que cette condamnation était l'œuvre des jésuites, et il écrivit à Clerselier les lignes suivantes :

*De Coulombs, ce 27 Janvier 1664.*

Monsieur,

« Croiriez-vous que des hommes ennemis se sont élevés contre ce grand maître. Je suis marri de vous porter cette mauvaise nouvelle, qui serait capable d'affliger un philosophe qui ne serait pas de votre tranquillité : en trois mots, l'inquisition de Rome a condamné M. Descartes, donec corrigatur. Les jésuites ont été ses délateurs, et le Père Fabri le solliciteur de cette censure, et comme on a censuré aussi ce chanoine de Berry, que vous avez vu, il faut que ce soit

---

(1) « Lettre de Dom Antoine Vinot, bénédictin, où il n'approuve pas les relations des jésuites et de M. Clerselier, particulièrement avec le Père Bertet, et lui fait en même temps des difficultés sur la manière d'expliquer le Saint-Sacrement, suivant les pensées de M. Descartes. » Man. de Chartres, fol. 651.

Dans cette lettre, D. Vinot disait encore à Clerselier : « si j'étais à votre place, je laisserais les choses en l'état où elles sont, si la civilité toutefois ne vous oblige pas à faire réponse au Père Bertet, touchant ces censures, car s'il est honnête homme, il ne s'en servira pas à votre désavantage ». — De fait, les réponses de Clerselier aux censures ne furent suivies d'aucune réplique, et sa correspondance avec le P. Bertet prit brusquement fin.

Il est probable d'ailleurs que ce religieux fut déplacé, et il paraît assez vraisemblable d'admettre que c'est à cette époque qu'il fut nommé professeur de mathématiques. Ce qui est certain, c'est que les jansénistes lui en voulaient fort : ils racontent une foule d'histoires invraisemblables sur l'abbé Bertet « conseil joyeux du Cardinal de Bouillon. » Ils ne lui pardonnaient pas peut-être d'avoir été cause de la condamnation des œuvres de Descartes. — Voyez Bibliothèque Nationale, man. 1732, P. 28.

la matière eucharistique qui ait été le prétexte des censures. Vous voyez que j'ai été prophète, vous ayant dit il y a longtemps que le commerce que vous aviez avec le P. Bertet produirait quelque chose de funeste à la philosophie du grand maitre. Le Père Fabri envoya une censure privée, et il en a procuré une publique. Ces maitres pédants étaient offensés du grand éclat, et de la vogue de cette philosophie, et ils ont leur rendez-vous au Vatican pour foudroyer cet innocent auteur. Mais c'est assez parler de cette mauvaise affaire, qui fera bientôt du bruit à Paris, puisque les Français ont été les solliciteurs (1). »

. . . . . . . . . . . . . . . . . . . . . . .

C'est à cette époque, c'est-à-dire après les censures du P. Fabri et de M. Malleval, (2) que commença, entre Clerselier et D. Robert Desgabets, un commerce régulier de lettres, au sujet de la philosophie eucharistique.

Depuis longtemps déjà, Clerselier avait fait connaître à Desgabets, lors de son séjour à Paris, les lettres de Descartes au P. Mesland, et ces écrits avaient été pour lui une véritable révélation. Il pensait, en effet, que l'un des plus pernicieux effets de la « philosophie péripatétique » avait été de faire abandonner la manière noble et simple en même temps, dont les pères traitaient les mystères de la foi, « ce qui avait fermé la porte à toutes les belles vérités que l'on aurait pu découvrir ». L'heure était venue de rompre « avec une philosophie pleine de ténèbres et de dangers, en lui opposant les véritables principes de la nature ». Dom Robert avait en conséquence composé divers traités cartésiens de philosophie eucharistique, qu'il faisait étudier aux jeunes religieux de son monastère. (3) Il fut heureux de communiquer

---

(1) « Extrait d'une lettre du P. Vinot à M. Clerselier. Il lui mande que la doctrine de M. Descartes a été condamnée à Rome par les sollicitations des jésuites », fol. 710 du man. de Chartres.

(2) Vers la fin de 1663 selon le manuscrit de Chartres.

(3) On ne peut nous demander de résumer ici tous les ouvrages de D. Robert Desgabets, sur le mystère de l'Eucharistie : nous nous efforcerons seulement de donner un aperçu aussi clair que possible de sa doctrine philosophique. On a pu voir plus haut l'énumération détaillée et exacte de ces écrits, que nous publierons peut-être un jour.

Tout d'abord, Dom Robert reprend pour son compte l'explication de Descartes au P. Mesland, qui, dit-il, n'est autre que celle qui a été

ces écrits à Clerselier, et accepta bien volontiers de lui venir en aide, en répondant à sa place aux objections qui lui étaient adressées. Il en eut bientôt l'occasion.

En 1667, en effet, Clerselier eut avec le P. Poisson de l'Oratoire quelques entretiens où il fut question du mystère de l'Eucharistie, des lettres de Descartes au P. Mesland, des divers écrits composés pour défendre l'explication de ce mystère, d'après les principes cartésiens ; en même temps Clerselier pria ce Père, lorsqu'il en aurait le temps, de lui découvrir ses pensées à ce sujet. Après examen, le P. Poisson lui écrivit que la manière dont Descartes expliquait ce mystère était incompatible

---

donnée par saint Jean de Damas, bien que Descartes s'en soit cru le premier inventeur. « Nous avons une raison particulière, dit Desgabets, d'écouter vénérablement M. Descartes, et de bien espérer de ses raisonnements en cette matière eucharistique, car s'étant trouvé engagé à expliquer à M. Arnauld ce qui appartient à la doctrine des espèces sacramentelles, il l'a fait avec tant de succès dans la métaphysique, que cette difficulté, qui avait fait une peine extrême aux théologiens depuis plus de 500 ans, a été entièrement ôtée par son explication ; il n'a été besoin pour cela que de réformer les fausses notions que nous avions de la nature des accidents, dont je dirai quelque chose ci-après, et peut-être qu'en réformant aussi celles que nous avons, touchant le corps humain, la matière, les formes substantielles, le lieu, les qualités sensibles, nous verrons de même triompher la vérité pour l'éclaircissement des autres difficultés de ce mystère, qui regardent l'anéantissement de la matière, l'existence d'un corps en plusieurs lieux, la réduction d'un grand corps en un petit espace, la pénétration et la dilatation des dimensions. »

En somme, ces « autres difficultés » peuvent se ramener à deux principales, dont l'une regarde l'existence d'un corps en plusieurs lieux, et l'autre l'existence d'un grand corps en un petit espace. — Voici comment Desgabets s'en explique, d'après les principes cartésiens: « Sans doute, dit-il, l'état ordinaire d'un corps humain exige la continuité locale de sa matière pour exercer les fonctions communes de la vie, qui dépend du rapport que les organes ont les uns aux autres, ce qui fait qu'un chacun n'est qu'une partie, et non pas un corps entier, mais... nous apprenons de Boèce que les substances immatérielles ne sont pas proprement dans le lieu : c'est-à-dire qu'elles n'y sont que par leur action ou passion... de sorte... qu'une âme pourrait être unie à des portions de matière fort éloignées l'une de l'autre, s'il n'y avait aucune fonction à faire qui requît de la continuité entre ces portions de matière fort éloignées l'une de l'autre; c'est pourquoi la forme donnant l'être à la chose, l'âme peut avoir son corps par miracle en plusieurs lieux séparés, et, en cet état, elle n'aurait qu'un seul corps, si ces parties de matière n'avaient aucun rapport entre elles de tout et de parties. » — D. Desgabets examine ensuite comment il peut se faire qu'un grand corps puisse tenir en un petit espace : « S'il est vrai, dit-il, que Notre-Seigneur a toujours été

avec la foi. Il avouait que, sans doute, quelques textes des Pères pouvaient être allégués en faveur de l'opinion cartésienne, mais il faut reconnaître, ajoutait-il, « qu'ils ne lui seraient favorables que dans l'expression, leur propre pensée en étant fort éloigné. » Quant à lui, il pensait devoir la combattre pour les raisons suivantes, qu'il développait longuement : « A. Cette opinion de M. Descartes est contraire à l'Ecriture. — B. Cette opinion est contraire aux Conciles. — C. Cette opinion est le métousisme condamné. — D. Cette opinion a du rapport avec celle de Durand. — E. Cette opinion condamne la conduite du Concile de Trente. — F. Cette opinion est la même que celle de Rupert. Enfin, quoi qu'il en soit, cette

---

le même homme, possédé le même corps pendant sa vie, ne faut-il pas reconnaître qu'on peut dire de ce même corps indivisible qu'il est formé du plus pur sang de la Sainte Vierge, qu'il ne respire pas et qu'il respire.... qu'il est petit et qu'il est grand, qu'il n'est jamais dans le même état, et qu'il demeure le même. Si tout cela se dit proprement d'un même corps d'homme *numero*, à raison de ce qui lui convient en divers temps... quelle merveille que ce même corps, se trouvant tout entier et indivisiblement en divers lieux, ait des organes et du sang, et n'en ait pas ; soit grand et petit, visible et invisible, se divise et ne se divise pas, etc. »

Il est cependant une question qui se pose, inéluctable, capitale, et à laquelle R. Desgabets ne peut par conséquent se dispenser de répondre. Si l'on admet, comme il le veut, l'union de l'âme de Jésus-Christ avec la matière du pain et du vin, on affirme, par là même, à l'encontre du Concile de Trente, que le pain demeure dans l'Eucharistie : on est hérétique.

Notre bénédictin s'inscrit en faux contre cette grave accusation. Selon lui, une âme informant un corps (quelconque), cette information est un changement, puisque les termes non unis s'unissent et s'appartiennent désormais. « Ceux qui sont accoutumés aux principes de M. Descartes, dit-il, savent qu'il pourrait arriver qu'un corps d'homme parfaitement organisé, et faisant toutes les fonctions animales, n'aurait pourtant pas d'âme raisonnable, mais serait animal pur et simple, c'est-à-dire bête comme les autres. Or, je demande si, lorsque l'âme viendra à être unie à cette machine, ou à ce corps organisé, il n'est pas vrai que voilà un homme tout fait, et la bête absolument changée, en sorte que ce n'est plus une bête ou un simple animal, que ce n'est plus ni lion, ni cheval, si l'âme vient à être unie par miracle à ces animaux. Voilà donc, toute la difficulté levée touchant le pain consacré qui demeure et qui ne demeure pas ; qu'on peut considérer comme du pain, si on détourne son attention de l'âme qui l'informe, et qui n'est plus pain, si on le considère comme informé d'une âme qui le change au corps d'un homme. »

— Et maintenant, que faut-il penser de cette doctrine ? — Elle a été critiquée par Pascal dans un fragment obscur et presque énigmatique des Pensées, ainsi que l'a montré récemment M. Couture. (Commentaire

— 114 —

opinion, ayant servi de preuve à Wiclef, et ayant été réfutée comme hérétique, on ne la peut soutenir sans encourir la même peine. » — On comprendra facilement l'embarras de Clerselier à la vue d'un tel faisceau d'objections. Il chargea le bénédictin D. Alliot de remettre la lettre du P. Poisson à Desgabets, en le priant d'y répondre en son nom.

Dom Robert, « après cinq mois de courses dans les monastères de la Congrégation » étant enfin arrivé « dans le lieu de son repos » fit ses réflexions sur ces difficultés. Il répondit à tous les arguments tirés de la Sainte Ecriture et des Pères, et s'efforça de démontrer que cette opinion n'était pas le métousisme condamné, puisque M. Descartes « ne disait pas que le

---

d'un fragment de Pascal sur l'Eucharistie) : on nous permettra de le reproduire ici :

1<sup>re</sup> ASSERTION. — Elle est toute (la substance consacrée) le corps de Jésus-Christ, en son patois, mais il ne peut dire qu'elle est tout le corps de Jésus-Christ.

RÉFUTATION. — L'union de deux choses sans changement ne fait point qu'on puisse dire que l'une devient l'autre. Ainsi, l'âme étant unie au corps, le feu au bois, sans changement. Mais il faut changement qui fasse que la forme de l'une devienne la forme de l'autre : ainsi l'union du Verbe à l'homme.

2<sup>me</sup> ASSERTION. — Parce que mon corps sans mon âme ne ferait pas le corps d'un homme, donc mon âme unie à quelque matière que ce soit fera mon corps.

RÉFUTATION. — Il ne distingue pas la condition nécessaire d'avec la condition suffisante. 1° L'union est nécessaire mais non suffisante. 2° Le bras gauche n'est pas le droit. 3° L'impénétrabilité est une propriété des corps. 4° Identité de numero au regard du mesme temps, exige l'identité de la matière. Ainsi si Dieu unissait mon âme à un corps, à la Chine, le même corps, Idem numero, serait à la Chine ; la même rivière qui coule là est Idem numero que celle qui court en même temps à la Chine.

M. Couture a fait de ce texte une ingénieuse paraphrase que nous nous contenterons de compléter sur un point : la voici.

I

L'auteur de ce système prétend expliquer le changement de la substance du pain au corps de Jésus-Christ, par la seule union de l'âme de Jésus-Christ à l'hostie. Après cette union, ELLE EST « TOUTE » LE CORPS DE JÉSUS-CHRIST, dit-il EN SON PATOIS ; MAIS IL NE PEUT DIRE QU'ELLE EST « TOUT » LE CORPS DE JÉSUS-CHRIST, puisqu'elle n'est qu'une minime portion de la matière unie à son âme, portion absolument distincte, soit

corps de J.-C. s'unissait au pain » mais « ce qui était tout différent que le pain devient très proprement le corps de N.-S. et cesse d'être pain, de même que l'embryon devient le corps humain, et cesse d'être embryon, au moment que l'âme y est infuse. » Pour ce qui était de Rupert, comme ce dernier « n'avait pas parlé de l'union substantielle de l'âme au pain, mais d'une union hypostatique, qui ne fait pas un corps d'homme, » D. Robert ne croyait pas nécessaire de s'y arrêter davantage. Enfin, examinant à son tour une explication du mystère donnée par Poisson, et qui, d'après son auteur, était « très accordante avec la philosophie de M. Descartes, » il déclarait qu'il rejetait cette opinion, parce qu'elle

---

du corps glorieux de Jésus-Christ qui règne dans le ciel, soit des autres hosties consacrées.

II

Encore n'a-t-il pas le droit de dire, dans sa théorie, que le pain devient le vrai corps de Jésus-Christ. Le pain n'est pas moins du pain, quoiqu'on le suppose uni à une âme. L'UNION DE DEUX CHOSES, SANS CHANGEMENT dans la substance d'aucune d'elles, NE FAIT POINT QU'ON PUISSE DIRE QUE L'UNE DEVIENT L'AUTRE. AINSI, L'AME étant supposée UNIE AU CORPS sans changement, LE FEU uni AU BOIS SANS CHANGEMENT, on ne pourra certes pas dire, que le corps a été changé en âme, ni que le bois a été changé en feu. De même l'hostie étant unie sans changement à l'âme de Jésus-Christ, sera-t-il vrai de dire que l'hostie est devenue le corps de Jésus-Christ ? En aucune manière. MAIS pour qu'on puisse dire que le pain devient le corps de Jésus-Christ, ou en général qu'une substance en devient une autre, il FAUT un CHANGEMENT QUI FASSE QUE LA FORME DE L'UNE DEVIENNE LA FORME DE L'AUTRE, que la forme de la seconde devienne la forme de la première; et partant, pour que la substance du pain devienne la substance du corps de Jésus-Christ ; il faudra que la vie et l'organisation du corps de Jésus-Christ prennent la place de la forme et de l'être propre du pain. [AINSI L'UNION DU VERBE A L'HOMME ne fait pas que le Verbe devient l'homme, parce qu'il n'y a pas de changement dans la forme du Verbe].

Mon adversaire n'en convient pas, et il prétend que tel corps est le corps de tel homme, précisément et uniquement parce qu'il est uni à l'âme de cet homme. PARCE QUE la matière unie à mon âme constitue mon corps, et que MON CORPS, SANS MON AME, NE FERAIT PAS LE CORPS D'UN HOMME ; pour la même raison, d'après lui, MON AME UNIE A QUELQUE MATIÈRE QUE CE SOIT FERA MON CORPS. Sophisme évident ; IL NE DISTINGUE PAS LA CONDITION NÉCESSAIRE D'AVEC LA CONDITION SUFFISANTE : L'UNION de telle âme à une portion de matière est nécessaire pour constituer le corps de tel homme ; elle EST NÉCESSAIRE, MAIS NON SUFFISANTE. Il faut de plus l'organisation, la vie, etc., propres au corps humain, et à tel corps humain.

III

Autre absurdité. Mon adversaire doit croire, avec tous les catholiques,

« ne mettait point à couvert l'idée naturelle que nous avons d'une chose étendue, conformément à la notion que nous en donne ce philosophe. »

Cette réponse fut tout à fait du goût de Clerselier ; voici en effet ce qu'il écrivit au P. Poisson en la lui communiquant :

« Ne me sentant pas assez fort pour répondre pertinemment à vos deux savantes lettres, que je vous envoie après en avoir gardé des copies, j'ai voulu chercher un second qui fût capable de me soutenir ; je lui ai donc donné communication de vos lettres, et après les courses que sa qualité de visiteur l'oblige de faire, il n'a pas manqué de les lire avec soin, ainsi que vous le verrez vous-même par la réponse que je vous envoie. C'est un religieux bénédictin, dont vous apprendrez le nom par sa propre signature, et le lieu de sa demeure par l'inscription qu'il a mise à la tête de sa lettre, c'est un monastère dont il est prieur ; il n'est pas nécessaire que je me mette sur ses louanges pour vous

---

que toutes les hosties consacrées sont le vrai corps de Jésus-Christ, un seul et même corps. Il le dit en effet, et il fait consister l'identité de ce corps dans l'union de toutes les hosties à une seule et même âme. Mais quoi ! mes deux bras sont informés par la même âme, et cependant je ne puis dire qu'ils ne font qu'un seul et même bras : LE BRAS GAUCHE N'EST PAS LE DROIT. Mon adversaire, bien entendu, n'a garde d'admettre que les hosties se pénètrent les unes les autres, de façon à ne former qu'un corps ; il professe que L'IMPÉNÉTRABILITÉ EST UNE PROPRIÉTÉ essentielle DES CORPS.

Pour démontrer que l'identité numérique du corps n'exige pas l'identité matérielle, il s'appuie sur le changement de matière qui se fait peu à peu dans chaque corps humain. Mais cet accord de l'identité numérique du corps, avec sa multiplicité matérielle, n'est vraie que moyennant la succession. IDENTITÉ DE NUMERO, identité numérique du corps humain, AU REGARD DU MÊME TEMPS, EXIGE L'IDENTITÉ DE LA MATIÈRE. En admettant le contraire, on blesse ouvertement le sens commun. AINSI, SI DIEU UNISSAIT MON AME A UN CORPS qui serait A LA CHINE, sans la séparer de mon corps, du corps qui existe et qui agit ici, il faudrait dire que LE MÊME CORPS, IDEM NUMERO, qui est ici, SERAIT en même temps A LA CHINE ! Ce ne serait pas moins absurde, moins contraire au sens commun que de dire : Cette rivière, LA MÊME RIVIÈRE QUI COULE LA, SOUS NOS YEUX, EST IDEM NUMERO QUE CELLE QUI COURT EN MÊME TEMPS A LA CHINE. » (Ouvr. cité p. 23, 24, 25).

Telle est l'argumentation très juste de Pascal contre le système de philosophie eucharistique que soutient Desgabets : les textes de Dom Robert, son style souvent diffus qui méritait bien, parfois, ce nom de « patois » que lui attribue si durement Pascal, les comparaisons familières que ce dernier lui emprunte, tout nous fait croire que M. Couture a raison de dire que c'était bien contre lui qu'en 1662 Pascal aiguisait ses armes.

en faire concevoir de l'estime ; son propre écrit vous en persuadera mieux que toutes mes paroles ne pourraient faire (1) ».

Aussi bien, la meilleure preuve que nous ayons de sa satisfaction, c'est que nous le voyons quelques années plus tard revenir à la charge, et prier Desgabets de l'aider encore de ses lumières.

Nous avons dit plus haut que n'ayant pu convaincre le P. Viogué, Clerselier avait dû abandonner la partie : M. Denis, son ami, n'avait pu lui fournir les arguments qu'il cherchait, et malheureusement pour lui, en 1654, il ne connaissait pas encore D. Robert Desgabets. Cette polémique pourtant devait avoir une suite. Clerselier ayant communiqué à M. Pastel, médecin d'Auvergne, les réponses qu'il avait adressées au Père augustin, celui-ci lui envoya sous le titre d'« Instances faites à M. Clerselier sur les réponses qu'il a faites au R. P. Viogué » (2) un court aperçu des difficultés qu'elles lui avaient suggérées. Cette fois encore, Clerselier eut recours à D. Robert qui, avec son ordinaire bonne grâce, y répondit le mieux qu'il put. Remarquant d'abord que le mystère de l'Eucharistie est celui surtout qui a le plus de liaison avec les vérités philosophiques, Desgabets s'appliquait à détruire en son adversaire cette idée : « que le quomodo du mystère est inexplicable par des hommes vivant sur la terre. » Il affirmait ensuite qu'il s'était produit un grand changement dans la doctrine eucharistique « environ le temps de Pascase ». Les théologiens, devenus alors philosophes péripatéticiens, avaient voulu expliquer le divin mystère par leurs nouvelles notions, si bien que l'auteur de tout le mal, c'est Aristote :

« Il est (en effet) fort clair, disait-il, que c'est l'esprit métaphysique, que l'on puise aisément dans ses livres de

---

(1) Les lettres du P. Poisson à Clerselier, se trouvent dans le man. de Chartres, n° 366, fol. 530 et 552 ; la réponse de Desgabets à ces deux lettres, ibid. fol. 562, celle de Clerselier, fol. 580.

(2) Man. de Chartres, fol. 228. — Ces lettres se trouvent immédiatement après celles que le P. Viogué adressait à Clerselier en 1654.

logique, et dans ses huit livres de physique, qui a introduit la matière première, les formes substantielles, les accidents séparables, etc. ; après quoi, il était comme impossible qu'on ne tombât dans l'opinion commune touchant l'Eucharistie. »

D. Robert discutait alors une à une, les objections du docteur Pastel, y répondait comme toujours avec subtilité, déclarait notamment que dans la transsubstantiation il ne se faisait aucune reproduction de l'âme de J.-C. comme le supposait l'auteur des Instances, mais une simple union de la même âme à une nouvelle matière, et renvoyait son adversaire « à un écrit fait exprès » où se trouvaient selon lui, les preuves qui établissaient, d'une manière péremptoire, la solidité de sa doctrine, écrit qu'il avait composé d'autant plus volontiers « que les explications scolastiques ont fait beaucoup de mal (1) ».

Il y a dans les manuscrits de Chartres (2) et d'Epinal un travail assez considérable qui porte ce titre: l'*Incompatibilité de la philosophie de M. Descartes avec le mystère de l'Eucharistie*. L'auteur, — c'est un religieux qui a jugé prudent de ne pas faire connaître son nom, — après avoir déclaré que « c'est avec raison que les théologiens, aussi bien que les philosophes, veulent se délivrer de la servitude d'Aristote, dont la philosophie, de l'aveu même des Pères, était une semence d'hérésies, dit qu'il ne voit pas pourquoi « si on

---

(1) Extrait d'une lettre de D. Robert Desgabets à M. Pastel, à l'occasion du changement qui est arrivé en la créance de l'Eucharistie. — Man. de Chartres, n° 366, fol. 208 — En envoyant la réponse de notre bénédictin, Clerselier écrivait au Docteur : « Ne croyant pas avoir le temps de pouvoir répondre aux dites Instances que vous m'avez faites, j'en ai envoyé copie à un savant religieux de mes amis, pour y satisfaire à ma place, sachant bien qu'il s'en acquitterait mieux que moi : néanmoins, comme dans mes heures de loisir, je n'ai pas cessé d'y travailler de mon côté, je vous envoie ses réponses avec les miennes. Vous verrez bien la différence qu'il y a entre une personne qui compose avec loisir, et une autre qui ne travaille qu'à la dérobée. Ce bon religieux examine les choses plus à fond, et fait voir, par ses réponses, qu'il a beaucoup de piété et d'érudition.— Man. de Chartres, fol. 256.

(2) Manuscrit de Chartres, n° 366, fol. 309 et suiv.

nous en présente une autre, que la clarté et l'évidence rendent moins suspecte d'erreur, et moins exposée aux pointilleries des hérétiques, nous nous ferions scrupule de l'embrasser. » Toutefois, il ne faudrait pas faire ce changement, ajoute-t-il, par amour de la nouveauté, et il s'agit « d'accommoder » le nouveau système avec les vérités théologiques. C'est ce qui lui paraît malheureusement bien difficile à faire pour la philosophie cartésienne. Il cite en effet deux objections principales que l'on peut proposer à ce sujet, et qui lui semblent très fortes : M. Descartes, dit-il, n'a jamais osé répondre à la première (celle qui regarde l'existence du corps de J.-C. sous les espèces ou accidents du pain), et il a multiplié les difficultés de l'autre (l'existence des espèces ou accidents) en répondant à M. Arnauld qui la lui avait faite. C'est pourquoi, ajoute-t-il, « je ne sais quand viendra le jour, auquel M. Descartes s'est promis des remerciements, de la part des théologiens, pour avoir apporté un nouvel éclaircissement au mystère de la Sainte Eucharistie, et je crains que si on examine en Sorbonne ce qu'il a écrit sur cette importante matière, il n'attirât plutôt des censures que des approbations. »

C'était encore Clerselier qui avait excité ce théologien, son ami, à composer cet écrit : un cartésien se chargea d'y répondre (1). Il regrette « que la philosophie se soit mêlée d'instruire la théologie sur ce mystère » parce que, disait-il, les ténèbres qu'elle y a répandues ont été une cause de contestations. Si toutefois l'on veut se servir de la philosophie pour l'expliquer, « on peut autant se fier à M. Descartes qu'à Aristote, car, assurément, sa philosophie n'est aucunement contraire à la transsubstantiation, ni aux autres décisions des Conciles, ainsi qu'il paraîtra en répondant aux objections de l'auteur. » Sa conclusion est que si l'explication cartésienne a ses difficultés, celle des scolastiques en a de plus fortes et de plus insolubles. Si cela n'empêche pas qu'on suive leur philosophie,

---

(1) **Manuscrit de Chartres**, fol. 354.

parce qu'ils font profession d'être d'accord avec le Concile de Trente, les disciples de Descartes faisant le même aveu, on ne doit pas rejeter leur explication avec tous les principes de sa philosophie.

Cette réponse ne donna pas satisfaction à l'auteur de « l'*Incompatibilité* » qui composa des « *Remarques sur la réponse à un écrit intitulé : l'Incompatibilité de la philosophie de M. Descartes avec le mystère de l'Eucharistie* (1). »

Ce troisième écrit fut suivi d'une « *Réponse à la Réponse à l'Ecrit de l'Incompatibilité* (2) » en suite de quoi Clerselier reçut la lettre suivante :

MONSIEUR,

« Puisque c'est vous qui avez donné occasion à la dispute qui s'est élevée entre le Père R. et moi, sur la philosophie de M. Descartes, m'ayant excité à faire un écrit de l'Incompatibilité qui me paraissait entre elle et le mystère de l'Eucharistie, c'est aussi à vous à terminer ce différend, par le jugement de quelqu'un de ces Messieurs, à qui il vous a plu de faire voir mon premier écrit. C'est pourquoi je vous envoie la réponse que ce Père y a faite, mes remarques sur sa réponse, et sa réplique sur mes remarques. Il est vrai que j'ai eu le dernier, et qu'il m'a fermé la bouche, en me témoignant qu'il en voulait demeurer là. Je ne suis pas toutefois entièrement satisfait des réponses qu'il donne à mes difficultés, et quelque inclination que j'aie pour la philosophie de M. Descartes, à cause de sa clarté, et de sa netteté dans les choses naturelles, je douterai toujours de sa vérité, tandis qu'elle me semblera choquer la foi du plus grand de nos mystères... Agréez donc la demande que je vous fais et la faites à quelques cartistes. Je serai ensuite obligé de croire la philosophie de M. Descartes orthodoxe, et d'être, avec un respect intime, entièrement à vous (3) ».

Clerselier s'adressa à Rohault (4) qui se déroba, et le manuscrit de Chartres nous apprend qu'il envoya alors au

---

(1) Manuscrit de Chartres, n° 366, fol. 357.
(2) Manuscrit de Chartres, n° 366, fol. 369.
(3) D'Alet, le 25 octobre 1671. Man. d'Epinal n° 142, p. 266.
(4) « Je vous envoie le premier écrit, et une lettre sur le dernier écrit, par laquelle vous verrez qu'on n'est pas satisfait. Il me semble

Père Desgabets les quatre écrits, dont nous avons parlé, avec la lettre qui les accompagnait, et que Dom Robert composa un petit traité qu'il intitula : « *Réflexions sur quatre écrits composés touchant l'Incompatibilité prétendue de la philosophie de M. Descartes, avec le mystère de l'Eucharistie* (1) ». Nous n'avons trouvé nulle part la réponse de Clerselier et nous ignorons par conséquent si cet écrit eut le succès qu'il se promettait.

Telles furent, en résumé, les diverses occasions dans lesquelles D. Robert Desgabets intervint, pour prendre la défense de Descartes au nom de son ami Clerselier. Dans toute cette polémique, il se fit remarquer par sa haine prononcée contre Aristote et la philosophie péripatéticienne, par un amour de la physique cartésienne, qui alla, disons le mot, jusqu'au fanatisme, et par un mépris constant de la scolastique. Sa métaphysique est plus subtile que profonde, et il convient d'ajouter qu'il se fait de la tradition en théologie une idée assez inexacte.

Aucun doute cependant ne peut s'élever sur l'entière bonne foi de ces hommes de bien, qui ne craignirent pas de sacrifier leur tranquillité à l'intérêt de la cause qu'ils soutenaient. Témoin ces lignes, toutes empreintes d'une naïve candeur, que Clerselier écrivait un jour à notre bénédictin : « Je ne souhaite rien tant en mon particulier, sinon que la vérité soit connue, et j'ai si peu d'attache au sentiment ou à l'explication que je vous ai autrefois fait voir, et sur laquelle vous avez depuis si solidement bâti et travaillé, que si la vérité ne s'y rencontre point, dès à présent... je me rétracte de tout ce que j'ai pu dire (2) ». Et Dom Robert, cartésien

---

qu'on le devrait être, mais si vous trouvez qu'il y ait quelque chose à suppléer à cette dernière réponse, vous me ferez grand plaisir de l'écrire, si vous avez assez de loisir pour cela, car l'objecteur désire d'être satisfait. » Man. d'Epinal A R 2, 142. P. 272.

(1) Manuscrit de Chartres, n° 366, fol. 381.

(2) Lettre de Clerselier à D. Desgabets, Man. d'Epinal, n° 142, P. 273. Dans cette lettre Clerselier raconte à D. Robert que le jour de la fête de saint Thomas, il s'est rendu à l'église des Jacobins, qu'il y a prié le saint Docteur pour qu'il veuille bien l'éclairer de ses lumières et lui faire connaître si l'explication qu'il donnait du divin mystère était ou non compatible avec la foi.

intrépide et convaincu, lui répondait : « *Vous devez rejeter comme de pures tentations toutes les pensées et tous les discours qui vous écarteraient du droit fil des sentiments de M. Descartes, qui est le docteur infaillible, que Dieu a rempli de ses lumières, pour le grand bien du monde et de l'Eglise.* Le temps nous fera voir que la scolastique, qui s'oppose si fort à son établissement, a corrompu la foi de notre mystère, et a donné un sens forcé aux paroles de son institution, s'appliquant entièrement à une présence de matière, et laissant là la moitié de notre créance, qui est que c'est le pain même que le Sauveur a choisi, à l'exclusion de toute autre substance, pour être la partie corporelle de son humanité. Ses paroles marquent si expressément l'identité de pain et de corps, que le système de M. Descartes, qui est fondé sur cela, sera toujours inébranlable, et c'est avec grande raison qu'il donne deux formes au corps de J.-C. dans l'Eucharistie, dont l'une qui est la matérielle ne peut être autre que celle du pain, et l'autre est son âme raisonnable (1) ».

---

(1) Manuscrit de Chartres, n° 396. — « Extrait d'une lettre de D. R. Desgabets à Clerselier, où il confirme que la doctrine de M. Descartes sur l'Eucharistie est la véritable. » — Les dernières lignes de cette citation contiennent avec évidence la déclaration que dans l'Eucharistie il y a non pas transsubstantiation, mais union de l'âme de J.-C., à la substance du pain, ce qui est une hérésie formelle.

# CHAPITRE V.

**La philosophie eucharistique** (Suite).

*La publication d'un petit écrit intitulé : « Considérations sur l'état présent de la controverse touchant le Très-Saint Sacrement de l'autel » que l'on attribue à D. Robert, est le signal des persécutions contre la philosophie cartésienne.— Arnauld et Nicole, mis en jeu, sont irrités contre Desgabets. — D. Robert dénoncé au roi par le jésuite Ferrier. — Visite de Clerselier à M. l'archevêque de Paris, qui lui défend de s'occuper de philosophie cartésienne : ses menaces contre Desgabets.— D. Robert dénoncé à ses supérieurs déjà prévenus contre lui; son interrogatoire, sa prompte soumission. — Lettre de Nicole à Arnauld, dans laquelle il condamne formellement la philosophie eucharistique du P. Desgabets. — D. Robert déclare se rendre aux raisons de Nicole. — Félicitations de M. de Pontchateau : réserves de Desgabets sur l'indéfectibilité.*

Au milieu de l'année 1671 on vit circuler dans Paris un petit cahier sans nom d'auteur ni d'imprimeur portant ce titre : « *Considérations sur l'état présent de la controverse touchant le Très-Saint Sacrement de l'autel*, où il est traité en peu de mots de l'opinion qui enseigne que la matière du pain est changée en celle du corps de J.-C. par son union substantielle à son âme, et à sa personne divine.» L'auteur de cet écrit prétendait retrouver dans l'*Art de Penser* de messieurs de

Port-Royal les théories de la physique cartésienne « étalées dans toute leur beauté », c'est à savoir : « — que l'essence de la matière consiste dans l'étendue, — qu'il n'y a point de formes substantielles corporelles, — qu'il n'existe d'autre forme corporelle que la disposition locale des parties insensibles de la matière, — enfin, que dans les objets extérieurs, il n'y a point d'autres qualités sensibles que cette disposition locale des parties de la matière, qui ne sont autre chose que ses modes. — » Puisque les solitaires acceptaient ces principes, ils devaient en bonne logique, d'après l'auteur, admettre : « qu'après la consécration, nous avons encore dans le Saint Sacrement la matière du pain sous le nom de sa quantité, que nous y avons aussi sa propre forme spécifique et essentielle, sous le nom d'accidents eucharistiques, — par suite — que nous n'y aurions que du pain pur et simple « si on rejetait la voie de l'union substantielle de la matière du pain à l'âme, et à la divinité du Sauveur. »

La publication de cet ouvrage qui, en d'autres temps, n'aurait peut-être pas fait de bruit, fut alors en réalité la cause des persécutions du cartésianisme en France : il nous importe de rechercher, en toute justice, la part qui doit en revenir à notre bénédictin.

Peu de temps auparavant il avait eu quelques ennuis. Toujours imprudent, il avait envoyé à l'abbé Le Roi, qu'il tenait en haute estime, divers écrits sur la philosophie eucharistique, en le priant de vouloir bien l'éclairer de ses lumières. Celui-ci les communiqua à Arnauld et Nicole, qui trouvèrent l'explication cartésienne de D. Robert dangereuse et absolument contraire à la tradition. Un religieux bénédictin D. Thomas le Géant, qui jouissait de la familiarité des jansénistes, prévint alors le Procureur général de la congrégation, et ordre fut donné à Desgabets de remettre immédiatement aux supérieurs tout ce qu'il avait écrit sur l'Eucharistie. Il s'exécuta de bonne grâce, mais pour se disculper, il joignit à ses autres ouvrages sous forme « d'argument ad hominem » à messieurs de Port-Royal « les considérations sur la controverse » dont nous avons parlé (1).

Cet « avorton » comme il se plaisait à l'appeler, n'était point destiné à voir le jour, mais il fut publié, à l'insu de D. Robert, par une infidélité de copiste, ou bien encore par une imprudence de Clerselier. Puis, ce qui était aisé à prévoir, il tomba entre les mains des jésuites. C'était pour ceux-ci une heureuse fortune : ils trouvaient de nouveaux arguments contre leurs adversaires, et ils pouvaient montrer, pièces en mains, que ce n'était pas seulement sur la question de la grâce, que les jansénistes erraient. Et cela les servait d'autant mieux que, — s'il faut en croire D. Antoine Vinot — déjà précédemment, le jésuite Annat « avait dressé des embûches, et fait un procès criminel à M. Arnauld, en cette même matière de l'Eucharistie, sur de certaines expressions qui étaient très catholiques et tirées des Pères (2) ».

Voilà pourquoi, peut-être, le P. Ferrier, de la Compagnie

---

(1) Il écrivit également au bénédictin D. Thomas le Géant. Il cherchait depuis quinze ans, disait-il, à mettre d'accord la physique cartésienne avec le plus grand de tous nos mystères, et il l'avait toujours fait « avec la même indifférence dont on parle des autres matières de théologie, sans faire le dogmatiste ou l'échauffé ». S'il y avait eu du bruit dans la congrégation, au sujet de ces délicates questions, son confrère savait fort bien qu'il n'y était pour rien. Une fois seulement, il avait pu être cause de quelque trouble : on voulait lui faire signer le formulaire; le R. P. Président l'en pressait vivement, mais il avait énergiquement refusé, parce qu'il lui semblait qu'il ne devait pas « trahir la vérité, et donner ce mauvais exemple à tous ceux à qui il l'avait enseignée ». Il était persuadé, quant à lui, de la vérité de sa doctrine, et si Messieurs de Port-Royal voulaient lire avec attention les lettres de Descartes au R. P. Mesland, ils comprendraient « combien il est dangereux de porter jugement d'une chose importante, sur des connaissances imparfaites ». Il s'étonnait enfin d'entendre dire que les Jansénistes trouvaient « la chose indigne de ses soins » puisque M. Descartes « plus capable d'en juger qu'aucun autre », en avait fait l'objet de ses études, et avait écrit sur ce sujet « avec beaucoup de sagesse et de pénétration. » — Manuscrit de Chartres, n° 366, fol. 399. — Remarquons en passant, que D. Desgabets en refusant de signer le formulaire de soumission aux décisions du Pape, à propos de la condamnation des cinq propositions de Jansénius, se montrait partisan des erreurs des Jansénistes.

(2) Lettre de D. Antoine Vinot, bénédictin, où il n'approuve pas les relations des jésuites et de M. Clerselier, particulièrement avec le P. Bertet. — Man. de Chartres, P. 652.

de Jésus, et confesseur du roi, (1) s'empressa de déférer au tout-puissant monarque ce petit ouvrage « qui mettait en jeu les jansénistes en un sujet odieux », et de le lui signaler comme hérétique et très pernicieux (2).

On était à l'époque où la petite Eglise de Port-Royal jouissait de la paix (3) : les solitaires se gardaient de répondre aux jésuites, qui, à ce qu'ils disaient, les harcelaient sans cesse, et ils désiraient, par-dessus tout, éviter ce qui était de nature à leur causer quelque embarras. Paraissant sur ces entrefaites, l'opuscule de Desgabets les exposait à de nouvelles persécutions, car il les faisait passer pour « Calvinistes et Luthériens déclarés ». Aussi Arnauld ne put-il contenir son indignation, lorsqu'il en eut prit connaissance (4).

---

(1) Ferrier Jean, né le 20 Janvier 1614, entra au noviciat le 22 Avril 1632. Il succéda au P. Annat dans la charge de confesseur de Louis XIV en 1670. Le P. Ferrier enseigna la philosophie, et pendant 14 ans, la théologie ; il se montra ardent adversaire des Jansénistes. Il mourut à Paris, le 29 Octobre 1674. — V. Sommervogel, t. III, col. 694.

(2) Voici la lettre que le Procureur général de l'Ordre envoya à Desgabets, le 19 Septembre 1671 :

« Mon Révérend Père,

« Il court un petit imprimé dans Paris, touchant l'explication du mystère de l'Eucharistie suivant la philosophie de M. Descartes, lequel on attribue à votre Révérence. Le Père Ferrier l'a donné au Roi, et lui a dit que c'était un livre hérétique et très pernicieux. Le Roi l'a mis ès-mains de M. de Paris pour l'examiner, et le faire censurer ; quelques particuliers m'ont parlé de cet écrit, et je leur ai répondu que je ne croyais pas que vous eussiez fait imprimer aucun écrit, non seulement de cette matière, mais de quelque autre que ce soit ; néanmoins ces personnes veulent être persuadées qu'il vient de vous, et que vous l'avez envoyé à beaucoup de personnes. C'est un écrit *ad hominem* à Messieurs de Port-Royal imprimé à Amsterdam, à la Sphère. Cet écrit ne manquera pas d'être censuré ; c'est pourquoi j'en ai voulu donner avis à votre Révérence, comme d'un écrit qui a fait et fera beaucoup de bruit, etc. » — Manuscrit de Chartres, n° 366, P. 398.

(3) La paix de Clément IX (1663) qui permettait aux solitaires de se rassembler de nouveau, et aux religieuses de Port-Royal de rentrer dans leur couvent.

(4) D. Robert fut profondément attristé, lorsqu'il apprit qu'il s'était ainsi créé bien involontairement des antipathies dans le cœur d'Arnauld, et il lui écrivit tout de suite pour l'adoucir. Son écrit, disait-il, avait été imprimé à l'étranger, sans son aveu, et il croyait pouvoir dire sans témérité : *Inimicus homo hoc fecit* Il ne lui était jamais venu à la pensée de le publier, et, en conséquence, il espérait

Toutefois, les jansénistes manœuvrèrent si habilement, qu'ils ne furent point trop inquiétés : en revanche, les philosophes cartésiens furent vivement poursuivis, au nom du roi, par l'archevêque de Paris (1).

Comme la volonté du Souverain était d'obtenir la condamnation de Desgabets, et sa rétractation en bonne et due forme, Harlay écrivit sur-le-champ au R. P. Président de la Congrégation, en le priant de sévir vigoureusement contre ce religieux brouillon. En conséquence, Robert Desgabets dut s'expliquer, et il lui fallut désavouer ses chères doctrines (2). On l'obligea également

qu'Arnauld voudrait bien « excuser l'innocence de ses intentions et de sa conduite » et qu'il aurait la bonté « de considérer qu'on permet beaucoup de liberté à ceux qui parlent et écrivent en particulier. » Il le priait enfin de présenter ses excuses à Nicole, qui, à ce que l'on disait, n'avait pas paru moins animé que lui contre l'auteur du cahier. — Manuscrit de Chartres, n° 366, P. 496.

(1) « Votre écrit, écrivait alors Clerselier à D. Robert, ou plutôt cet imprimé, qu'on vous attribue, ayant fait beaucoup de bruit en Sorbonne et à la cour, l'on y a fort parlé de M. Descartes, et de tous ceux qui avaient quelque part à sa doctrine... Cela a été cause que Monseigneur l'archevêque me fit dire qu'il désirait que je l'allasse voir la veille de Noël, sur les neuf à dix heures du matin. » Ce fut à la même époque que Harlay défendit à l'Université, par l'ordre du roi, d'enseigner la doctrine cartésienne. Voir plus loin l'entretien de Clerselier et de l'archevêque.

(2) Voici un extrait de l'interrogatoire fait à Dom Robert Desgabets par ses supérieurs :

« Interrogé s'il n'avait pas tenu quelques discours, ou composé quelques écrits, contraires à ce que l'Eglise a défini, touchant l'être du corps de Notre-Seigneur dans le Saint-Sacrement, ou contre la transsubstantiation. »

A répondu : « Qu'il ne croit pas avoir donné aucun sujet par ses discours, ni par ses écrits, de faire soupçonner sa foi, touchant le mystère de l'Eucharistie, et qu'il n'a jamais eu le moindre doute touchant la vérité de la présence réelle, ni même de la transsubstantiation comme elle est déterminée par les Conciles de Latran et de Trente.... — Qu'à l'égard de la manière d'expliquer la chose, lui *Répondant* étant persuadé qu'il faut qu'on ait déguisé, ou mal pris ses sentiments, pour lui attribuer aucune erreur, il a cru être obligé de nous supplier de trouver bon qu'il en rendît raison : ce qui lui ayant été accordé, il a dit qu'il est vrai qu'ayant fait quelques réflexions sur la manière dont M. Descartes, après Durand, explique ce mystère dans une lettre non imprimée, et dont l'original lui avait été montré à Paris par un de ses amis, il avait pensé qu'en séparant l'explication des scolastiques des définitions de l'Eglise, on pourrait trouver un chemin plus aisé aux hérétiques de revenir à nous.... etc. Connaissant la volonté de ses supérieurs, il se soumet très volontiers à tout ce qu'ils désirent de lui, et à ne plus parler ni écrire de cette matière. » Préface générale sur tous les ouvrages de l'auteur. Manuscrit d'Epinal.

à écrire au prélat une lettre d'excuses, que nous avons retrouvée dans le manuscrit de Chartres. Qu'il nous soit permis de la reproduire ici :

A Breuil-les-Commercy, le 10 Septembre 1671.

Benedicite.

Monseigneur,

J'ai appris par l'information, que le R. P. Président de notre congrégation a fait faire contre moi, que des personnes mal informées avaient voulu persuader à Votre Grandeur que je faisais imprimer un écrit préjudiciable à la créance de la présence réelle, et de la transsubstantiation. Et je vous avoue, Monseigneur, que quand la qualité de cette accusation ne m'obligerait pas de rendre raison de ma foi à un archevêque qui, par son caractère, a droit de me la demander, l'estime infinie que je fais des mérites personnels et du jugement de Votre Grandeur, et la vénération très-profonde et très-sincère, que j'ai pour l'un et pour l'autre, ne souffriraient pas que je la laissasse prévenir contre moi sans l'informer de la vérité de mes sentiments. C'est ce qui me donne la liberté de vous supplier très-humblement, Monseigneur, de prendre la peine de les considérer dans l'écrit ci-joint qui est un extrait que j'ai tiré mot à mot des réponses que j'ai faites aux articles de l'information qu'on a dressée contre moi, et de me faire la justice de croire que non-seulement je n'ai composé aucun écrit en intention de le faire imprimer, et que je n'en ai donné aucune charge à personne directement ou indirectement, mais que je n'ai même aucun sentiment qui ne soit très conforme aux vérités définies par l'Eglise, à laquelle je suis et serai toute ma vie aveuglément soumis. Je le suis aussi, Monseigneur, à Votre Grandeur, comme à l'un des plus saints et des plus illustres prélats qui la gouvernent, et je ferai gloire de lui obéir en toutes choses, avec toute la dépendance qu'elle doit attendre de celui qui est avec tout le respect, Monseigneur, (1) etc.

Au mois de décembre de cette même année 1671, la veille de Noël, Clerselier eut avec l'archevêque de Paris une conférence, où il fut assez longuement question de la philosophie eucharistique, et de D. Robert Desgabets : sous forme de conseil, Harlay lui ordonna de cesser désormais de divulguer les écrits de Descartes, et de

---

(1) Manuscrit de Chartres, n° 366, P. 486.

défendre ses doctrines. Écoutons Clerselier raconter ingénument son aventure à notre bénédictin :

« ... Je fus tout étonné qu'après l'avoir salué, il me dit qu'il avait ordre de la part du roi de me faire entendre ses volontés. Je lui fis réponse que je ne pensais pas que mon nom fût connu de Sa Majesté, mais que je recevrais avec respect et obéissance tout ce qui me serait commandé de sa part. Il me dit qu'il en avait déjà assuré le roi, et qu'il s'était même offert pour garant de ma fidélité, et de ma soumission. Je lui témoignai toute la reconnaissance et toute la gratitude dont je pus m'aviser, pour une faveur si singulière et si obligeante ; mais comme je ne savais pas encore de quoi il était question, je me tus pour le laisser parler. Il me dit donc que Sa Majesté, ayant apaisé les derniers troubles qui s'étaient mus entre les théologiens sur des questions difficiles et épineuses, et ayant par ce moyen, mis la paix et la tranquillité dans son État, il désirait la conserver, et voulait empêcher qu'une pareille contestation ne s'élevât encore parmi les savants, laquelle, sous prétexte d'autres sujets, pouvait réveiller les mêmes disputes, ou en faire naître d'autres, qui pourraient, dans la suite, causer des divisions et des troubles dans son royaume, et ainsi ruiner l'effet et tout le fruit de ses soins ; et comme la philosophie de M. Descartes semblait alarmer les savants, et jeter les semences d'une division qui pouvait à la fin s'allumer, s'il n'y était pourvu de bonne heure, Sa Majesté ayant appris que M. Rohault, mon gendre, et moi, étions des principaux de ceux qui pouvaient la faire valoir et la défendre, il me dit qu'il avait ordre de me dire que nous eussions dorénavant à nous contenir, pour ne rien faire qui pût éclater et animer contre nous ceux du parti contraire ; et, qu'en son particulier, il me priait de le faire trouver véritable, et de ne pas démentir la parole qu'il avait donnée au roi que je satisferais ponctuellement à ses ordres..... Cela fait, il me parla de vous, sans vous nommer, me disant que j'avais pu apprendre dans le monde le bruit qu'avait fait un certain écrit imprimé d'un religieux bénédictin, qui appliquait la philosophie de M. Descartes au Saint Sacrement, et s'en servait pour l'expliquer d'une manière fort différente de la commune opinion scolastique, et qui lui était, en quelque façon, opposée ; je ne craignis point de lui dire que j'en avais ouï parler. Il m'interrompit aussitôt, pour me dire qu'il avait écrit à votre R. P. Président, à ce qu'il eût à veiller sur vous et sur vos actions, de peur que, par de semblables écrits, vous ne vinssiez à troubler la paix qui règne parmi les savants... »

A quelque temps de là, Clerselier fut chargé par D. Robert Desgabets d'aller trouver en son nom l'archevêque de Paris, pour lui remettre sa lettre et un extrait de l'interrogatoire qu'on lui avait fait subir. Après « l'avoir manqué deux fois » il fut assez heureux pour le rencontrer, le premier jour de l'an 1672, « au retour de vêpres, comme monseigneur venait d'officier ». Ici encore laissons lui la parole :

« L'Archevêque n'eut pas plutôt achevé ce qu'il avait à dire à M. Duhamel..., qu'il vint à moi. Je lui présentai alors, avec tout le respect que je devais, votre paquet, et, en le lui mettant entre les mains, je lui donnai à entendre que je l'avais reçu dès le jour même que j'avais eu l'honneur de lui parler la dernière fois, qui fut la veille de Noël, que depuis j'avais recherché l'occasion de le lui présenter, mais que je n'avais pas été assez heureux pour le rencontrer; et je voulus, tout après, lui faire remarquer cette circonstance, à cause qu'il y avait déjà quelque temps que vous me mandiez que votre lettre était écrite. Sitôt qu'il l'eut entre les mains, il me dit : ceci mérite la peine d'être lu avec attention, et quittant la cheminée nous nous approchâmes tous deux de la fenêtre. Comme il lisait votre lettre, j'aperçus sur son visage qu'elle ne lui déplaisait pas, et, en effet, quand il eut achevé de la lire, il me dit : cela est bien écrit, et part d'un honnête homme. Il commença après cela à lire votre interrogatoire, et pendant qu'il le lisait, à mesure que je trouvais jour pour lui insinuer la vérité de ce que vous êtes, je lui disais quelque chose à votre avantage, tantôt touchant votre piété, tantôt touchant la solidité de votre jugement, tantôt touchant la profondeur de votre érudition, tantôt sur la connaissance que vous avez des Pères, tantôt d'autres choses, sans que pour cela il interrompît sa lecture que par des signes de tête qui témoignaient qu'il était content. Et quand il eut achevé, il me dit que M. Nicole lui avait déjà dit ce que vous disiez de M. Arnauld dans votre interrogatoire, à savoir qu'ils n'approuvaient pas tous deux votre explication ; je lui repartis que cela lui devait faire connaître votre sincérité, de dire ainsi ingénuement la vérité contre vous-même ; mais qu'il ne fallait pas s'étonner si M. Nicole et plusieurs autres, qui n'avaient jamais porté leur considération au delà de ce qui est communément enseigné dans les Ecoles sur ce mystère, n'approuvaient pas une explication qui en est si éloignée, mais que, s'il voulait se donner la peine et la patience d'entendre et d'examiner ce que vous et moi avions spéculé là-dessus, peut-être nous lui ferions voir des choses qui ne lui déplairaient pas, et qui pourraient servir à l'éclaircissement de la contestation présente, et à le détromper de la mauvaise impression qu'on pouvait lui avoir fait prendre à l'occasion de la philosophie de M. Descartes (1). Il me témoigna que je lui ferais plaisir de lui faire voir ce que vous avez écrit touchant ces matières, et les autres qui regardent la théologie. Quand ce champ me fut ouvert, je m'étendis tout de bon sur vos louanges, où je lui dis que ce n'avaient été que les grandes et bonnes qualités, que j'avais remarquées en vous, qui m'avaient porté à nouer avec vous un commerce de lettres, que je n'avais pas voulu lier et entretenir avec beaucoup d'autres, qui m'en avaient assez sollicité ; mais que je le pouvais assurer, par une expérience de près de vingt années, qu'il y avait en France peu de têtes aussi bien faites et aussi solides que la vôtre, aussi judicieuses pour ne se pas tromper, et pour ne rien avancer à la légère, et sans une mûre délibération, et aussi clairvoyantes pour bien discerner le vrai d'avec le faux ; mais avec cela aussi soumises, pour ne rien entreprendre contre ses ordres, ni contre celui des supérieurs, que je pouvais répondre de votre capacité et fidélité, et que je ne connaissais point d'homme, en qui j'eusse remarqué plus de talents. Il me dit qu'il ne doutait point de tout ce que je lui disais, après tout le bien qu'on lui avait dit de moi, qu'aussi tout ce qu'il demandait de vous, était de ne rien faire qui put altérer la paix que le Roi avait établi dans son Royaume. Et pour empêcher même qu'elle ne pût en aucune façon être troublée, il voulait qu'on s'abstint entièrement de publier des choses qui pourraient être sujettes à la censure, ou même à la contestation des théologiens, mais que cela n'empêchait pas qu'il ne fut très aisé de voir ce que vous et moi pouvions avoir écrit dans le particulier, touchant ces matières..... Et après m'avoir témoigné être fort content de vous et de votre procédé, et même de ce que j'avais pu lui dire du

---

(1) C'était une nouvelle imprudence de Clerselier et il prenait là, il faut bien le dire, un singulier moyen pour sauver son ami. — Nous reviendrons sur Clerselier dans notre troisième partie : on y trouvera des détails intéressants et complémentaires sur ses relations d'amitié avec Dom Desgabets.

mérite de votre personne, il me quitta avec sa bénignité ordinaire, pour monter en carrosse etc..... (1) »

Un nouvel événement vint décider Desgabets à « s'interdire entièrement l'usage de la voix et de la plume sur les matières théologiques appliquées aux principes de M. Descartes (2) ». Il avait en effet prié Clerselier de communiquer tous ses ouvrages de philosophie eucharistique à Arnauld et à ses amis, déclarant que si ces messieurs condamnaient ses écrits, il était prêt à les condamner avec eux. Chargé de les examiner, Nicole pria Arnauld de dire à Dom Robert qu'il lui conseillait d'appliquer son esprit à d'autres méditations, plus utiles en toutes manières que celles-là. Il ajoutait que son opinion était entièrement nouvelle, et que le sens, qu'il prétendait donner aux expressions de l'Eglise, non seulement n'était point conforme à celui des Pères, mais qu'il était de plus contraire au sens commun. Dom Robert se rendit, et un janséniste, M. de Pontchateau, l'en félicita dans une fort belle lettre : (3) « Vaincre soi-même, disait-il, comme l'écrit un des plus sages hommes de ce temps, est la grande victoire. Mais assurément, de toutes les victoires que l'on peut remporter sur soi-même, la plus difficile, et par conséquent la plus glorieuse, est celle que l'on obtient sur ses propres raisonnements, sur les vues et sur les idées dont l'entendement est rempli et prévenu. » Il terminait en disant qu'il n'y avait aucun passage du traité de l'Education du prince qui pût servir, comme Desgabets le prétendait, à appuyer sa théorie de l'impossibilité de l'anéantissement des substances. Ceci ne faisait pas le compte de Dom Robert, qui écrivit à M. de Pontchateau « qu'il embrassait toute la doctrine de M. Nicole » mais qu'il faisait une restriction, en ce qui concernait la théorie de l'indéfectibilité des créatures.

---

(1) Lettre de Clerselier à D. Desgabets, où il lui rend compte de ce qu'il avait fait pour lui auprès de M. l'archevêque de Paris. Man. de Chartres n° 366, fol. 327.

(2) Ibid. — Ce sont les termes mêmes de Clerselier.

(3) Lettre de M. de Pontchateau à D. Robert Desgabets, touchant ses sentiments sur la Sainte Eucharistie. Man. d'Epinal, p. 25.

« Je vous avoue, ajoutait-il, que depuis l'approbation, que tant de personnes ont donnée depuis vingt ans à mes raisonnements, touchant l'indéfectibilité qui me paraît très conforme à la foi et à la raison, j'aurais de la peine à y renoncer, si je n'étais désabusé touchant cela. » Cette conviction, il l'eut jusqu'à sa dernière heure (1).

---

(1) Réponse de D. Desgabets.— Man d'Epinal, p. 27.— Cette réponse est datée du 17 mars 1674, et la lettre de M. de Pontchateau, du 6 mars 1674. Une lettre de D. Desgabets à Mabillon, du 17 mai 1674, (man. 19.652, fol. 113) prouve qu'en réalité D. Robert n'embrassait pas du tout la doctrine de M. Nicole. Notre bénédictin y dit formellement que ceux qui ont combattu son système eucharistique ne l'ont pas compris, et qu'il a raisonné « sur des principes incontestables dont tous les hommes conviennent. »

# CHAPITRE VI.

## Dom Robert Desgabets défenseur et critique de Malebranche.

*L'abbé Simon Foucher entame avec Malebranche une vive polémique par sa « Critique de la Recherche de la vérité ». — D. Robert Desgabets se fait le champion du célèbre oratorien, dans sa « Critique de la Critique de la Recherche de la vérité ». — Dédain de Malebranche pour cet ouvrage : ce qu'il en faut penser.*

Dans sa savante étude sur l'Idéalisme en Angleterre, M. Georges Lyon fait remarquer justement qu'en France le succès de la doctrine du P. Malebranche tomba assez vite, parce que le sensualisme du XVIII<sup>e</sup> siècle faisait sentir son approche : « L'heure n'était plus favorable, dit-il, à des spéculations qui n'avaient assurément pas pour fin de déifier les sens. »

Il est vrai de dire toutefois que si les ouvrages du célèbre oratorien n'obtinrent pas tout de suite, dans son propre pays, la grande renommée qu'ils eurent bientôt dans les principaux États de l'Europe, en revanche, ce fut en France qu'il trouva son plus hardi, sinon son plus savant contradicteur.

En effet, l'année même qui suivit la publication du premier volume de la *Recherche de la vérité*, « pendant que l'assemblée générale de l'Oratoire votait de publics remerciements au P. Malebranche, pour l'honneur que son ouvrage faisait à la Congrégation », un chanoine de la Sainte Chapelle de Dijon fit paraître un petit écrit qui portait ce titre : *Critique de la Recherche de la vérité, où l'on examine en même temps une partie des principes de M. Descartes. Lettre par un Académicien anonyme.*

De fait, en attaquant le livre de la Recherche, Foucher visait plus loin : il voulait atteindre Descartes. Son but était d'amener Malebranche à éclaircir quelques points de la doctrine du maître, que le Père de l'Oratoire avait peu approfondis parce qu'ils lui paraissaient suffisamment clairs.

Reprenant le mot de Démocrite, à savoir que l'esprit humain est semblable « à un puits dont il est difficile de sonder la profondeur », Foucher commençait par louer Malebranche des efforts qu'il avait faits pour établir et approfondir les premiers principes de nos connaissances. Il vantait ensuite la liberté d'allures et de ton de son style ; mais lui reprochait les amplifications morales, que la sévérité du sujet ne comportait pas. Puis, se plaçant à un point de vue assez étroit, et ne remarquant pas que la « Recherche » était une logique sans doute, mais « une logique renouvelée, vivifiée par l'esprit et la méthode psychologique » il reprochait à son adversaire d'avoir mêlé ensemble la recherche de la science, et celle de la méthode : « Lorsqu'on fait état de rechercher la vérité, disait-il, il ne faut pas supposer qu'on l'a déjà trouvée. Or, c'est là ce que fait Malebranche pour la nature de l'âme et des idées, et pour l'existence des vérités nécessaires. Il a admis comme des vérités ce qu'il fallait prouver et ce qu'on ne pouvait prouver, sans réfuter d'abord *Sextus Empiricus*. Y a-t-il conformité de l'esprit avec les choses? L'esprit est-il conformé de façon à voir les choses telles qu'elles sont? Voilà ce que d'abord il fallait démontrer. Donc, Malebranche n'a pas trouvé le chemin qui conduit aux connaissances solides (1) ».

D'une susceptibilité ombrageuse, entêté de ses propres

---

(1) F. Bouillier. Histoire de la philosophie cartésienne, t. II, p. 382 et suiv.

opinions, Malebranche fut indigné : il répondit à Foucher avec une véritable aigreur dans la préface de son second volume, écrit singulier, tout plein d'une ironie mordante, dont on a dit avec raison qu'on ne pouvait le lire « sans regret et sans admiration ». Et non content d'entrer lui-même en lice, l'oratorien semblait annoncer qu'il allait lui venir un vengeur. « Je ne puis empêcher, disait-il, que l'amour de la vérité ne sollicite quelques esprits qui auront meilleure grâce que moi à défendre un ouvrage, à quoi ils n'ont point de part. » L'avenir lui donna raison, car Robert Desgabets fut « l'une de ces mains invisibles (1) » dont Malebranche avait menacé son détracteur.

« *La Critique du livre de la Recherche de la vérité* qui vient de paraître, disait Desgabets dans sa « *Critique de la Critique* », a réveillé la curiosité de plusieurs personnes savantes (2), qui ont cru qu'il était de leur devoir de prendre intérêt en une dispute qui est sans doute des plus importantes. On sait aussi que la circonstance du temps, et l'état présent de l'Empire des Lettres, obligent à faire de grandes réflexions, sur tout ce que disent ceux qui entreprennent de parler à fond du changement que l'on fait présentement peu à peu dans toutes les sciences, dont on commence à renverser les vieux fondements, pour bâtir sur de nouveaux, qu'on veut faire passer pour incomparablement plus solides. Il n'y a point de doute que l'auteur de la Recherche

---

(1) L'abbé Simon Foucher, par l'abbé F. Rabbe. Didier, 1867, chap. 1er. — « Peut être, disait Malebranche dans sa préface, que dans le temps de mon silence, ceux qui m'insulteront se trouveront maltraités par quelque main invisible. »
On s'étonnera sans doute, comme le fait remarquer M. Bouillier, de voir Desgabets, qui est, comme nous le montrerons ailleurs, plus près de Gassendi que de Descartes, parmi les défenseurs de Malebranche et de la recherche de la vérité. Mais ce qu'il attaque dans Foucher, c'est surtout le scepticisme, et ce qu'il défend dans Malebranche c'est le dogmatisme.

(2) Dom Robert avait été un admirateur passionné de la « Recherche » du P. Malebranche. Voici d'ailleurs ce qu'il écrivait à ce religieux peu de temps après l'apparition de cet ouvrage : « Ayant été averti de divers endroits de la publication de votre livre, et ne le recevant pas aussitôt que je le souhaitais, je l'empruntai d'un voisin et je le dévorai plutôt que je ne le lus dans un... transport de joie et d'admiration..... Quoique je ne sois pas de votre sentiment dans quelques choses essentielles, je n'ai jamais rien vu qui approche de votre livre en ce genre. » Lettre de Desgabets au P. Malebranche, manuscrit d'Épinal.

est du nombre de ceux qui ont formé un si grand dessein : c'est pourquoi outre qu'il fait paraître beaucoup de lumière, de piété et de modestie, l'importance de cette entreprise mérite bien que ceux, qui ont du zèle pour la découverte et pour la défense de la vérité, travaillent avec lui à former, s'il est possible, un bon système qui puisse enfin fixer nos pensées, et faire cesser tant de doutes et de disputes qui n'ont servi qu'à découvrir la vanité des occupations des hommes, et le mauvais usage qu'ils ont fait de leur raison.

» Mais, au lieu qu'il semble qu'on devait se joindre à cet illustre écrivain, pour l'aider à bâtir quelque chose de solide, soit en corrigeant ses fautes, s'il en a fait de considérables, soit en poussant plus loin les découvertes qu'il pourrait avoir faites, il s'est trouvé un Académicien qui attaque tout le dessein de son Livre, et qui s'étant empli de l'esprit de ses fameux prédécesseurs qui faisaient état de suspendre leur jugement en toutes choses, emploie les vieilles raisons de sa secte, pour empêcher l'effet de celles qu'on a trouvées en nos jours, et que l'on regarde comme très propres à donner enfin un heureux commencement à la découverte de la vérité...» (1)

Ainsi, en résumé, d'après Dom Robert, la grande faute de Simon Foucher, dans sa polémique avec Malebranche, ce qui le rendait inexcusable à ses yeux, c'est qu'au lieu de se joindre à Malebranche pour l'aider à bâtir quelque chose de solide, en corrigeant ses fautes ou en étendant ses découvertes, il avait au contraire cherché à les ébranler, en ressuscitant contre son ouvrage les vieux arguments d'une secte surannée et stérile :

« Non seulement, dit-il, on n'a point vu d'Académicien qui ait enrichi d'aucunes découvertes considérables les sciences humaines qu'il faut étudier avec soin, telles que sont les mathématiques : au contraire, on a remarqué que l'inclination, qu'ils ont à douter de toutes choses, n'a pas peu souvent empêché l'effet que les preuves de l'immortalité de l'âme et de l'existence de Dieu devaient produire dans les esprits. »

Et tout en condamnant les excès du dogmatisme qui sont également dangereux « pour la religion et pour la piété », Desgabets attaque avec vigueur « ces Académiciens ridicules et chimériques, qui pensent tout ignorer,

---

(1) Critique de la Critique de la Recherche de la vérité : Avertissement.

et prennent plaisir à chicaner sur les vérités les plus claires (1) ».

Toujours modeste, il s'efforcera de découvrir au nouvel Académicien « le chemin qui conduit aux connaissances solides, plutôt par expérience » en l'y faisant marcher avec lui, qu'en le lui montrant de loin. Mais aussi, toujours sincère, il déclare qu'il abandonnera « l'auteur de la Recherche aussi bien que son critique » lorsqu'il lui paraîtra « qu'ils ont fait quelques fautes ».

Il ne sert de rien, dit-il à Foucher, de renouveler les plaintes vagues et générales que l'on a faites depuis si longtemps contre les sciences (2).

« Malgré toutes les chicaneries de Sextus Empiricus et de ses semblables, les définitions, les axiomes et les conséquences des géomètres auront leur rang parmi les vérités indubitables, et leur corps solide passera pour une chose, dont la nature est très connue, puisqu'on en a démontré une infinité de propriétés, si cachées et si nécessaires qu'on n'en peut ébranler la vérité ni la réalité. »

Au reste, la doctrine cartésienne des qualités sensibles offre présentement « une ouverture pour sortir de l'embarras du doute » et ne laisse plus aucun refuge au scepticisme. Voilà en effet « l'inconcussum quid » sur lequel il est facile d'établir à jamais les véritables bases de la philo-

---

(1) « S'ils ne suspendaient leur jugement que dans les choses qui sont effectivement obscures, ils satisferaient en cela aux premiers et aux plus indispensables devoirs d'un homme raisonnable. Ils imiteraient les dogmatistes sages et modestes, qui n'affirment jamais que des choses fort claires ; et les Académiciens, en ce cas, ne feraient plus qu'un même corps avec les dogmatistes, pour travailler de concert à la Recherche de la Vérité ». — Critique de la Critique. Avertissement.

(2) « La seule chose qui peut excuser de tels excès, est que jusques à nos jours on n'a pu séparer exactement ce qu'il y a de clair dans nos notions, d'avec ce qu'il y a d'obscur dans les jugements précipités qu'on y a joints, et qu'on a pris l'un pour l'autre. Néanmoins, les sages et les personnes de bonne foi, qui se sont attachés aux choses évidentes, n'ont jamais manqué de raisonner fort juste sur de très bons principes, et d'en tirer une infinité de conséquences claires et nécessaires, qui composent les sciences, où il n'y a rien que de fort clair, quand on s'abstient d'y faire entrer des jugements qui ne sont point conformes à nos notions. » — Ibid.

sophie, car, ce principe reconnu met d'emblée « en possession du monde intérieur, de l'âme et de la matière ». En réponse aux doutes de Foucher concernant la conformité des idées avec leurs objets, Desgabets « dit des choses très fortes et très sensées, sur la certitude et l'infaillibilité de toutes les opérations premières et simples de la faculté de connaître. Mais, comme il est de sa nature de tout exagérer, dans son opposition au scepticisme, non content d'établir qu'il y a des connaissances claires et indubitables, il prétend que toutes le sont également (1) ».

A cette théorie de l'infaillibilité des notions, il en rattache une autre « qui pourrait, dit-il, être d'un grand usage ».

« Malebranche avait avancé que, quoique l'esprit humain soit porté à croire que les choses, dont on n'a point d'idée n'existent pas, on ne doit pas cependant rien déterminer touchant le nombre d'êtres que Dieu a créés, que l'on ne doit point juger par exemple avec précipitation que tous les êtres soient esprits ou corps, et qu'il se peut faire qu'il y ait d'autres êtres que pensée et étendue. D. Robert se tourne ici complètement avec Foucher contre Malebranche, dont l'assertion lui semble comme à celui-ci, ouvrir la porte aux doutes du plus extravagant pyrrhonisme. Partant, selon son habitude, d'une distinction assez subtile entre les choses que nous ne concevons pas, parce que nous n'en avons aucune idée, et celles que nous ne connaissons que virtuellement et confusément, il soutient que tout ce que l'on peut dire de ces êtres prétendus, dont nous n'avons pas d'idées, tels que les êtres qui ne seraient ni corps, ni esprit, ni substance, ni accident..., est contradictoire, chimérique, contraire au bon sens, « et ne peut passer pour discours humain, sinon en tant que l'homme peut mentir. On en parle sans en parler, de même que des perroquets ; on profère le nom de choses et d'êtres, comme si on savait ce qu'on dit..., de tels discours nous mettent infiniment

---

(1) Bouillier. — Histoire de la Philosophie cartésienne, t. I, chap. XXIV.

au-dessous de ces aveugles qui parlent des couleurs. » Dom Robert continue longtemps sur ce ton assez offensant pour Malebranche, qui n'avait pas cru, en exprimant ce léger doute, encourir le reproche d'étendre chimériquement sa vue au-delà de celle de Dieu (1) ».

Avec Foucher encore, Robert Desgabets combat l'intellection pure, et lui accorde « qu'il est impossible de s'assurer par expérience qu'il ne se forme point de traces dans le cerveau lorsqu'on exerce les opérations que l'on prend pour de pures intellections ».

Quant à l'assertion de Malebranche que nous voyons toutes choses en Dieu, D. Robert déclare que cette manière d'expliquer comment nous connaissons les objets de nos pensées parait toute mystique, et « qu'on a beaucoup de peine d'y trouver de la solidité ».

Foucher ne tarda guère à répondre à Desgabets: le 23 mai 1676 paraissait en effet une « *Nouvelle dissertation sur la Recherche de la vérité, contenant la Réponse à la critique de la critique de la Recherche de la vérité*, où l'on découvre les erreurs des dogmatistes, tant anciens que nouveaux avec une discussion particulière du grand principe des cartésiens. » Dans ce livre, le chanoine de Dijon réfutait les prétendues opinions cartésiennes de Desgabets. Il est à croire toutefois que les arguments de D. Robert l'avaient singulièrement troublé. En effet, huit ans après la mort de notre bénédictin, en 1686, il faisait paraître une Apologie des Académiciens sous le titre de: *Réponse à la critique de la critique de la Recherche de la vérité*. On voit que, dans cet ouvrage, « nouvel Arcésilas, un seul désir l'anime, celui de mettre un frein aux prétentions indiscrètes, aux spéculations intempérantes des nouveaux Zénons ; s'il s'efforce de réduire les dogmatistes à un doute raisonnable, ce n'est point « pour les y arrêter entièrement, mais au contraire pour les obliger d'en sortir, de manière à n'y rentrer jamais (2) ». — Aux

---

(1) L'abbé F. Rabbe. — Étude sur Foucher, chap. IV.
(2) L'abbé Rabbe, ouvr. cité, chap. VI : Foucher apologiste et restaurateur de l'Académie.

griefs de D. Robert il oppose les deux thèses suivantes :
1° la méthode des Académiciens est la plus utile pour la religion, et, — 2° elle est aussi la plus conforme à la raison et la plus favorable à ses développements. Il prétend également démontrer contre Desgabets que Saint Augustin est, dans le sens qu'il donne à ce mot, un véritable Académicien, qu'on ne peut l'invoquer contre lui.

Leibnitz, que l'on ne s'attendrait guère à rencontrer ici, lut avec un vif intérêt cette réponse après coup à D. Robert Desgabets : il prit même la peine, dans une lettre assez étendue adressée à l'abbé Foucher, de dire sans façon, à son correspondant, ce qu'il pensait de toutes ces discussions (1). C'est un bien grand honneur pour notre bénédictin, d'avoir pu occuper ainsi à de certaines heures, l'illustre philosophe de Hanovre !

Tandis que la « Critique de la critique » de Dom Robert avait du retentissement, que les opinions de l'auteur devenaient à la mode, et qu'au témoignage de Foucher lui-même, on en discutait « dans les compagnies où l'on parle de science », le P. Malebranche ne se montrait point du tout satisfait de la défense de son trop sincère ami. Bientôt Desgabets put lire dans l'« Avertissement » d'une nouvelle édition de la « Recherche » ce désaveu formel : « Je suis fort obligé à l'auteur de cette Critique de l'honneur qu'il paraît me faire par le titre de son livre. Mais ce même titre pouvant faire croire que j'aurais eu quelque part à son ouvrage, je crois devoir dire que, quoique je sois très satisfait de sa personne, je ne suis pas extrêmement content de son livre. Il me semble que ceux, qui se mêlent de défendre ou de combattre les autres, doivent lire leurs ouvrages avec quelque soin, afin d'en bien savoir les sentiments (2) ».

---

(1) « Ce sont des aperçus rapides, mais décisifs, où se trouve résumée sous une forme concise toute la substance, comme il le dit lui-même, de ses vieilles méditations ». — Voir dans notre appendice quelques extraits intéressants de cette correspondance de Leibnitz avec l'abbé Foucher.

(2) Malebranche écrivit aussi à notre bénédictin diverses lettres que nous n'avons pu découvrir. Dans une de ses réponses D. Robert Desgabets lui disait : « Si vous pouviez me faire une affaire à Paris, j'y porterais une partie de mes écrits qui contribueraient à votre

Sans doute, il est très vrai que Malebranche reprochait facilement à ceux qui le contredisaient de ne l'avoir pas compris, (1) mais il faut bien le dire, dans plusieurs passages du livre de Desgabets, le célèbre oratorien était aussi maltraité que Foucher, et cela explique sa brusque sortie. Et puis, Dom Robert compromettait sa prétendue défense par ses paradoxes et ses subtilités : plus que Malebranche, il prêtait le flanc aux chicanes et aux critiques, et cela aurait bien pu prolonger la polémique.

---

divertissement par la diversité des sujets et par la nouveauté des opinions... Il me faudrait de tels censeurs que vous pour me redresser, et il me serait infiniment avantageux de pouvoir devenir votre disciple.... » Le désir de Desgabets ne put être exaucé, et il ne revit pas la Capitale Il pria seulement un ami — probablement Corbinelli, de passage à Commercy — de se faire le défenseur de ses doctrines auprès du Père Malebranche. Corbinelli lui rendit volontiers ce service, et il y a dans le manuscrit d'Epinal le procès-verbal d'une séance cartésienne, où les arguments de Dom Robert furent discutés et réfutés par le célèbre père de l'Oratoire. Cet écrit qui porte le titre suivant: « *Récit de ce qui s'est passé à Paris, dans la dernière assemblée, touchant la question si toutes les pensées de l'âme dépendent du corps* » se trouve mêlé aux diverses pièces qui ont rapport aux Conférences du Château de Commercy: on trouvera ce document dans les « Fragments de philosophie cartésienne » de V. Cousin, P. 110.

(1) C'est ainsi que dans sa *Réponse à la Critique* il reprochait à Foucher « de ne comprendre ni les opinions de Descartes, ni les siennes, de raisonner à outrance sans savoir ce qu'il combat, et quelquefois sans qu'on puisse voir ce qu'il prétend ». L'abbé Rabbe, ouvr. cité, chap. III.

# DEUXIÈME PARTIE

# LE SYSTÈME

# CHAPITRE I.

*Nécessité de parler du système de D. Robert Desgabets, après avoir étudié Dom Robert cartésien. — Qu'il n'avait nullement l'intention d'être chef d'école ; but plus modeste : montrer que Descartes cesse quelquefois d'être bon cartésien, mais qu'il suffit de le corriger par sa propre doctrine. — Qu'à l'encontre de cette prétention, Dom Desgabets a eu vraiment originalité et initiative, en un mot, qu'il a un système. — Tendance générale de son esprit, qui le porte du côté de l'empirisme. — Que cette tendance s'affirme dès les premiers reproches que Dom Robert adresse à Descartes, au sujet de son doute hyperbolique. — Le premier défaut de cette méthode de M. Descartes est de faire douter de la réalité des choses, auxquelles on pense et dont on parle ; le second de rejeter tout commerce avec les sens. — Que le « Supplément à la philosophie de M. Descartes » contient en réalité toute une philosophie sensualiste très originale, très une, et logique.*

Très disposé à accueillir les belles initiatives et le progrès, Robert Desgabets nous apparaît d'abord, en philosophie, aussi bien qu'en physique, comme un cartésien véritable. Lui aussi n'a que du dégoût pour la science de l'Ecole, dont « la métaphysique contient une infinité de discours si vagues, si obscurs, et de si peu d'usage, qu'il faut être tout rempli de l'esprit scolastique, pour se plaire à des choses qui paraissent également creuses, et éloignées des lumières du sens commun (1) » ; lui aussi veut user de ce sens commun « en un ouvrage,

---
(1) Supplément à la Philosophie de M. Descartes. — Livre II, Chap. VIII. — Man. d'Epinal.

où l'on ne fait état que de proposer des vérités populaires (1) » ; comme Descartes, il accepte pour criterium unique et suprême, l'évidence des concepts simples, et comme Descartes, il arrive aussi à la grande conception de l'âme pensée et de la matière étendue, œuvres d'un Dieu spirituel, de la liberté duquel relèvent les essences des choses et jusqu'aux vérités éternelles.

Toutefois, les apparences ici pourraient être trompeuses. La méthode même de Descartes convie ses disciples à la pensée personnelle, et à la vérification libre, et quoi d'étonnant à ce qu'un esprit libre et indépendant, comme l'était Dom Robert, très différent, au reste, de l'esprit du maître, ait mis quelque chose de soi, des éléments originaux, dans son cartésianisme, qu'il élaborait par lui-même. « Ce professeur bénédictin, dit M. Cousin, ce prieur du monastère de Breuil, ce procureur-général d'une congrégation aussi pieuse que savante, ce partisan de la philosophie nouvelle est en réalité plus près d'Aristote que de Platon, de Gassendi que de Descartes (2). » Et s'il est vrai que Dom Robert a altéré si réellement et si intimement Descartes, notre dessein de l'étudier lui-même, après l'avoir étudié cartésien, ne sera-t-il point suffisamment justifié ?

En vérité, rien n'est si éloigné, au moins en apparence de la pensée de Desgabets que de fonder une école et de s'en déclarer chef. Quels éloges il fait de Descartes !

« Les génies extraordinaires, *dit-il*, qui se sont mis en devoir de faire les premières découvertes des vérités fondamentales, se sont proposé quatre choses, qu'ils ont regardées comme les principales de toutes, et les plus nécessaires. La première a été de bien fonder la certitude de nos connaissances et des sciences, contre les doutes de ceux qui veulent faire passer toutes les choses pour incertaines ; la seconde a été de prouver l'immortalité de l'âme, contre les faux savants et les libertins ; la troisième de montrer l'existence de Dieu, et la quatrième de nous

---

(1) Supplément à la Philosophie de M. Descartes. — Livre II, Chap. VIII. — Man. d'Epinal.
(2) Fragments de Philosophie cartésienne, par V. Cousin, p. 104.

donner les vrais principes de la nature, pour parvenir à l'établissement solide d'une physique démontrée... L'illustre M. Descartes s'est signalé dans cette carrière,... sa philosophie a fait beaucoup de bruit dans le monde par les nouvelles découvertes, qu'il a proposées en grand nombre et avec un éclat extraordinaire. Il n'est pas nécessaire d'aller chercher ailleurs que chez M. Descartes les ouvrages dont on a besoin, pour parler à fond de ces quatre grands sujets que je viens de proposer : il les a tous embrassés dans le dessein d'en traiter, et il a eu sur cela des vues si vastes, que l'on ne peut manquer de profiter notablement de son travail, si l'on se donne la peine d'entrer dans ses pensées... (1) »

Écoutons pourtant quels reproches il lui adresse et quel dessein il se propose : « Après qu'il nous a délivrés d'une infinité d'erreurs il s'est lui-même laissé surprendre par des préjugés imperceptibles, dans les choses fondamentales, ce qui a privé le monde du plus grand fruit de son travail. Je prendrai occasion de ses propres inventions de marquer les endroits où il a manqué, de les pousser aussi loin qu'il devait, je découvrirai les contrariétés qui se trouvent entre les choses qu'il a avancées (2)... *Il s'est trompé en ce qu'il y a de plus fondamental dans sa méthode (3)...* » Comment une telle entreprise n'aboutira-t-elle pas à un système original, et comme à un nouveau corps de doctrine !

Mais Desgabets se défend de vouloir rien tirer de soi, et, à l'en croire, rien n'est si loin de sa pensée que de vouloir fonder une doctrine ou une école : « *Je ferai voir que c'est presque par sa propre doctrine que l'on corrige ses fautes, et que c'est lui-même qui donne le remède au mal qu'il a fait :* j'établirai la réputation

---

(1) Supplément à la Philosophie de M. Descartes. — Préface. — Man. d'Épinal. — « C'est proprement M. Descartes, dit-il ailleurs, qui a travaillé le premier à nous donner un corps de philosophie complet... » Et encore : La publication de la philosophie de M. Descartes est le plus grand événement qui ait paru jusqu'à nos jours dans l'empire des lettres ». (Épitre dédicatoire.)

(2) Supplément à la Philosophie de M. Descartes. — Préface. — Man. d'Épinal.

(3) Supplément. Livre I, Chapitre 1er, Section 1re.

qu'elle attendait de lui-même (1)... C'est de lui seul qu'on peut tirer les moyens de donner à la philosophie un degré de perfection qu'elle n'avait pas reçu de lui. On trouve dans ses écrits plusieurs choses qui sont très propres à rectifier ce qu'il y a de défectueux en ce qu'il a avancé (2)... » Au vrai, dit-il, encore, Descartes « *a cessé quelquefois d'être bon cartésien* (3) ». Etre bon cartésien, c'est tout le désir de Dom Robert, le pur et intégral cartésianisme, c'est tout son objectif.

Œuvre difficile que celle qui consiste à pénétrer en une doctrine, pour en éliminer les éléments hétérogènes, à pénétrer dans une pensée, pour en déduire toutes les conséquences, et celles-là seulement qu'elle enferme ! Il y faut une ressemblance, et comme une affinité singulière avec l'esprit, auquel on veut ainsi se substituer, et comme s'identifier. Il faut pouvoir quitter tout ce qui est de soi, pour prendre tout ce qui est de lui, et comment ainsi le prendre tout lui-même, si déjà par sa propre nature on ne lui est très ressemblant ? Mais nous avons beau étudier la figure et l'esprit du prieur du monastère de Breuil, nous ne voyons pas revivre en lui la figure et l'esprit du solitaire de Hollande. Celui-ci est un méditatif, défiant du monde et de son propre esprit, habitué à s'abstraire des hommes et de ses sens, trouvant aisée en somme cette abstraction qu'il n'arrête qu'au roc de l'absolument indubitable, et s'écriant au terme qu'il n'y a rien de plus facile à connaître que l'âme toute nue et toute simple en sa solitude de la pensée pure. Tous les esprits ne sont point capables d'un tel effort, si légitime et si nécessaire qu'il ait peut-être été, et tous n'en peuvent saisir la nécessité. Dom Robert est, lui, un homme de bon sens robuste, n'acceptant rien sans doute que sur bonne preuve, mais refusant de douter de ce que la nature même lui enseigne à croire ; il accepte joyeusement ce qui est concret et vivant et ne veut point

---

(1) Supplément, Préface.
(2) Supplément, Livre I, Chapitre 1ᵉʳ, Section 1ʳᵉ.
(3) Supplément, Préface.

accepter comme nécessaires des abstractions extrêmes, qui semblent séparer les éléments de son propre être, comme le retirer de ses sens et de son corps. Un tel excès lui semble au surplus aussi inutile qu'illégitime, et courageusement, de tout son cœur, il croit à tout lui-même et s'accepte tout entier. Ce n'est point un « abstracteur », comment veut-il comprendre Descartes ? Toutes les tendances de son esprit le portent, non point vers ce qui est abstraction, analyse, raison raisonnante, mais au contraire vers ce qui est le concret, la vie, l'expérience. Comment sa doctrine ne courrait-elle pas grand risque d'être tout autre chose qu'un cartésianisme épuré, et de placer dans le cadre du cartésianisme purement rationnel une philosophie, qui, par bien des côtés, serait une philosophie de l'expérience ?

Mais il importe de ne point juger à priori, et comme cette présomption a cependant dès le début une sérieuse utilité, de l'appuyer elle-même sur des preuves et sur des faits. Or, les tendances anticartésiennes, ou au moins extra-cartésiennes de Desgabets ne se manifestent-elles pas très clairement dès le début même de son « *Supplément à la philosophie de M. Descartes* », dans les reproches qu'il adresse à celui-ci ?

Dom Robert n'a point assez d'éloges pour l'admirable « découverte de M. Descartes touchant les prétendues qualités sensibles » qui appartiennent à l'âme, non au corps.

« Cette découverte, dit-il, est la grande porte de la physique et le seul moyen de séparer exactement les fonctions de l'âme d'avec celles du corps, et d'en faire voir les différences dans l'homme composé des deux substances (1) ».

(1) « C'est justement au temps que M. Descartes a développé cette doctrine, dit-il encore, qu'on peut rapporter les premiers commencements d'une manière de philosopher solidement, touchant les fondements de la certitude de nos connaissances ; la distinction, qu'on aperçoit maintenant sans peine, entre le corps et l'âme, dissipe absolument l'obscurité qui fondait les raisonnements des Académiciens, et l'on serait ridicule, si après cette découverte, l'on persistait à douter qu'il y a une matière étendue et une âme raisonnable ». — Supplément, Livre I, Chap. II, Section II.

Mais, — et c'est ici la première de ces inconséquences, que Desgabets reproche à Descartes, — celui-ci s'est imaginé qu' « au lieu de s'attacher fortement et uniquement à ses propres inventions pour en faire les usages auxquels on peut les employer avec succès, il devait former un système méthodique et complet, et qu'il devait commencer par ses méditations touchant la première philosophie, où il prétend nous donner la méthode unique qu'il faut suivre pour philosopher par ordre, et arriver infailliblement à la vérité (1) ».

Ce dessein n'a pas tout à fait réussi à M. Descartes. Il commence en effet par un doute « hyperbolique » par lequel il rejette « toutes les choses qui ne lui ont pas paru inébranlables, et particulièrement toutes les choses corporelles qu'il a regardées comme imaginaires ». Mais ce point de départ est doublement défectueux et dangereux : *il fait douter de la réalité des choses auxquelles on pense et dont on parle ; — il prétend nous priver de tout commerce avec les sens* (2).

C'est devant le fait de sa pensée que s'est arrêté Descartes, mais n'a-t-il pas commencé par en nier le contenu ? — « Lorsque l'on fait réflexion sur ce que l'on sent et l'on connaît intimement, quand on a quelque pensée », n'y a-t-il pas une chose qui se présente avec une évidence qu'il est impossible de ne pas apercevoir, à savoir « que la chose à laquelle on pense est telle en elle-même hors la pensée, qu'elle est représentée par la pensée ». La pensée est une affirmation ; si l'on doute de cette affirmation, de quel droit acceptera-t-on la pensée elle-même, cadre vide désormais, et dépouillé de tout ce qui pouvait lui donner intérêt et vie ? Ce cadre est-il plus respectable que le tableau ? Douter de la pensée comme fait n'est pas plus violenter la conscience que douter de ce qu'elle implique nécessairement, de ce qui est son élément essentiel, et comme son âme et sa vie ! Écoutons

---

(1) Supplément, Livre I, Chap. II. — Du doute hyperbolique de M. Descartes, section 2^me : De l'établissement du dogmatisme.

(2) Supplément, Livre I, Chapitre II, Sections IV et V.

Dom Robert : « Cette vérité (énoncée plus haut, savoir que la chose à laquelle on pense est en elle-même telle qu'elle est représentée par la pensée) est enveloppée dans la connaissance intuitive que nous avons de nos pensées, qui clairement (nous apparaissent) comme des représentations et des peintures intérieures de leurs objets, auxquelles elles ont un rapport essentiel, de même (que) ces tableaux ont le leur aux choses qu'ils représentent (1) ». — « Nos pensées n'étant que des représentations des choses, elles nous obligent d'y apercevoir ce qui y est contenu.... Il m'est donc permis de présenter cette vérité comme indubitable, mais outre cela je prétends qu'elle doit être regardée comme la plus fondamentale et la plus nécessaire de toutes (2) ». — Voilà bien l'homme de sens robuste, à qui douter de soi même paraît la plus inutile des chimères. Aussi, comme il y insiste et comme il est énergique ! On sent passer dans ses paroles comme un souffle d'indignation, qui, n'était son profond respect pour Descartes, éclaterait peut-être en paroles aussi dures que celles des scolastiques. Un moment, on croirait qu'il va laisser libre cours à ce sentiment d'irritation : « Cela me donne droit de dire que l'on a eu tort de la laisser là (cette vérité) comme étouffée dans un grand nombre de difficultés qu'on ne doit pas du tout regarder comme des raisons auxquelles il faille avoir égard, mais comme des préjugés qu'il faut renverser (3) ». Mais il s'arrête là, ayant, dès le début de son ouvrage, trahi son caractère et montré son âme, mais aussi ayant peut-être convaincu son lecteur que pour la restauration d'un cartésianisme pur et intégral, c'est là un bien singulier point de départ, et un bien étrange ouvrier.

Ce n'est pourtant point tout : Desgabets va porter un nouveau coup à la méthode cartésienne et tout ensemble se séparer plus encore de l'esprit de Descartes. Lisez ce titre de la Section 5ᵐᵉ du Chapitre second « *Du deuxième*

---

(1) Supplément, Livre I, Chapitre II, Section IV.
(2) Supplément, Livre I, Chapitre II, Section IV.
(3) Supplément, Livre I, Chapitre II, Section IV.

*défaut de M. Descartes qui rejette tout commerce avec les sens* » et vous verrez déjà à quel point Desgabets s'écarte de la véritable inspiration cartésienne ! C'est faire une chose imaginaire, déclare-t-il, « que de faire des efforts pour agir sans le secours des sens extérieurs ». Et son indignation de le reprendre : « il sert peu de dire : *je pense, donc je suis,* si l'on ne prend garde à ce que l'on dit, et si l'on s'abandonne à des raisonnements en l'air qui nous éloignent de ce que nous percevons intuitivement (1) ». — « *De ce que nous percevons intuitivement* », voilà, semble-t-il, le grand mot lâché, voilà ce dont l'esprit de Desgabets ni ne saurait s'abstraire, ni ne comprend l'utilité de douter. Oui, il croit aux choses corporelles, et se confie à ses sens : non point certes qu'il reprenne l'antique théorie de l'objectivité des qualités sensibles, mais à côté des vains fantômes de l'imagination, utiles seulement pour la vie pratique, il y a les conceptions claires et simples de l'entendement, que les sens lui donnent au moyen de l'union de l'âme avec le corps. Au vrai, les perceptions des sens se résolvent en idées claires et distinctes, dont l'objet est à la fois l'âme et le corps dans leur union intime :

« On ne peut nier qu'autant qu'il est vrai que nous avons chaud et froid, plaisirs et douleurs, autant il est clair que nous nous connaissons tels, par une intellection qui est aussi pure qu'aucune autre, parce qu'on n'y mêle pas l'imagination ni les faux jugements, touchant la nature des choses extérieures qui donnent ces sentiments... Il s'ensuit clairement et nécessairement de cette vérité que tous nos sentiments et perceptions, soit qu'ils soient excités par les sens extérieurs ou intérieurs, sont des véritables idées qui font connaître l'âme à elle-même, comme en étant l'objet et le sujet, et qui, outre cela, se font connaître à elle immédiatement sans qu'il soit nécessaire pour cela de former un acte distingué, qui aurait l'idée pour objet (2 ».

Or, on sait par ailleurs que Dom Robert croit fermement à l'évidence de l'objectivité de toute conception

---

(1) Supplément, Livre I, Chapitre II, Section V.
(2) Supplément à la Philosophie de M. Descartes, Livre I, Chap. VI, Section II.

claire et distincte : il croit donc aussi à l'évidence de l'objectivité de son propre corps. Et il en est si persuadé qu'il prétend retrouver cette évidence dans toutes ses pensées. Il y a une autre chose en effet qui « se présente avec une évidence qu'il est impossible de ne pas apercevoir », c'est que « celui qui pense se connaît clairement comme existant, et comme un homme composé d'un corps organisé et d'une âme raisonnable, qui agissent mutuellement et continuellement l'un sur l'autre (1) ». — Ailleurs, il prétend appuyer cette opinion sur l'autorité de Descartes lui-même : « Tant s'en faut, dit-il, que M. Descartes doute de cette vérité, qu'au contraire il se plaint que voulant s'assurer de l'existence de son âme seulement, le corps se présente si continuellement et inopinément, qu'au lieu de douter de son existence la plupart sont portés à croire que le corps fait tout leur être et leur nature (2) ».

Mais cette théorie de la perpétuelle intuition du corps comme de l'âme, va peut-être étonner et choquer des esprits imbus des idées cartésiennes courantes. Desgabets, pour les convaincre, esquisse dès le début de son ouvrage, sa doctrine si singulière et si intéressante, par laquelle il réduit la durée au mouvement, et le temps à l'espace. L'homme, — au contraire de l'ange qui pense « indivisiblement et irrévocablement, qui voit les effets dans les causes et les conséquences dans les principes, sans discours, sans suite, sans division (3) », — s'aperçoit qu'il raisonne, tire des conséquences, que ses connaissances se perdent, se succèdent, ont une durée, un commencement, une fin, enfin qu'il pense d'une manière divisée et successive. Or, division et succession ne sont point des attributs essentiels de la pensée, mais seulement du mouvement local (4) : la pensée serait tout entière, en un instant indivisible, n'était le mouvement qui « l'excite et lui donne l'être à sa manière et lui

---
(1) Supplément, Livre I, Chapitre II, Section IV.
(2) Supplément, Livre I, Chapitre VII, Section I.
(3) Supplément, Livre I, Chapitre II, Section IV.
(4) Le mouvement local dans la succession est *cela même* qu'on appelle durée et temps.

ôte (1) ». Aussi les pensées « n'ont ni temps, ni durée, par identité de nature, mais par union avec le mouvement ». C'est donc cette union avec le mouvement, cette jonction de l'âme avec un corps mobile, qui l'empêche d'être pur esprit et fait d'elle simplement une âme raisonnable.

Mais d'autre part, comme nous sentons perpétuellement la division et la succession de nos pensées, ce n'est pas seulement elles que nous connaissons ; par elles et en elles nous atteignons le mouvement, en quoi consiste précisément cette succession, et qui accompagne toujours nos pensées. Donc toujours nous atteignons d'une vue intuitive notre corps, et les mouvements corporels joints à nos pensées.

Et l'on voit maintenant le second défaut que Desgabets reproche à Descartes. Celui-ci par son doute méthodique, qui ne s'arrête qu'à l'existence en nous de l'esprit, non seulement ébranle toute certitude en doutant de l'affirmation nécessairement impliquée en toute pensée, mais encore il tente une œuvre impossible, et égare tous ceux qui voudront le suivre, en ne voulant d'autre point de départ qu'une pensée pure, que jamais personne ne pourra réaliser en soi, et qui n'est guère concevable que dans un esprit pur, dans l'ange (2).

Sur ces deux points, Desgabets tient à cœur de se séparer de Descartes, et les tendances mêmes de son esprit expliquent qu'il l'ait fait. Mais ces points ne sont-ils pas fondamentaux et des principes qu'il a posés ne va-t-il pas découler une philosophie à peu près autonome et à coup sûr originale ?

Dès maintenant, on en peut entrevoir et tracer les grandes lignes.

La pensée est un phénomène simple et indivisible de

---

(1) Supplément, Livre I, Chapitre V, Section 1re.
(2) Supplément, Livre I, Chapitre II, Section V. « Au lieu d'avoir pris son âme pour ce qu'elle est effectivement, dit encore Desgabets, selon sa nature et son vrai degré spécifique, Descartes n'en a connu que confusément le degré générique, c'est à savoir que c'est un esprit ». Ibid.

soi, elle n'a rien de corporel ; mais elle est dans une perpétuelle correspondance avec des phénomènes corporels, ou, plus précisément, avec des mouvements organiques (1).

La conscience nous le prouve, elle qui, dans les divers états de l'âme, perçoit sans cesse l'action qu'exerce sur elle le corps, et qu'elle exerce à son tour sur lui. « L'union de l'âme et du corps est une des choses les plus connues quand on se consulte soi-même (2) » et, s'il faut éclairer cette conscience que les « préjugés communs » peuvent obscurcir, il suffira de remarquer que la succession et la division qu'on remarque dans les pensées ne peut leur appartenir essentiellement mais seulement à des mouvements, auxquels elles sont identifiées, et dont il faut bien que nous ayons conscience (3).

Il suit de là cette conséquence fort simple, c'est que toutes nos pensées, naissant de mouvements organiques, doivent venir des sens. Aussi bien d'où viendraient-elles ?

« Les sentiments, idées, connaissances.... n'étant que pure passion dans l'âme, il faut qu'il y ait un agent corrélatif qui excite toutes les pensées et sentiments, puisque ce ne sont que des passions. Or, le corps et les sens se présentent si clairement pour cela, qu'il ne faut pas chercher ailleurs (4) ».

Pourtant, certaines au moins de nos pensées, n'excluent-elles point toute origine sensible ? Non, répond Desgabets : la connaissance des choses universelles n'est différente de celles des particulières qu'en ce qu'elle est plus confuse.

« Lorsque les esprits passent légèrement et glissent comme superficiellement sur les espèces, elles ne font qu'avoir une idée confuse des choses, sans y apercevoir ce qui les distingue les unes des autres, et, par cela même, on les connait comme universelles et abstraites (5) ».

---

(1) Supplément, Livre I, Chapitre III, Sect. 1re. — Chap. V, Section I et II. — Ch. VI, Sect. III.
(2) Supplément, Livre I, Chap. IV, Sect. 1re.
(3) Supplément à la Philosophie de M. Descartes, Livre I, Chap. V.
(4) Supplément, Livre I, Chapitre IV, Section VI.
(5) Supplément, Livre I, Chapitre VI, Section VI.

Sur cette psychologie ouvertement sensualiste, quelle métaphysique pourra se greffer? Desgabets reprend ici plusieurs principes cartésiens, qui de ce point de départ, le mèneront à des conceptions vraiment profondes et originales.

La matière n'est qu'une étendue (1) mais qui est douée de mouvement, et qui, toutes les fois qu'elle est unie à une autre nature capable de penser, y produit, corrélativement à son mouvement, un fait de pensée. Cette pensée n'est pas elle-même matérielle, mais elle résulte toujours de quelque chose de corporel qui lui est toujours joint et proportionné. D'elle-même elle serait simple, mais elle devient divisée et successive, en raison du mouvement d'où elle naît.

Par là même elle entre dans le temps, car :

« Il n'y a point d'autre temps ni d'autre durée que le mouvement local, sans lequel il est impossible qu'il y ait aucune succession ou nouveauté dans le monde, soit dans les corps, soit dans ceux de ces esprits dont les pensées ont aussi leur durée, à cause de la dépendance qu'elles ont du mouvement (2) ».

Aussi les corps et l'esprit et toute substance sont hors du temps (3).

Le corps et l'esprit sont par ailleurs intimement unis au moins en l'homme, et si Desgabets admet des esprits purs, il se montre assez bienveillant pour ceux qui admettent qu'une âme est unie au monde matériel, de sorte que tout phénomène matériel aurait son retentissement en un esprit, et son accompagnement spirituel.

Mais le monde à son tour suppose un Dieu, lequel est libre, et dont la pensée est l'origine universelle de toutes choses, de sorte qu'à chaque substance ou mode du fini correspond une pensée dans l'infini. Mais la liberté de Dieu choisit une fois pour toutes, ses pensées sont indéfectibles, donc indéfectibles aussi les substances, et

---

(1) Supplément, Livre I, Chapitre I, Sect. I et II.
(2) Supplément, Livre II, Chapitre VII, Sect. VI.
(3) Supplément, Livre II, Chapitre VII, Sect. VI et VII.

nécessaire leur développement et manifestation modale. De sorte qu'un lien de nécessité semble enchaîner le monde des substances à Dieu, et d'autre part l'ensemble des faits spirituels à l'ensemble des faits corporels. Vraiment n'y a-t-il pas là une conception puissante et fortement originale ?

# CHAPITRE II.

### Théorie de la connaissance.

*Tendance générale : Union et correspondance continuelle et complète des pensées de l'âme et des mouvements du corps. — Que par là Dom Robert se montre le précurseur de Locke. — Comparaison avec Spinoza. — Théorie générale: liaison de nos pensées avec les mouvements de notre corps. — Du vrai sens de la maxime commune : qu'il n'y a rien dans l'entendement qui n'ait été auparavant dans les sens. — Preuves de la liaison continuelle de nos pensées, avec les mouvements de notre corps: vraie doctrine de l'union de l'âme et du corps ; — examen de divers états de l'âme : avant la naissance et durant le sommeil ; — correspondance des dispositions de l'âme avec les changements du corps ; — état de l'âme dans ceux qui manquent de quelque sens ; — rapports de l'intellection pure et de la volonté avec le corps ; — la mémoire ; — la résurrection et l'état de l'homme avant le péché.*

La tendance générale et essentielle du système de Dom Robert Desgabets est d'établir l'union et la correspondance continuelle et complète des pensées de l'âme et des mouvements du corps, des faits psychologiques et des faits organiques.

Pour lui, nous l'avons déjà dit, la pensée n'est point sans doute un mouvement, car elle est hétérogène avec l'étendue, dont le mouvement est un attribut essentiel et exclusif. Mais pourtant la pensée, telle que la conscience la connaît, est multiple et successive, ce qui ne peut s'expliquer que par une dépendance du mouvement. Donc toute pensée dépend d'un mouvement.

Mais si le mouvement n'existe que dans l'étendue, il n'existe donc que dans la matière. La pensée dépend d'un mouvement matériel, à savoir d'un mouvement organique. Et cela continuellement et complètement, de sorte qu'à la série des pensées correspond une série de mouvements organiques.

Par là Desgabets est précurseur de Locke (1). Car si la pensée est dépendante d'un mouvement et lui correspond complètement, et si le mouvement comme il est évident, est individuel, toute pensée sera individuelle et particulière. Il n'y aura pas d'idées générales à proprement parler. Par là l'universel est exclu de la conscience humaine. Nous venons d'ailleurs de rencontrer déjà cette négation chez notre auteur, dans le passage où il enseigne que les idées d'espèce ne sont que des représentations confuses, où l'esprit ne saisit pas les traits qui distinguent entre elles les choses individuelles, — explication tout à fait semblable à celle d'Abailard au XIIe siècle, et de Taine au XIXe.

Mais il est au moins une pensée indépendante du mouvement, une pensée pure, Dieu. Oui, mais de ce Dieu tout dépend, tout, les mouvements organiques et les faits de pensée. De cette pensée immobile et éternelle sort la loi inéluctable de cette double série enchaînée l'une à l'autre. La pensée divine, en son unité, se la représente avec tous ses éléments : elle comprend une idée pour chaque élément de chaque couple et l'indéfectibilité de cette idée fait elle-même l'indéfectibilité des substances et la nécessité de leurs lois.

Il y a donc une double série indéfectible et nécessaire, de faits psychologiques et de faits matériels, qui procèdent sans cesse de la pensée divine, où elle puise son indéfectibilité et sa nécessité.

N'est-ce point là un système singulièrement analogue à celui de Spinoza ? (2)

---

(1) L'essai sur l'Entendement humain de Locke ne fut publié qu'en 1690. Robert Desgabets était mort en 1678.

(2) M. Cousin n'exagérait donc rien, lorsqu'il écrivait, au sujet de

Cette extrême dépendance qu'ont toutes les pensées des mouvements du corps, affirmée d'abord à l'occasion de l'examen de la philosophie cartésienne, Desgabets s'applique à la prouver et l'élève à la hauteur d'une théorie (1). Il entre en matière par la « vraie doctrine » de l'union de l'âme et du corps « qui prouve cette liaison, sans laquelle nous ne serions point en vie. »

On sait que les philosophes disent ordinairement que l'âme et le corps sont unis substantiellement, que l'homme vit tant que dure cette union, « que l'âme est le principe de toutes les fonctions qu'on appelle vitales et animales, que la mort consiste dans la cessation de toutes ces fonctions ». Tout cela, selon notre bénédictin, ne signifie rien. De fait, la vie n'étant qu'un effet supérieur des lois mécaniques, il faut reconnaître que la mort n'arrive jamais « par la faute de l'âme », et que toutes les fonctions « de se nourrir, de digérer les viandes, distribuer le sang et les humeurs, etc. » qu'on lui attribue pourraient se faire de même « dans un corps sans âme », si Dieu voulait la séparer « sans corrompre ses organes ». Il faut donc dire que l'union ne consiste « qu'au commerce réciproque des pensées et des mouvements, que l'âme et le corps se donnent l'un l'autre..., ce qui

---

Dom Robert, les lignes suivantes : « C'est une rencontre assez piquante pour l'histoire de la philosophie que celle de ce bon religieux, qui, dans ses spéculations solitaires, rassuré par ses intentions et entraîné par son système, se place, sans hésiter, entre Gassendi et Spinoza. » Fragments de philosophie cartésienne, p. 197.

(1) Robert Desgabets prétend trouver dans cette théorie la seule explication acceptable de la fameuse maxime : « Nihil est in intellectu quod non prius fuerit in sensu » ou plutôt, comme il dit, « a sensu ». Les pensées dépendant des mouvements corporels viennent des sens quoiqu'elles ne soient pas semblables « à ce qui se passe dans les sens ». Voici d'ailleurs ses propres termes : « Toutes nos pensées viennent originairement de nos sens, en sorte que dans nos spéculations les plus abstraites où l'âme déploie davantage sa liberté, elle a toujours le commerce avec les sens, qui ne sont autre chose que des espèces tracées dans le cerveau ; mais il ne s'ensuit aucunement de là que nos idées, soient corporelles, ni même qu'elles soient semblables aux corps, sinon de ressemblance de représentation qu'on appelle intentionnelle dans l'école, et qui se rencontre même entre les idées de Dieu et des choses corporelles qu'il conçoit ». Supplément à la Philosophie de M. Descartes, Livre I, Chap. III.

entretient la vie, et ne cesse jamais que par la mort. » En conséquence, l'union « ne devance pas le commerce »; elle est formellement « ce commerce même. »

Desgabets examine ensuite les divers états de l'âme qui prouvent la « dépendance du corps », et il commence par celui où elle se trouve avant la naissance. A ce moment, l'âme ressent, en effet, « les impressions de son corps qui n'est encore qu'une ébauche, qui lui fait sentir chaud et froid, plaisirs et douleurs. Or, tous ces états passifs de l'âme, et incapables d'aucune réflexion, ne prouvent que trop que toutes ses pensées (1) ne lui viennent pour lors que par l'action du corps, puisque la passion de l'un dépend de l'action de l'autre. » — Descartes a donc eu raison, selon lui, de dire que l'âme pense toujours.

De cette considération, Dom Robert passe aux réflexions que lui fait faire ce qui a lieu dans le sommeil, « qui nous réduit tous les jours presque au même état que nous étions dans le ventre de la mère. » Ici encore, dit-il, on expérimente d'une façon sensible que l'âme « est réduite alors à la merci du corps, qui lui donne toute sorte de pensées avec une bizarrerie incompréhensible, qui fait encore paraître l'extrême dépendance qu'ont les pensées des mouvements. »

Tous les changements qui s'opèrent dans l'organisme, changent aussi les dispositions de l'âme, qui semble suivre en tout le sort du corps qu'elle anime :

« L'état du corps dans la jeunesse, la santé, la maladie, dans la vieillesse, la folie, rend les fonctions de l'âme si dissemblables à elles-mêmes, que cela donne encore des marques très sensibles de leur dépendance réciproque et continuelle, et qui est si étroite qu'elle fonde une espèce de communication, en vertu de laquelle nos pensées, dit-on, ont du mouvement, de la durée. »

Si l'on considère ceux qui manquent « de quelque sens corporel » : on verra, « qu'ils sont dans une impuissance absolue de former aucune des pensées, qu'ont ceux à qui il n'en manque aucun. » Cette vérité, dit D. Robert, est

---

(1) Comme Descartes, Robert Desgabets prend ici le mot *pensée* dans le sens général d'état de conscience. « Une chose qui pense, disait Descartes, c'est une chose qui doute, qui entend, qui affirme, qui veut, qui imagine et qui sent » II^e Méditat.

si bien connue « qu'on a fondé sur cela le proverbe des aveugles qui parlent des couleurs »

Enfin, la nature des deux facultés principales de l'âme, qui sont l'entendement et la volonté, (1) prouve tout aussi clairement la liaison de nos pensées avec les mouvements de notre corps. — L'entendement, en effet, est une puissance passive, « potentia passiva » ; il faut donc qu'il reçoive tout ce qui survient en lui de quelque agent, qui ne peut être que le corps. Il n'y a pas d'intellection pure, ou plutôt, la connaissance que les sens nous donnent, étant rapportée à son véritable objet, est une intellection très pure, par laquelle on connaît immédiatement la chose comme elle est. — La volonté, au contraire, est une faculté active, à qui appartient « de juger, raisonner, combiner en toutes manières les choses que l'on connaît », mais elle doit emprunter ses éléments à l'entendement. Or, « toutes nos pensées étant excitées dans l'entendement par l'action des sens », la volonté ne peut rien faire que « dépendamment des sens et des espèces corporelles, ou de la mémoire, sans laquelle elle ne se peut porter à rien du tout. » Et que l'on n'entende point par mémoire (2) une faculté spirituelle, par laquelle l'âme retiendrait ses pensées ; une telle faculté n'existe pas ; « le réservoir de la mémoire est purement corporel, nonobstant sa liaison avec les pensées (3). » C'est donc « dans le sens intérieur », où les pensées « qui sont en elles-mêmes les choses les plus fuyardes » se représentent continuellement, « pour nous donner moyen de faire une infinité de réflexions, que nous ne

---

(1) Supplément à la philosophie de M. Descartes. — Livre I, Chap. IV, Sect. VI et VII.

(2) Supplément, Livre I, Chap. IV, Sect. VIII.

(3) Supplément, Livre I, Chap. IV, Sect. VII. « Sans parler de tous les états où se trouve cette faculté, il n'y a personne qui n'en voie les changements et l'affaiblissement chez les vieillards, d'où l'on dit si souvent qu'ils sont tombés en enfance, parce que les traces du cerveau étant effacées, et la mémoire perdue, ils ne peuvent non plus penser aux choses oubliées, que s'ils n'y avaient jamais pensé. Ainsi on peut dire que cet état est assez semblable à celui des enfants ; parce qu'il y a peu de différence entre n'avoir plus de traces et n'en avoir pas encore. »

pourrions jamais faire sans cela », que la volonté va puiser. Et comme le rappel des pensées est continuel pendant la vie, « il est impossible de ne pas voir que nous n'avons aucune pensée, que dépendamment du corps. »

A ces arguments tout philosophiques, Robert Desgabets, qui est aussi théologien, ajoute quelques raisons qu'il emprunte à la Révélation.

« L'Ecriture et la Tradition, dit-il, nous représentent l'union de l'âme et du corps comme un bien naturel et si grand, que la mort qui l'interrompt pour un temps est regardée comme pénale et la chose du monde la plus terrible. La résurrection de la chair, qui rétablit pour toujours ce commerce, nous est promise comme un bien inestimable.... »

D'ailleurs, si l'âme avait la faculté d'agir indépendamment d'un corps, et d'acquérir ainsi les plus hautes connaissances, cela serait sûrement arrivé au Paradis terrestre « où l'homme n'avait aucun de ces défauts qui semblent augmenter notre dépendance du corps ». Or, la Sainte Ecriture nous enseigne que

« Dieu s'est conduit à son égard comme on fait maintenant avec les enfants : il s'est formé un corps humain, afin de lui parler familièrement, et au lieu de voie de révélation et d'espèces infuses, qu'il aurait dû employer, s'il nous était ordinaire de nous détacher de tout commerce avec les sens, il l'instruisit par sa parole, et lui apprit ses devoirs peu à peu (1)... »

Il faut donc admettre chez l'homme, dit Dom Robert, l'union continuelle des faits psychiques, et des phénomènes organiques.

---

(1) Supplément à la philosophie de M. Descartes. — Livre I, Chap. IV, Sect. IX.

# CHAPITRE III.

**Théorie de la connaissance** (Suite).

### DE LA SUCCESSION DE NOS PENSÉES.

*Dom Robert s'efforce de montrer ici, en fait et dans son exercice, la liaison de nos pensées avec les mouvements de notre corps, qui a été montrée a priori, et comme dans son principe, dans le chapitre précédent. — Que la pensée, dans son origine, dans sa durée, et dans sa disparition, est dépendante du corps.*

Dom Robert est arrivé à cette vérité particulière, que « toute notre vie se passe dans un commerce continuel des pensées d'une part, et des mouvements locaux d'une autre ». Mais il veut, dit-il, continuer à raisonner sur ce sujet : « en faisant voir combien est étroite l'union dont il est question, par la considération des durées, et par ce que nous voyons dans toutes nos pensées : qu'elles ont leur commencement, leur continuation et leur fin, de même que le mouvement qui les accompagne. » D'elles-mêmes nos pensées sont indivisibles : la durée ne leur convient pas par « identité de nature », mais par union avec le mouvement dont elles dépendent. Et cette dépendance du mouvement d'où elles naissent est si grande, qu'une expérience de tous les instants apprend qu'on ne peut rien faire qu'avec le temps : avocats, prédicateurs, auteurs, sont obligés en effet de prendre du temps « tant pour trouver que pour digérer leurs pensées et raisonnements.» Que dis-je ! même dans les méditations les plus abstraites, selon notre philosophe, « on remarque que l'on forme des mots dans l'âme, avec la même suite que si on les proférait avec la bouche (1) ».

Remarquons combien Desgabets s'éloigne ici encore de Descartes. Ce philosophe pensait que toutes les idées que nous avons, nous les avons claires et distinctes immédiatement : Desgabets s'écarte de cette théorie, puisqu'il admet que les pensées commencent, continuent, finissent.

Cette liaison entre les pensées et les mouvements est si étroite, continue Dom Robert, qu'elle a donné occasion aux faux savants de s'imaginer que « nos pensées ne sont effectivement que des mouvements locaux », mais cette opinion est insoutenable, et a contre elle « toutes les personnes exemptes de passion. » La seule objection un peu sérieuse, qu'on puisse faire à cette loi de liaison, se tire des « extases ou ravissements, dans lesquels l'âme paraît comme détachée de tout commerce avec les sens » : il est donc nécessaire de considérer attentivement ce qui se passe chez l'extatique.

Selon Desgabets « il se passe trois choses dans les extases, qui marquent expressément la liaison des pensées avec les choses extérieures : la première, c'est que l'âme étant alors dans un état beaucoup plus passif qu'actif, elle reçoit une très forte impression de la part de l'espèce qui lui fait avoir l'idée dont elle est occupée ; — la seconde, est qu'elle se sert du pouvoir qu'elle a de déterminer le cours des esprits animaux, en les faisant tourner vers cette espèce, en quoi consiste principalement l'attention ; — la troisième est qu'elle use de quelque contention qui empêche les esprits d'aller en ce cas dans le cerveau, de peur qu'il

---

(1) « Quoiqu'il soit vrai que nos pensées étant spirituelles, elles ne peuvent être coupées en morceaux, *dit encore Desgabets*, néanmoins cela n'empêche pas qu'elle ne reçoivent leur être d'une manière divisible, et qu'on puisse fort bien concevoir une moitié, un tiers, un quart, dans une prédication, non seulement quand on la mesure comme prononcée extérieurement, mais comme répétée dans l'intérieur, sans prononcer aucune parole avec la langue ».

ne donne par ce moyen des pensées à l'âme qui la distrairaient, ce qui fait une partie considérable de l'attention. Or, en tout cela, il paraît une action et une réaction du corps et de l'âme l'un sur l'autre. Les extases n'ont pas moins de durée, et, par conséquent, leur dépendance vient du mouvement, ainsi que toutes les autres occupations intérieures (1) ».

Il est bien évident que Dom Robert méconnaît ici la véritable nature de l'extase : il paraît en faire une attention très soutenue alors que l'extase est tout autre chose. C'est un phénomène double, externe et interne, physiologique et psychologique. Extérieurement, elle est, — n'en déplaise à Desgabets — une suspension des sens et des mouvements de la vie animale. Intérieurement, elle est un état surnaturel, privilégié pour quelques-uns : l'âme semble perdre jusqu'à la conscience de soi-même, jusqu'à la notion de son existence pour s'unir à Dieu. Le phénomène intérieur (il s'agit des extases vraiment surnaturelles) a pour suite ou pour effet la suspension des sens.

Desgabets enseigne ensuite que le mouvement local est cela même que l'on appelle durée et temps, d'où il conclut, comme nous l'avons dit plus haut, que les pensées de l'âme, n'étant point des mouvements, et néanmoins ayant de la durée, ne l'ont que par union avec le mouvement, tandis que les actes libres des anges, esprits purs, sont indivisibles, c'est-à-dire hors du temps.

« La considération de la durée de nos pensées, dit-il, est de la dernière conséquence et évidence pour ceux qui connaissent à fond la durée et le temps..., le mouvement local dans la succession est cela même qu'on appelle durée et temps ; or, les pensées de l'âme, n'étant aucunement des mouvements, et néanmoins ayant de la durée en se faisant dans le temps, il est clair qu'elles n'ont ni temps ni durée par identité de nature, mais qu'elles l'ont par union, avec le mouvement... C'est cela même qui fait que nous sommes raisonnables, c'est-à-dire que nos pensées ont de la suite, et qu'elles peuvent dépendre les unes des autres, au lieu que les actes libres des anges, étant séparés de tout

---

(1) Supplément à la Philosophie de M. Descartes. — Livre I, Chap. V, Sect. II.

mouvement, sont pour cela même indivisibles et irrévocables, parce qu'ils ne reçoivent pas leur subsistance par une action divisible et successive, dont ils puissent retrancher quelque chose ou y ajouter (1). »

Or, de quelque façon qu'on l'envisage, cette théorie de Dom Robert sur la réduction de la durée au mouvement, paraît insoutenable.

Tout d'abord, si la thèse est psychologique, si elle soutient que notre idée de succession et de durée a pour origine, — pour origine unique — notre perception du mouvement, elle est absolument démentie par l'expérience interne. Nous avons directement conscience de la succession de nos états intérieurs, et de leur durée plus ou moins longue, (par exemple, de la prolongation d'une douleur, ou de sa prompte cessation). L'enfant, qui appelle sa bonne, et tempête parce qu'elle ne vient pas, a conscience de la longueur de son attente. La série de nos états intérieurs successifs nous est donnée, non comme série de mouvements, mais comme série de pensées (au sens cartésien), série indépendante de toute perception de mouvements. Et Dom Desgabets lui-même dit en termes exprès que nos pensées ne sont aucunement des mouvements. Qu'importe dès lors, au point de vue psychologique, qu'elles dépendent des mouvements et soient causées par eux? Il n'en reste pas moins vrai que l'idée de succession et de durée se formerait en nous, quand même nous n'aurions jamais ni la connaissance de cette dépendance, ni la perception d'aucun mouvement local.

Si la thèse est métaphysique et ontologique, si elle va à dire que nos pensées n'ont cette succession, et cette durée dont nous avons conscience, que parce qu'elles sont liées à des mouvements, dépendent de mouvements, et sont causées par des mouvements, la thèse est une hypothèse arbitraire. Nulle part Dom Desgabets ne prouve que cette causation soit nécessaire en principe, ni

---

(1) Supplément à la Philosophie de M. Descartes. — Livre I, Chap. V, Sect. II.

qu'elle soit universelle en fait, — que des pensées (par exemple des états d'âme joyeux ou tristes), ne puissent se produire, se succéder, et durer, qu'à condition d'être produits par des mouvements organiques. Dom Desgabets a été trompé ici par le rôle important que joue le mouvement, non dans la genèse de l'idée de durée, mais dans la mesure de la durée. La conscience de nos états successifs nous donne l'idée de succession, l'idée indéterminée d'une durée plus longue ou plus courte ; elle ne nous fournit pas de moyen pour mesurer cette durée, soit exactement, soit approximativement. Nous ne pouvons obtenir cette mesure qu'en nous servant de mouvements, soit sensiblement isochrones (cours du soleil), soit scientifiquement isochrones (montres de précision).

En vain Dom Robert s'efforce-t-il de démontrer cette liaison des pensées et des mouvements, en faisant voir que c'est le corps qui conserve les pensées — (la mémoire n'étant, comme on l'a vu, que le retour des mêmes pensées par le retour des mêmes mouvements) — comme c'est lui qui nous les donne :

« Il y a encore, dit-il, une autre chose à observer... c'est à savoir qu'il n'y a aucun moment dans la vie, où tout ce que nous avons pensé depuis notre conception, ne soit péri, évanoui et anéanti à la manière que les modes des substances s'anéantissent. — Tout aussitôt qu'on ne pense plus à une chose, cette chose n'est plus ; il n'y a que les mouvements du corps, qui l'ont donnée une première fois, qui puissent nous la rendre ; ce qui prouve également que c'est le corps qui conserve les pensées, et que c'est lui qui nous les donne ».

Cette théorie est d'essence cartésienne, et on sait à quel point la psychologie moderne l'a confirmée. Mais elle n'est pas une démonstration de la thèse à prouver ; et il reste que la dépendance, cause de la pensée et du mouvement, est une hypothèse.

# CHAPITRE IV.

### Théorie de la connaissance (Suite).

DE LA CONNAISSANCE DE SOI-MÊME.

*Origine de la connaissance que nous avons de notre âme. — Que la connaissance des choses universelles est moins propre que les autres, pour nous faire connaître l'immortalité de notre âme. — L'âme clairement connue par les sens et les perceptions.*

Selon Robert Desgabets, la connaissance des choses universelles est moins propre que les autres, pour nous faire connaître la nature de notre âme (1). Il part de ce double principe qu' « il n'y a rien que de très spirituel dans la connaissance des choses particulières, soit corporelles, soit spirituelles », et de plus, que « la connaissance des choses universelles n'est différente de celle des particulières, qu'en ce qu'elle est plus confuse. » Il en tire cette conséquence que, « le plus obscur et le plus confus » ne peut nous faire connaître plus distinctement « la nature de notre âme, et des autres choses, que ce qui est clair et distinct », et, par suite, que c'est aux idées particulières, qu'il nous faut attribuer la connaissance claire et distincte que nous avons de notre âme.

Dom Robert prouve d'abord son double principe :
« Toute la différence qu'il y a, *dit-il*, entre la manière dont

---
(1) Supplément à la Philosophie de M. Descartes. — Livre I, Chap. VI.

nous nous servons de nos sens extérieurs pour connaitre les choses particulières et universelles, ne consiste qu'en ce que, faisant rayonner les esprits animaux sur les espèces corporelles (1), nous les arrêtons plus longtemps sur celles que nous voulons faire servir à nous représenter plus distinctement quelque chose, et, en les y faisant entrer plus profondément, afin que l'espèce rappelle plus fortement et conserve plus longtemps l'idée que nous voulons avoir... — Mais lorsque les esprits passent légèrement et glissent comme superficiellement sur ces espèces, elles ne font qu'avoir une idée confuse des choses, sans y apercevoir ce qui les distingue les unes des autres, et par cela même, on les connaît comme universelles et abstraites» (2). Ainsi donc, la différence qui existe entre les idées particulières et les idées universelles, ne vient pas de leur objet ou de leur nature, mais de leur clarté ; il y a entre ces deux sortes d'idées une différence de degré, non de nature. En un mot, toutes les idées sont spirituelles, mais les unes sont claires, et ce sont les particulières ; les autres ne le sont pas.

Mais, par quelles idées particulières l'âme pourra-t-elle se connaître ? — Ecoutons Dom Robert :

« La bonne foi et l'expérience nous apprennent que le corps n'agit jamais sur l'âme, qu'il n'excite en elle une idée purement spirituelle. Cette idée nous fait connaître l'âme... comme ayant chaud et froid, plaisirs et douleurs, et comme recevant ces sentiments par quelque chose distinguée d'elle, quoi que ce puisse être.

» Mais on ne peut pas nier qu'autant qu'il est vrai que nous avons chaud et froid, plaisirs et douleurs, autant il est clair que nous nous connaissons tels par une intellection, qui est aussi pure qu'aucune autre, parce qu'on n'y mêle pas l'imagination, ni les faux jugements, touchant la nature des choses extérieures qui donnent ces sentiments... Il s'ensuit clairement et nécessairement de cette vérité, que tous nos sentiments et perceptions, soit qu'ils soient excités par les sens extérieurs ou intérieurs, sont des

---

(1) D'après Desgabets, « toutes les fois que les sens agissent sur nous, il se forme des traces (ou espèces) que le corps des esprits animaux laisse dans le cerveau et qui ont une liaison avec la pensée avec laquelle elles ont été unies quand elles ont été formées une première fois; dans la suite elles vont toujours de compagnie ».

(2) Supplément à la Philosophie de M. Descartes, Livre I, Chap. VI, Sect. I.

véritables idées qui font connaître l'âme à elle-même, comme en étant l'objet et le sujet, et qui, outre cela, se font connaître à elle immédiatement, sans qu'il soit nécessaire pour cela de former un acte distingué, qui aurait l'idée pour objet. Car nous expérimentons clairement, qu'il n'est pas nécessaire de faire aucune réflexion pour connaître qu'on connaît quelque chose, mais cela n'empêche pas qu'une pensée, ou une idée ne devienne l'objet d'une autre pensée, quand on la considère par réflexion, et ainsi qu'il n'y ait une idée d'une autre idée... (1)

[De plus], « si l'on veut éviter toute confusion, il faut prendre pour la même chose, pensée, idée, etc., qui ne peuvent différer qu'accidentellement et extrinsèquement, par rapport aux causes qui les donnent. En effet, tout cela est également dans l'âme, comme les modes et accidents ; elle peut être également privée de chacune en particulier, quoiqu'elle ne puisse exister sans celle qui en est le sujet, en quoi consiste la vraie nature du mode. Il est certain qu'il n'y en a aucun, qui ne lui donne la connaissance d'elle-même en tant qu'ayant un tel sentiment ou pensée, ce qui n'empêche pas pour cela que toutes nos pensées n'aient un objet distingué de l'âme (2). »

Cette théorie de Desgabets suppose que nous n'avons d'autre connaissance de notre âme, que celle de nos états de conscience. On peut lui répondre par la distinction de la substance et des accidents (3). Mais comme pour Descartes l'essence même de l'âme est la pensée, et comme la pensée est pour lui identique à tout état de conscience, la théorie de Desgabets est d'essence cartésienne.

---

(1) Supplément, Livre I, Chap. VI, Sect. II.

(2) « Il n'y a en tout ce discours, dit Desgabets, aucune difficulté que celle qui vient de cette vieille erreur, qui a fait croire que tout ce qui se passait dans les sens était corporel. On s'imaginait autrefois que le sentiment de la chaleur, v. g., était une connaissance claire et distincte d'une qualité qui était dans le feu, toute semblable à celle qu'on ressentait quand on s'en approchait, et comme l'entendement qui avait cette idée, c'est-à-dire chaleur, ne le concevait d'autre nature dans l'âme que dans le feu, on ne supposait rien que de corporel, et l'on disait hardiment : « Nihil est in intellectu, etc. » et on donnait à cette maxime un sens également faux et dangereux...» Supplément, Livre I, Chap. VI, Sect. III.

(3) Desgabets confond la faculté de penser avec la pensée elle-même. La faculté de penser est le pouvoir qu'a notre âme de connaître les objets ; la pensée est l'acte de cette faculté, c'est-à-dire la connaissance même d'un objet.

# CHAPITRE V.

### Théorie de la connaissance (Suite).

DE LA CONNAISSANCE DU MONDE EXTÉRIEUR.

*Comment on acquiert la connaissance des corps. — Que l'on connaît son corps par le moyen de ses mouvements.*

C'est une croyance universelle qu'il existe en dehors de nous des réalités objectives correspondant à des impressions, à des représentations, que la conscience nous fournit à leur sujet. Mais comment pouvons-nous montrer que cette croyance est bien fondée ? Comment la communication s'établit-elle entre les choses, en tant qu'objets de connaissance, et l'esprit en tant que sujet connaissant ? Qu'est-ce qui nous garantit que le fait mental, que nous saisissons en nous, est une connaissance vraie et certaine de l'objet hors de nous ?

Bien des philosophes ont prétendu expliquer la genèse de l'idée d'extériorité, mais les résultats n'ont pas répondu à leur prétention. On peut dire, par exemple, que la théorie de la réalité du monde extérieur, telle que Descartes l'expose, est un des endroits faibles de sa philosophie.

Après avoir reconnu que la première notion révélée à l'esprit par le sens intime est celle de l'existence personnelle, Descartes ne pense pas que, livré à ses seules forces, l'homme puisse jamais sortir de son moi individuel, et atteindre le monde extérieur. Il se connait, sait qu'il doute, qu'il pense, qu'il existe, mais il ne perçoit que lui et ses propres pensées. Arrivé aux limites du monde intérieur, il rencontre un abîme, dans le passage de l'intérieur à l'extérieur, du moi au non-moi. Et, comme l'abîme est infini, infinie sera la cause qui doit le combler.

Dieu existe : c'est une autre vérité certaine, admirablement démontrée. Mais la même idée qui nous révèle son existence, nous révèle également ses attributs, sa puissance, sa justice, sa véracité. Par suite, Dieu étant toute vérité ne peut vouloir nous tromper, et puisqu'il a donné à chacun de nous la croyance instinctive que le monde extérieur existe, en vertu de la véracité divine, nous devons admettre que ce monde existe réellement. S'il en était autrement, Dieu, qui a créé notre nature comme il a plu à sa toute puissance, se serait fait un plaisir inexplicable d'abuser ses créatures. « Par la même conséquence, dit Descartes, nous savons qu'il existe un certain corps, uni plus étroitement à notre âme que les autres corps (1). »

A cette démonstration on fait avec raison les plus graves reproches. D'après cela, dit-on, il faut déjà supposer, avant de faire appel à la véracité divine, ou bien que l'existence du monde extérieur est pour nous évidente, ou bien qu'elle ne l'est pas. Si elle l'est, pas n'est besoin de faire intervenir la véracité divine pour prouver l'existence du monde extérieur, et c'est même faire un cercle vicieux, puisque Dieu lui-même est prouvé par l'évidence de l'idée de parfait. Si, au contraire, la croyance au monde extérieur ne s'accompagne pas en nous d'évidence, on pourra faire intervenir la véracité divine, pour justifier en nous une foule d'autres croyances non évidentes, et peut-être fausses. Ces

---

(1) Principes de Philosophie, Livre II, 2.

objections sont très justes, et Descartes n'a pu y répondre d'une manière satisfaisante (1).

La théorie de Dom Robert sur la perception externe est toute différente. Selon lui, notre croyance au monde extérieur est primitive. L'âme sent un corps, dont les mouvements l'accompagnent continuellement. Mais ce corps a une liaison avec les choses qui l'environnent et le touchent. Nous ne saurions donc connaître le premier sans atteindre du même coup les seconds. « Si l'on fait réflexion, *dit-il*, sur ce que nous avons dit, on ne peut s'empêcher de s'apercevoir comment cette connaissance est venue, car notre expérience nous a fait continuellement connaître et sentir que toutes nos pensées commencent, continuent et finissent, qu'elles s'échappent, et que d'autres fois elles se présentent malgré nous, qu'elles ont une durée plus ou moins étendue. Or, cela marque si sensiblement leur liaison avec le mouvement, le temps, qu'il est impossible qu'un commerce si habituel n'excite une infinité de fois l'idée de ce mouvement, dont elle ne peut se détacher.

» Mais il ne faut pas s'imaginer que l'âme, qui a tant d'occasions de penser au mouvement, le considère et le sente « in abstracto… » ; elle sent un corps, dont les mouvements l'accompagnent continuellement, et c'est pour cela même, qu'elle regarde ce corps comme sien, c'est-à-dire, comme faisant avec elle l'homme entier ; ainsi on a raison de poser pour principe indubitable que tout aussitôt que l'on a

---

(1) Tous les philosophes, qui, depuis Descartes, résolvent ce problème de la communication par l'hypothèse d'idées représentatives des choses, idées qui seraient, selon eux, l'unique objet de notre esprit, et desquelles nous passerions par une induction spontanée, par inférence, aux choses mêmes, comme on passe des copies aux modèles, nous paraissent prêter également le flanc à la critique ; leurs théories mènent au scepticisme ou à l'idéalisme. Et l'on ne peut pas davantage soutenir, croyons-nous, que la perception externe soit une hallucination vraie, car qu'est-ce que cela veut dire sinon que la perception se réduit, en réalité, à un phénomène interne, à une image, dont l'objectivation est justifiée par la présence d'un événement extérieur correspondant, présence qui doit nous être connue avec certitude, pour que nous soyons autorisés à affirmer que l'hallucination est vraie. Or, qui ne voit, dans cet énoncé même, une pétition de principe ? Constater l'existence de l'événement extérieur, qu'est-ce autre chose que percevoir, si bien qu'en fin de compte, cela revient à dire : la perception est une hallucination, contrôlée par une perception, ce qui est un bel exemple de cercle vicieux.

cessé de faire réflexion, on commence à se connaître comme homme composé de corps et d'âme, et que même le corps se fait connaître plus facilement et plus familièrement que l'âme... Néanmoins n'étant pas fait pour donner à l'âme immédiatement des connaissances philosophiques de la nature particulière des mouvements qui agissent sur elle, parce que cela l'occuperait trop, et l'empêcherait de s'appliquer à ce qui regarde le bien de leur union, et les besoins de la vie, il lui fait connaître ordinairement par les sens, ce en quoi les choses corporelles et les corps peuvent être utiles ou nuisibles à cette union, ce qui fait le bien commun du corps et de l'âme, auquel il est impossible que nous ne soyons pas sensibles. Mais après cela, ceux qui veulent se servir de leur liberté, pour étendre les premières connaissances qu'ils ont de la nature de la substance corporelle, peuvent méditer à loisir sur ses propriétés.

» Après qu'on a connu son corps par le moyen de ses mouvements, et l'âme par le moyen de ses pensées, on ne tarde guère à étendre les connaissances plus loin par la liaison qu'a le corps avec les choses qui l'environnent et qui le touchent. Car encore que ce ne soit qu'après une longue recherche, que l'action des choses extérieures les fait connaître distinctement telles qu'elles sont en elles-mêmes, la nature d'une chose étendue telle qu'est la substance corporelle se présente si souvent, qu'il est impossible de la méconnaître, et de n'y pas apercevoir ses principales propriétés ; ainsi, nous voyons par expérience que l'étendue de l'air, le vol des oiseaux, l'éloignement des nuées, des étoiles, les bornes et les extrémités du corps, au-delà desquels on connaît, malgré que l'on en ait, une autre étendue plus éloignée, nous a fait avoir bientôt l'idée d'une étendue immense, qui est proprement le monde infini de M. Descartes. Il n'y a pas un seul homme, qui, dès le commencement de sa jeunesse, ne conçoive clairement et comme nécessairement cette étendue, qu'on appelle communément espace imaginaire ; ce qui doit faire juger que c'est l'existence réelle du monde indéfini, qui nous détermine à le connaître tel qu'il est.

» Quoi qu'il en soit, l'expérience nous apprend que nous avons toutes ces connaissances dès le temps de la jeunesse, et que nous ne tardons pas à acquérir celle de la matière, en tant que sujet de toute forme des choses particulières, en suite des changements que les artisans y font, et de ceux que le feu, le soleil, et les liaisons qui l'entresuivent font paraître continuellement devant nos yeux ; et, comme ce qui se passe autour de nous arrête davantage nos pensées, que la considération des choses spirituelles, il arrive que la connaissance des corps nous devient incomparablement plus familière, que celle des choses spirituelles... (1) ».

Si l'on élimine quelques-uns des arguments de Desgabets, cette théorie peut raisonnablement se soutenir. Dans la connaissance sensible, en effet, le connaissant, ce n'est pas l'âme seule, c'est l'âme incorporée ou incarnée, c'est le composé humain. L'idée d'objet s'éveille dans l'esprit, dès que la faculté de connaître entre en exercice, la notion du concret, précédant celle de l'abstrait dans l'ordre de nos connaissances. C'est probablement à l'occasion de l'action du toucher que cette notion apparaît sous forme d'un non-moi résistant vaguement au moi. Par suite, notre croyance repose sur un fondement solide, que rien ne peut ébranler.

---

(1) Supplément à la Philosophie de M. Descartes. — Livre I, Chap. VII Sect. I, II, III.

# CHAPITRE VI.

### Distinction de l'âme et du corps.

*L'âme et le corps double objet de la connaissance. — Preuves de la distinction ; — a) la doctrine des qualités sensibles ; — b) que c'est une vérité absolument certaine ; — c) la diversité et contrariété de nos fonctions ; — d) l'automatisme des bêtes ; — e) la considération de la nature pensante et de la substance étendue.*

L'âme est le sujet qui pense, et qui veut. Mais il s'agit d'étendre, de préciser, les connaissances que nous avons sur cette âme, sur ce sujet. Le principe pensant est-il ou non distinct du corps ? Est-il matériel ou immatériel ? Voilà une des plus graves questions de la philosophie, et c'est peut-être la plus controversée. Le nombre des hommes qui n'ont pas d'opinion sur la véritable nature de l'âme, ou qui ne reconnaissent pas l'immatérialité de l'esprit, est de fait assez considérable.

Robert Desgabets n'a que du mépris pour ceux qui soutiennent ainsi que le corps et l'âme sont réellement la même chose, et qui disent que « quand un corps est arrivé jusqu'à un certain point de délicatesse, il devient âme ». Il se contente de les réfuter par l'absurde. Il ne faudrait, dit-il, selon cette philosophie « que savoir la vraie dose du soufre et du salpêtre, qui est requise pour faire une certaine poudre à canon, pour la mettre en état de trouver la quadrature du cercle, quand on y aura mis le feu ! »

Avec Descartes, il admet la distinction précise du corps

et de l'âme, non pas toutefois que cette distinction suppose une connaissance exhaustive et totale de ces deux êtres et de leurs appartenances ou dépendances. En effet, déclare-t-il, « notre connaissance peut être claire, quoiqu'elle n'embrasse pas tout ce qui est connaissable dans ces deux objets, et cette limitation de notre connaissance n'empêche pas qu'elle ne soit très distincte à l'égard de ce qu'on connait, de même que celle que l'on a de la nature du cercle est très claire, quoique tout le monde n'y aperçoive pas tout ce que les géomètres y voient. »

Et pour prouver cette distinction, il a recours aux arguments les plus divers : la doctrine des qualités sensibles, la diversité et la contrariété des fonctions de l'âme et de celles du corps, l'automatisme des bêtes, la considération de la nature de la substance pensante et de celle de la substance étendue.

Avant tout, la « doctrine cartésienne des qualités sensibles » lui paraît « la pierre fondamentale » de cette distinction de l'âme et du corps (1).

De fait, « les Académiciens et les dogmatistes, étant également persuadés que chaleur, sons, saveur, couleur etc., étaient des qualités corporelles, contenues formellement dans les choses extérieures qui agissaient sur nos sens, et qu'elles étaient parfaitement semblables aux perceptions que nous avions par cette action, il leur était impossible de comprendre comment il se pouvait faire que le corps et l'âme étaient des substances réellement distinguées l'une de l'autre : elles ne laissaient pas d'être le sujet des mêmes qualités ; cette confusion était encore augmentée, lorsque venant à considérer la nature des corps, on y apercevait avec une clarté extrême les divisions, figures, et autres tels accidents qui sont dépendants de la substance étendue... »

Les choses en étaient là, quand Descartes prouva que ces prétendues qualités sensibles n'étaient que des affections (subjectives) de l'âme, « ayant à la vérité hors de nous une cause qui a la force de les exciter en nous, mais qui n'a rien du tout de semblable à ces mêmes qualités considérées dans nous ».

---

(1) Supplément à la Philosophie de Descartes. — Livre I, Chap. VIII. Sect. I.

Ce fut une véritable révélation, et maintenant « l'âme ne trouve rien de plus clair ni de mieux connu que sa propre nature, et la matière étant connue comme étendue, et selon ses appartenances, est la chose du monde la mieux exposée aux yeux de l'âme ».

Il suit de là qu'à présent « on ne peut regarder ces deux substances (l'âme et le corps) que comme des êtres réels, et comme on expérimente continuellement qu'elles agissent mutuellement l'une sur l'autre dans l'homme qui est composé des deux, on a une connaissance intuitive de leur nature et de leur existence, qui est la plus claire de toutes les choses possibles ».

D'ailleurs, à moins de s'être « gâté l'esprit par des raisonnements qui renversent le sens commun », il est impossible de ne pas apercevoir cette distinction. Car « l'expérience, qui nous fait connaître la dépendance et l'union de l'âme et du corps, ne prouve pas moins leur distinction réelle », et « le sentiment que nous en avons est si vif, qu'il n'y a « jamais eu aucun homme qui ait pris l'un pour l'autre, ce qui doit passer pour une marque incontestable de la distinction des choses ».

Cette remarque est très juste. Supposons, en effet, que nous ayons devant nous un homme sans prévention, aussi ignorant qu'on le veuille imaginer, présentons-lui un cerveau humain, en lui disant que c'est son âme, cet être, si grossier qu'il soit, trouvera cette assertion contraire au bon sens et la repoussera. Et comme dit Desgabets :

« Jamais avocat, prédicateur, ou autre, qui a eu besoin d'une raison ou d'une figure de rhétorique, ne l'a cherchée parmi les pierres, ni parmi les bois, ni dans autre chose qui appartienne à la nature de la matière. Jamais enfant n'a demandé des mensonges et des vérités pour son déjeuner, ni ne s'est imaginé que les pierres qu'il rencontrait en chemin étaient les pensées grossières de quelque chose. » (1)

Il y a quelque chose de plus clair encore qui prouve

---

(1) Supplément à la Philosophie de Descartes. Livre I, Chap. VIII, Sect. II.

la vérité de la distinction de l'âme et du corps : nous voulons parler de la tyrannie du corps qui nous mène quand nous voulons le conduire. C'est une force aveugle avec laquelle il faut compter : la guerre est de tous les instants entre la personne et la bête, entre la chair et l'esprit. C'est ce que constate Dom Robert :

« A peine y a-t-il une heure dans la vie, où le corps ne soit préparé à faire certains mouvements qui déplaisent à l'âme, et qu'elle empêche autant qu'elle peut, employant pour cela toute la force qu'elle a pour gouverner son corps... sans qu'elle en puisse venir à bout. Je ne parlerai pas ici des objets des grandes passions et tentations, ni émotions si violentes et si connues, qui ne font que trop sentir la diversité des principes qui entretiennent en nous une guerre continuelle. Je me contenterai de dire aux adversaires, que si une petite parole, qu'on leur aura dite en compagnie, leur fait monter le sang au visage et découvre leur honte, ou quelque autre passion secrète, sans que l'âme puisse empêcher un mouvement si importun, on n'a que trop de preuves que nous sommes composés de corps et d'âme, qui sont plus que distingués l'un de l'autre, puisque très souvent ils sont ennemis irréconciliables (1). »

Et Desgabets de s'indigner :

« En vérité, ceux qui s'amusent à chicaner cette distinction mériteraient que quelque humeur piquante leur fît sentir une douleur aigüe, ou qu'elle empêche leurs mouvements volontaires, pour leur apprendre qu'ils ont en eux-mêmes deux principes très différents d'actions et de passions contraires ! »

La distinction réelle de l'âme et du corps se prouve également par la doctrine cartésienne des animaux machines qui ruine la doctrine commune de l'âme (matérielle et mortelle) des bêtes (2).

---

(1) Supplément, Livre I, Chap. VIII, Sect. III.
(2) Si les animaux n'étaient que des machines, comme le soutient Desgabets après Descartes, tous leurs mouvements seraient en étroite dépendance avec les lois de la mécanique. Or, comme on le montre facilement, plusieurs mouvements de ces animaux ne sont pas une suite ou une dépendance des lois de la mécanique. Soit, par exemple, un chien de chasse qui suit à la piste un lièvre. Ce chien, d'après Descartes, est mécaniquement attiré par les corpuscules qui émanent

On sait en effet que, selon Descartes, les animaux sont de pures machines, de véritables automates, simple matière organisée ; ils sont semblables pour la vie à la plante qui végète, assez semblables pour le mouvement à la montre que des ressorts font agir. Sans doute, ils paraissent avoir du sentiment, éprouver du plaisir, ressentir la souffrance, être susceptibles d'affection et d'aversion, mais de tout cela, dit Descartes, les animaux n'ont que l'apparence, sans aucune réalité, parce qu'ils sont pure matière, et que la matière ne sent point. Ainsi serait l'homme, d'après Dom Robert, esprit substantiellement uni au premier des animaux terrestres, si du corps, « qui est sa machine », Dieu « ôtait l'âme sans corrompre les organes, ni éteindre la chaleur naturelle ». Le corps, en effet, continuerait alors « toutes les fonctions

---

de cet animal. Cependant si ce chien, dans sa poursuite, rencontre un précipice, nous le voyons s'arrêter, puis se détourner pour chercher un passage, tandis qu'il devrait, selon les lois de la mécanique, se jeter tête baissée dans l'abîme. Il faut donc admettre chez l'animal une âme distincte des organes.

Aussi bien, soutenir comme le fait Dom Robert qu'il n'y a dans les animaux aucun principe sensitif, c'est vouloir heurter de front les données de l'expérience et celles de la raison. En raisonnant par analogie, on attribue en effet justement, aux animaux qui possèdent les mêmes organes que nous, les mêmes sensations. Or, nos sensations se manifestent par divers signes de plaisir et de douleur, d'affection ou d'aversion : nous voyons dans les bêtes des signes tout à fait semblables ; les mêmes effets font supposer les mêmes causes. — Desgabets, il est vrai, ne s'appuyait ni sur l'expérience ni sur la raison : il empruntait ses arguments à Descartes ou à la théologie. En voici la preuve.

On fait honneur généralement au P. Poisson, de l'invention de cet argument que Dieu étant juste, la souffrance est une preuve nécessaire du péché, d'où il suit que les bêtes n'ayant pas péché, les bêtes ne peuvent pas souffrir, et en conséquence sont de pures machines. C'est une erreur, et nous revendiquons pour notre bénédictin la première idée de cette opinion que Malebranche devait reprendre plus tard, et exposer sous une forme ironique et plaisante. Voici en effet ce que D. Robert écrivait à Clerselier de son abbaye de Mouzon, le 14 juillet 1664 :

MONSIEUR,

J'ai pris plaisir en particulier à lire dans votre préface du « Livre de l'homme » de René Descartes vos raisonnements contre l'âme connaissante des bêtes, ce qui me donne occasion de vous dire que j'ai fait autrefois un raisonnement théologique pour prouver cette même vérité qui n'a pas déplu à M. le Cardinal de Retz. Vous savez quelle est la doctrine si célèbre de Saint Augustin touchant les peines du péché originel, et que c'est une de ses maximes les plus constantes que tout le mal, tant de coulpe que de peine, ne peut avoir d'autre

animales, de même que les bêtes. » Mais, puisqu'à la différence des animaux, outre les mouvements dont le corps est la cause « comme sont de nourrir, digérer les viandes, distribuer les humeurs, respirer, etc. » il faut reconnaître dans l'homme des mouvements dont l'âme est cause par la volonté, on est obligé d'admettre la distinction de l'âme et du corps (1).

Une dernière raison prouve directement la distinction de l'âme et du corps. Elle se tire de la considération de la nature de ces deux substances : l'une n'est rien et ne peut rien être de l'autre.

De fait, on ne peut mieux distinguer les objets que par leurs attributs. Or, qu'est-ce qu'un corps pour les sens ? C'est avant tout une chose étendue. Qu'est-ce que l'âme pour la conscience ? C'est un être qui pense. Et d'abord, dans l'idée de matière, telle que nous la fournit l'expérience, il est impossible de concevoir autre chose qu'une substance étendue, susceptible d'une infinité de configurations différentes, et capable de toutes les modifications possibles du mouvement. « Voilà, dit Desgabets, tout ce que l'étude des hommes, qui ont suivi une méthode infaillible, a pu découvrir dans la substance corporelle. (2) » Conséquemment, en vertu de sa nature, la matière ne peut penser : s'il en était autrement, un bloc de pierre, un morceau de bois penseraient actuellement, ce qui paraît si contraire au sens commun et à

---

cause que le péché précédent, voire même que l'on ne pourrait sauver la justice de Dieu touchant la mort, les maladies, la douleur etc., auxquelles les hommes et les enfants sont assujettis, s'ils n'avaient mérité tout cela par le péché originel. On peut aisément appliquer cette doctrine à la question proposée, parce que, si les bêtes ont une âme connaissante et qu'elles ne soient coupables d'aucun péché, pourquoi seront-elles sujettes à la douleur et à la mort, et pourquoi abandonnées aux besoins et aux plaisirs des hommes. Dira-t-on que la douleur et la mort sont choses mauvaises dans l'homme et qui présupposent nécessairement le péché, et que dans les bêtes ce sont des choses indifférentes ? Comme si nous ne savions pas que la philosophie ordinaire n'a point d'autre idée de ces maux dans les bêtes que dans les hommes. » Manuscrit de Chartres.

(1) Supplément, Livre I, Chap. VIII, Sect. IV.
(2) Supplément, Livre I, Chap. VIII, Sect. V.

l'expérience qu'il n'est jamais arrivé à aucun homme de l'avancer : « Nous ne voyons pas, continue notre auteur, que la pierre et le bois, et autres choses semblables passent pour des âmes. »

Les attributs que nous découvrons dans l'âme sont tout à fait différents de ceux que nous découvrons dans les corps. Une expérience de tous les instants nous apprend, en effet, que le principe pensant qui nous anime, conçoit et atteint les êtres abstraits, ce qui, nous l'avons vu, ne peut nullement convenir à la matière organisée qui constitue notre corps. C'est cette idée que Dom Desgabets développe en ces termes:

« Je viens à ceux qui ayant bien compris ce que c'est que le corps, demandent qu'on leur explique ce que c'est qu'une âme. Je promène ces personnes par tous les endroits, où l'on trouve des productions de cette admirable substance ; je leur ouvre toutes les bibliothèques, et je leur dis, que le sujet et le principe de toutes les pensées qui sont contenues dans tant de livres, c'est ce que nous appelons notre âme.

« Je leur propose l'invention des arts et des sciences, et je leur dis que c'est l'âme qui a inventé tout cela, j'en dis de même de toutes les subtilités des mathématiciens, des malices, des tromperies, adresses qui se pratiquent parmi les hommes, j'ajoute que le siège de toutes les passions, affections, sentiments, etc., c'est ce que l'on appelle âme raisonnable... (1) »

Telles sont les preuves solides qui, selon Desgabets, donnent droit de conclure que l'âme ne peut se confondre avec le corps, qu'elle en est essentiellement distincte. Ce serait perdre son temps que de vouloir en donner d'autres.

« Aussi bien, il y a des choses qu'on ne fait qu'obscurcir, surtout quand elles ne sont inconnues qu'à force de lumière, telles que sont celles qui appartiennent à la nature du corps et de l'âme, de leur union, de nos pensées. »

---

(1) Supplément. — Livre I, Chap. VIII, Sect. VIII.

# CHAPITRE VII.

### De l'union de l'âme et du corps.

*Société parfaite de l'âme et du corps. — Difficulté d'expliquer cette union dans les philosophies qui s'inspirent de Descartes: l'âme pure pensée, incapable des fonctions vitales et d'une action quelconque sur le corps. — Simplicité du problème selon Dom Robert Desgabets. — Que l'union de l'âme avec le corps consiste en ce que, d'une part, les pensées sont produites dans l'âme à l'occasion des mouvements du corps, et que, de l'autre, les divers mouvements sont produits dans le corps, à l'occasion des pensées de l'âme.*

L'homme n'est pas un pur esprit. Deux principes opposés, qui pourraient sembler de prime abord incompatibles entrent dans sa formation: la matière et l'esprit, le corps et l'âme. Mais le composé humain est ainsi fait qu'il en résulte une véritable unité naturelle : c'est un composé substantiel. Lorsque nous agissons, lorsque nous souffrons, nous sentons bien qu'il n'y a qu'un seul sujet d'action et de passion, et nous avons conscience de notre propre personnalité. L'âme et le corps se pénètrent si parfaitement, que de l'union des substances résulte l'unité de personne : « miscetur anima corpori ut una persona fiat hominis, » a dit saint Augustin.

Rien ne montre mieux d'ailleurs l'unité de la personne humaine, que l'étroite relation qui existe entre le physique et le moral, entre les faits psychologiques et les phénomènes physiologiques. Sans doute entre les uns et les autres il y a une différence profonde : ils ne sont pas de même nature, mais à coup sûr, la vie psychique plonge par ses racines dans la vie physiologique. Le corps est un instrument : il fournit à l'âme les organes nécessaires à plusieurs de ses opérations, mais il offre ceci de remarquable qu'il est un instrument substantiellement uni avec elle. Ce n'est pas comme « un vaisseau que l'âme gouverne à la manière d'un pilote » ; elle est forcée de le diriger « comme une chose naturelle et intimement unie ». De là cette conséquence, que toute modification subie par l'organisme a son contre-coup dans l'âme. Et à cause aussi de cette étroite union, on peut poser cette loi générale que tout fait psychique a soit pour condition, soit pour correspondant un phénomène d'ordre physiologique. Il y a donc sinon subordination, du moins parallélisme continuel et dépendance mutuelle entre les états de l'âme, et ceux du corps. Les phénomènes d'hallucination, les cas de folie, les maladies mentales, font voir à quel point les troubles des organes ont leur contre-coup dans la pensée.

L'action de l'âme sur le corps est plus profonde encore. Elle se manifeste par tous les mouvements volontaires. Un mouvement volontaire n'est, en effet, autre chose qu'un phénomène d'ordre physiologique, qui a sa cause dans un état mental. De même, tout état mental est le plus souvent exprimé au dehors par des mouvements, des gestes, ou encore par les traits du visage. C'est un fait que la température du cerveau s'élève à mesure que grandit l'attention (1). Que l'effort de l'intelligence se prolonge, il en peut résulter les plus graves maladies. Les passions purement psychiques modifient l'organisme,

---

(1) Quand nous pensons, le sang monte à la tête et diminue dans le reste du corps. Un physiologiste italien, le docteur Mosso, a inventé un appareil auquel un tube étroit est uni, et qui sert à faire de curieuses expériences à cette occasion. L'appareil contient de l'eau tiède dans laquelle le sujet sur lequel on expérimente plonge la main. On le soumet alors à un travail mental : le cerveau exigeant du sang, celui-ci diminue dans la main et il est facile de constater que l'eau de l'appareil diminue de volume. — Voyez la « *Biologie* » par le D$^r$ Ch. Letourneau, p. 462 : Plétismographe du D$^r$ A. Mosso.

ainsi la joie active la vie, la tristesse au contraire, amène l'affaiblissement de l'être (1).

Mais maintenant, en quoi consiste dans l'homme cette merveilleuse union de l'âme et du corps ? Comment cette unité de la personne humaine peut-elle s'expliquer ? C'est un problème difficile à résoudre, surtout dans les philosophies qui relèvent de Descartes. Ce philosophe, en effet, par la définition qu'il donne de l'âme et du corps, et la distinction qu'il met entre eux, ne permet pas de comprendre comment l'un peut agir sur l'autre. L'âme est une substance dont toute l'essence consiste dans la pensée ; le corps est une substance dont toute l'essence est d'être étendue. Ces deux substances sont essentiellement différentes entre elles. Entre l'étendue et la pensée il n'y a rien de commun : le commerce de l'une avec l'autre ne saurait être direct.

Cette question, qui devait tant occuper Malebranche et Leibnitz, paraît à notre bénédictin d'une extrême simplicité : il n'est pas plus difficile, selon lui, de comprendre comment une âme et un corps organisé peuvent être unis l'un à l'autre, que de comprendre comment deux superficies dont l'une est concave et l'autre convexe, c'est-à-dire celle d'un trou et d'une cheville, peuvent être unies étroitement. Voici d'ailleurs un rapide exposé de sa doctrine. (2)

Tout d'abord, Dom Robert prétend que « la manière de cette union est connue intuitivement », et il l'explique en ces termes :

« On dit que deux corps sont unis quand ils se touchent en leurs superficies et que leurs mouvements se font ensemble, et avec dépendance l'un de l'autre ; les esprits qui n'ont ni superficie, ni attouchement, ni mouvement, sont unis quand leurs pensées et leurs volontés ont de la dépendance l'une de l'autre, et qu'elles sont conformes

---

(1) « Sur cent tumeurs cancéreuses, quatre-vingt-dix au moins doivent leur principe à des affections morales tristes ». (Descurets : Médecine des passions).

(2) Nous résumons en ces quelques lignes le *traité de l'union de l'âme et du corps* de Dom Desgabets.

entre elles : et les esprits sont unis aux corps, non pas par l'attouchement des superficies, ni par la dépendance des mouvements, parce que les esprits n'en ont pas, mais par la dépendance qu'il y a entre certaines pensées de l'esprit, et certains mouvements du corps, en sorte que l'un suive de l'autre, ainsi que nous l'expérimentons très clairement. » (1)

Ainsi, cette union ne consiste pas en une simple juxtaposition, ni non plus en quelque corrélation constante des modes et des phénomènes dans les deux substances ; elle consiste en une série continue d'actions et de réactions réciproques. Et qu'on ne vienne pas objecter à Desgabets que la nature si différente de ces deux substances les empêche de s'influencer l'une l'autre : il répond que cette difficulté ne vient « que de ce qu'on considère l'âme comme une substance spirituelle », — ce qui est son *genre*, mais non son *espèce*, — « sans pénétrer le fond de sa nature particulière », qui est d'être un esprit fait pour être uni à un corps.

Peut-être la réponse semblera-t-elle peu satisfaisante, puisqu'elle se borne à affirmer à nouveau ce dont on demande explication. Mais à quoi bon expliquer ce que la simple expérience suffit à montrer et à pénétrer ? Desgabets préfère analyser, — et il le fait fort subtilement, (2) — la dépendance incessante où se trouvent les modes de l'esprit et ceux du corps : « *Comme l'être de*

---

(1) Ce qui d'ordinaire brouille les intelligences en pareille matière, c'est que, selon Dom Robert, par l'une des plus grandes bizarreries de l'esprit des hommes, l'amour que Dieu leur a donné pour la vérité, les engage dans une recherche longue et pénible pour la découvrir, alors qu'elle se présente à eux comme à découvert. « Les hommes, dit Desgabets, ayant commencé à se connaître eux-mêmes, aussi bien que les choses qui les environnent, par l'usage des sens, prennent pour la mesure et le mode d'une parfaite connaissance celle qu'ils pensent avoir acquise par les sens. Leur parle-t-on de connaissance claire ? ils s'attendent presque toujours à une connaissance sensible, à la connaissance que l'on a en voyant les choses, ou en les touchant. » Imbus de ces préjugés, ils ne pensent pas qu'on puisse leur faire comprendre ce que c'est que l'union de l'âme et du corps « si on ne leur présente quelque chose se rapportant à des crochets, à des liens, ou à la colle dont on se sert pour joindre plusieurs corps ensemble ». Traité de l'union de l'âme et du corps — Man. d'Epinal.

(2) Voir le traité de l'âme et du corps. — Appendice : Choix d'opuscules inédits de Dom Desgabets.

*l'âme,* dit-il, *exige l'union à un corps, l'agir de l'âme est toujours accompagné de quelque dépendance du corps.* » Il faut donc nécessairement qu'il ne résulte qu'une seule personne des deux substances, dont la dépendance est mutuelle quant aux opérations (1).

---

(1) La solution que propose Dom Robert revient donc, on le voit, à une dépendance mutuelle des pensées de l'âme et des mouvements du corps qu'il constate comme fait, jugeant vaine la question du quomodo. Ainsi s'explique, selon lui, d'une manière très satisfaisante la transfusion du péché originel : « On ne peut concevoir comment une âme qui sort innocente d'entre les mains de Dieu qui est infiniment juste, bon, et bienfaisant, devient son ennemi aussitôt qu'elle informe son corps ; mais si on distingue l'être de l'âme d'avec les qualités sensibles, que lui donne le corps au moment de leur union, cette difficulté est ôtée, car il est indubitable que l'âme, étant considérée dans l'instant de nature qui précède toutes ses pensées et ses qualités, n'a rien que ce que Dieu lui a donné par création, d'où le péché, le défaut et l'imperfection ne peut tirer son origine que du corps. » — Supplément à la Philosophie de Descartes, Livre I, Chap. XIII, Sect. VIII.

# CHAPITRE VIII.

### De l'immortalité de l'âme.

*Que l'âme est immortelle par sa nature et ne peut être anéantie. — Curieuse théorie de D. Robert sur l'indéfectibilité des créatures. — D. Robert s'appuie-t-il logiquement sur Descartes comme il le prétend, ou tire t-il de son propre fonds cette doctrine.*

De tous les problèmes métaphysiques, l'un des plus mystérieux, l'un des plus troublants est celui-ci : Quand la vie actuelle s'est épuisée, tout est-il fini pour nous ? Notre âme va-t-elle s'anéantir dans le tombeau ? — Non, répondent tous les philosophes spiritualistes ; aussi bien, les preuves de la survivance de l'âme dans un monde supra-sensible ne manquent pas.

Et d'abord, l'on peut dire que l'âme doit survivre au corps en vertu de sa nature elle-même (1). Le corps qui se compose de parties périt et doit périr, par le fait même

---

(1) Une substance peut périr de deux façons : par dissolution ou par anéantissement. Ainsi, par exemple, le corps de l'animal, le végétal, le minéral, cessent d'exister par la séparation et la décomposition de leurs parties intégrantes.

L'âme des brutes, si elle périt, cesse d'exister par anéantissement : Dieu la supprime purement et simplement.

L'âme humaine ne doit périr ni par dissolution, ni par anéantissement. La révélation nous l'affirme, Dieu ayant attesté que l'âme humaine ne doit jamais cesser d'exister. Quant à la raison, elle démontre seulement que l'immortalité de l'âme est possible, qu'elle est probable, qu'elle est nécessaire : elle ne prouve pas « ce que l'expérience seule pourrait prouver, qu'elle est réelle ». (Boirac : Cours élémentaire de philosophie, P. 487).

de la constitution des éléments qui le forment : tel est l'effet inévitable de l'action constante des forces naturelles sur tout ce qui est matériellement organisé. Mais l'âme est tout autre : elle est simple ; or, puisque la mort est la dissolution des parties du corps, on ne voit pas de nécessité pour l'âme de périr, car elle ne peut à la manière des corps se décomposer en plusieurs parties pour former d'autres corps.

Cet argument, devenu classique, ne prouve qu'imparfaitement l'immortalité de l'âme : nous ne voyons jamais dans la nature que les éléments des corps périssent ; nous en concluons par analogie, que l'âme, qui n'est qu'un seul élément, ne doit pas non plus périr. Mais une analogie n'est pas une démonstration.

Robert Desgabets veut convertir en certitude cette probabilité de l'immortalité de l'âme conçue d'après sa simplicité, et il prétend y parvenir par sa théorie sur l'indéfectibilité des créatures.

Malebranche a dit quelque part : « Il n'y a point de loi dans la nature pour l'anéantissement d'aucun être, parce que le néant n'a rien de beau ni de bon, et que l'auteur de la nature aime son ouvrage. » Une telle opinion ne manque à coup sûr ni de grandeur, ni de beauté. S'il était évident que Dieu ne peut anéantir les êtres qu'il a créés, l'immortalité de l'âme, comme dit D. Robert, se trouverait « du même coup invinciblement établie ». Mais la raison que donne Malebranche de l'indéfectibilité des êtres (1), si spécieuse qu'elle soit, n'est point démonstrative ;

---

(1) En un sens, la théorie de l'indéfectibilité des créatures est très acceptable. Par exemple, quelques anciens philosophes ont parlé de l'indéfectibilité des créatures aux trois points de vue suivants : quant à leur possibilité, quant à leur connaissance par Dieu dans leur être concret, enfin quant à leur connaissance par l'homme dans leur être abstrait, et, n'étaient des imprudences de langage, leur système peut se soutenir. D'autres, et des modernes, en ont parlé, dans l'hypothèse de la création libre, comme d'une permanence de la matiè~ ~ous des transmutations formelles, substantielles, et cette palingéné    oisée par des allusions scripturaires, est d'accord avec la science    elle et chrétienne. D'autres enfin, dualistes et panthéistes en parlent d'une façon hétérodoxe et inacceptable. Comme nous l'allons montrer, la théorie de l'indéfectibilité des substances, telle que la propose Dom Robert Desgabets, doit être également rejetée.

elle est simplement de convenance. Il est probable, en effet, que Dieu, qui n'agit qu'avec une infinie sagesse, ne détruira pas les âmes qu'il a créées pour le connaître et l'aimer : on ne peut cependant lui refuser le pouvoir de le faire. Robert Desgabets va pourtant plus loin, et soutient qu'il y aurait contradiction à dire que les âmes peuvent être anéanties. Il importe donc d'examiner les arguments, sur lesquels il s'appuie, pour soutenir sa doctrine. Et comme ce qu'il dit de l'âme, D. Robert l'étend indistinctement à toutes les substances matérielles et spirituelles, nous sommes par suite amenés à traiter ici, dans toute son ampleur, cette intéressante question de l'indéfectibilité des substances, où paraît plus que partout ailleurs l'originalité de Dom Desgabets.

Les textes qui paraissent résumer le mieux la théorie de D. Robert sont, croyons-nous, les suivants :

1º « Toutes les choses du monde (la matière et les choses spirituelles) considérées selon leur être créé et substantiel, qui est le fondement de leurs accidents et états, ne peuvent aucunement être anéanties, non pas même comme on dit ordinairement par la toute puissance de Dieu ; ou pour parler plus proprement, et avec le respect qui lui est dû, il y a contradiction de dire qu'elles puissent perdre l'être que Dieu leur a donné, et qu'elles soient jamais purement et simplement anéanties. » (*Traité de l'indéfectibilité des substances, Chap. I, Man. d'Epinal*).

2º « Toutes les substances créées, ayant reçu de Dieu un point d'existence indivisible, il est impossible de concevoir qu'elles aient cette existence, et qu'elles ne l'aient pas, et d'éviter la contradiction visible qu'il y aurait en cela, d'autant qu'être et n'être pas tomberaient précisément sur la même chose prise en la même manière. » (*Ibid. Chap. VIII*).

3º « Dieu a donné l'être aux substances en la manière qu'il a voulu ; elles dépendent de lui purement et simplement, mais il ne peut anéantir par défaut de conservation une chose qui n'a pas besoin d'être conservée par action étendue. » (*Ibid. Chap. II*).

Voici maintenant ses raisons :

A. — L'action créatrice de Dieu est, comme Dieu lui-même, hors du temps. Et les substances créées reçoivent de Dieu, comme substances, *un point d'existence indivisible*. Elles aussi sont hors du temps, dans lequel tombent seulement leurs modes. Elles sont donc indéfectibles.

b. — Pour que l'existence d'une substance finisse, il faut que la substance soit de telle nature qu'on y puisse concevoir *un bout d'existence*. Or Dieu, étant et créant hors du temps, a produit les choses créées sans aucun bout d'existence.

c. — Les substances sont permanentes ; tout le monde sait qu'elles subsistent, pendant que leurs modes se succèdent et passent. Or, les choses permanentes ont leur être tout ensemble et le possèdent comme en un point ; elles ont part à l'indivisibilité de l'existence divine.

Que faut-il penser de cette doctrine ?

Il convient tout d'abord d'en mesurer la portée. Pourquoi fait-elle les substances indéfectibles, « *inanéantissables* » dans l'avenir ? Parce qu'elles sont, selon Desgabets, hors du temps, et n'ont pas de *bout* d'existence. Mais si elles n'ont pas de bout dans l'avenir et sont ainsi éternelles, *a parte post*, elles n'en ont pas davantage dans le passé, et elles sont également éternelles, *a parte ante* ; il n'y a pas eu, il n'y a pas pu y avoir pour elles de commencement d'existence. Si l'anéantissement, — la fin d'existence — d'une substance existante au moment présent, est impossible, la création, — le commencement d'existence — d'une substance non existante au moment présent, est impossible au même titre. Si le pouvoir anéantisseur actuel de Dieu est déclaré contradictoire, son pouvoir créateur actuel est contradictoire au même titre ; ce pouvoir est épuisé ; tout a été créé d'un coup, et chaque âme humaine a existé de toute éternité.

La déduction de ces conséquences est déjà un commencement de réfutation. Mais il importe de saisir le vice de l'argumentation de Dom Desgabets.

Toute vraie métaphysique établit et enseigne que Dieu

est en dehors, et au-dessus des déterminations du temps comme de l'espace ; telle est la notion même de l'éternité et de l'immutabilité divines. Toute vraie métaphysique reconnaît que le monde est dans le temps, et qu'il est sujet aux déterminations temporelles de passé, présent, et avenir. — Toute vraie métaphysique affirme que Dieu, éternel, coexiste au monde temporel, c'est-à-dire que, sans entrer dans le temps, il est présent à tous les moments de la durée. — Dans cette coexistence et cette présence, toute vraie métaphysique reconnaît et accepte un des aspects du mystère fondamental, qui est la coexistence du fini et de l'infini, le premier dépendant du second, mystère que la raison doit absolument accepter quoiqu'il la dépasse ; car, si elle le rejette, elle est condamnée aux absurdités du panthéisme, ou du dualisme, ou de l'athéisme qui la contredisent ou la détruisent.

Or, au contraire, Dom Desgabets prend pour point de départ l'attribution aux substances créées, de l'éternité et de l'immutabilité, qui sont l'incommunicable privilège de l'Etre incréé et créateur. Il les place comme lui hors du temps. Il exagère la permanence relative que nous leur attribuons à bon droit, quand nous les comparons à leurs modes passagers et successifs, jusqu'à en faire une permanence absolue, égale et identique à l'immutabilité divine. De ce que la création est un acte éternel du côté de Dieu en qui tout est éternel, il conclut par une méconnaissance du mystère fondamental, que la création est éternelle du côté des créatures, c'est-à-dire que les créatures sont éternelles.

Toutefois, Dom Robert ne se fait point un honneur de la découverte de cette théorie de l'indéfectibilité des substances, il prétend en retrouver les principes fondamentaux dans les principales opinions de Descartes.

« Il n'a pu parler comme il a fait, *dit-il*, de la nature des substances étendues, dont un atome ne saurait être anéanti, selon ses principes, sans tomber effectivement dans l'opinion de l'indéfectibilité ; de même que ce qu'il a dit des vérités qu'on appelle éternelles, et qui sont irrévocables, quoique Dieu les ait établies librement, conduit à cette vérité. »

Cette remarque est très juste, et il faut avouer que Descartes en identifiant la notion de corps avec celle d'espace, aboutit, ainsi que Dom Robert, à concevoir le corps comme indéfectible.

# CHAPITRE IX.

## La métaphysique de D. Robert Desgabets.

*Fondement de la métaphysique de Dom Robert. — Toute idée correspond à un objet réel. — Objectivité universelle des idées ou conceptions simples. — Qu'il suffit de penser à une chose pour avoir la démonstration de son existence, parce que toute conception simple a toujours hors de l'entendement un objet réel, et existant tel en lui-même qu'il est représenté par la pensée. — De la relation de cette doctrine avec le Cogito. — Examen.*

Selon Robert Desgabets, la première de toutes les vérités, ce qui établit solidement les fondements de toutes les sciences, ce qui « renverse absolument le Pyrrhonisme, et met à bout tout ce qu'il y a de sceptiques et d'académiciens dans le monde », c'est l'infaillibilité de la notion, en vertu de sa conformité nécessaire avec l'objet.

« Toutes nos idées ou conceptions simples, dit-il, ont toujours hors de l'entendement un objet réel, qui est tel en lui-même qu'il est représenté par la pensée, (1) et qui

---

(1) Supplément à la Philosophie de M. Descartes, Livre II. Chap. IV, Sect. I. — « Qu'est la pensée, dit encore Desgabets, suivant le sentiment de tous les hommes, sinon une espèce d'image intérieure, ou une représentation de la chose à laquelle on pense ; mais si la pensée est une représentation actuelle de la chose, comment pourrait-on lui ôter son rapport à la chose qu'elle représente ? Comment pourra-t-on faire voir qu'il n'y aura point d'original hors l'entendement, et que dans l'entendement il y aura une chose distinguée de lui ? » — Supplément, Livre II, Chap. IV, Sect. VII.

contient le degré d'être qu'on y aperçoit. » — Qu'en faut-il penser ? — Si Desgabets veut dire seulement que l'homme ne peut créer aucune idée simple, et que par conséquent l'objet de toute idée simple doit exister ou comme réalité actuelle objective, ou comme représentation dans la pensée divine, ainsi entendue, la proposition est vraie. Mais Dom Robert entend ces mots dans un sens beaucoup plus général :

« Tant s'en faut, *dit-il*, que nous n'ayons que peu ou point de connaissances claires et indubitables, qu'il est vrai sans exception ni limitation que toutes nos connaissances le sont très certainement ; c'est-à-dire que toutes les choses, auxquelles nous pensons, et dont nous parlons, existent réellement hors de l'entendement, et telles en elles-mêmes qu'on les connaît... (1) Ainsi tous ceux qui pensent à Dieu, à corps, à esprit, à substance, à accident, à mouvement, à figure, à proportion, à pensées, à machines, à palais enchantés, etc., doivent être aussi assurés que tout cela est réel hors de l'entendement, qu'ils sont assurés, qu'ils y pensent, ou qu'ils en parlent. »

C'est ce qu'il résume en deux mots : « Il n'y a aucune idée qui n'ait un objet hors l'entendement, contenant toute la réalité qui est représentée par cette idée. » Ainsi présentée, la théorie de Dom Desgabets n'est plus qu'une affirmation gratuite ; elle n'a pour base que la thèse fausse qui nie la distinction du possible et de

---

(1) « Ce principe une fois établi, nous mettrait infailliblement en possession de la vérité. Sûrs, en effet, de la certitude de toutes nos notions, nous n'aurions plus qu'à nous étudier à y conformer notre langage, et la science ne serait plus, comme on l'a soutenu depuis dans un autre sens, qu'une langue bien faite. Mais aussi, ce fondement venant à manquer, avec lui s'écroule tout l'édifice de nos connaissances, et la certitude de la réalité des choses qui sont hors de nous est anéantie.

Mais ce grand principe ne cache-t-il pas quelque équivoque ? Tout d'abord est-il certain que nous ayons aucune idée ou aucune conception parfaitement simple et qui n'enferme aucun jugement... (Et Dom Robert autorisait l'objection) quand il comprenait sous ce terme (de conception simple) les modes déterminés d'une substance, tels que le mouvement actuel d'un boulet de canon : la question se trouvait ainsi transportée du terrain de la notion sur celui du jugement, qu'enferme véritablement toute conception résultant d'une abstraction. » — L'abbé Rabbe : Etude sur Simon Foucher, Chap. IV : Foucher et Dom Robert Desgabets.

l'actuel. Et sa fausseté éclate dans un simple exemple. L'inventeur de la machine à vapeur l'a conçue avant de l'exécuter. Dira-t-on qu'à ce moment de non-exécution, son idée avait hors de son entendement toute la réalité qu'elle représentait ? Evidemment non.

Mais, objecte Dom Robert : « ce qui est contenu dans l'idée d'une chose en peut être affirmé avec vérité ». (1) Cela est vrai. Seulement il faut se rappeler que l'existence actuelle n'est contenue dans l'idée d'aucune chose contingente.

Dom Desgabets passe alors au développement de son principe, et insiste principalement sur cette considération : « qu'il ne peut y avoir des pensées de rien, des idées n'ayant pas d'objet ». Car, dit-il, « le néant n'est pas concevable ; toute erreur et toute fausseté n'est pas une chose conçue par la première opération de l'esprit ». Il y a là une équivoque qu'il importe de démêler. Selon Dom Robert, il ne peut y avoir « des idées n'ayant pas d'objet. » Cela est vrai, mais sous cette double et importante réserve : 1º que si une idée complexe est formée par la combinaison de plusieurs idées simples, il se peut que ce groupement ne réponde à rien dans la réalité ; et 2º que si parmi ces idées, il y en a qui s'excluent, la prétendue idée complexe formée de leur réunion est fausse. La fausseté et l'erreur, dans ce cas, ne résident pas dans la conception de chacun des éléments simples, mais dans l'affirmation implicite de la compossibilité de choses incompossibles. Cette affirmation n'appartient pas à la première opération de l'esprit, mais à la seconde, selon cette maxime des logiciens : que la vérité ou l'erreur ne résident que dans le jugement.

La faute de Dom Robert c'est de ne mettre aucune distinction entre les perceptions qui sont des connaissances certaines, et les conceptions d'objets absents ou futurs, qui sont ou non conformes aux objets qu'elles représentent. C'est par la perception que débute la vie

---

(1) Supplément à la Philosophie de M. Descartes, Livre I, Chap. II, Sect. III.

intellectuelle, voilà le point de départ de la pensée. Tout d'abord nous percevons, c'est-à-dire que nous exerçons à l'aide de nos organes les diverses facultés de nos sens (toucher, odorat, goût, ouïe, vue). Cette première connaissance est intuitive, immédiate, directe, point de départ de toutes les autres connaissances auxquelles elle fournit leurs matériaux. Mais ces données de l'expérience ne sont point perdues aussitôt acquises : l'esprit humain possède des facultés de connaissance représentative, comme la mémoire et l'imagination ; la connaissance ici n'est plus directe, immédiate, mais au contraire indirecte et médiate.

Pourtant, ce principe de la conformité des conceptions simples avec leur objet, est, selon Desgabets, la seule base vraiment solide du *Cogito* cartésien :

« La fameuse proposition de M. Descartes « *je pense, donc je suis* » tomberait par terre, dit-il, s'il pouvait arriver qu'une idée n'eût point d'objet hors de l'entendement, car l'existence de l'âme comme d'une chose qui pense, ne serait pas plus assurée que celle des autres choses, si toute pensée n'avait pas réellement son objet réel et distingué de la pensée. Ainsi, l'âme même étant l'objet de la pensée ou de l'idée qu'elle a, quand elle dit : *je suis une chose qui pense*, elle n'est point assurée de son existence, si elle peut douter de celle des autres dont elle a l'idée, à cause que toute idée n'est qu'un mode ou un accident de l'âme, et non pas l'âme même ; ce qui fait voir qu'il faut parler de l'existence de tout objet de la pensée quel qu'il soit, si on ne veut tout renverser dans nos sciences et connaissances... Cela fait voir aussi qu'il n'y a rien de plus dangereux que les efforts que M. Descartes a faits dans ses Méditations pour rejeter l'existence de la substance corporelle, dont l'idée se présentait continuellement à lui. Or, cette notion ou idée de la substance corporelle ne supposait pas moins l'existence de la matière, que celle de l'âme supposait celle d'une chose qui pense, et, par conséquent, il n'y fallait pas mettre de différence, ni faire de cette différence le fondement d'une philosophie particulière. » (1)

Encore cette fois le raisonnement ne vaut rien, à cause

---

(1) Supplément à la Philosophie de M. Descartes, Livre I, Chap. IV, Sect. VI.

de la confusion que fait l'auteur entre l'idée (qui n'est qu'une représentation mentale) et l'intuition soit interne soit externe (qui est essentiellement affirmation, en même temps que représentation).

Toutefois, Desgabets a raison contre Descartes, lorsqu'il lui reproche d'avoir rejeté l'existence de la substance corporelle. Il a raison, parce que nous connaissons l'existence des objets extérieurs, non par simple idée, mais par intuition externe.

# CHAPITRE X.

**La métaphysique de Dom Desgabets** (Suite).

*La possibilité et l'existence. — Théorie des causes. — L'essence et l'existence — Des vérités éternelles. — La substance et l'accident. — L'existence des intelligences. Des divisions de l'être.*

« *Par le mot d'être,* dit Desgabets, *je n'entends pas exprimer le néant, mais le vrai être et la réalité.* » Or, l'être réel est actuel ou possible. L'être actuel est celui qui existe. L'être possible est celui qui, sans posséder encore l'existence, est conçu comme pouvant y parvenir. La possibilité est l'aptitude à l'existence. Mais Dom Robert ne veut point entendre parler de possibilité pure. C'est un préjugé selon lui, de s'imaginer qu'on peut prouver aisément « qu'il y a des créatures purement possibles, que l'on connaît clairement ». Ainsi entendu, le concept d'être possible impliquerait contradiction.

« Parler d'une autre nature que celle que Dieu a créée effectivement, c'est-à-dire d'un autre monde, ne peut passer que pour un discours contradictoire... Tout ce qui marque une prétendue relation à d'autres choses qu'à celles que l'on connaît enferme une contradiction, qui consiste à dire qu'il y a quelque chose de connu au-delà de ce qui est connu. » (1)

---

(1) Supplément à la Philosophie de M. Descartes, Livre II, Chap. VIII, Sect. II. — C'est là une affirmation purement gratuite reposant sur la confusion de ce qui est représenté comme possible et de ce qui est représenté comme objectivement actuel. En fait, la possibilité d'un être

Conséquemment, le nom de possibilité « exprime quelque réalité concevable de laquelle on peut parler et qui suppose que Dieu la produise ». C'est que, pour Desgabets comme pour Descartes, les possibles dépendent de la volonté de Dieu :

« Il faut reconnaître de bonne foi que Dieu étant considéré avant que l'on conçoive qu'il ait formé aucun décret touchant la création et le gouvernement du monde, il n'y a rien de concevable et dont on puisse parler que sa propre essence infiniment parfaite qui est le seul objet nécessaire de la connaissance.... (1) Il ne faut pas considérer Dieu dans cet instant comme apercevant déjà les créatures en qualité de choses possibles et comme voyant des âmes, des anges, une matière qu'il pouvait choisir parmi un nombre infini d'autres créatures qu'il apercevait, afin de donner l'être à celle que nous connaissons, en laissant toutes les autres dans le degré de pure possibilité. (2)

Et il dit encore plus explicitement :

« Avant que l'on conçoive l'action libre du Créateur, il n'y a que Dieu seul qui est concevable et connaissable ; dans cet instant de raison, il ne voit que son essence simple ; pour lors, il ne connaît aucune créature ni possible ni actuelle ; la créature purement possible serait quelque chose et rien tout ensemble, dans cet instant ce serait un néant actuel, une chose faite avant que Dieu ait rien fait : tout cela n'est qu'un chaos sans fond, un amas de pensées dangereuses. » (3)

Qui ne voit la fausseté manifeste de ce raisonnement ? Dieu, en effet, ne peut pas se voir, même dans un instant de raison, sans se voir comme tout-puissant, donc comme ayant la puissance de créer tout ce qui n'implique pas contradiction. Il ne peut pas se voir, sans se voir imitable

---

dépend de la nature de ses attributs et non de la volonté divine : une chose est possible quand les attributs qui la composent sont compatibles entre eux ; dans le cas contraire, elle est impossible. Par exemple, c'est parce que le cercle et le carré ont des attributs incompatibles, qu'un cercle carré est impossible et contradictoire.

(1) C'est une erreur. On ne peut parler avec justesse de Dieu qu'en y comprenant la Toute-Puissance créatrice qui appartient à cette essence.

(2) Supplément à la Philosophie de M Descartes, Livre II, Chap. VI, Sect. II.

(3) Supplément, Livre II, Chap. VI, Sect. III.

et participable à des degrés divers par des êtres qui ne seront pas lui, mais tiendront de lui leur degré d'être et de perfection. Il ne peut créer librement qu'à condition de créer avec intelligence, c'est-à-dire à condition d'avoir la préconnaissance (logique) de ce qu'il crée. Donc tout ce qu'il crée est possible avant d'être actuel.

Dire comme le fait Desgabets, que la créature purement possible serait quelque chose et rien tout ensemble, est une pure confusion ; elle est, comme pensée de Dieu ; elle n'est pas comme réalité objective actuelle. De même une résolution qui m'est proposée est en moi comme représentation d'une chose possible, et la même résolution prise par moi est en moi comme acte réalisé.

On peut déjà prévoir par ce qui précède le reproche que Dom Desgabets fera à la fameuse théorie aristotélicienne de la puissance et de l'acte. Comment pourrait-il, en effet, avec ses principes, admettre cette « matière première » qui n'est point la substance, ni une qualité, ni une quantité, ou tout autre chose qui la détermine ?

« On commence à traiter des causes en métaphysique, dit-il, par la matière première dont on dit des choses qui paraissent inconcevables. Ceux qui ne lui donnent point d'existence propre, mais qui ne la considèrent que comme un je ne sais quoi qui n'a ni quantité, ni qualité, ne disent rien qu'on puisse concevoir, parce qu'ils ne lui assignent aucune nature déterminée. » (1)

Il y a là une évidente exagération. Quoique la matière première ne soit qu'un élément du composé substantiel et non le composé tout entier, elle ne laisse pas d'être concevable ; c'est un élément positif, une partie d'une réalité subsistante, ce n'est pas un être de raison. Aussi bien dans l'Ecole on lui attribue des propriétés déterminées : on en fait un principe de passivité, un principe de quantité et d'étendue, simple d'essence et identique dans toutes les substances matérielles. Mais Dom Robert, on le sait, en physique est cartésien, et c'est pour cela

---

(1) Supplément, Livre II, Chapitre VIII, Sect. III : « Ce que c'est que la vraie cause matérielle. »

qu'à la matière première et indéterminée des Aristotéliciens il substitue comme vraie cause matérielle la matière étendue de Descartes.

« Il n'y a point de doute, dit-il, que la matière n'est autre chose que la substance étendue en longueur, largeur et profondeur puisqu'on la connait clairement en tant que telle (1), et qu'il y a un rapport de conformité entre nos conceptions simples et leur objet. »

C'est résoudre bien vite une grosse question. Leibnitz essaiera bientôt par la critique de cette notion de l'étendue cartésienne de reprendre tout l'édifice philosophique et de renouveler la métaphysique, et le débat engagé de nouveau sur ce point, de nos jours, agrandi de toutes les découvertes de la science, n'a guère enrichi la métaphysique de résultats sérieux. De plus, réduire la matière à l'étendue c'est réduire le sujet substantiel à n'être plus qu'un attribut, c'est vider la substance et ouvrir la voie à l'idéalisme.

Desgabets n'admet pas davantage l'existence des causes formelles c'est-à-dire de ces principes spécificateurs doués d'activité et d'énergie qui donneraient au substratum matériel son être propre.

« Le second genre de cause, dit-il, est la prétendue forme substantielle corporelle que l'on distingue communément de l'assemblage des modes de la matière et qui par cela même donne sujet de la regarder comme inconcevable... »

Et il ajoute : « C'est un genre bizarre de substance qui n'a servi à rien à la philosophie, et qui a beaucoup nui à la morale, par les avantages qu'elle donne aux libertins qui ne demandent que des exemples de substances qui s'anéantissent purement et simplement comme on le dit de ces

---

(1) Est-ce bien vrai ? Y a-t-il plus de raison de considérer l'étendue comme l'essence des corps que la couleur, puisque tous les objets sont colorés ? — Aussi bien, la définition donnée par Descartes, de la matière, paraît en contradiction avec l'expérience. Comment expliquer, si la matière n'est qu'étendue, la résistance qu'elle oppose à une autre matière, au corps qui vient la choquer ? Il faut donc admettre, comme le veut Leibnitz, dans le corps choqué, une force, c'est-à-dire un élément irréductible à l'étendue et inexplicable par la seule étendue.

formes, pour tirer cela à conséquence contre l'immortalité de l'âme. »

Voilà encore une accusation bien grave et bien injuste : en fait, cette conception de la forme substantielle n'est point du tout obscure, elle n'est en rien sophistique. C'est bien plutôt Desgabets qui en supprimant la force matérielle favorise les libertins : par sa conception de l'être matériel où l'idée de quantité et de passivité est tout, tandis que l'idée de qualité et d'activité n'est rien, il conduit au matérialisme. Il place l'être spirituel, si haut et si loin, qu'on peut se demander s'il existe réellement.

Les créatures ne possédant pas, selon Dom Robert, d'activité propre, il n'y a plus, du même coup, de causes secondes :

« S'il n'y a point, dit-il, de forme substantielle corporelle, si toutes les formes ne sont autre chose que les dispositions locales des parties de la matière, si Dieu est le moteur unique et si les corps et les esprits ne peuvent faire autre chose que de biaiser et déterminer le cours des mouvements qui sont déjà dans le monde, il s'ensuit que toutes les prétendues causes secondes corporelles sont absolument supprimées ; qu'il n'y a point de causes secondes que les volontés des hommes et des anges ; que tout ce qui se fait dans le monde ne consiste que dans les mouvements et arrangements des parties de la matière ; que le concours de la matière première n'est que pour les actes libres, et que toute l'action des corps se réduit simplement à quelque chose de semblable à ce que fait la muraille d'un jeu de paume, qui détermine le cours de la balle, sans lui donner aucun mouvement. » (1)

Cette théorie qui fait de Dieu la seule cause efficiente de tous les changements de la nature, et que Desgabets emprunte à Descartes, est absolument inadmissible. Si les phénomènes n'étaient pas des effets produits par des forces inhérentes aux choses elles-mêmes, s'ils étaient produits en elles, comme le veut Dom Robert, par une

---

(1) Supplément à la Philosophie de M. Descartes, Livre II, Chap. VIII, Sect. V.

puissance étrangère, nous ne pourrions plus savoir par eux, en effet, quelle est la nature d'un être. En conséquence, nous ne connaîtrions plus que les phénomènes ; la science de la nature ne pourrait exister.

Et il faut juger de même ce que Desgabets dit des causes finales :

« Tout ce qu'on dit de la cause finale, *dit-il*, est métaphysique et de peu d'usage, parce que nous ne savons pas les raisons d'agir que Dieu s'est proposées, et qu'il tient cachées dans le secret de sa Providence. »

Notre bénédictin confond ici, comme Descartes, les intentions que Dieu manifeste clairement dans ses œuvres extérieures avec les décrets mystérieux et cachés que sa Providence réalise à travers les siècles. Par suite il ne prouve rien.

. . . . . . . . . . . . . . .

« On passe ensuite en métaphysique, *dit Dom Robert*, à la considération de l'être créé, et on y propose d'abord cette question importante, savoir : si, dans les êtres créés, l'essence est réellement distinguée de l'existence. Par essence on entend la nature de la chose et ce qui est enfermé dans sa définition, et par existence on entend cette perfection par laquelle l'essence a son être actuel, qu'elle possède par l'action du créateur. » (1)

La question ne se pose pas en effet pour Dieu parce que dans l'être qui existe par lui-même l'essence et l'existence sont absolument identiques.

« Or, *continue Dom Robert*, quoiqu'on ne fasse aucune difficulté de regarder les essences des choses comme concevables et vraiment possibles avant l'existence, on ne laisse pas de dire qu'en cet instant de raison, elles ne sont qu'un pur néant, de peur de tomber dans le grand inconvénient qu'il y aurait à dire que les créatures possèdent quelque degré d'être, indépendamment de Dieu. »

On ne dit pas cela du tout : on admet que c'est dans l'essence divine que subsistent éternellement les essences de tous les êtres.

---

(1) Supplément à la Philosophie de M. Descartes, Livre II, Chap. VIII, Sect. VII.

En effet, Dieu cause première de tous les êtres agit par libre choix de sa volonté, qui a pour guide l'intellect. Il possède en lui le concept préalable de ses créations, et, parce qu'il est éternel et immuable, les essences, ces types spirituels, existent en lui de toute éternité, dans une indépendance complète de tout acte de création libre et extérieure. Et comme le dit excellemment saint Augustin : « Chaque chose a été créée avec sa raison propre ou son essence. Mais où faut-il croire qu'étaient ces essences sinon dans l'intelligence divine ? Car, il ne contemplait pas hors de lui l'exemplaire selon lequel il créait ce qu'il créait ; ce serait un sacrilège de le penser. (1) » Ainsi les essences, par leur préexistence idéale dans la pensée de Dieu participent à la vie divine, elles composent le monde intelligible : on ne peut dire alors qu'elles sont de purs néants. Desgabets a donc tort d'affirmer que la vérité pure et simple c'est que « les créatures ne sont que ce que Dieu les a faites, et qu'il leur a donné tout ensemble l'essence et l'existence qui ne sont que la même chose dans les substances considérées purement et simplement. » Il a tort surtout d'ajouter qu'« il ne faut pas s'amuser à les vouloir connaître dans un autre ordre que celui que Dieu a établi, ni s'imaginer qu'elles ont leur être avant leur création », mais « qu'il faut attendre pour les connaître que Dieu leur ait donné leur essence et leur existence, qui sont également contingentes. »

Les essences encore une fois ne sont point purement contingentes : elles empruntent de leur préexistence dans la pensée divine quelque chose d'immuable et d'éternel. Et ce que l'on dit des essences est vrai également des vérités éternelles.

. . . . . . . . . . . . . . .

Il y a, en effet, dans notre esprit des vérités de deux sortes. Les unes sont contingentes et passagères, ou, pour mieux dire, contiennent l'affirmation d'un fait contingent et passager ; les autres sont éternelles, nécessaires, immuables. De ce nombre sont les vérités morales, toutes

---

(1) De divers. quaest., LXXXIII Q. 46.

les vérités mathématiques et les autres vérités rationnelles. Ces vérités nous apparaissent comme subsistant en dehors de nous, au-dessus de nous, indépendamment de nous, en Dieu. Ces vérités éternelles, Dieu en se connaissant les connaît, elles sont des actes de son intelligence, elles sont éternellement pensées, éternellement vraies.

Ces vérités ne se font pas : elles sont et ne peuvent pas ne pas être. Quant à la thèse de Descartes qui fait dépendre les vérités éternelles d'un décret arbitraire de Dieu (1), elle n'est qu'un paradoxe insoutenable, où il n'a été suivi par aucun cartésien de marque ; et il n'y a point lieu de faire, en ce qui concerne ces vérités, la distinction entre le possible et l'actuel puisqu'elles sont éternellement actuelles comme affirmations de la pensée divine.

Desgabets reprend pourtant cette théorie cartésienne :

« Il ne faut point, dit-il, sortir de cette matière sans dire un mot de la nécessité et de l'immutabilité de ces propositions ou vérités éternelles v. g. que l'homme est un animal raisonnable, que le tout est plus grand que sa partie etc. Les métaphysiciens s'imaginent que ces vérités sont vraies avant qu'il y ait des hommes, des touts, des parties, etc., et que, quand tout cela serait anéanti après

---

(1) Selon Descartes, Dieu n'est soumis à aucune nécessité ; il est au-dessus des lois et de la morale. Par suite, la liberté divine eut pu faire du mal le bien, et des vérités nécessaires, des erreurs. Se représenter Dieu comme soumis au bien, quant à sa volonté, et aux vérités géométriques, quant à son entendement, ce serait, selon ce philosophe, une véritable impiété. « Il ne faut pas, dit-il, s'imaginer la divinité conformant ses résolutions aux données de son intelligence. Ce serait là ramener le Jupiter antique assujetti au Destin ; il faut admettre que toute opération divine se réduit, comme à son seul principe, à une volonté absolument libre ». — Cette conception de la liberté divine est absolument fausse.

Au vrai, il faut reconnaître en Dieu une véritable liberté : mais tout n'est pas liberté en Dieu. La liberté de Dieu ne regarde en effet ni son existence, puisqu'il existe nécessairement et par l'essentielle exigence de sa nature ; ni ses connaissances, puisqu'il est de son essence de tout connaître, de ne rien ignorer ; ni enfin les opérations intérieures de sa nature. La liberté de Dieu consiste donc dans le pouvoir d'agir ou de ne pas agir hors de lui-même, ou dans le pouvoir de prendre ou de ne pas prendre une détermination d'agir, qui soit relative à quelque objet extrinsèque à la nature divine.

avoir été produit, l'objet de la proposition ne laisserait pas d'être tel qu'il est exprimé, et que le tout qui ne serait rien serait plus grand que sa partie qui serait un autre rien. »

En réalité, continue-t-il :

« L'existence *secundum quid* que ces vérités reçoivent lorsque nous y pensons et que nous les considérons actuellement n'est pas indivisible ni hors du temps, non plus que celle des êtres particuliers prise formellement, et elle peut commencer, continuer et finir. » (1)

Mais une telle opinion ne renverse-t-elle pas les bases de la certitude ? La science ne dépendra-t-elle pas des caprices de Dieu ? Non, répond Desgabets : « l'existence pure et simple de ces vérités ne laisse pas d'être irrévocable et immuable, de même que celle des substances. Dieu ayant établi librement ces vérités, les a, par le fait, définitivement établies. »

. . . . . . . . . . . . . . . . .

Desgabets parle ensuite de la division de l'être créé en substance et en accidents. Cette division, dit-il, jette les métaphysiciens dans de grands embarras et de grandes difficultés parce que « ce qu'ils appellent accidents porte quelquefois toutes les marques de la substance et n'est accident que de nom, car, outre les modes et états de la substance, tels que sont le mouvement et la figure, qui paraissent de vrais accidents parce qu'ils ne peuvent pas même être conçus sans la substance qui est leur objet, ils admettent d'autres sortes d'accidents ou de qualités sensibles qu'ils ne considèrent pas comme des modes puisqu'ils les appellent accidents absolus, et qu'ils croient qu'ils peuvent être séparés par un miracle de la substance pour subsister à part. C'est ainsi qu'ils parlent de la quantité, des couleurs, des sons, des saveurs, etc. » (2)

Ce sont encore les philosophes de l'Ecole que Dom Robert attaque ici. Ils distinguent effectivement deux sortes d'accidents physiques, les uns qui, bien que

---

(1) Supplément à la Philosophie de M. Descartes, Livre II, Chap. VIII, Sect. VIII.
(2) Supplément à la Philosophie de M. Descartes, Livre II, Chap. VIII, Sect. IX.

dépendant dans leur être de la substance, ont cependant un être distinct de la substance (accidentia absoluta), les autres qui ne sont que des modes de la substance ou de quelques autres accidents (accidentia modalia ou modi). Mais Desgabets n'accepte pas une telle distinction :

« Le plus court et le plus sûr, dit-il, c'est de parler comme l'on pense et de dire que les seuls modes des substances portent les marques d'accidents et qu'il n'en faut point chercher d'autres... Au lieu d'employer des prétendus accidents absolus, il faut expliquer tous les changements qui se font dans la matière par le moyen des mouvements et autres modes dont l'assemblage est le vrai et l'unique principe formel de tous les corps particuliers.»

Qu'en faut-il penser ?

Tout d'abord, la permanence d'accidents absolus qui paraît à Desgabets contenir des difficultés et envelopper des contradictions peut se concevoir fort bien. — On sait par exemple qu'il y a dans le sein de la terre des fossiles végétaux ou animaux qui ont conservé exactement leurs formes en perdant complètement leur substance. Analysez en effet le contenu de ces fossiles : il se compose de charbon, de calcaire ou de silice, des tissus organiques primitifs où il n'est resté que les espèces ou apparences.— De plus, la substance et l'accident sont deux choses distinctes. Or, comme le dit Leibnitz, « deux choses distinctes peuvent être séparées par la puissance de Dieu, qui peut à son gré en détruire une et laisser subsister l'autre, ou les laisser subsister toutes les deux, mais séparées ou indépendantes. » (1)

. . . . . . . . . . . . . . . . .

On sait que le caractère le plus éclatant de l'univers c'est l'harmonie et le merveilleux enchaînement des êtres qui le composent. Depuis les êtres les plus infimes jusqu'à l'homme, toutes les créatures se tiennent unies comme les anneaux d'une même chaîne. Mais arrivée à l'homme, la chaîne paraît se briser. Cela amenait les métaphysiciens de l'Ecole à dire que par voie d'analogie

---

(1) Syst. Theolog. 112.

et en se basant sur l'infinie puissance de Dieu, il convient d'admettre l'existence d'êtres immatériels s'élevant graduellement de perfections en perfections jusqu'à l'Etre souverainement parfait. Un tel raisonnement ne pouvait non plus convenir à Desgabets, qui en fait ainsi la critique :

« Ce que les métaphysiciens disent pour prouver qu'il y a dans le monde des substances immatérielles, parce que sans cela il n'aurait pas toutes les perfections que son créateur doit lui avoir données, paraît peu solide, et semble nous conduire dans l'inconvénient qui accompagne l'opinion des créatures purement possibles par elles-mêmes, qui auraient déterminé Dieu à faire son monde plutôt d'une façon que d'une autre, car il semble qu'on imagine une certaine perfection dans le monde qui est essentielle et qui a exigé que Dieu le créât tel qu'il est sans le priver d'aucune sorte de ces êtres..., ce qui porte à dire que la production de toutes les créatures qui le composent n'est pas souverainement volontaire et indifférente. Il est donc incomparablement plus sûr de dire qu'il y a des substances immatérielles dans le monde aussi bien que des corporelles parce que Dieu a voulu qu'il y en eût et que nous en sommes assurés parce que nous les connaissons, ce qui ne serait pas si elles n'existaient hors l'entendement. »

Voici maintenant, selon Desgabets, comment nous connaissons ces intelligences : « la connaissance que nous avons de notre âme vient de l'expérience continuelle de toutes sortes de pensées..., Dieu excite en nous son idée par mille sortes d'actions ; mais il semble que ce n'est que par voie de révélation et de tradition que nous avons la connaissance des Anges et que sans cela il aurait été impossible d'y penser ». (1)

. . . . . . . . . . . . . . . . .

L'une des questions qui préoccupait le plus les philosophes de l'Ecole et qui tenait dans leur métaphysique une place considérable c'était celle de la division de l'être en dix catégories. On sait, en effet, que d'après Aristote il y a dix genres, entre lesquels se partagent tous les attributs que l'entendement peut affirmer d'un sujet, en d'autres

---

(1) Supplément à la Philosophie de M. Descartes, Livre II, Chap. VIII, Sect. X.

termes qu'il existe dix catégories, qui expriment tout ce que peut être l'être en soi. Ce sont : la substance, la quantité, la qualité, la relation, l'action, la passion (dans le sens de pâtir), le lieu, le temps, la situation et la possession. De ces dix catégories neuf n'ont d'existence réelle que dans un sujet différent d'elles-mêmes, une seule existe par elle-même : la substance, qui sert de sujet à toutes les autres. Les qualités, quantités, relations etc., ne sont que les accidents, la substance c'est l'être en soi, l'être par excellence. Disons tout de suite que ces catégories n'ont plus guère aujourd'hui qu'une valeur historique.

Bien que l'idée de cette division soit pour Aristote un vrai titre de gloire, et qu'elle suppose dans son inventeur une grande force de pensée, il est facile de montrer pourtant qu'elle est arbitraire, que les catégories ne sont ni assez distinctes ni assez réduites. Par exemple pourquoi ne pas placer dans la catégorie des relations celle du temps et du lieu ? Pourquoi surtout mêler ensemble les données de la raison et celles de l'expérience ? Mais il est inutile de prolonger cette discussion. Nous ne ferons pas non plus l'historique de ces fameuses catégories (1), nous ne parlerons pas des attaques dirigées contre elles par Ramus, ni des tentatives de Raymond Lulle, pour établir la logique sur d'autres bases : tout cela relève de l'histoire de la philosophie. Disons seulement que D. Desgabets essaya lui aussi de substituer à la classification

---

(1) Les catégories de Kant sont cependant trop célèbres pour que nous les passions sous silence. Le philosophe de Kœnigsberg fait consister essentiellement la pensée dans le jugement. Ses catégories ne sont qu'une classification des jugements que nous pouvons porter. Elles sont au nombre de douze, qu'il énumère par groupes de trois sous les quatre titres suivants: 1° *quantité :* unité, pluralité, totalité ; — 2° *qualité :* affirmation, négation, limitation ; — 3° *relation :* substance, causalité, communauté ; — 4° *modalité :* possibilité, existence, nécessité. — Il serait facile de critiquer cette nouvelle division des catégories, mais cela n'est pas précisément de notre sujet. Contentons-nous de signaler quelques inexactitudes : par exemple, sous le rapport de la quantité, nos jugements se rapportent à deux classes non à trois : ils sont universels ou particuliers. La catégorie des relations n'est pas claire. Enfin des idées importantes comme celles du bien et du beau ne figurent pas dans ces catégories.

d'Aristote une division de l'être moins arbitraire et en rapport avec la philosophie cartésienne (1).

« Il me semble, dit-il, que la plus pompeuse et la plus grande affaire de la métaphysique soit la division de l'être en ces dix fameuses catégories dont on fait tant de bruit dans les collèges. Cependant nous voyons que tous les savants commencent à rejeter tout cela comme une division arbitraire (2) qui n'est aucunement fondée sur la nature des choses et comme un amas de notions logiques qui n'expliquent pas la nature des qualités sensibles... »

Pourtant une classification des objets de la connaissance humaine est nécessaire : il ne faut point se contenter de multiplier ses connaissances, il importe de les ramener à l'unité. Rien n'est plus facile que de donner une division naturelle et régulière de l'être, selon Desgabets, car, « s'il est vrai qu'il n'y a rien hors de nous dans le monde corporel qu'une matière étendue laquelle jointe aux esprits forme la catégorie de la substance et que tous les accidents matériels se réduisent au mouvement, repos, figure, arrangement, grandeur ou petitesse des parties de la matière, il ne faut pas chercher d'autre division que celle que quelques-uns ont fort bien exprimée par ces deux vers :

*Mens, mensura, quies, motus, positura, figura,*
*Sunt cum materia cunctarum exordia rerum ».* (3)

Quoi qu'en dise Desgabets, la classification d'Aristote bien que défectueuse en ce que la division des accidents en neuf catégories est faite un peu pêle-mêle et, comme nous disions plus haut, en ce qu'elle contient des redondances, est bonne cependant en tant que bi-partite, c'est-à-dire mettant d'un côté la substance, de l'autre les accidents de la substance.

Celle que notre auteur propose d'y substituer est

---

(1) C'est d'ailleurs la classification que proposaient dans leur Art de penser les solitaires de Port-Royal.
(2) Stuart Mill est du même avis ; il dit que l'énumération d'Aristote ressemble à une division d'animaux en hommes, quadrupèdes, chevaux et poneys.
(3) Supplément à la Philosophie de M. Descartes, Livre II, Chap. VIII, Sect. XI.

acceptable : nous ferons seulement remarquer que *mens* et *materia* sont des subdivisions de la substance, et que *forma* et *materia* serait une meilleure subdivision, *mens* étant non toute forme, mais une forme supérieure.

# CHAPITRE XI.

**La métaphysique de D. Robert Desgabets** (Suite).

DE LA PERFECTION DES CAUSES DE NOS IDÉES.

*Qu'il n'est pas vrai absolument que la cause de nos idées doit contenir autant de perfection que l'idée en représente. — Que nous ne pouvons former l'idée d'aucune chose moins parfaite que nous qui n'aurait aucun degré d'être. — Examen du raisonnement par lequel M. Descartes prétend prouver que nous pourrions former l'idée de corps, même s'il n'y avait aucun corps.*

Descartes prétendait qu'il doit y avoir autant de réalité dans la cause que dans l'effet. Il ajoutait que cela n'est pas vrai seulement pour les effets où l'on considère la réalité actuelle (c'est-à-dire l'existence en dehors de l'esprit, la réalité proprement dite) mais encore pour ceux où l'on considère la réalité objective (c'est-à-dire, dans la langue de Descartes, la réalité représentative, la chose en tant que conçue). « La lumière naturelle, disait-il, me fait connaître évidemment que les idées sont en moi comme des tableaux ou des images qui peuvent à la vérité facilement déchoir de la perfection des choses dont elles ont été tirées, mais qui ne peuvent jamais rien contenir de plus grand ou de plus parfait. »

Ce raisonnement ne paraît pas juste à Desgabets qui s'applique à en faire la critique :

« Touchant la perfection de nos idées, M. Descartes a

avancé... que la cause totale et originaire de nos idées doit contenir pour le moins autant de perfection que l'idée en représente.

Voilà une proposition bien générale, et où je trouve bien des difficultés, car je ne comprends pas comment elle peut être véritable à l'égard des idées qui nous font connaître notre âme, parce que la plupart de ces idées sont des sentiments ou perceptions qui n'ont presque jamais pour objet la chose extérieure qui les excite, mais qui sont autant de pensées ou d'idées qui ont l'âme pour objet en tant qu'ayant un tel sentiment. Cependant la cause efficiente créée de ces sentiments n'en est point du tout l'âme qui n'en est que le sujet et l'objet, ce sont les choses extérieures ou intérieures, aidées de l'action des choses environnantes qui produisent, excitent et forment en nous ces sentiments par une force et une propriété tout particulière, que l'expérience nous fait connaître intuitivement, de sorte que la proposition générale de M. Descartes ne se trouve point véritable à cet égard. »

Et Dom Robert cite les faits suivants qui lui donnent droit de conclure, dit-il, qu'on peut attribuer à une cause un effet qui excède la puissance de cette cause :

« Un petit mouvement d'une feuille v. g. qui me peut donner toutes les craintes que peut donner dans une surprise le péril présent de la perte de la vie, n'est aucunement comparable à ces grandes émotions ; ce qu'il faut dire aussi du feu qui donne la chaleur, et ainsi des autres sentiments qui sont innombrables. » (1)

Quoi qu'en dise Desgabets, il est évident que l'effet ne peut avoir plus de perfection que ne peut lui en transmettre et lui en communiquer la cause, et la cause ne peut pas lui communiquer plus de perfection qu'elle n'en a elle-même ; parce que, dans une cause quelconque, la puissance est toujours circonscrite par l'être, et que la puissance ne peut jamais excéder l'activité de son être (2).

---

(1) Supplément à la Philosophie de M. Descartes, Livre II, Chap. IX, Sect. 1re.

(2) Comme dit très justement le Cardinal de Retz : « L'idée étant quelque chose de réel, il est impossible qu'elle soit produite par une cause qui n'a pas en soi la perfection qu'elle donne, comme on suppose. » Fragments de philosophie cartésienne par V. Cousin,

Toutefois Desgabets bien qu'il condamne la proposition générale de Descartes « prise en son sens », y reconnaît une part de vérité :

« Si on la restreignait, dit-il, aux connaissances que nous acquérons par notre travail, elle se trouverait véritable, v. g. plus un géomètre a d'esprit et plus il se perfectionne dans cette science, plus il est en état de faire de belles découvertes. Il est encore très certain que les choses qui se rapportent à la production de nos idées font partie de la cause totale qui nous les donne, et que v. g. ce que l'on dit de Dieu ne nous fait penser à lui, qu'à cause que tout ce qu'on en dit, vient originairement de lui. »

Mais cette concession qu'il fait à contre-cœur lui semble après tout inutile : « le principe qui nous apprend que toutes nos pensées ont un objet subsistant, existant, réel, est incomparablement plus simple, plus clair et de plus grand usage, dit-il, et moins sujet à l'erreur que ces autres voies. » (1)

. . . . . . . . . . . . . . . . . . . . .

Il est un autre reproche que Dom Robert se croit en droit d'adresser à Descartes.

Ce philosophe reconnaissait dans l'entendement trois sortes d'idées principales : (2) les unes que Dieu imprime

---

P. 165. — Aussi bien, le fait que cite Dom Desgabets ne prouve rien. Il très vrai que le promeneur solitaire, égaré la nuit dans la campagne, peut être effrayé par le bruit d'une feuille qui tombe, mais il s'agit là d'une hallucination, forme exagérée, pathologique, d'un phénomène dont l'image est la forme normale et ordinaire. Ce sont l'énervement du corps, l'aberration des sens, qui produisent chez l'homme ces vives imaginations, ces grandes émotions dont il parle. Dom Robert ne peut, en bonne logique, emprunter ses exemples à la psychologie morbide.

(1) Supplément à la Philosophie de M. Descartes, Livre II, Chap. IX, Sect. I.

(2) Entre toutes les idées qui sont en moi, outre celles qui me représentent moi-même à moi-même, il y en a une autre qui me représente un Dieu, d'autres des choses corporelles et inanimées, d'autres des anges, d'autres des animaux, et d'autres enfin qui me représentent des hommes semblables à moi. Mais pour ce qui regarde les idées qui me représentent d'autres hommes, ou des animaux, ou des anges, je conçois facilement qu'elles peuvent être formées par le mélange et la composition des autres idées que j'ai des choses corporelles et de Dieu, encore que hors de moi il n'y eût point d'autres hommes dans le monde, ni aucuns animaux, ni aucuns anges. Et pour ce qui regarde les choses corporelles, je n'y reconnais rien de si grand ni de si excellent qui ne me semble pouvoir venir de moi-même... » Méditation Troisième : De Dieu, qu'il existe.

en quelque sorte dans notre âme en la créant, ce sont les idées innées (idée d'être, de substance, d'unité, de Dieu etc.) ; les autres que Dieu produit dans notre âme à l'occasion des impressions que les objets extérieurs font sur nos sens ; il les nomme idées adventices ; enfin celles que l'imagination crée en combinant, en réunissant diverses idées : ce sont les idées factices. L'âme a en effet, selon Descartes, le pouvoir de se former des images de choses qui n'existent pas dans la nature et qui sont purement possibles ; ainsi par exemple d'une montagne d'or (1). Les éléments de cette idée sont fournis par des idées adventices comme celles de montagne ou d'or qui prises en particulier n'ont pas plus de réalité que l'esprit et peuvent par conséquent être fournies par lui sans qu'il soit nécessaire de supposer rien d'extérieur. Desgabets n'admet pas en notre entendement l'existence d'idées factices ainsi comprises :

« Une autre chose que M. Descartes a avancée touchant la perfection de la cause de nos idées, dit-il, c'est que nous pouvons en former de tout ce qui contient moins de perfection qu'il y en a en nous, de sorte que l'idée que nous formons des choses moins parfaites que nous n'est pas selon lui une preuve convaincante de leur existence hors l'entendement. Cette proposition prise en général et au sens de l'auteur n'est pas plus vraie que la précédente et nous soutenons que quelques perfections qui soient en nous, il est impossible que nous formions l'idée de la moindre chose qui n'aurait aucun degré d'être, c'est-à-dire qui ne serait pas concevable. » (2)

Et comme sur ce point il diffère complètement de Descartes, il tient à marquer les principales divergences de sa doctrine :

« Il y a, ajoute-t-il, une différence extrême entre les

---

(1) Descartes a raison. L'imagination est créatrice, mais ce qu'elle crée ce sont des combinaisons nouvelles d'éléments empruntés à la réalité. Ainsi, par exemple, on ne trouve pas de « chimère » dans la nature, mais il y a des lions, des chèvres, des serpents, et avec cela l'imagination forme une « chimère ».

(2) Supplément à la Philosophie de M. Descartes, Livre II, Chap. IX. Sect. II.

pensées de M. Descartes et les miennes sur ce point. Il croit qu'encore qu'une chose n'aurait aucune existence et ne serait point une chose, nous pourrions la connaître et la concevoir très distinctement pourvu qu'elle fut moins parfaite que nous. Et moi je soutiens que les moindres choses aussi bien que les plus grandes doivent être existantes avant que d'être conçues. Il croit que la pensée est également pensée, soit qu'elle ait pour objet l'être ou le néant, et moi je prends cela pour un renversement absolu de la nature de nos pensées et de toute la nature humaine. Il croit que l'homme peut faire quelque chose de rien en peignant le néant de rien dans son objet, et moi je prétends que toute peinture suppose son original. En un mot, je dis avec lui que notre âme peut former une infinité d'idées, mais je dis sans lui que ces idées supposent leur objet conformément à notre principe qui est qu'il suffit de penser à une chose et particulièrement à Dieu, pour avoir une preuve démonstrative de leur existence. » (1)

Desgabets dit encore : « Ni l'ange, ni l'homme le plus parfait ne sauraient former l'idée d'aucune chose qui n'existerait pas » parce que donner « l'être concevable » à une créature est la même chose que « de lui donner l'être absolument et la créer, ce qui demande une puissance infinie. » Toutefois lorsqu'il veut expliquer la vérité des conceptions de l'imagination comme les palais enchantés, les montagnes d'or etc. Desgabets se trouve singulièrement embarrassé. Il est obligé de dire que tout cela n'existe qu'en puissance, alors qu'il devrait, pour être fidèle à son principe, dire que ces choses existent réellement hors l'entendement :

« Les palais enchantés, les montagnes d'or, les colosses hauts de cent lieues etc. existent présentement, dit-il, non pas intrinsèquement, mais extrinsèquement. En effet, lorsqu'un architecte forme le dessein d'une maison, il est très certain qu'il donne à la matière, c'est-à-dire à la pierre ou au bois une forme de maison qu'il leur convient extrinsèquement, quoiqu'on s'imagine et qu'on dise communément que cette sorte d'être n'est que dans la pensée, et qu'il n'existe nullement en soi hors l'entendement. Car un objet

---

(1) Supplément à la Philosophie de M. Descartes, Livre II, Chap. IX, Sect. II.

qui est connu possède effectivement une forme extrinsèque d'être connu ; un prédestiné est réellement choisi de Dieu quand on ne considérerait que ce qui lui convient en tant que terminant l'acte éternel par lequel il est choisi. Toute la géométrie, l'architecture, etc. ne font autre chose que de donner cette sorte d'être à leurs objets, une perche divisée en dix pieds par désignation mentale, un tonneau divisé en cent pintes etc., sont actuellement divisés, et on croit qu'ils ont cette quantité déterminée hors l'entendement. » (1)

Mais cette spécieuse distinction de l'être extrinsèque d'existence actuelle, n'est guère solide : elle est aussi vaine que subtile. Et il reste que nous *possédons réellement la faculté de former des conceptions purement imaginaires*. (2)

. . . . . . . . . . . . . . . .

Enfin Desgabets examine le raisonnement de Descartes d'après lequel nous pourrions former l'idée de corps « encore qu'il n'y aurait aucun corps ». Descartes, dit-il, « *reconnaît* qu'il est vrai que la substance corporelle n'est pas contenue formellement en lui en tant qu'il se considère comme un esprit, mais qu'il ne voit pas que les choses corporelles ne puissent être contenues en lui éminemment. » (3)

Dom Robert n'accepte pas cette opinion cartésienne et il réplique :

« Il suffit de répondre à ce discours que le corps étant distingué réellement de l'esprit et ayant pu être créé l'un sans l'autre, en sorte que l'un a pu être concevable tandis que l'autre a demeuré inconcevable pour toute l'éternité, de même que c'est pour nous une chose inconcevable de parler d'une substance prétendue qui ne serait ni corps ni esprit, il ne s'ensuit aucunement que l'idée de celui qui

---

(1) Supplément à la Philosophie de M. Descartes ; Livre II, Chap. VII. Sect. 7.

(2) Nous maintenons donc contre Desgabets que notre esprit conçoit et que notre imagination se représente des êtres qui n'ont jamais eu et qui n'auront jamais une existence réelle. Ainsi les palais enchantés et les montagnes d'or dont ils parlent. Ainsi encore les objets de nos idées abstraites, idées qui nous représentent l'homme en général, l'animal en général, la matière en général, objets qui n'existent nulle part ainsi généralisés.

(3) Supplément à la Philosophie de M. Descartes, Livre II, Chap. IX, Sect. IV.

existe puisse fournir une idée de ce qui n'existerait aucunement. »

Cette critique de Desgabets est-elle juste ? — Voici, pour notre part, ce que nous en pensons.

En somme, nous concevons les corps d'après nos sensations et même nous les *construisons* avec nos sensations. Il suit de là que nous pourrions très bien avoir l'idée de corps, sans qu'il y ait aucun corps. Il faudrait pour cela, que quelque principe supérieur au corps et ayant *éminemment* en lui les qualités des corps, produisit en nous les sensations. Mais il ne semble pas que ce principe puisse être l'âme elle-même, car nous ne voyons pas qu'elle ait éminemment en elle les qualités des corps.

# CHAPITRE XII.

## Théodicée de D. Robert Desgabets

*Comment D. Robert apprécie la démonstration de l'existence de Dieu par la considération de l'ordre du monde et la nécessité d'une cause première. — Des preuves cartésiennes de l'existence de Dieu : examen de la démonstration de l'existence de Dieu contenue dans la Troisième Méditation : principaux défauts qu'il est possible d'y remarquer selon Desgabets. — Critique de l'argument ontologique. — Que Dieu ne pouvant être conçu sans existence actuelle existe nécessairement. — Des rapports de Dieu et du monde. — Combien notre union avec Dieu est étroite.*

Les preuves de l'existence de Dieu telles qu'on les trouvait chez les philosophes de l'Ecole reposaient toutes sur cette idée principale empruntée à Saint Paul : que Dieu invisible est aperçu par ses effets visibles. La considération du ciel étoilé, la régularité des mouvements des astres, le magnifique spectacle qu'offre l'univers, toutes ces merveilles annoncent en effet un créateur qui a gravé si visiblement dans ses œuvres la magnificence de son nom que les hommes les plus bornés ne sauraient l'y méconnaître. Robert Desgabets prétend cependant donner une preuve de l'existence de Dieu bien plus « sensible » que celle que présente l'univers et qui, fixant enfin les pensées, fera cesser tous les doutes.

Certes, dit-il « c'est très bien raisonner que de dire : il y a des causes secondes, il y en a donc une première ; il y a des êtres contingents, il y a donc un Etre nécessaire ; il y a des créatures, il y a donc un créateur ; ou comme plusieurs autres philosophes raisonnent : le monde est un ouvrage si admirable, si plein d'ordre, qu'il est impossible que ce soit l'ouvrage du hasard ; il n'y a rien de mieux raisonné que tout cela, ni rien de plus clair : mais dans tous ces raisonnements on suppose une chose laquelle n'étant pas avouée par les sceptiques, c'est en vain que l'on s'efforcerait de leur persuader l'existence d'un Dieu en se servant pour principe d'une chose qu'ils n'admettent pas. Le principe que l'on suppose est que le témoignage des sens est infaillible, et les Académiciens supposent tout le contraire ; aussi on ne pourra pas les réduire à la raison tandis qu'on se servira du témoignage des sens pour prouver l'existence de Dieu »... (1)

Descartes, dit Desgabets, avait bien vu la faiblesse de ces preuves ; il s'était même efforcé d'y remédier en en donnant une autre. Malheureusement, ajoute-t-il, « ayant trouvé la démonstration la plus sûre et la plus véritable de l'existence de Dieu, qui est plus que suffisante pour la prouver aux plus grossiers de tous les hommes, il y a mêlé tant de subtilités que cela n'a servi qu'à l'obscurcir et à donner un exercice fâcheux et inutile aux métaphysiciens les plus spéculatifs ».

C'est cette preuve cartésienne de l'existence de Dieu que Dom Robert prétend pourtant reprendre : « la gloire de l'invention demeurera à Descartes (2) qui a ouvert un chemin qui avait été absolument inconnu jusqu'à lui », mais en évitant de tomber dans les fautes de ce philosophe, en corrigeant tous ses défauts, on aura « un ouvrage achevé ».

---

(1) Extrait d'une lettre à un ami touchant quelques questions de philosophie. Man. d'Epinal.

(2) « Celui qui a inventé l'art admirable de l'imprimerie s'est ruiné et n'est pas bien connu dans le monde parce qu'il n'a pas pu donner la dernière perfection à son invention, et qu'il a succombé sous le faix du travail, des dépenses et des épreuves qu'il a fallu faire en grand nombre pour mettre les choses en état de servir : cependant on ne peut pas nier que ce ne soit à lui que tout le monde est redevable d'un si grand secret et que l'on considère peu les choses nécessaires que l'on a ajoutées à la principale qui serait néanmoins demeurée inutile sans cela. — Il est visible qu'il faut en dire de même de M. Descartes... » Supplément à la Philosophie de M. Descartes, Livre II, Chap. II. Man. d'Epinal.

C'est dans la *Troisième Méditation* que Descartes a exposé sa démonstration de l'existence de Dieu, et Robert Desgabets donne d'abord une analyse assez exacte de cette méditation. Descartes, dit-il, l'a commencée par de nouvelles réflexions sur la clarté et la certitude ; il a entendu parler en effet, d'un Dieu tout-puissant « qui pouvait peut-être l'avoir créé de telle nature, qu'il se tromperait dans les choses mêmes qui lui paraîtraient le plus évidentes », et il a pensé qu'il devait s'appliquer à ôter de son esprit cette occasion de douter. Il recherche donc s'il y a un Dieu et, au cas où il y en ait un, s'il peut être trompeur. En conséquence, il partage ses pensées en deux classes : 1° celles qui concernent les images des choses auxquelles nous pensons — et — 2° les affections, les jugements, les volontés. Il se demande si quelques-unes des choses dont nous avons les idées existent hors de nous, et considérant que les idées prises *matériellement*, en tant qu'elles sont simplement dans l'âme, diffèrent peu l'une de l'autre, mais que prises *formellement*, en tant qu'elle représentent diverses choses « elles sont très inégales », il en arrive à formuler ce principe : que la cause totale d'un effet doit avoir autant de perfection qu'il y en a dans l'effet. Il déclare aussi que si la réalité ou la perfection objective de quelques-unes de ses idées est si grande qu'elle ne puisse être contenue en lui-même formellement ou éminemment, il est indubitable qu'il y a en dehors de lui la cause de cette idée. Il examine si l'idée de Dieu peut lui venir de lui seul, et propose tout d'abord ce qu'il entend par Dieu, savoir : une substance infinie, indépendante, souverainement puissante et intelligente qui lui a donné l'être et à tout ce qui est créé. Reconnaissant par ses doutes, par ses ignorances qu'il est fini et imparfait, il est obligé d'admettre en appliquant la règle qu'il vient de poser que l'idée d'un être infini ne peut lui venir que d'une cause extérieure à lui, par conséquent que cet être infini qui est Dieu existe. Cette idée est née avec lui ; Dieu en nous créant nous l'a comme « infusée », afin qu'elle soit comme une marque que le souverain ouvrier a imprimée sur son ouvrage, en nous créant à son image et à sa ressemblance.

« Prise dans son fond » cette démonstration de l'existence de Dieu que Descartes a établie sur l'idée que nous en avons, est solide et convaincante, et elle doit persuader les savants et les ignorants. Malheureusement, des « nuages l'obscurcissent », et la remarque des fautes commises par Descartes est nécessaire pour donner à sa démonstration toute l'étendue, toute la force, et toute la beauté dont elle est capable. Voici d'ailleurs les défauts que Desgabets croit remarquer dans les raisonnements de Descartes : A. Au lieu de suivre une voie simple et naturelle qui aurait débarrassé sa démonstration d'un grand nombre de préjugés qui l'obscurcissent, il s'est jeté dans des raisonnements inutiles. — B. Ayant formé une règle générale sur l'évidence de la première découverte qui lui a fait dire : *je pense, donc je suis*, et ayant reconnu que tout ce que nous connaissons est vrai ; il n'a point travaillé à pénétrer l'étendue de ce principe qui l'aurait conduit infiniment plus loin qu'il n'a fait. — C. Il a eu le tort de mettre les chimères au nombre des objets de la conception simple : cette première opération de l'esprit ne peut avoir pour objet que des choses réelles et non pas des chimères. — D. Cherchant le moyen de connaître si quelques-unes des choses dont nous avons les idées existent hors de nous, il a pris un chemin long et embarrassé qui ne le fait arriver qu'avec peine au lieu qu'il désire. — E. Il a cru qu'il lui était absolument nécessaire d'avoir l'idée d'une chose plus parfaite que lui, pour être assuré de l'existence de quoi que ce soit qui serait distingué de lui : or, les idées qu'on a des moindres choses suffisent pour cela. — F. Il s'est imaginé que c'est le propre de l'idée de Dieu de fonder la démonstration de son existence et que les idées qu'on a des autres choses ne peuvent servir à prouver la leur, ce qui est une erreur capitale.

Voilà ce qui paraît à Dom Robert défectueux dans la

*Troisième Méditation* de Descartes. Pour y remédier il suffit, selon lui, de faire usage d'un principe beaucoup plus général « que la raison que donne M. Descartes », à savoir qu' « il suffit de penser à une chose pour avoir la vraie démonstration de son existence, puisqu'il est impossible de penser à une chose qui ne posséderait pas réellement et actuellement en elle-même hors l'entendement tout ce que nous y apercevons, d'où il s'ensuit clairement que Dieu existe, si on y pense et si on en parle. » Et comme en fait, « Dieu est clairement compris dans le nombre des choses auxquelles nous pensons, il est impossible que notre pensée nous tienne lieu de démonstration de l'existence des autres choses, et que celle de Dieu à plus forte raison ne soit sûrement établie par cela même que nous pensons à lui. » Toutefois ce qui se dit de la vérité de l'existence de Dieu est incomparablement plus fort que tout ce qu'on peut dire des créatures, parce qu'on le connaît tel qu'il est, c'est-à-dire comme souverainement parfait.

Nous nous garderons bien de discuter ici. Le principe de Dom Desgabets est, nous l'avons vu ailleurs, absolument insoutenable : dès lors qu'importe la logique à outrance avec le faux comme point de départ.

Il est une autre preuve de l'existence de Dieu, inventée par Descartes et connue sous le nom d'argument ontologique ; D. Robert en fait aussi la critique.

Descartes, dit-il, s'étant accoutumé « à concevoir nettement la nature et les propriétés des figures et de ce qui appartient à la plus subtile géométrie, il a fort bien reconnu que tout ce que nous y apercevons lui convient effectivement. » Cela lui permet de fonder une nouvelle démonstration de l'existence de Dieu et il a raison de dire que Dieu « étant l'être purement et simplement sans restriction ni limitation, qu'étant infiniment parfait et ne pouvant être conçu sans exclusion de tout défaut, il n'est pas moins de sa nature d'exister actuellement, qu'il est de la nature d'un triangle d'avoir les trois angles égaux à deux droits et par conséquent il n'est pas moins véritable de dire que Dieu existe actuellement que de dire que le triangle a cette propriété ».

Dom Desgabets trouve cette démonstration « belle, nette et forte » mais il la trouve obscurcie par les préjugés. Descartes, dit-il, ici encore « est demeuré court et n'a pas vu le fond de ses propres découvertes qui sont plus estimables qu'il n'a cru : il a manqué de hardiesse ». Il faut le « redresser », et D. Robert pense y parvenir « en enseignant qu'il n'y a rien de concevable que ce qui est effectivement tel par soi-même, ou qui a été rendu tel par l'action volontaire du premier être ».

Et maintenant quels sont les rapports de Dieu avec le monde ? Avec l'homme ?

Tout d'abord « rien ne se faisant dans le monde que par le mouvement, et les corps (ne se mouvant pas) proprement l'un l'autre, c'est Dieu qui est le moteur unique qui entretient dans le total du monde autant de mouvement qu'il y en a mis au commencement, et qui passe d'un corps dans un autre, en observant la loi de la nature qui veut que le plus fort l'emporte sur le plus faible. Tout ce que les corps peuvent faire aussi bien que les esprits c'est de biaiser et déterminer le cours des mouvements qui sont déjà dans le monde, pour faire que ce qui ne se mouvait pas, commence à se mouvoir, et que ce qui se mouvait perde autant de son mouvement qu'un autre en acquiert, ainsi que l'expérience l'enseigne aussi bien que la raison ». (1)

Cette théorie du biaisement est toute cartésienne. Mais voici où D. Robert s'éloigne de Descartes et se montre vraiment original.

Toutes nos idées nous viennent originairement par le corps : il s'ensuit que « Dieu est la cause efficiente de toutes nos idées ou conceptions simples puisqu'il est lui seul la cause des mouvements de nos sens extérieurs et intérieurs, par lesquels il nous les donne ». Il suit aussi de là qu'il est aussi « véritable que nos conceptions simples sont

---

(1) Supplément à la Philosophie de M. Descartes, Livre II, Chap. X, Sect. II.

conformes à leurs objets, qu'il est certain qu'il ne peut nous tromper ». Par suite encore, « Dieu étant l'auteur de toutes nos lumières et de tous les mouvements indélibérés de nos volontés, qui sont leurs passions, et qui concourent à nos consentements, il produit en nous tout ce qu'il y a de réel et de positif. » (1)

Telle est l'union étroite, ou comme il dit lui-même, « très-physique » qui établit entre Dieu et l'homme « un commerce admirable de lumières », la vérité n'étant que l'effet de l'opération de Dieu produisant en nous toutes nos notions, « sans mélange d'aucun défaut de notre part. »

---

(1) Supplément à la Philosophie de M Descartes, Livre II, Chap. X, Sect. III. — La principale objection que l'on fait à cette théorie consiste à dire que cette hypothèse paraît attribuer à Dieu des choses indignes de lui. Il s'ensuit, dit-on, que Dieu opère chaque jour des choses infâmes ou criminelles, par exemple qu'il produit le vol, l'assassinat. Nous verrons plus loin comment Dom Robert essayait de répondre à cette difficulté.

# CHAPITRE XIII.

### De l'existence des choses matérielles.

*Théorie de Dom Desgabets d'après laquelle « l'existence actuelle quoique contingente étant de l'essence des substances créées, prouve aussi démonstrativement leur existence ». — Usage de l'imagination et des sens pour connaitre l'existence des choses matérielles. — Que les sens sont infaillibles dans la connaissance qu'ils donnent de la nature des choses.*

Toute connaissance, dit Desgabets, suppose son objet : par conséquent toute pensée a un objet réel qui la termine, et dont elle est une expression et une représentation fidèle. Par suite « la moindre créature ne peut être l'objet de nos pensées si elle n'existe actuellement », et conséquemment : « l'existence actuelle quoique contingente étant de l'essence des substances créées, prouve aussi démonstrativement leur existence ». (1)

Comment se fait-il qu'une vérité si claire ne soit pas acceptée de tous. Dom Robert en donne cette raison :

« Au lieu qu'on devrait entrer simplement dans un chemin si ouvert, on le regarde comme embarrassé et

---

(1) « Celui qui parle d'une créature non existante se contredit et joint ensemble l'être et le non-être. » C'est parce qu'il s'est laissé emporter par « le torrent des préjugés communs », dit encore Desgabets, que M. Descartes a résisté autant qu'il a pu jusqu'à la sixième méditation, à tous les efforts que les choses corporelles faisaient pour le convaincre de la vérité de leur existence actuelle. Il n'a pas vu le fond de ses propres découvertes : « il est demeuré court ».

dangereux à cause des erreurs qu'on attribue aux sens ; cependant tout le monde reconnait que ces erreurs ne sont pas dans l'entendement ni dans la conception simple, et que ce ne sont que des mensonges ou des jugements téméraires. »

Et il ajoute : « les idées excitées par les sens sont toujours fort claires et fort vraies quand on les rapporte à leurs propres objets, qui est souvent l'âme elle-même en tant qu'elle est dans un certain état. » (1)

Il faut savoir, dit-il encore, pour comprendre cette vérité « que la plupart des jugements où il parait de la fausseté ne sont faux qu'en apparence quoiqu'ils paraissent tout à fait contraires au véritable état de la chose, car il ne faut pas s'imaginer que quand on regarde le soleil comme fort petit, les étoiles comme assez proches de nous, les bâtons comme rompus dans l'eau, les tours carrées comme rondes quand on les regarde de loin, etc. on se trompe proprement en cela : les jugements que l'on forme en cette rencontre ne sont que provisionnels... on n'entend dire autre chose sinon que regardant l'objet sans y apporter aucune précaution et sans faire aucune des diligences nécessaires pour le connaitre exactement tel qu'il est, on voit qu'il est peut-être de cette façon particulière quoique dans la vérité ce ne soit pas son état ». (2)

Il y a une part de vérité dans ces observations de Desgabets. Mais Dom Robert devrait remarquer que les sens peuvent être, eux aussi, la cause éloignée des erreurs. Examinons-les, en effet, dans leur exercice. Quand un sens agit et nous donne au sujet d'un objet les renseignements qui sont de sa compétence, il ne reste pas isolé : les autres sens entrent également en œuvre, achevant de nous renseigner. C'est alors que l'esprit associe entre elles les qualités perçues. Aussi, par suite de cette association, il suffira désormais de percevoir dans un nouvel objet l'une quelconque de ces qualités, pour qu'aussitôt, en vertu de la loi d'association nous joignions à notre perception actuelle l'image des diverses qualités avec lesquelles elle se trouvait jadis. C'est ainsi par exemple, qu'une bille

---

(1) Supplément, Livre II, Chap. XI, Sect. I.
(2) Supplément à la Philosophie de M. Descartes, Livre II, Chap. XI, Section II.

que je roule sous l'index et le majeur croisé me paraît double : je juge la sensation actuelle d'après les sensations passées qui lui ressemblent. De même encore la tour carrée vue de loin me semble ronde : j'infère plus que la perception ne me donne et c'est ainsi que le sens est une cause indirecte d'erreur. Il faut donc se garder de confondre l'objet interne de l'idée, c'est à-dire l'objet que l'idée représente avec l'objet externe, c'est-à-dire celui qui est devant nos yeux et qui est l'occasion de l'idée. L'idée, en effet, considérée par rapport à l'objet interne, est toujours vraie ; mais elle peut être fausse et donner occasion de porter un faux jugement quand on la considère par rapport à l'objet externe.

. . . . . . . . . . . . . . . . . .

Selon Desgabets, le vice capital de nos erreurs consiste, nous l'avons vu, en ce qu'on ne sépare pas exactement « ce qu'il y a de clair dans nos notions d'avec ce qu'il y a d'obscur dans les jugements précipités qu'on y joint », en suite de quoi on prend l'un pour l'autre. Et Dom Robert qui ne se contente pas d'indiquer la cause des erreurs, mais qui veut aussi en fournir le remède donne cette règle féconde qui doit faire disparaître tous les doutes et toutes les erreurs fruits des préjugés et de l'imagination : Pour parler des choses exactement et en rigueur il faut « ne rien faire entrer dans nos raisonnements et nos conséquences scientifiques qui ne soit conforme à nos notions ».

L'erreur n'étant pas le produit d'une nécessité quelconque et ne consistant pas dans l'objectivation de nos représentations, c'est donc en vain, selon notre philosophe, que Descartes a tant insisté sur la « prétendue tromperie de nos sens ».

En effet, dit Desgabets, « toutes les connaissances qu'ils nous font avoir de la nature des choses, en excitant les pensées et les idées que nous en avons sont indubitables, et conformes à leurs objets... Il n'y a que l'état des choses prises formellement et en tant qu'elles agissent actuellement sur nos sens et ensuite sur l'âme, où il y a du danger à se tromper si on en juge précipitamment... »

Par suite encore, Descartes a eu tort de dire que nous sommes beaucoup moins assurés de l'existence des corps que de celle des âmes :

« Il devait prendre garde qu'il parle à des gens accoutumés dès le ventre de la mère à sentir et à regarder leur corps comme la chose du monde la mieux connue, et dont l'existence leur paraît plus claire que celle de l'âme même, parce qu'ils ne pensent presque jamais qu'aux choses corporelles, et qu'ils ne font aucune réflexion sur leurs pensées... Il devait avoir reconnu que la prétendue tromperie des sens qui lui a donné sujet de juger qu'il n'a pas dû croire pendant le sommeil qu'il voyait effectivement tomber une maison, n'en donne aucune de conclure de là que peut-être la matière dont les maisons sont composées, et le mouvement auquel on pense, n'est rien du tout... (1) »

Aussi bien, continue notre auteur, cette méthode de faire douter des choses corporelles n'est propre qu'à mener au scepticisme, elle est absolument contraire à l'expérience. (2)

Dom Robert soutient donc contre Descartes, que « quelque clarté qui paraisse dans les démonstrations géométriques celle des sens est encore plus grande et plus vive quand on ne s'arrête qu'à ce qu'il y a de clair » ; par exemple, qu' « il est moins possible de prendre la douleur pour le plaisir que de prendre un triangle pour un carré... »

On voit que dans toute cette discussion, Desgabets se montre encore très fidèle à son système ; mais Descartes est bien plus dans la vérité, en prétendant que nous connaissons mieux, et plus, par l'âme. Enfin, Dom Robert semble confondre ici la certitude qui provient des sens, la certitude psychologique, et la certitude rationnelle ou métaphysique.

---

(1) Supplément, Livre II, Chapitre XI, Section IV.
(2) Il y a dans cette réflexion de Desgabets une part de vérité. Il est certain que Descartes n'a pas su « douter » avec mesure, en faisant porter son doute sur toute espèce de certitude.

# CHAPITRE XIV.

Les conférences cartésiennes du château de Commercy.

*Le cardinal de Retz défenseur de la métaphysique de Descartes contre Dom Desgabets.* (1)

Tous les principaux points du système que nous venons d'exposer (l'opinion de notre bénédictin sur la question de méthode et de certitude ; sur l'union et la dépendance de l'âme et du corps ; sur la théorie des idées et sur la notion de durée ; enfin sur l'indéfectibilité

---

(1) « Il était digne du remuant coadjuteur, écrit V. Cousin, de ce chef de parti qui s'agita sans autre but, ce semble, que d'exercer ses puissantes facultés ; il était digne du cardinal de Retz de mettre la main dans une entreprise tout autrement hardie que la Fronde, et où son courage aurait rencontré des adversaires plus redoutables que la cour et Mazarin, à savoir Aristote et les jésuites. C'eût été là un convenable emploi d'un génie tel que le sien... » (Fragments de philosophie cartésienne, P. 114) — Toutefois, si Retz ne se précipita point dans la mêlée, au moment où la tempête cartésienne émouvait les esprits, le journal des conférences métaphysiques, conservé à Epinal, montre qu'il mérite cependant une place dans l'école de Descartes.

Notre bénédictin avait entretenu le cardinal de ces opinions, et il est probable que celui-ci avait accepté cette conversation comme une autre, puis, par occasion, par complaisance, M. de Retz s'était laissé engager dans ces études. Selon toute vraisemblance, ces conférences se tinrent du mois de juin 1675 à la fin de 1677. Outre les discussions métaphysiques, il y eut d'autres conférences consacrées aux sciences physiques. Ici les rôles changent : Retz nie la certitude des systèmes inventés par les astronomes ; leurs hypothèses, dit-il, ne sont bonnes que sur le papier. De même, les théories de Descartes lui semblent reposer sur des préjugés ; Desgabets, au contraire, soutient contre le cardinal le système cartésien des tourbillons. Voyez Appendice, III.

des créatures), furent développés et discutés dans les conférences tenues au château de Commercy, entre le cardinal de Retz et Dom Desgabets.

Les entretiens eurent pour objet deux ouvrages de Desgabets : *Descartes à l'alambic distillé par Dom Desgabets* (1) — et — *Des défauts de la méthode de M. Descartes.*

Il est juste de remarquer ici que les écrits relatifs à ces discussions sont placés à la suite les uns des autres, dans le manuscrit d'Epinal, d'une façon si peu logique, que l'on se demande à bon droit pourquoi Dom Ildephonse Catelinot n'essaya point de les soumettre à une classification méthodique, lorsqu'il les inséra dans ses in-folio. Peut-être fut-il effrayé par les difficultés que présentait un tel travail. Les sujets de discussion s'étaient succédé, en effet, un peu au hasard, selon les caprices du cardinal, et ces dissertations, qui ne devaient point voir le jour, n'étaient guère, après tout, que des éclaircissements sur des entretiens qui s'étaient passés la veille, ou qui allaient avoir lieu le lendemain. M. Amédée Hennequin a essayé de faire ce classement, et il a laissé de ces opuscules un résumé extrêmement intéressant que nous croyons devoir reproduire ici. (2)

. . . . . . . . . . . .

« Après avoir analysé le système de Dom Robert, le

---

(1) Le titre de cet écrit, à ce que nous apprend une note marginale du manuscrit est dû à Retz lui-même. On reconnaît bien là l'auteur des « Mémoires », cet écrivain grand seigneur, qui ne craignait point d'emprunter au langage populaire ses expressions et ses images. C'est un résumé très sec et très précis des théories diverses de Dom Desgabets, mises en regard des opinions de Descartes, réduites également en brèves formules ; c'est une analyse sans commentaire des deux systèmes, ce qui permet de les comparer si facilement entre eux, que l'on voit tout de suite en quoi Dom Robert s'accorde avec Descartes, et sur quoi il s'en éloigne. Le cardinal, qui ne voulait pas s'aventurer à la légère sur un terrain qui lui était peu familier, pria sans doute Desgabets de rédiger ces notes. — Le second mémoire développe seulement différents points qui n'avaient été qu'indiqués dans le précédent écrit.

(2) Le mémoire de Hennequin : « *Les Œuvres philosophiques du cardinal de Retz* » est très curieux et très substantiel. Il est aujourd'hui introuvable. — Les lignes que nous reproduisons ici, se trouvent dans l'ouvrage cité, P. 29 et suiv.

cardinal entreprend de l'examiner. (1) Il commence ainsi, avec ce sourire ironique qui plisse presque toujours ses lèvres :

« Je ne sais sur quoi je m'étais pu fonder en donnant le nom de distillateur à Dom Robert, et j'avoue de bonne foi que je m'étais trompé. Il a rompu l'alambic plutôt qu'il ne s'en est servi, ou du moins, bien loin de tirer l'esprit de la doctrine de Descartes, il n'a travaillé qu'à y remettre le corporel ; c'est ce que je vais prouver. »

Dom Robert traite de chimère le doute méthodique de Descartes. L'homme, a-t-il dit, en cherchant à connaître sa nature, se connaît tel qu'il est, c'est-à-dire un composé d'âme et de corps. Comme il se connaît par la pensée, et que toutes les pensées, selon Dom Robert, viennent des sens, la nature matérielle et l'immatérielle lui sont révélées en même temps, aussi clairement, et aussi distinctement l'une que l'autre ; c'est donc en vain que, cherchant la base de la certitude, Descartes prétend se séparer de tout commerce avec les sens ; c'est confondre la nature de l'homme et celle de l'ange. L'âme et le corps sont distincts, sans doute, mais unis par un lien indivisible et indissoluble, tant que la vie terrestre dure. Aussi avons-nous simultanément la notion des deux substances, et c'est pour cela que la méthode de Descartes est fausse ; car nous ne pouvons révoquer en doute les perceptions des sens, et l'existence du monde extérieur, sans nier en même temps la réalité de la pensée et du doute lui-même ; ce qui est impossible, dit-il, même dans le sens de Descartes.

Le cardinal de Retz s'occupe moins d'entrer dans le fond de la question, que de prouver à Dom Robert qu'il a pris dans un sens trop littéral le doute purement hypothétique de Descartes, et il fait remarquer, avec tous les disciples intelligents de ce philosophe, que par sa célèbre proposition : *je pense, donc je suis*, il n'a pas

---

(1) Réflexions sur la distillation de Descartes par Dom Robert Desgabets.

prétendu démontrer l'existence, mais arriver à la connaissance certaine du principe pensant, et à sa distinction de la substance matérielle. « *Je pense, donc je suis* » revient à dire : « *Je pense, donc je suis une chose pensante.* »

Quant à savoir si l'hypothèse de Descartes est fondée, s'il est vrai que l'âme puisse, par abstraction, s'isoler complètement des sens, et qu'il y ait des pensées indépendantes du corps, sur ce point, M. de Retz ne discute pas les objections présentées, et qui se rapportent aux arguments développés par le Père Daniel, avec tant de grâce et d'esprit dans son fantastique *Voyage du monde de Descartes*. Selon le cardinal de Retz, c'est une question de fait :

« Il faudrait, dit il, pour avoir pu décider de cette question, justement que l'un et l'autre eussent prouvé ce qu'ils supposent. La question est de fait, comment peut-elle se prouver ? Tout le monde en est juge. »

Puis, admettant tantôt l'opinion de Descartes, tantôt celle de Dom Robert, il épuise successivement les conséquences qui résultent de l'une et de l'autre, et conclut par s'abstenir, en ces termes :

« Voilà, à mon opinion, le plus essentiel de ce que l'on peut dire de part et d'autre. Mon avis est que l'on ne sait ce qui en est, au moins sur ce qui s'en est dit sur cet écrit pour l'un et pour l'autre. »

Les disciples de Descartes, (1) présents à la discussion, ne se contentent pas de cette réponse évasive ; ils prennent la parole pour défendre la doctrine de leur maître, et bientôt le cardinal de Retz convaincu par leur argumentation se joint à eux. (2) Il a été surtout frappé de cette raison qu'ils ont fait valoir, et qui consiste à dire : En supposant même que l'esprit ne puisse pas se considérer lui-même, abstraction faite du corps auquel

---

(1) Ce sont les religieux de Saint-Mihiel, hôtes du Cardinal. Deux seulement nous sont connus : Dom Henri Hennezon, abbé de Saint-Mihiel, et Dom Humbert Belhomme, depuis abbé de Moyen-Moutier.

(2) Réflexions sur la dissertation précédente.

il est uni, pour que Descartes soit irréprochable, il suffit que l'esprit s'aperçoive qu'il est distinct du corps, ce qui est incontestable, et ce qui sauve de tout reproche la méthode de Descartes, puisqu'elle ne prétend pas établir autre chose que la réalité du principe pensant.

Le cardinal de Retz, éclairé par les disciples de Descartes, ne s'est pas borné à interpréter la méthode de Descartes ; il a poursuivi dans ses penchants sensualistes le système de Dom Robert, qui représente l'âme et le corps dans une union si intime, qu'il tend à les confondre dans une même substance. Dom Desgabets se défend, et rejette le reproche d'avoir corporifié les idées sur Descartes, qui, tout en affectant le spiritualisme le plus éthéré, a cependant attribué de la durée aux pensées. Or, la durée, selon Dom Robert, suppose de la succession et du mouvement ; donc cet attribut ne peut appartenir qu'au corps.

« Que ceux qui s'appellent disciples de Descartes, *dit-il en les provoquant*, fassent donc quelques réflexions sur cette doctrine de leur maître. »

Le cardinal relève le gant jeté par Dom Robert. (1) Il reprend avec une force nouvelle les arguments, par lesquels Descartes a prouvé la distinction des deux substances, et qui ont donné lieu à Leibnitz d'inventer sa belle hypothèse de l'harmonie préétablie. Quant à l'opinion de notre philosophe sur la durée, il l'explique ainsi :

« Je soutiens que la durée que Descartes attribue à l'âme est pareille à celle qu'il attribue à Dieu et aux anges, et qu'il soutient que tout ce qui est de corporel dans nos connaissances est dans le corps, et non pas dans l'esprit. Qui doute que Dieu et les anges ne coexistent au temps, et que par conséquent tout ce grand mystère que Dom Robert trouve dans la durée à l'égard de Dieu se réduit même à une question de nom. » (2)

---

(1) Réplique du Cardinal de Retz à la dernière réponse de Dom Robert touchant la dépendance que ce dernier prétend que l'âme a du corps.
(2) Réponse du Cardinal de Retz à la réponse de Dom Robert.

M. de Corbinelli, dans un court séjour qu'il fit à Commercy, vint préciser et ranimer la discussion sur ce sujet. Il prit le soin d'analyser certaines théories de Dom Robert. Ce travail, intitulé : *Propositions de M. de Corbinelli touchant la dépendance que Dom Robert prétend que l'âme pensante a du corps*, va fournir à M. de Retz l'occasion de développer de nouveau avec plus de détails l'opinion de Descartes sur la durée.

Pour ce philosophe, la durée de chaque chose n'est qu'une façon de considérer cette chose, en tant qu'elle continue d'exister ; le temps est la mesure de la durée, et le mouvement la mesure du temps. C'est ce que M. de Retz exprime ainsi :

« Pour comprendre la durée de toutes les choses sous une même mesure, nous nous servons de certains mouvements réguliers qui font les jours, et que nous comparons à la durée des choses, et que nous nommons temps. »

Evidemment, cette théorie ne confond pas la durée et le mouvement. Aussi Descartes ne répugne-t-il nullement à attribuer de la durée à l'esprit, qui, indépendant du temps, coexiste cependant avec lui, et dont la durée est tout à la fois sans succession ni composition de parties, tandis qu'au contraire la durée des substances corporelles n'est pas tout à la fois, et n'a pas tout ensemble, les parties dont elle est composée.

Puisque Descartes pense ainsi, ce n'est que par une fausse interprétation d'un passage d'une de ses lettres, que Dom Robert, prêtant sa propre opinion sur la durée à Descartes, a pu l'accuser de confondre, sur ce point, la nature de l'esprit et celle du corps. Le cardinal pose à cette occasion ce juste et magnanime principe que la critique devrait accepter comme une loi, lorsqu'elle se mêle de juger les actions ou les paroles des hommes supérieurs :

« Le respect que l'on doit aux grands hommes, et la reconnaissance que le public doit à la peine qu'ils se sont donnée pour son service, oblige, ce me semble, les honnêtes gens à prendre dans un bon sens ce qui pourrait leur avoir échappé, et à expliquer favorablement quelques expressions dures et obscures, dont ils peuvent s'être servis. Mais il est de la justice de ne pas croire qu'ils soient tombés dans des contradictions grossières et palpables, à moins qu'elles ne le soient si évidemment qu'il n'y ait aucun moyen de les en justifier. Celle que Dom Robert attribue à Descartes est une des plus étranges, dans lesquelles un homme de bon sens peut tomber. Y a-t-il un philosophe qui ait mieux distingué l'esprit d'avec le corps que Descartes l'a fait, qui ait mieux entendu que lui que l'esprit est indivisible et par conséquent qu'il a tout son être ensemble. »

Le cardinal de Retz explique avec une grande clarté que ce que Descartes a pu dire d'étrange sur la durée, s'applique non pas à la substance de l'esprit, mais à ses modes, à ses terminaisons, à ses pensées.

Cependant Dom Robert insiste sur la contradiction qu'il reproche à Descartes. Il persiste aussi à défendre sa propre opinion sur cette question particulière. La durée, soutient-il, est une dépendance du corps, parce que tout ce qui a de la durée a de la succession, et que la succession n'existe pas sans l'étendue.

La discussion se prolonge, et Dom Desgabets ayant cité saint Bonaventure, saint Thomas, et Duns Scot, le cardinal de Retz déploie sur la doctrine de ces philosophes une érudition imprévue. (1) Il démontre victorieusement contre l'allégation de Dom Robert, d'une part, que Descartes et saint Bonaventure ne s'accordent pas sur la durée, et, d'autre part, que l'opinion de saint Bonaventure n'est pas celle que Dom Desgabets lui prête.

Une autre discussion éclata entre Dom Robert et le cardinal à propos de *l'être objectif*.

On sait que Descartes entend par ce mot la somme des idées particulières contenue dans chaque idée, la densité de l'idée pour ainsi dire ; dans ce sens, l'être objectif est donc la chose telle qu'elle est représentée à l'esprit. Pour

---

(1) Réponse du cardinal de Retz au dernier écrit de D. Robert, touchant les défauts de la méthode de M. Descartes.

Dom Robert, qui n'admet pas la théorie des idées représentatives, qui serviraient d'intermédiaires entre les objets des perceptions et l'esprit, l'être objectif, c'est la chose même telle qu'elle est.

Le cardinal, fidèle disciple de Descartes, de ce que nous formons une conception, n'affirme rien que le fait même de cette conception ; Dom Robert, au contraire, conclut la vérité de la conception, c'est-à-dire sa conformité avec la chose conçue. En d'autres termes, pour nous servir d'une métaphore usuelle, toute conception formée par l'esprit étant le portrait d'une chose, ce portrait, selon Dom Robert, ne peut manquer d'être ressemblant. Il est vrai ou faux, selon M. de Retz.

Le cardinal n'a pas saisi tout d'abord la théorie de son adversaire, et, avec ce ton railleur dont il ne peut se défaire, il prie Dom Robert de lui expliquer ses propositions, « qui sont assez claires, dit-il, pour me faire connaître qu'il n'est pas de l'avis de M. Descartes, mais qui ne le sont pas assez, au moins à ce qu'il m'en paraît, pour me faire parfaitement concevoir de quelle manière il les entend lui-même. » (1)

Dom Robert parvint cependant à se faire comprendre, et M. de Retz expose lui-même avec clarté les propositions de son adversaire, avant de les réfuter. (2)

« L'avertissement que me donne Dom Robert de ne point agir par préjugés, me donne lieu de craindre qu'il n'y agisse lui-même, quand il dit, en un sens tout nouveau, que tout ce qui est connu existe ; qu'on ne saurait penser à rien qui n'existe en soi, hors de sa cause ou dans la nature des choses ; que nos conceptions simples sont toujours vraies ; que toute pensée contient une preuve démonstrative de l'existence de son objet en soi ; car il me paraît que toutes ces propositions, au sens que Dom Robert leur donne, sont des préjugés, dont il n'a donné aucune preuve, et qui ne sont vrais que dans le sens de l'être objectif. »

La faute de Dom Robert est de ne pas avoir distingué

---

(1) Réflexions du cardinal de Retz sur la 13....18 proposition de Descartes à l'alambic distillé par Dom Robert.

(2) Réponse à celle que Dom Robert a faite aux réflexions touchant l'être objectif.

entre les actes primitifs et les actes ultérieurs de l'esprit. Les actes primitifs sont des perceptions qui nous mettent en rapport avec les réalités, et qui, par conséquent, sont des connaissances vraies. Les actes ultérieurs sont des conceptions d'objets absents ou d'objets futurs, qui peuvent être vraies ou fausses, suivant qu'elles sont conformes ou non conformes aux objets qu'elles représentent.

L'opération première de l'esprit n'est donc pas l'idée ou la conception, comme le dit l'ancienne logique, mais la perception ou la connaissance intuitive.

En ce sens, Dom Robert a raison de dire que tout ce qui est *connu* existe, mais il a tort d'ajouter qu'on ne saurait *penser* à rien qui n'existe en soi ; car penser ne signifie pas toujours *connaître*. Il signifie aussi *concevoir* ou *croire*, or, la *conception* et la *croyance* impliquent, par leur nom même, la possibilité de l'erreur. Cette distinction entre la connaissance toujours primitive et infaillible, et la croyance ou le souvenir qui portent l'une et l'autre le nom de conception, et qui sont toujours ultérieures et faillibles, cette distinction, disons-nous, contient le véritable criterium de la certitude.

Le cardinal de Retz entrevoit cette vérité. Il rappelle avec raison, que nous avons la faculté de former des conceptions purement imaginaires. En effet, l'un des caractères distinctifs de la conception c'est qu'elle peut s'exercer sur des choses qui n'existent pas, que nous savons ne pas exister, tandis que les opérations premières de l'esprit ont nécessairement pour objet des réalités, et emportent la conviction que ces réalités existent. Nous pouvons donc forger des êtres imaginaires, qui n'existent pas, à moins que l'on ne prenne le mot existence dans un sens particulier, et qu'empruntant aux scolastiques une de leurs distinctions, on ne dise que tous les modes possibles de la matière et de l'esprit existent actuellement, parce qu'ils sont potentiellement.

Jusqu'à présent, Dom Robert n'a fait que la critique

de Descartes : il se montre vraiment original dans son traité sur l'*Indéfectibilité des substances*.

Voici quelques propositions extraites de ce traité :

« L'éternité est un point indivisible et incompatible avec aucune succession de temps.

« Dieu étant éternel n'est pas sujet au temps ; il est donc contradictoire qu'il puisse changer de pensée, et qu'il en ait plusieurs successivement. Dieu a créé les substances par un seul et même acte. Donc il implique contradiction de dire qu'il les puisse anéantir, puisque ce serait faire et ne faire plus au même instant. »

M. de Retz voudrait éviter cette question qui lui parait frivole ou insoluble, (1) selon ce que l'on entend par indéfectibilité des substances, et qu'il est, dans tous les cas, inutile ou dangereux d'agiter.

La discussion est vaine, si cette proposition ne tend qu'à prouver une chose accordée par tous, c'est-à-dire l'immutabilité des desseins de Dieu. Si Dom Robert veut dire seulement que Dieu en créant les substances, eut pu, s'il eut voulu, les créer défectibles, ce n'est rien proposer de nouveau, et ce n'est pas prouver ce que l'on propose. Sans doute, Dieu ne détruira jamais les substances, s'il a résolu de leur conserver l'être éternellement. Mais qu'a-t-il voulu ? Ses desseins sont impénétrables. Nous ne pouvons savoir si en même temps qu'il créait la substance, il n'ordonnait pas qu'elle serait détruite à un certain instant. La question, même dans ce sens, est donc insoluble.

Elle est dangereuse, si Dom Robert veut faire entendre que Dieu a été contraint de créer les substances *indéfectibles ;* si par ce mot, il comprend une nécessité qui résulterait du principe de l'indivisibilité des substances. Ce serait violer tout à la fois la logique et la théodicée : — *la logique :* « car la question que l'on fait, si la

---

(1) « On voit quel chemin a pris la discussion. Partie de la question : si la pensée suppose quelque élément sensible, Dom Robert l'a jetée dans la question plus difficile de la durée, et, enfin dans la question bien plus difficile encore et bien plus générale de l'indéfectibilité des substances. » Fragments de Philosophie cartésienne, P. 197.

substance est défectible, *observe M. de Retz*, n'est pas différente de celle par laquelle on demande si l'être est divisible. Ainsi l'auteur ne prouve sa conclusion que par un synonyme, ce qui s'appelle, en toute sorte de philosophie, un cercle scolastique. » — *la théodicée :* en effet, par un argument vicieux, on obtient une conclusion impie ; on attente à la puissance infinie de Dieu, qui a créé toutes choses avec une souveraine indifférence comme disent les théologiens. Soutenir que les substances sont indivisibles, c'est les rendre indépendantes du temps, quant à leur fin et quant à leur origine ; c'est ce que le cardinal démontre avec évidence :

« Il s'ensuivrait, *remarque-t-il*, de la doctrine de l'indéfectibilité des substances par elles-mêmes, qu'elles seraient aussi éternelles que Dieu, parce que la même raison qui prouve, selon l'auteur, l'indéfectibilité de la substance, qui consiste dans l'exclusion du temps, prouverait aussi l'éternité de son origine. Car il est aussi impossible de concevoir qu'une existence indivisible n'ait pas été, qu'il est impossible qu'elle cesse d'être, quand elle a été une fois. »

C'est donc assimiler les substances à Dieu. C'est être bien près de les confondre avec la divinité dans un seul et même être.

M. le cardinal de Retz reproche à Dom Robert de renouveler ainsi une des erreurs condamnées par le concile de Constance, dans les écrits de Jean Huss.

Cette allégation de l'autorité d'un concile est bien propre à effrayer la piété de dom Robert, et à l'arrêter sur la pente d'un raisonnement extrême. Aussi met-il tous ses soins à séparer des doctrines condamnées, les propositions qu'il avance. Vains efforts, il a beau se faire illusion ; il est sur la même voie que Spinoza, et sans oser se l'avouer, il tombera comme lui dans le panthéisme !

Tous deux ont admis la définition de Descartes : « *la substance est ce qui n'a besoin que de soi pour exister.* » Seulement, le fragile correctif que Descartes ajoute à cette dangereuse proposition : il ne faut pas prendre le mot de substance dans le même sens, au regard de Dieu et au regard des hommes, » Spinoza, plus conséquent, le supprime ; Dom Robert le respecte. Il se réfugie derrière cette pensée de saint Augustin : « la nature de chaque chose est la volonté de Dieu ». Vain subterfuge que son pieux respect pour la foi catholique oppose à la logique qui l'entraîne ! Malgré lui, il lui échappe de s'exprimer ainsi : « *La substance doit être considérée indépendamment de la durée et du cours extérieur du temps, c'est-à-dire sans commencement et sans fin, puisque l'un et l'autre ne sont pas de son essence.* » *(12e proposit.)* Que reste-t-il à dire à Spinoza ? Dom Robert n'a-t-il pas proclamé le panthéisme ? »

. . . . . . . . . . . . . . . . . . . . . . . . . . . . .

Telles furent, en résumé, ces fameuses conférences de Commercy dans lesquelles notre bénédictin déploya une éloquence et une ardeur, dignes certainement d'une meilleure cause. Dans toutes ces disputes, comme le dit Dom Claude Paquin, il eut le désavantage et fut pris en forme, selon les règles de la bonne dialectique. Ce fut en vain pourtant que le cardinal qui l'aimait lui donna le sage conseil « de se défendre avec application de la pente qu'il avait un peu trop naturelle, à s'imaginer que ce qui est le plus outré dans les sciences est le plus vrai. » Se croyant en possession de la vérité, il ne se rendit jamais. Quant à M. de Retz, il ne se montra dans ces conférences ni original ni grand métaphysicien. « Esprit éminemment positif, il représente le bon sens et l'esprit naturel, aux prises avec la subtilité et la témérité d'une fausse science... Il porte dans ces matières un esprit exercé et pratique ; il résiste au chimérique et à l'équivoque ; il ne se donne pas pour un savant, mais pour un homme raisonnable, bien décidé à ne pas être dupe des mots. Il accepte à peu près le cartésianisme, mais sans vouloir aller au-delà ; et c'était déjà beaucoup, à une époque où on persécutait les nouveaux principes, et où le cardinal devenu prudent avec l'âge, réconcilié avec le roi, et très-bien avec Rome, ne voulait pas se brouiller avec les puissances du jour. » (1)

(1) Fragments de Philosophie cartésienne par V. Cousin, P. 120.

TROISIÈME PARTIE.

# L'INFLUENCE, LES RELATIONS, L'ÉCOLE.

# CHAPITRE I.

### L'influence dans les salons.

*Les femmes philosophes et cartésiennes du XVII<sup>e</sup> siècle : Madame de Sévigné et Madame de Grignan. — Par l'intermédiaire de Corbinelli, Madame de Grignan reçoit les manuscrits des conférences de Commercy : sa profonde admiration pour le cardinal de Retz ; ses préventions contre Desgabets : « Dom Robert éplucheur d'écrevisses. » — Allusions fréquentes aux théories de notre bénédictin, dans la correspondance de Madame de Sévigné.*

Après avoir étudié Dom Robert cartésien, après avoir parlé de son originalité et fait voir quelles modifications vraiment essentielles il a fait subir à la philosophie de Descartes, il reste à rechercher si, malgré sa vie sédentaire et obscure, il fut connu de ses contemporains, et ce que ceux-ci pensèrent de lui.

Tout d'abord, sa réputation rayonna dans la société polie, et, par un hasard vraiment singulier, l'une des femmes les plus instruites du XVII<sup>e</sup> siècle, Madame de Grignan, fut amenée à s'occuper de lui.

On sait qu'à l'apparition du cartésianisme, il n'y eut pas que les théologiens et les magistrats qui se passionnèrent pour cette philosophie subtile, engageante, et hardie : elle pénétra dans les salons, et les femmes elles-mêmes ne laissèrent point passer ce grand mouvement du siècle, sans y prendre part. (1) Chez Madame de Sablé (2) comme chez la Duchesse du Maine on s'occupait de philosophie cartésienne, et au plus fort des persécutions contre les nouvelles doctrines, Madame de Grignan, cartésienne pratiquante et dissertante, affirmait que c'était la philosophie de l'avenir, et « qu'il arrive des révolutions dans les opinions, comme dans les modes. »

Spirituelle, ayant reçu une éducation très soignée, Madame de Grignan était véritablement une savante : « Les pères de l'Eglise, les auteurs de Port-Royal, Descartes, étaient la lecture familière de cette puritaine. Elle les lisait pour les comprendre, non pas pour se vanter de les avoir lus. On a d'elle un ouvrage, un *Résumé du système de Fénelon sur l'amour de Dieu*, qui annonce une compréhension très remarquable des plus obscurs sujets de la métaphysique et de la théologie. L'étude des sciences était sa passion dominante. » (3)

---

(1) « Les femmes cartésiennes abondent au XVII° siècle. On vit à Toulouse une dame de la ville soutenir publiquement, et avec le plus grand succès, une thèse cartésienne, sous les auspices de Régis. M^elle Dupré, nièce de Desmarets Saint-Sorlin, savante en grec et en latin, et auteur de quelques poésies, avait reçu le surnom de cartésienne, tant elle mettait d'ardeur à étudier et à défendre Descartes. M^elle de la Vigne, autre femme poète, n'était pas moins connue pour son cartésianisme. Dans le Recueil de vers du P. Bouhours, il y a une pièce où l'ombre de Descartes remercie M^elle de la Vigne de son zèle pour sa philosophie, et des disciples qu'elle lui gagne par ses grâces et son esprit. En parlant à l'imagination, au cœur, à la piété, Malebranche répandit encore davantage, parmi les femmes, le goût de la philosophie de Descartes. C'est une femme, M^elle de Wailly, sa parente, qui présidait chaque semaine à des conférences où se rendaient les plus zélés malebranchistes, pour expliquer et défendre les ouvrages de leur maître. Dans les lettres du P. André il est souvent question de dames malebranchistes. Parmi toutes les femmes un peu lettrées, la philosophie et le cartésianisme étaient devenus une sorte de mode, dont le P. Daniel plaisante dans son Voyage du monde de Descartes. » Histoire de la Philosophie cartésienne par Francisque Bouillier, T. 1. Chap. XX.

(2) « Réunie à l'ombre sévère de Port-Royal, dit M. Bourdeau, la société de Madame de Sablé se distinguait par le sérieux. On s'y intéressait à Descartes, à la logique, aux querelles entre jésuites et jansénistes, aux passions humaines en général, et l'on se plaisait à condenser le sujet des longs entretiens en sentences nettes, expressives et brèves. » Etude sur La Rochefoucauld, P. 93.

(3) Les Œuvres philosophiques du Cardinal de Retz par A. Hennequin, P. 11 et 12.

Bien vite, elle s'était prise d'enthousiasme pour l'auteur du *Discours de la méthode*, et Madame de Sévigné, dans ces conversations à distance, où elle continuait à épancher son esprit et son cœur, l'entretenait fréquemment de tout ce qu'elle avait vu ou entendu dans son entourage, qui pût intéresser ses goûts philosophiques. Toutefois, pour cette dernière, la métaphysique n'était point son fait, et elle-même a pris soin de nous dire qu'elle avait voulu apprendre cette science comme l'hombre, non pas pour jouer, mais pour voir jouer. Certaines opinions cartésiennes d'ailleurs choquaient son bon sens ; elle ne pouvait admettre, par exemple, que sa chienne Marphyse n'eût point d'âme, et elle se moquait de l'hypothèse alors en vogue des animaux machines. « Parlez un peu au cardinal, écrivait-elle à Madame de Grignan, de vos machines, des machines qui aiment, des machines qui ont une élection pour quelqu'un, des machines qui sont jalouses, des machines qui craignent. Allez, allez, vous vous moquez de nous. » Dans sa correspondance, on trouve également des allusions ironiques ou plaisantes à cette opinion singulière de notre bénédictin que les couleurs sont dans l'âme, (1) et il est bon de dire ici par quel heureux hasard Robert Desgabets avait l'insigne honneur d'égayer la marquise dans ses moments de loisir.

Lorsque le Cardinal de Retz quitta Paris en 1675 pour aller s'exiler en Lorraine, son départ fit beaucoup de

---

(1) Lettre 620, — « Corbinelli revient (de Commercy) ; je m'en vais dans deux jours le recevoir à Livry. Le Cardinal l'aime autant que nous ; le gros abbé m'a montré des lettres plaisantes qu'ils vous écrivent. Enfin, après avoir bien tourné, notre âme est verte ; ç'a été un grand jeu pour son Eminence qu'un esprit neuf comme celui de notre ami. » — Lettre 581 « Vous savez la réponse du lit vert de Sucy à M. de Coulanges : Guilleragues l'a faite ; elle est plaisante ; Madame de Thianges l'a dite au roi, qui la chante. On a dit d'abord que tout était perdu ; mais point du tout, cela fera peut-être sa fortune. Si ce discours ne vient point d'une âme verte, c'est du moins d'une tête verte... » — Lettre 1282 du comte de Bussy-Rabutin à Madame de Sévigné : « J'ai trouvé plaisant l'endroit de votre lettre où vous me dites : « Je ne savais où vous adresser ma lettre, car le cœur me disait, je ne sais pourquoi, que vous n'étiez point chez votre gendre de Montataire. » Jamais négative n'a été si affirmative que ce je ne sais pourquoi, et il est bien plus finement dit. » etc. — **Lettres de Madame de Sévigné, Paris 1818.**

bruit, et contrista ses nombreux amis : personne, cependant, ne se montra plus affligé que Madame de Sévigné alliée de la maison de Gondi. (1) Elle, qui avait été si bonne et si généreuse pour le surintendant Fouquet, essaya d'adoucir à l'illustre voyageur l'amertume des adieux, en l'accompagnant jusqu'à quatre lieues de la capitale (mercredi 19 juin 1675). C'est ce que nous apprend une lettre à Madame de Grignan, qui contient le récit douloureux de cette séparation. Redoutant pour son ami les dangers d'une vie oisive, elle lui conseilla de s'adonner à l'étude, de faire par exemple écrire son histoire. Elle sut bientôt que le Cardinal ne suivait que trop ses conseils, qu'il se livrait au travail avec un véritable acharnement et elle écrivait le 26 juillet 1677 : « Je ne suis point du tout contente de la santé du Cardinal ; je suis assurée que s'il demeure à Commercy il ne la fera pas longue ; il se casse la tête d'application. Il s'est épuisé à lire ; eh ! mon Dieu n'avait-il pas tout lu ! » Et faisant allusion aux discussions qu'il avait avec

---

(1) Les relations amicales de Retz et de Madame de Sévigné dataient de loin. En 1672 la marquise écrivait : « Nous tâchons d'amuser notre bon cardinal. Corneille lui a lu une pièce, qui sera jouée dans quelque temps, et qui fait souvenir des anciennes, Molière lui lira samedi Trissotin, qui est une fort plaisante chose ; Despréaux lui donnera son Lutrin et sa Poétique. Voilà tout ce qu'on peut faire pour son service. » — Dans son ouvrage sur « La Littérature Française au XVII<sup>e</sup> Siècle », au chapitre spécial qu'il consacre au cardinal, M. Paul Albert, après avoir rapporté les lignes que nous venons de citer, fait les réflexions suivantes : « C'est plus qu'il ne méritait. On y ajouta la métaphysique de Descartes, alors fort débattue. Il y eut devant lui de savantes discussions sur la cause première, la nature de l'âme, etc. On lui demanda son opinion : son opinion fut « que l'on ne savait ce qui en est. » — Par politesse sans doute, il n'ajouta pas que tout cela lui était bien indifférent. Son âme était ailleurs. Pendant toute sa vie, il n'avait eu que lui-même pour objet de ses pensées et de ses agitations : la vieillesse venue avec son cortège d'infirmités et de déceptions, il n'eut encore que sa personne dans l'esprit. La plupart de ses contemporains offraient à Dieu ce dont le monde ne voulait plus : lui, au moment de quitter la vie, il se cramponnait au passé d'une étreinte d'autant plus énergique. Il se fuyait tel qu'il était, pour se trouver tel qu'il avait été. Il refaisait sa jeunesse, et s'y attardait, et s'y complaisait. De lui, plus que de tout autre, on peut dire qu'il n'avait jamais rien oublié ni rien appris. » — Ce que nous avons dit de Retz et du travail de ses dernières années fait suffisamment ressortir l'extrême sévérité de ce jugement.

D. Desgabets elle disait encore : « Hormis le quart d'heure qu'il donne du pain à ses truites, M. de Retz passe le reste avec Dom Robert, dans les distillations et les distinctions métaphysiques qui le font mourir. » (1)

C'était Corbinelli, parent du cardinal de Retz, et familier de Madame de Sévigné, qui, au retour d'un de ses voyages à Commercy, était venu lui rendre compte, dans sa délicieuse retraite de Livry, des conversations pleines de charmes, qu'il avait eues avec le cardinal, et des joutes philosophiques, dont il avait été spectateur passionné. Admirateur de Descartes, ce gentilhomme avait en effet pris goût aux entretiens de Desgabets et de M. de Retz : il s'était même amusé, nous l'avons dit, durant son séjour en Lorraine, à analyser quelques parties du traité de l'Indéfectibilité. Plein d'esprit et de verve, homme de science, très au courant des questions philosophiques agitées de son temps, l'originalité de notre bénédictin avait produit sur lui une profonde impression : à son tour il sut intéresser Madame de Sévigné, en lui faisant connaître ce singulier personnage, et en lui parlant un peu de ses opinions. A la marquise de Grignan qu' « un mutuel enthousiasme pour l'auteur du discours de la méthode » avait liée d'amitié avec lui, il communiqua l'ensemble ou tout au moins une partie considérable des conférences de Commercy, qu'elle étudia avec ardeur, et qui servirent à la réconcilier avec M. de Retz, que jusqu'alors elle n'avait pu souffrir à cause de ses mœurs légères. « Autant elle avait été insensible, indifférente, mal intentionnée pour le cardinal de Retz, autant, par compensation, elle montra tout à coup d'intérêt, d'attachement, de sollicitude pour lui. On la voit, dans la correspondance de sa mère, s'informer avec soin de la santé et des travaux de ce cher philosophe. Elle le

---

(1) D. Robert Desgabets écrivait le 17 juillet 1677 à un religieux (probablement au P. Poisson) les mots suivants qui semblent confirmer les paroles précitées de Madame de Sévigné : « M. le Cardinal est présentement fort échauffé sur mes spéculations. » — Man. d'Epinal n° 143, P. 676.

supplie de ménager une existence devenue si précieuse et si édifiante. Lorsque la guerre éclate, la Lorraine lui semble trop près du théâtre des hostilités ; c'est un grave sujet d'inquiétude. La mère et la fille se réunissent pour presser M. de Retz de se mettre en sûreté. (1)

L'admiration de Madame de Grignan pour Descartes, qu'elle appelait « son père », avait produit ce brusque revirement. Elle avait vu avec plaisir le cardinal, cartésien ferme et sensé, réfuter avec vigueur les sophismes de Desgabets. Toutefois elle ne jugea pas les traités de ce dernier indignes de son attention, elle s'appliqua même à la lecture de l'ouvrage favori de Dom Robert comme le témoigne le passage suivant d'une lettre de son frère, M. de Sévigné :

« Ah ! pauvre esprit, vous n'aimez point Homère ; les ouvrages les plus parfaits vous paraissent dignes de mépris ; les beautés naturelles ne vous touchent point ; il vous faut du clinquant et des petits corps. Si vous voulez avoir quelque repos avec moi, ne lisez point Virgile, je ne vous pardonnerais jamais les injures que vous pourriez lui dire. Si vous vouliez cependant vous faire expliquer le sixième livre ou le neuvième, où est l'aventure de Nisus et Euryale, et le onze et douze, je suis sûr que vous y trouveriez du plaisir. Turnus vous paraîtrait digne de votre amitié, et, en un mot, comme je vous connais, je craindrais fort pour M. de Grignan qu'un pareil personnage ne vint aborder en Provence ; mais moi qui suis bon frère, je vous souhaiterais du meilleur de mon cœur une telle aventure. Puisqu'il est écrit que vous devez avoir la tête tournée, il vaudrait mieux que ce fut de cette sorte, que par l'*indéfectibilité de la matière*, et par les *négations non convertibles*. (2) »

Est-ce à dire que cette lecture ait été favorable à notre bénédictin ? Il ne le semble pas. Sur ce point, d'ailleurs, nous n'en sommes pas réduits aux conjectures. La manière désobligeante dont Madame de Grignan jugea

---

(1) Les Œuvres philosophiques du Cardinal de Retz par Amédée Hennequin, P. 14.

(2) Lettres de Madame de Sévigné (Paris, 1818), 24 juillet 1677.

Desgabets ressort en effet d'un court passage d'une lettre de Madame de Sévigné. (1)

Tout d'abord, les transformations que ce philosophe voulait faire subir aux doctrines du maître l'avaient indisposée contre lui. Et puis, il faut bien le dire : « Dom Robert tout cartésien qu'il était, n'avait pas dépouillé le vieil homme, et comme tous les premiers disciples de Descartes, dans l'ordre des temps, il apportait au service des idées nouvelles une intelligence formée dans le vieux moule de l'école. Ce raisonnement minutieux, ces distinctions et subdivisions infinies, tout cet attirail scolastique, qui embarrasse plus qu'il ne soutient sa marche, déplut à Madame de Grignan. Esprit aussi vif que sérieux, elle eut été de force, si elle avait bien voulu en prendre la peine, à lutter avec sa mère de traits piquants et pittoresques. Cette fois elle lança sur Dom Robert, un mot injuste selon nous, mais spirituel, mais amusant, qui rentrait dans le genre de Madame de Sévigné ; aussi le goûta-t-elle beaucoup, et n'a-t-elle pas manqué de nous le conserver dans la lettre dont nous tirons le passage que voici : « *Vous appelez Dom Robert un éplucheur d'écrevisses. Seigneur Dieu ! S'il introduisait tout ce que vous dites : plus de jugement dernier* (2) *Dieu auteur du bien et du mal,* (3) *plus de crimes ! Appelleriez-vous cela éplucher des écrevisses ?* »

---

(1) 1677, Lettre 591, Edit. de 1818.

(2) Allusion à la théorie de Desgabets sur l'indéfectibilité des créatures.

(3) Voici comment Desgabets entendait le concours de Dieu à l'action du péché : « Je suppose pour cela, dit-il, une doctrine assez inconnue, quoiqu'elle ne contienne autre chose que cette vérité : Que le néant n'est rien, c'est-à-dire que les défauts, les négations, les privations etc. ne sont que des façons de s'exprimer qui doivent être comptées pour rien, et pour des propositions chimériques, si l'on ne peut les réduire en propositions affirmatives vraies, qui leur soient synonymes. N'être pas dans la maison, c'est en être dehors ; n'être pas d'une manière, c'est être d'une autre etc. Et ainsi quoiqu'il n'y ait rien de plus commun que d'entendre dire que le péché n'est rien, ce qui peut avoir un fort bon sens ; il faut reconnaître de bonne foi que l'action du péché est positivement mauvaise, que les privations que l'on y considère marquent cette opposition positive ; que Dieu y concourt très certainement, mais qu'il n'est aucunement auteur de ce qu'on appelle le formel du péché. » D'ailleurs, selon lui, sa théorie de la

Le trait que Madame de Sévigné retourne avec complaisance est un de ces coups mortels aux yeux du monde, mais qui sont sans portée pour la critique sérieuse. »

L'étude que nous avons faite de la philosophie de Dom Robert a montré en effet au lecteur « qu'il aurait tort de s'en rapporter sur cet esprit élevé à l'appréciation de Madame de Grignan, un peu légère et frivole, par hasard, en cette circonstance ». (1)

---

cause libre donne la solution de cette difficulté : « Dieu a donné d'abord à l'homme, dit-il, un pouvoir égal de faire le bien et le mal, quoiqu'il lui ait déclaré que sa volonté serait qu'il fît le bien, mais qu'il lui proposait simplement sans lui en donner un goût qui lui aurait donné de l'inclination pour s'y attacher. Il a donc fallu que la volonté pût se porter à tout ce qu'elle voudrait, en se servant des lumières qui lui proposaient le vrai bien et le bien apparent. Et elle a fait ce choix sans y être poussée, ni déterminée, ni engagée par quoi que ce soit ; ce qui fait que cette action, en tant qu'elle procède d'elle, est très mauvaise et contraire à la loi de Dieu. Mais Dieu ne concourt à cette action qu'en vertu de ses engagements, en qualité de créateur et de proviseur. Il le fait comme malgré lui et avec répugnance, de même qu'un armurier qui est obligé par sa profession à faire de bonnes armes, concourt à des homicides sans en être l'auteur, ou de même qu'un père qui est obligé de fournir les choses nécessaires à un enfant débauché, concourt à toutes ses mauvaises actions, sans en être l'auteur. » Man. d'Epinal, n° 143, P. 675. — L'explication ingénieuse de Desgabets ne tranche pas la difficile question de l'origine du mal, et sa comparaison de l'armurier est plus curieuse que solide. Comme le remarque très justement M. Hennequin, ce dernier n'a pas la prescience de Dieu, il ne sait pas si l'arme qu'il fabrique sera l'instrument d'un crime, tandis qu'en créant l'homme libre, Dieu connaissait l'abus qu'il ferait de sa liberté, et alors comment concilier la prescience avec l'attribut divin de la bonté ? Desgabets tourne la difficulté sans la résoudre.

(1) Amédée Hennequin : Les Œuvres philosophiques du cardinal de Retz, P. 15.

# CHAPITRE II.

## Dom Robert Desgabets, et ses rapports avec les Philosophes Cartésiens.

*Robert Desgabets surtout connu au XVII<sup>e</sup> siècle comme défenseur des deux lettres de Descartes au R. P. Mesland : ses relations avec Clerselier. — Estime particulière du R. P. Poisson de l'Oratoire pour notre bénédictin. — Lettre de Dom Desgabets à Bossuet : il lui demande d'empêcher, par son crédit, la persécution du cartésianisme en France.*

Les doctrines philosophiques de Dom Desgabets qui effarouchaient le bon sens de Madame de Sévigné, et provoquaient l'indignation de Madame de Grignan, furent, à ce qu'il semble, assez peu connues au XVII<sup>e</sup> siècle ; mais ses hardiesses, et ses nouveautés en théologie le mirent en vue ; il composa, en effet, comme nous l'avons dit, une multitude d'écrits pour divulguer et défendre les deux lettres de Descartes au P. Mesland. (1)

Le manuscrit de Chartres, dont la valeur et l'existence étaient jusqu'ici complètement ignorées, nous a permis de reconstituer, à l'aide des écrits conservés à la bibliothèque d'Epinal, cette volumineuse correspondance, à coup sûr, l'un des plus curieux documents qui puissent servir à l'histoire du Cartésianisme en France à cette époque.

---

(1) Dans le seul manuscrit d'Epinal, comme le remarque M. E. Levesque, on compte une dizaine de dissertations ou de lettres formant 250 pages environ, sur son système d'explication de la présence réelle.

Nous y avons appris aussi que de tous les correspondants de Dom Desgabets, celui qui entretint avec lui le commerce le plus long et le plus régulier, ce fut sans contredit un philosophe, dont il a été bien souvent question dans la première partie de notre travail, nous voulons dire Claude Clerselier. Ce personnage a tenu dans la vie de Dom Robert une trop large place, pour que nous ne lui consacrions pas encore quelques lignes ici :

« Il était, dit M. Bouillier, l'ami intime de Descartes ; après la mort du P. Mersenne, il devint à son tour le correspondant par lequel Descartes, pendant les dernières années de sa vie, du fond de la Hollande, communiquait avec le monde savant. Un fait, rapporté par Baillet, prouve à quel point son zèle était grand pour la propagation de la philosophie nouvelle. Avocat au parlement de Paris, et d'une famille riche et distinguée, il maria néanmoins sa fille à Jacques Rohault qui était pauvre, et d'une famille bien inférieure à la sienne. Il voulut absolument ce mariage dans un intérêt purement philosophique, et par la considération seule de la philosophie de Descartes, dont il prévoyait que son gendre devait être un jour un puissant appui. » (1)

Et Clerselier ne se contenta pas de défendre le cartésianisme contre les attaques des théologiens : il voulut démontrer qu'il en résultait pour la foi orthodoxe une foule d'avantages. Les lettres qu'il adressa à Dom Desgabets, et celles qu'il en reçut, n'eurent point d'autre objet.

Voici d'abord comment ces deux philosophes s'étaient connus. Envoyé vers 1656, nous l'avons vu, comme Procureur général de sa congrégation à Paris, Robert Desgabets y séjourna à ce titre trois années durant au couvent des Blancs-Manteaux, siège ordinaire des Procureurs généraux de la Congrégation de Saint Vanne, bien qu'en réalité ce monastère appartînt à la branche de l'Ordre bénédictin de Saint-Maur. « Dans cette ville, dit Dom Calmet, il conféra avec les plus célèbres philosophes qui fussent alors, et se lia principalement avec M. Clerselier. » Par lui, Robert Desgabets fut mis en rapport

---

(1) Dictionnaire des Sciences philosophiques, Art. Clerselier.

avec Jacques Rohault, et il mena même chez ce physicien célèbre Dom Henri Hennezon, futur prieur de l'abbaye de Saint-Mihiel, et intime ami du cardinal de Retz. Malheureusement pour lui, Dom Robert ne fut pas réélu Procureur général : nommé prieur de Breuil, il dut regagner la Lorraine, et depuis, ajoute D. Calmet « il entretint toujours avec M. Clerselier un commerce de lettres. Il ne s'écrivit rien de considérable sur la philosophie, la théologie et la controverse, à quoi il ne prit part, et qu'il n'examinât fort sérieusement ». (1)

Persuadé qu'aucune des idées avancées par l'auteur du *Discours de la Méthode* ne contredit l'enseignement catholique, Dom Desgabets, en quittant son ami, lui promit de travailler de toutes ses forces à répandre dans son ordre la vivifiante doctrine de Descartes, et de substituer à la théologie de l'Ecole, une théologie cartésienne, où, exposant les dogmes révélés, il s'appliquerait à faire concevoir le plus clairement possible, les termes dans lesquels ils sont proposés. Il poursuivit son but avec tant de succès qu'il pouvait écrire à Clerselier en 1671 :

« J'ai tâché, pendant ces dernières années, de découvrir dans les plus belles opinions de M. Descartes des usages fort inconnus, les faisant servir à la découverte des plus grandes vérités, telles que celles qui appartiennent au mystère de la Sainte Trinité, la transfusion du péché originel, des systèmes de saint Augustin et de la grâce, des principaux attributs de Dieu, des choses possibles, etc. » (2)

Et Clerselier, que ces nouvelles réjouissaient, lui répondait :

« Je n'ai guère de plus grande joie que quand je reçois vos lettres. Elles sont toujours remplies de beaux et bons enseignements et j'y rencontre fort peu de chose à quoi je ne souscrive très volontiers. Mon esprit se trouve imbu des mêmes principes que le vôtre, et porté d'un même désir

---

(1) Dictionnaire de Moreri, V° Desgabets.
(2) Lettre de Desgabets à Clerselier, De S<sup>t</sup>-Airy de Verdun, le 25 Février 1671, Man. de Chartres.

qui est de procurer la gloire de Dieu, et de ne point gauchir en matière de vérité. »

A cette même époque, Robert Desgabets avait formé le projet de développer le nouveau système sur la présence réelle, dans un ouvrage spécial, qui serait composé sous forme de dialogue : Clerselier se chargerait d'exposer la doctrine, le P. Poisson de l'Oratoire ferait les objections, et il se réservait, quant à lui, d'y donner solution à toutes les difficultés. Il pressait aussi Clerselier de publier ce qu'il avait écrit sur ces délicates matières :

« Je crois que je puis vous dire, *lui écrivait-il*, qu'après les engagements où Dieu vous a mis, ce serait manquer à ce que vous lui devez, si vous ne faites en sorte, par vous-même ou par vos amis, qu'on sache dans le monde que la philosophie de M. Descartes, étant jointe à la foi, contient les véritables lumières pour désarmer les hérétiques, et pour débarrasser notre grand mystère de ce chaos de difficultés, dont les principes d'une mauvaise philosophie l'ont enveloppé. »

Mais Clerselier ne fut point de cet avis : l'idée lui parut mauvaise ; aussi bien l'avenir devait lui donner raison.

« Les esprits, *écrivait-il à D. Robert*, ne me paraissent pas assez bien disposés, ni les choses assez mûres, ni assez préparées pour oser entreprendre de la proposer. Je puis pourtant vous dire qu'il y a tout plein d'honnêtes gens, à qui cette manière d'expliquer le Saint-Sacrement n'est pas inconnue, qui la goûtent et qui en parlent, et même devant les jésuites, qui la leur soutiennent en face. » (1).

On sait le reste : condamné en 1672 à observer le silence sur toutes ces questions, Desgabets cessa de correspondre avec Clerselier, et ainsi finit cette liaison

---

(1) Lettre de M. Clerselier à D. R. Desgabets, où il lui rend compte de ce qui se disait à Paris à l'occasion de la dispute du Saint-Sacrement. — Man. de Chartres, fol. 412. — Dans une autre lettre qui se trouve dans le Manuscrit d'Epinal, N° 142, P. 273, Clerselier écrivait encore à son ami : « D'espérer que de vieux docteurs puissent revenir de leurs sentiments et entrer dans de nouvelles pensées, c'est ce que je ne puis croire... Cela ne se doit attendre qu'après un siècle, où les vieux de ce temps-là ayant été jeunes de ce temps ici se trouveront imbus de nos principes, et ne seront plus effarouchés de la nouveauté. »

qui avait duré plus de quinze ans, sans interruption et sans nuage.

. . . . . . . . . . . . . . . . . .

Depuis plusieurs années déjà, Robert Desgabets était en relation avec le P. Poisson de l'Oratoire. Le savant oratorien avait fait des objections sur ce même sujet du mystère de l'Eucharistie expliqué d'après les principes cartésiens, et Dom Robert avait été chargé d'y répondre. Il s'en était acquitté avec tant de bonne grâce, qu'il avait gagné l'affection du P. Poisson, bien que le Père de l'Oratoire fut loin d'admettre ses théories.

« Je n'ai point appris, lui écrivait en effet ce dernier, si vous avez reçu un écrit que je vous avais envoyé pour réponse au sentiment que vous aviez sur la transsubstantiation. Donnez-m'en des nouvelles, lorsque vous me voudrez honorer des vôtres. Je n'apprends de Paris rien de nouveau. Je crois vous avoir fait part du dessein que j'ai de faire un commentaire de M. Descartes ; vous vous intéressez trop pour sa gloire pour laisser cet écrit en de si mauvaises mains que les miennes, ou l'en tirez, ou si vous voulez l'y laisser, secourez-moi de vos lumières, en formant de nouvelles raisons : Saint Augustin m'en fournit d'assez belles. » (1)

On voit par là en quelle estime le R. P. Poisson tenait Dom Desgabets, que Clerselier lui avait d'ailleurs représenté comme « ayant une grande douceur et beaucoup de capacité. » (2) Bien plus, lorsque notre bénédictin fut plus tard inquiété, après la publication de l' « *Ecrit ad hominem* à messieurs de Port-Royal », le P. Poisson prit sa défense, s'étonnant, disait-il, « qu'une feuille d'écriture, qui ne devait être regardée que comme un avorton que personne n'avouait, ait fait un bruit considérable parmi les personnes de lettres, et qu'il ait rencontré des adversaires en si grand nombre qui n'ont rien oublié pour le faire condamner ».

Et il ajoutait avec un grand bon sens :

« Il s'est trouvé des personnes savantes et judicieuses qui

---

(1) Lettre du R. P. Poisson à Desgabets, Manuscrit d'Epinal, P. 705.
(2) Lettre de M. Clerselier au R. P. Poisson, sur l'Eucharistie, Man. d'Epinal.

ont fort bien jugé qu'on voulait faire une affaire d'une production que l'on pouvait laisser mourir dans son berceau. » (1)

. . . . . . . . . . . . .

C'est au sujet de ce même écrit qu'il avait intitulé « *Considérations sur l'état présent de la controverse touchant le Très-Saint Sacrement de l'autel* » que Dom Robert écrivit la lettre à Bossuet, que l'on trouvera plus loin, et où il rappelle avec complaisance à l'illustre prélat, le souvenir d'entretiens qu'il eut à Toul avec lui. Cette lettre fut adressée à M. l'évêque de Condom peu de temps après la publication de ce court opuscule, « dont la principale aventure », pour employer les termes mêmes de Desgabets, avait été d'être lu par Sa Grandeur. Ne sachant quel jugement Bossuet en avait porté, (2) Dom

---

(1) Réflexions pour la justification d'un écrit ad hominem fait contre Messieurs de Port-Royal et intitulé : Considérations sur l'état présent de la controverse du Saint Sacrement. Man. de Chartres, n° 366, fol. 445.

(2) « Elle ne cadre en aucune sorte, (cette nouvelle explication du mystère eucharistique) dit Bossuet, avec ce qu'enseigne M. Descartes lui-même dans sa réponse aux quatrièmes objections, puisqu'il s'y donne beaucoup de peine à expliquer, selon les principes de sa Philosophie, les espèces et les apparences du pain et du vin dans ce mystère ; ce qui n'aurait aucune sorte de difficulté dans cette opinion, n'y ayant rien de fort surprenant que les espèces ou apparences, ou les accidents, comme on voudra les appeler, se conservent dans une matière qui ne change point, et où l'on suppose que la substance du pain et du vin demeure toujours. J'ajoute, continue Bossuet, que ce philosophe *(M. Descartes)* exclut manifestement la présence du pain, lorsqu'il dit *que le changement de la substance du pain et du vin, en la substance de quelque autre chose, emporte que cette nouvelle substance soit contenue sous les mêmes termes, sous qui les autres étoient contenues, ou qu'elle existe dans le même lieu, où le pain et le vin étoient auparavant.* Par conséquent, le pain et le vin sont ici présupposés n'exister plus, et une nouvelle substance est entendue mise en leur place ; et il ajoute un peu après que, *dans cette conversion ou ce changement, le corps de J.-C. est précisément contenu sous la même superficie, sous qui le pain serait contenu s'il était présent.* Il ne veut donc pas, encore un coup, que le pain soit présent, et il suppose que le corps de Notre-Seigneur est mis à sa place ; *quoique néanmoins,* poursuit-il, *il ne soit pas là proprement, comme dans un lieu, mais sacramentellement, et de cette manière d'exister qui est mentionnée dans le décret du Concile (de Trente)* dont il rapporte les paroles : ce qui est infiniment éloigné de l'opinion qu'on vient de rapporter dans laquelle le pain subsiste, et où cette manière sacramentelle dont le corps de J.-C. est présent n'a aucun lieu. Il (Descartes) poursuit son raisonnement en ces termes : « *L'Église n'a*

Robert le priait d'excuser « l'innocence de ses intentions », déc'arant que la philosophie de Descartes lui paraissait d'une conséquence infinie, puisqu'on était obligé « à mettre au nombre de tant de merveilles d'un règne incomparable, la première ouverture qui s'est faite du second œil de l'âme, qui est celui de la raison naturelle ». Il priait Bossuet, en termes pressants, d'empêcher par son autorité et par sa prudence qu'on ne flétrisse cette philosophie naissante, et de ne pas souffrir que la France se déclarât contre sa propre gloire.

Bien qu'il fut persuadé que les sentiments de Descartes sur l'essence des corps n'étaient pas moins propres que ceux de l'Ecole à expliquer le mystère de la présence réelle, Bossuet, avec son admirable bon sens, ne pouvait admettre les témérités de Desgabets. Il l'a combattu

---

*jamais enseigné, au moins que je sache, que les espèces du pain et du vin qui demeurent au Sacrement de l'Eucharistie soient des accidents réels, qui subsistent miraculeusement tout seuls, après que la substance à laquelle ils étaient attachés, en est ôtée.* Et il finit toute la matière par cette conclusion : *Tant s'en faut que, selon l'explication que je donne, il soit besoin de quelque miracle pour conserver les accidents, après que la substance du pain en est ôtée, qu'au contraire, sans un nouveau miracle* (par lequel les dimensions fussent changées) *ils ne peuvent pas être ôtés.* Et un peu après : *Il n'y a rien en cela d'incpmpréhensible ou de difficile que Dieu, créateur de toutes choses, puisse changer une substance en une autre, et que cette dernière substance demeure précisément sous la même superficie, sous qui la première était contenue.* On voit donc qu'il agissait dans tout ce discours, selon la commune présupposition des catholiques. Si, dans quelque écrit particulier, il a proposé ou hasardé autre chose, je ne m'en informe ; il me suffit d'avoir montré dans un écrit qu'il a publié, et que lui-même il a toujours appelé *le plus sérieux de tous ses ouvrages*, c'est-à-dire dans ses *Méditations métaphysiques*, et dans leur suite, qu'il a toujours supposé, avec les autres catholiques, l'absence réelle du vrai corps de J.-C., au lieu que cette opinion élude, comme on l'a vu manifestement l'un et l'autre.

De plus dans la nouvelle explication, on trouve bien le moyen de donner deux corps à l'âme de Jésus-Christ, et, par là, d'unir deux corps à la personne du Verbe ; mais on n'explique pas que nous recevions actuellement et en individu le même corps qui a été immolé pour nous, et qui a été dans le tombeau, qui est ressuscité de mort à vie, et auquel le Verbe divin est actuellement uni dans le ciel. C'est là, néanmoins, le fond du mystère, et la merveille admirée par tous les Pères.

D'ailleurs, loin qu'il faille dire que nous recevions le corps de Jésus-Christ, parce que nous recevons son âme sainte ; au contraire,

dans un écrit resté longtemps manuscrit et intitulé :
« *Examen d'une nouvelle explication du mystère de l'Eucharistie.* » Dans cet ouvrage le grand théologien distinguait nettement l'explication donnée par Dom Robert, de celle que Descartes avait laissée dans ses écrits publics, surtout dans ses Méditations métaphysiques, et dans ses réponses aux quatrièmes objections. Il s'appliquait même à montrer que Desgabets tirait des conséquences fausses et outrées des principes cartésiens.

Robert Desgabets ne connut certainement pas cet « *examen* » de Bossuet. L'année suivante, en 1672, Bossuet dut recevoir un petit écrit intitulé « *Pensées sur la controverse touchant la justification et le principe de la morale chrétienne* », dans lequel notre bénédictin défendait l' « *Exposition de la doctrine de l'Eglise catholique* » de M. de Condom, contre un calviniste anonyme. Dans cet ouvrage Dom Robert reconnaissait qu'il y avait dans ces disputes bien des équivoques, et des questions de mots sur des points, où l'on pouvait s'entendre. Il admettait aussi qu'il y avait quelques points précis, dans lesquels il était impossible de s'accorder. « Mais, ajoutait-il, M. de Condom a fait voir dans son *Exposition de la doctrine de l'Eglise catholique* qu'ils sont en petit nombre, et qu'ils ne sont pas capables de fonder une rupture de communion entre les personnes exemptes de passion. » (1)

---

il est certain que nous ne recevons son âme, que parce que nous recevons le même corps auquel cette âme est unie...

Le mystère de la foi ne dépend point des subtilités de l'esprit humain : recevons avec simplicité ce que Jésus-Christ nous a donné en termes si simples. Jésus-Christ nous a dit que ce qu'il nous donnait était son corps, et le même qui allait être livré pour nous : le même en individu et non pas un autre qu'il se sera approprié ; le même, non en couleur ni en quantité, ni en figure, mais en substance. N'opposons point des raisons et des subtilités humaines à ce discours si uni et si propre de la vérité. Ne cherchons point à donner à Jésus-Christ un autre corps que celui où il est actuellement à la droite de son Père, purifiant nos péchés, et nous vivifiant par les choses qu'il a voulu prendre de nous... » Revue Bossuet, 25 juillet 1900, P. 141 et suivantes.

(1) Man. d'Epinal n° 142, P. 515. — Revue Bossuet, P. 135.

# CHAPITRE III.

## Dom Robert Desgabets et les solitaires de Port-Royal.

*Sympathie des bénédictins pour les jansénistes : deux mots sur leurs démêlés avec les jésuites. — Prévention de Dom Robert contre les Pères de la Compagnie de Jésus : ses causes. — Admiration de Dom Robert pour Arnauld et Nicole : écrits qu'il composa pour les défendre. — Il fait adopter par tous les monastères de Lorraine la logique ou art de penser. — En quelle estime Desgabets tenait « le livre des Pensées » de M. Pascal. — Il se propose d'écrire un « Traité de la religion chrétienne ». — Examen d'un curieux opuscule du manuscrit d'Epinal intitulé : Mémoire sur le prétendu jansénisme ; faut-il l'attribuer à D. Robert ?*

Un même amour de saint Augustin, et une égale admiration pour la réforme philosophique de Descartes, (1) devaient amener nécessairement les bénédictins à se lier avec les jansénistes, et à les défendre au besoin. Aussi ne sommes-nous pas surpris d'entendre les graves historiens

---

(1) On sait que Nicole regardait Descartes comme l'oracle de la raison ressuscitée. « On avait philosophé trois mille ans, écrit-il dans ses essais de morale (T. II, P. 30 et suiv.) sur divers principes, et il s'élève dans un coin de la terre un homme qui change toute la face de la philosophie, et qui prétend faire voir que tous ceux qui sont venus avant lui n'ont rien entendu dans les principes de la nature. Et ce ne sont pas seulement de vaines promesses, car il faut avouer que le nouveau venu donne plus de lumière sur la connaissance des choses naturelles que tous les autres ensemble n'en avaient donné. »

de l'Ordre de Saint-Benoît (1) raconter que de tout temps les religieux de Saint-Maur et de Saint-Vanne se montrèrent sympathiques à messieurs de Port-Royal ; bien plus, qu'ils ne craignirent point de se jeter dans la mêlée, lorsque les jésuites les attaquèrent, ne se laissant intimider, ni par les menaces, ni par la perspective peu attrayante d'un séjour à la Bastille. Nous n'avons pas l'intention de rappeler ici les persécutions qu'endurèrent pour ce fait plusieurs d'entre eux. Cela serait sans doute intéressant et aussi fort instructif ; mais, si nous entrions dans de telles digressions, nous risquerions de perdre de vue notre sujet. Disons seulement que, de ces querelles et de ces luttes, sortirent un certain nombre d'ouvrages, qui troublèrent pendant quelque temps la République des Lettres. On y voyait en effet, singulier spectacle ! de religieux auteurs emportés par l'esprit de parti, qui ne savaient plus garder la mesure, et se combattaient à outrance. Bientôt des plaintes furent faites au roi par les théologiens de Sorbonne, que de tels écrits scandalisaient et comme il était toujours arbitre en pareil cas, il fit comparaître devant lui, avec le Président général de l'Ordre de Saint-Benoît, quelques recteurs des collèges de jésuites, et leur intima l'ordre de cesser sur-le-champ la polémique. Les bénédictins obéirent, et Dom François rapporte, qu'en suite de cette défense, Mabillon ne livra point à l'impression un ouvrage de controverse qu'il venait de composer. En réalité ce n'était que partie remise. (2)

---

(1) Nous avons trouvé ces renseignements dans la *Bibliothèque générale de l'Ordre de Saint-Benoît* par le bénédictin Dom François, notamment aux articles Gerberon, Gesvres, Blampain et Mabillon.

(2) C'est en effet un religieux bénédictin, Dom Clémencet, qui osait écrire quelques années plus tard contre les Jésuites les lignes suivantes, dont la véhémence fait penser aux pages les plus vigoureuses des Provinciales : « Tout ce que les jésuites ont fait depuis qu'ils sont au monde, a suffisamment appris de quoi ils étaient capables : ils ont débuté par attaquer le premier article du symbole, en enlevant à Dieu sa toute-puissance ; ensuite le premier article du décalogue, en refusant à l'Etre souverain le culte d'amour qui lui est dû : ils ont combattu une multitude d'autres articles, jusque-là qu'ils ont prétendu réformer la théologie : *theologia reformata :* ils ont corrompu toute

Robert Desgabets partageait toutes les préventions de son ordre contre les Pères de la Compagnie de Jésus, et ce n'était point sans raison. Il avait appris en effet par Clerselier ce qui se disait partout : qu'une lettre circulaire émanant de leur général, avait été envoyée à toutes les maisons de la Société, pour obliger les jésuites d'écrire contre la philosophie cartésienne ; Dom Antoine Vinot l'avait entretenu sans doute des intrigues du Père Fabri ; lui-même avait dû plus d'une fois prendre contre eux la défense du grand maître, et il lui avait fallu rompre des lances en son honneur contre le R. P. Père Ignace-Gaston Pardies. D'un autre côté, les attaques continuelles du P. Rapin contre ceux qu'il appelait dédaigneusement les philosophes modernes, le voyage qu'il avait fait à Rome, exprès pour troubler la paix, à ce que l'on affirmait, l'avaient profondément irrité. Voilà pourquoi peut-être, dans sa lettre à Bossuet, il parle avec mépris de cette « cabale d'âmes jalouses, qui sacrifient la réformation générale du monde à leurs différends personnels avec feu M. Descartes, et à leurs passions peu honnêtes. » (1)

Tout au contraire, Dom Robert professait pour les solitaires le plus profond respect. Deux surtout lui étaient chers : M. Arnauld, que la Sorbonne, après de longues discussions, avait exclu de son sein, et Nicole, le moraliste de Port-Royal, le collaborateur assidu du célèbre docteur, qui se l'était approprié comme second, et depuis ne le

---

la morale de l'Evangile : ils ont porté leurs excès jusqu'à changer les oracles même du Saint-Esprit en style de roman. Il leur manquait cependant encore quelque chose, c'était une histoire assortie à leur nouveau corps de théologie, où les faits qui déposent dans tous les siècles contre leurs erreurs fussent ou rejetés, ou représentés d'une manière favorable à leur dessein. Quelque hardis que soient les jésuites, ils n'ont cependant pas jugé à propos de donner eux-mêmes, c'est-à-dire de publier sous leur nom une pareille histoire ; mais ils ont trouvé dans M. Morenas, qui se dit historiographe d'Avignon, une personne de bonne volonté, qui veut bien leur rendre cet important service, et leur servir de bouc émissaire, en leur prêtant son nom. » — Lettres d'Eusèbe Philalèthe (D. Clémencet) à M. François Morenas sur son prétendu abrégé de l'histoire ecclésiastique. — A Liège, MDCCLV, avertissement de la première édition. — Communiqué par M. Henri Wilhelm.

(1) Voir à la fin du volume la lettre à Monsieur l'évêque de Condom.

lâcha plus. C'étaient en effet « les gens du monde dans lesquels il reconnaissait le plus de lumières et de piété, » et il faisait la plupart de ses lectures dans leurs livres. (1) Il le répétait à qui voulait l'entendre et lorsque plus tard on eut essayé, comme il disait, « de brouiller le dernier des hommes avec M. Arnauld » il lui écrivit les lignes suivantes : « Si vous traitez ces matières (il s'agit de l'explication du mystère eucharistique), je ne manquerai pas d'embrasser tout ce que vous en déterminerez, car je puis vous dire sans mentir que je ne connais rien de plus grand sur la terre que M. Arnauld et Port-Royal. » (2)

C'était l'intérêt des jansénistes de ménager les amis et les défenseurs qu'ils comptaient chez les les moines de l'Ordre de Saint-Benoît. Et cela, Nicole le comprenait si bien, qu'en écrivant à Arnauld pour lui dire qu'il condamnait les essais de philosophie eucharistique de notre bénédictin, il tempérait ainsi la dureté de son langage : « Vous pouvez lui témoigner avec vérité que j'ai beaucoup d'estime pour son esprit, et beaucoup de reconnaissance de l'affection qu'il nous témoigne. »

Par amour pour ces hommes austères, non moins que pour profiter de l'occasion, qui lui était donnée, d'exposer les théories qui lui étaient chères, Dom Robert composa ses divers écrits contre le ministre Claude. (3)

. . . . . . . . . . . . . . . . . . . . . . . . .

(1) Lettre à D. Thomas le Géant, Man. de Chartres, fol. 399.
(2) Lettre à Arnauld, Man. de Chartres, fol. 486.
(3) — Extrait du dernier ouvrage de Monsieur Claude contre la défense de la perpétuité de la foi de M. Arnauld. — Man. d'Epinal.
— Considérations divisées en quatre parties sur la défense de la réformation composée par M. Claude, ministre de Charenton contre le livre intitulé : « Préjugés légitimes de M. Nicole, contre les calvinistes. »
*a)* Considérations sur la première partie, où il est montré que les premiers protestants étaient obligés d'examiner par eux-mêmes l'état de la religion et de l'église de leur temps.
*b)* Seconde partie : De la justice de la réformation.
*c)* De l'obligation et de la nécessité où les premiers protestants ont été de se séparer de l'église romaine.
*d)* Quatrième partie : Du droit que les premiers protestants ont eu d'entretenir entre eux la société chrétienne, par des assemblées publiques, et par l'exercice du ministère.
Le but de D. Robert Desgabets, dans cet ouvrage, est « d'exposer le

Tandis que la plupart des intelligences, absorbées encore dans l'étude presque exclusive d'une scolastique de décadence, périssaient d'inanition, les Jansénistes lui portaient un dernier coup, en vulgarisant, par leur *Art de penser*, la doctrine de Descartes. C'est qu'en effet dans cet ouvrage, comme le dit excellemment M. Bouillier, tout le suc du discours de la méthode est pour ainsi dire exprimé, et partout on y sent l'esprit cartésien. « Les deux discours préliminaires, admirables de sens, de sagesse et de fermeté, sont comme un manifeste de l'esprit nouveau, dans les sciences et dans la philosophie, contre l'esprit ancien. D'un bout à l'autre, l'Art de penser est un commentaire, une application, une défense de la maxime de l'évidence et de la clarté des idées, à laquelle Arnauld et Nicole ramènent toute certitude... Pas une occasion n'est perdue de tourner en dérision la science de l'Ecole, les formes substantielles, l'horreur du vide, etc. En revanche, on accrédite Descartes et la physique nouvelle, en y prenant les exemples de bons raisonnements, ou en faisant dériver,

---

fond de tout ce que M. Claude a dit touchant le point particulier des préjugés, sans entrer bien avant dans l'examen des autres questions. » — Manuscrit d'Epinal.

— Réfutation de la réponse de M. Claude, ministre de Charenton, au livre intitulé : « De la perpétuité de la foi catholique touchant l'Eucharistie, défendue par M. Arnauld, Docteur en théologie de la maison de Sorbonne. »

Robert Desgabets y soutient sa doctrine sur le Saint Sacrement, et s'efforce de prouver :

*a)* Que cette manière de présence réelle et de transsubstantiation est la seule qui doit paraître naturelle et convenable.

*b)* Que selon son hypothèse, le pain ne demeure pas dans l'Eucharistie.

*c)* Que ce sont les principes d'Aristote qui ont conduit naturellement les théologiens dans l'opinion scolastique qu'ils veulent faire passer pour la foi de l'église.

*d)* Que le corps de N.-S. est le même dans l'Eucharistie que celui qui est né de la Vierge, qui a été attaché à la croix, et qui est maintenant glorieux dans le Ciel.

*e)* Que son corps est parfait, et organisé d'une manière propre et naturelle. — Man. d'Epinal.

— D. Robert avait aussi mis en français l'abrégé de l'extrait du livre de Jansenius intitulé : « Augustinus », composé en latin par le P. George, chanoine régulier de la congrégation de « Notre Sauveur » en Lorraine.

des sophismes de l'amour-propre et de la passion, les raisons de ceux qui les combattent. A ceux qui se scandalisent de ce qu'ils osent témoigner qu'ils ne sont pas du sentiment d'Aristote, Arnauld et Nicole répondent qu'on ne doit de respect à un philosophe qu'en raison de la vérité ; qu'Aristote n'a même pas droit à cette déférence qui semble exiger le consentement universel, car ce consentement n'existe plus pour lui dans les principaux pays de l'Europe. » (1)

Le livre eut un immense succès ; Robert Desgabets le qualifie d'incomparable, et il s'appliqua à le faire adopter dans les diverses maisons de la congrégation. « J'ai donné grand cours par deça, écrivait-il ensuite à Clerselier, (2) à la logique ou Art de penser qu'on attribue à M. Arnauld, et sur ma parole on l'a acheté dans presque tous nos monastères de Lorraine. Je ne sais en quelle estime il est à Paris, mais il passe ici pour un chef-d'œuvre, qui donne un jour merveilleux aux plus belles pensées de M. Descartes. » (3) Lui-même étudia l'ouvrage jusque dans ses plus petits détails, et composa ses *Remarques sur la logique de Port-Royal*, un des curieux opuscules du manuscrit d'Epinal.

. . . . . . . . . . . . . . . . . .

En 1669, sept ans après la mort de Pascal, les solitaires firent paraître une première édition de ses « Pensées ». (4) Pour diverses raisons de prudence ou de politique, ils avaient fait un choix parmi celles-ci, mutilant même, ou altérant gravement le sens et le style

---

(1) Histoire de la Philosophie Cartésienne, T. II Chap VIII.

(2) Lettre à Clerselier du 1ᵉʳ Mars 1664. — Manuscrit de Chartres, P. 273.

(3) Il dit encore : Ceux qui ont étudié avec soin cette nouvelle logique ou art de penser l'ont regardée comme très propre à former le jugement, et à servir d'introduction aux sciences divines et humaines. L'auteur y fait paraître beaucoup de lumière et de solidité et l'a écrite avec tant de circonspection qu'on peut dire que cet ouvrage est un des plus achevés, qu'on ait donnés au public depuis longtemps. » Remarques sur la Logique, Man. d'Epinal.

(4) L'édition de 1669, fut faite pour les amis de Port-Royal. Quatre éditions parurent successivement en 1670. — Voyez : « Les pensées de Pascal, » texte critique par G. Michaut, P. LXV.

de plusieurs d'entre elles. Quoi qu'il en soit, cette publication, fort incomplète et très inexacte, fut cependant fort goûtée. Mais laissons la parole à Dom Desgabets, qui recueillait, dans sa solitude, l'écho des bruits du dehors, et qui nous a conservé sur ce point le sentiment de l'opinion publique :

« Aussitôt, dit-il, que les Pensées de M. Pascal ont paru en l'état qu'il les avait laissées en mourant, tous ceux qui en ont fait la lecture avec quelque application en ont admiré la solidité, la force, et l'éclat joint à une onction céleste qui est une marque assurée de la piété de l'auteur. Quoique cet ouvrage soit si peu achevé, il a mérité l'estime de tout le monde, et une partie de ses lecteurs sont touchés d'une douleur sensible de ce qu'il n'y a point d'autre main qui puisse donner la perfection à ces premiers traits, que celle qui en a su graver une idée si vive et si remarquable, ni nous consoler de la perte que nous avons faite en sa mort. On croit que si l'auteur avait eu le temps d'achever ce qu'il voulait entreprendre, les athées en eussent été plus pleinement convaincus, la religion catholique plus pleinement confirmée, et la piété des fidèles plus vivement excitée. En effet, si ce livre, tout imparfait qu'il est, ne laisse pas d'émouvoir puissamment les personnes raisonnables, et de faire connaître la religion chrétienne à ceux qui la chercheront sincèrement, que n'eut-il pas fait, si l'auteur y eut mis la dernière main? Si ces diamants bruts, épars çà et là, jettent tant d'éclat et de lumière, quels esprits n'auraient-ils pas éblouis, si ce savant ouvrier avait eu le loisir de les polir et de les mettre en œuvre ?

Mais, il y a d'autres personnes non moins judicieuses, qui ne sont pas de ce sentiment, et qui en parlent tout autrement. Tant s'en faut, disent-elles, que nous devions regretter que M. Pascal n'ait point achevé son ouvrage, nous devons remercier au contraire la Prudence divine de ce qu'elle l'a permis ainsi. Comme tout y est pressé, il en sort tant de lumières de toutes parts, qu'elles font voir à fond les plus hautes vérités en elles-mêmes, qui peut-être auraient été obscurcies par un plus long embarras de paroles. Ces admirables productions, qui ne peuvent aucunement recevoir leur dernière perfection, sont comme ces anciennes figures que l'on aime mieux laisser imparfaites, que de les faire retoucher. Et comme les plus excellents ouvriers se servent plus utilement de ces morceaux pour former les idées des grands ouvrages qu'ils méditent qu'ils ne feraient de beaucoup plus de pièces finies ; ces fragments de M. Pascal donnent des ouvertures sur toutes les matières dont ils traitent, qu'on ne trouverait point dans des volumes achevés. Voilà deux opinions directement opposées touchant l'ouvrage de M. Pascal, dont néanmoins on n'a aucun sujet d'être surpris. Ce n'est qu'une suite naturelle des dispositions des hommes qui ont des goûts particuliers, et qui ne peuvent pas être tous également satisfaits par une même manière de traiter les matières de la science... »

Nous sommes tout à fait, quant à nous, de l'avis des derniers. On trouve dans le livre des « Pensées » certaines vérités tellement claires, tellement lumineuses, que Pascal les aurait peut-être rendues « obscures par un plus grand embarras de paroles. » Témoin ce passage par exemple, où au lieu de montrer l'insouciance de l'homme pour la mort à l'aide de nombreux développements, il s'exprime très simplement et très heureusement en ces termes : « Les hommes n'ayant pu guérir la mort, la misère, l'ignorance, ils se sont avisés, pour se rendre heureux, de n'y point penser. » (1) De même il dit très bien de la manière suivante que la croyance est en partie une œuvre d'amour : « C'est le cœur qui sent Dieu, et non pas la raison. » (2) Ajoutons à cela l'éclat d'un style piquant et naturel, le même que celui des Provinciales, avec quelque chose de plus : un éclat d'imagination et une force de pathétique, d'émotion poignante, dont il n'y a pas d'autre exemple dans notre langue, et l'on admettra volontiers que l'ouvrage inachevé est peut-être plus parfait que ne l'aurait été une œuvre terminée.

Robert Desgabets en jugeait autrement. Il regrettait vivement cette mort prématurée, qui avait empêché Pascal de composer son Apologie de la religion, qui devait convaincre les libertins les plus endurcis. Toutefois,

---

(1) Edition de Port-Royal XXVI, 4. — Voyez « Texte critique » publié par G. Michaut, Fribourg 1896, P. 120

(2) Edition de Port-Royal, XXVIII, 51. — Dans son bel ouvrage : « La méthode morale ou de l'amour et de la vertu comme éléments nécessaires de toute vraie philosophie », M. Charles Charaux a commenté avec un rare bonheur cette pensée de Pascal. — Voyez : « la Philosophie en France au XIX° siècle », par Félix Ravaisson, P. 240.

comme on va le voir, il ne se bornait pas à faire entendre des gémissements superflus :

« Il n'y a pas d'apparence, ajoute-t-il, qu'aucun de ces génies extraordinaires, qui pourraient nous donner en ceci une entière satisfaction, s'applique à un travail qui serait si nécessaire. Je suis si persuadé de cette vérité, et tout ensemble si convaincu du besoin extrême qu'ont les hommes d'un ouvrage complet, qui soit formé sur les pensées de M. Pascal, que je me suis imaginé que plusieurs esprits du commun travaillant l'un après l'autre sur de si beaux fondements, et chacun en particulier, ne se proposant pas de tout dire, mais de traiter simplement les choses qu'il aurait davantage examinées, on pourrait enfin arriver à quelque chose non pas d'égal, mais de rapport à ce que M. Pascal aurait pu faire. Il importe peu que ce soit moi ou un autre qui commence le premier à entrer dans cette carrière, puisqu'il ne faut pas s'attendre à quelque chose qui soit achevé du premier coup. »

C'est alors qu'il entreprit de composer un « *Traité de la religion chrétienne, selon les pensées de M. Pascal* » où, au lieu d'employer comme le célèbre janséniste des preuves morales allant plus au cœur qu'à l'esprit, il s'efforçait de démontrer, par la raison et par la philosophie, la vérité du christianisme. (1)

Nous ne pouvons terminer ce chapitre sans parler d'un singulier opuscule qui se trouve au milieu des in-folio d'Epinal sous ce titre : *Mémoire sur le prétendu jansénisme*. (2) M. Cousin affirme que cet écrit n'est pas de

---

(1) Nous n'avons pas retrouvé le « *Traité de la religion chrétienne* » de Robert Desgabets. On ne peut en effet donner ce nom aux quelques pages qui figurent sous ce titre dans le Manuscrit d'Epinal. Selon la juste remarque du bénédictin Claude Paquin « il n'y a de bon que le commencement, où il fait l'éloge du traité de ce savant homme ; le reste est si peu de chose qu'à peine mérite-t-il d'être lu ; ce qui fait croire que c'est d'une autre main ».

(2) M. Cousin avait peut-être rencontré cet écrit dans les œuvres d'Arnauld, mais rien ne prouve qu'il soit de lui. On sait, en effet, qu'Arnauld empruntait de toutes mains, et qu'il n'indiquait pas souvent les sources auxquelles il puisait. Dans les ouvrages qui portent son nom, il est difficile, sinon impossible, de déterminer la part qui revient à Nicole. Et Robert Desgabets n'avait-il pas quelque intérêt à composer cet écrit pour recouvrer l'amitié des jansénistes que la publication de l' « *Ecrit ad hominem* », lui avait fait perdre? Quoi qu'il en soit, voici les endroits principaux de ce « *Mémoire sur le prétendu jansénisme* ».

« Comme dans les contestations où l'on s'est trouvé engagé, on n'a

Desgabets ; c'est possible, nous croyons cependant qu'il l'aurait volontiers signé. Peut-être est-ce l'ouvrage du bénédictin D. Henri Hennezon : le R. P. Rapin le représente, en effet, comme un ennemi acharné des Pères de

---

jamais eu d'autre intérêt que celui de la vérité, dans le temps même où les disputes étaient le plus échauffées, on ne désirait rien avec tant d'ardeur que de pouvoir conserver l'union et la charité avec tout le monde, sans manquer à son devoir et trahir sa conscience...

Cette disposition a toujours été très sincère dans les amis de Mademoiselle de Longueville et les a fait entrer avec facilité dans tous les expédients qu'on a proposés, pour terminer une affaire qui troublait le monde depuis si longtemps, et qui scandalisait tous les gens de bien...

Mais les disciples de saint Augustin n'auraient pas cru faire l'usage qu'ils devaient de la liberté qui venait de leur être rendue s'ils n'avaient tâché de l'employer utilement pour la gloire de Dieu et pour le salut des âmes. Ce fut dans cette vue qu'ils entreprirent de défendre contre les hérétiques la croyance de l'Eglise Romaine, et qu'ils résolurent dès lors de consacrer tous leurs travaux à éclaircir, et à soutenir les vérités qui sont contestées par les calvinistes...

Mais il faut avouer que (ces ouvrages) n'ont pas fait à l'égard des anciens ennemis de ces Messieurs tout l'effet qu'on en attendait...

Tandis que M. Arnauld recevait de Rome des témoignages d'estime et d'affection du Pape, le P. Chauvin, jésuite prêchant à Issoudun le déclarait hérétique en pleine chaire...

Le P. Guillemin autre jésuite, aussi échauffé et aussi violent que ses confrères, passant dans un monastère de Bernardines du diocèse de Grenoble, dit publiquement que les deux tiers des évêques de France étaient jansénistes, et qu'il fallait s'en défier...

Le P. Bourdaloue, célèbre par ses prédications et plus célèbre encore, s'il se peut, par ses emportements, dit, il n'y a pas longtemps que les jansénistes étaient des hérétiques très dangereux, et qu'ils ne haïssaient les jésuites que comme les loups haïssent les chiens du berger. On ne peut s'empêcher de faire remarquer, en passant, la charité de ce bon religieux, qui lui fait prendre pour des bêtes farouches tous ceux qu'il n'honore pas de sa bienveillance, et cette humilité profonde avec laquelle il déclare dans cette comparaison que lui et ses compagnons sont les chiens fidèles, à qui J.-C. a confié dans ces derniers temps la garde et le salut de son troupeau...

Un Cordelier est chassé du diocèse de Séez comme janséniste n'ayant jamais écrit ni parlé sur ces matières...

On laisse à Sa Majesté à faire les réflexions que sa prudence lui suggérera sur cette conduite ; et on ne doute pas qu'elle ne découvre aisément à travers les artifices des jésuites, que ces pères, qui se parent tant de l'attachement qu'ils ont pour Rome, n'ont du zèle que pour la gloire, et pour les avantages de leur compagnie, et ne respectent les puissances supérieures, qu'autant qu'elles agissent conformément à leurs passions, ou à leurs intérêts...

Il n'est pas possible de finir ce mémoire sans parler du Testament de Mons... L'ordonnance de feu M. de Paris n'est qu'un effet des impressions qu'il recevait continuellement du P. Annat... C'est un

la Compagnie de Jésus, et qui excitait contre eux le cardinal de Retz.

---

ouvrage de ce jésuite, plutôt qu'une déclaration sincère des sentiments de ce prélat...
On prend la liberté de presser le Roi là-dessus, parce qu'il s'est passé depuis peu des choses dont on n'ose se plaindre, mais dont on ne peut s'empêcher de gémir dans le fond de son cœur, et de prier Dieu qu'il inspire au Roi des sentiments plus favorables pour les personnes du monde, qui ont le plus de respect pour Sa Majesté, et le plus de zèle pour son service. » — Man. d'Epinal, n° 142, P. 420 et suiv.
Dom Calmet, dans sa « Bibliothèque Lorraine » attribue ce mémoire à D. Desgabets. — Le passage qui concerne Bourdaloue a été récemment publié par le R. P. Griselle S. J., dans une thèse de doctorat ès-lettres qui a été très remarquée.

# CHAPITRE IV.

## Les Relations dans l'Ordre de Saint-Benoît.

*Estime universelle des bénédictins de Saint-Vanne pour Dom Desgabets; les religieux de Breuil l'accueillent avec respect en leur monastère. — Le cardinal de Retz insiste pour qu'il reste près de lui : curieux récit fait par Desgabets dans une lettre inédite du manuscrit de Chartres, d'entretiens qu'il eut au château de Commercy avec d'illustres prélats. — Dom Mabillon lui envoie un de ses ouvrages : lettre de Dom Robert, où il exprime à ce religieux sa reconnaissance. — Qu'il jouissait dans l'Ordre d'une grande considération au milieu même du XVIII<sup>e</sup> Siècle.*

La notice de Dom Calmet sur Robert Desgabets, qui fut publiée dans le Moreri de 1716, et qui contient une liste assez complète de ses ouvrages, se termine ainsi : « Il y a encore diverses lettres et écrits qui sont entre les mains des curieux. » Nous avons retrouvé à Chartres une partie de cette correspondance, dont le savant abbé de Senones signale l'existence ; nous sommes loin pourtant de la posséder tout entière. Les courses que Desgabets dut faire comme visiteur de la congrégation, les rapports qu'il eut comme prieur avec les abbés des monastères voisins, durent donner naissance à un commerce épistolaire assez étendu. Malheureusement ces lettres familières qui nous eussent été si précieuses pour l'étude des relations de Dom Desgabets avec les religieux de son Ordre, nous font complètement défaut. Nous savons toutefois que notre bénédictin jouissait dans la Congrégation de Saint-Vanne d'une universelle estime, et il en eut lui-même la preuve.

En effet, lorsque dépossédé du titre de prieur de l'abbaye de Saint-Airy de Verdun, D. Robert fut envoyé dans un faubourg de Commercy comme sous-prieur de ce monastère de Breuil, où onze années auparavant il avait exercé entière supériorité, les moines bénédictins, pleins de vénération pour ce religieux, cherchèrent à lui faire oublier, par leurs bontés, ses cruels chagrins : « Je ne suis ici que sous-prieur, écrivait-il alors à Clerselier, mais on m'y traite avec beaucoup de bonté. » (1) Tous occupés, en effet, à défricher un coin du champ immense de la science, les religieux bénédictins pratiquaient à l'égard les uns des autres la plus grande charité, et ils semblent, en général, avoir ignoré ces deux vices qui viennent si souvent hélas, décourager les meilleures volontés : la basse jalousie et l'envie.

Dès que le silence se fut fait sur sa condamnation, on songea sérieusement dans l'Ordre à remettre Desgabets dans une situation « qui convînt davantage à ses capacités ». Il reçut même, dit D. Ildephonse Catelinot, la nomination capitulaire de l'abbaye de Saint-Mansui de Toul, mais fut maintenu à Breuil, sur les instances du cardinal de Retz (2) et de D. Henri Hennezon.

---

(1) Lettre de D. Robert Desgabets à Clerselier, 19 Octobre 1671, Manuscrit de Chartres, P. 512.

(2) Nous avons parlé ailleurs des rapports de D. Desgabets et du Cardinal de Retz. Ajoutons qu'on connaîtrait bien mal leurs relations, si l'on s'en tenait aux seules conférences de Commercy. Qu'on nous permette de dire encore quelques mots à ce sujet :
Dès 1664, Retz, plein de respect et de déférence pour Descartes, qu'il appelait « cet admirable homme », s'entretenait fréquemment avec D. Robert de ses belles découvertes, et Desgabets nous apprend qu'il trouva fort bon ce qu'il lui dit un jour de la « probité » de Descartes et tout particulièrement l'application qu'il lui fit de ce passage du livre de la Sagesse : « *In malevolam animam non introibit sapientia, nec habitabit in corpore subdito peccatis.* » Lorsque plus tard, le Cardinal vécut retiré dans son château de Commercy, il y reçut fréquemment la visite de princes, de grands seigneurs, de cardinaux, qui venaient animer cette solitude. Robert Desgabets fut plus d'une fois convié à assister à ces réunions, et M. de Retz le reçut

De la congrégation de Saint-Vanne, la réputation de D. Robert ne tarda guère à se répandre dans la Congrégation de Saint-Maur, où il compta bientôt des

---

à sa table. C'est ce que nous apprend la lettre suivante que D. Robert adressa à Clerselier :

*A Breuil, le 20 Juillet 1671.*

Monsieur,

« J'ai sujet de croire que Dieu a mis entre nous une liaison qui m'oblige à vous écrire aujourd'hui, pour vous dire tout ce qui se passe ici. Vous recevrez, Dieu aidant, bientôt tout ce que je vous ai promis, et même l'écrit de l'indéfectibilité par quelqu'un des gens de M. le Cardinal, qui fait état de partir sur la fin de la semaine pour Paris, après qu'il aura reçu l'ambassadeur de Venise qui va de Paris à Vienne. Nous avons ici Messieurs les évêques de Châlons et de Meaux, avec quelques abbés de qualité. Après les premiers compliments, M. le Cardinal ne manqua pas d'ouvrir le champ de la conversation par la matière du Saint-Sacrement et de la Philosophie de M. Descartes. Pour moi, qui suis assez libre pour dire mon sentiment, je parlai de la publication de cette philosophie, comme du plus grand évènement qui a paru, et qui paraîtra dans le monde, après la publication de l'Evangile... Les jours suivants, j'ai passé deux après-dinées entières avec M. de Chalons avec une liberté et une douceur ravissante. Il a voulu avoir tous mes écrits pour les parcourir, quoi qu'ils soient en grand nombre, et je lui ai fait lecture de la préface que vous avez. Je ne sais si vous connaissez ses qualités, mais je puis vous dire qu'on ne connaît point de prélat en France de plus grand mérite. Il a été traité à fond du Saint Sacrement, et il a si bien pris les choses que nous pouvons nous assurer de sa protection. Le père abbé de Saint-Mihiel, qui est une belle et grande abbaye à trois lieues d'ici, quoique mon ami particulier, est néanmoins le premier auteur des persécutions que j'ai souffertes. C'est sans doute un des plus rares génies de ce siècle, et l'oracle de M. le Cardinal et de M. de Chalons... Il vint pour voir ces prélats, et se joignit à la seconde conversation, où il fit d'admirables démarches. Il avoua franchement que les pères et les écrivains grecs étaient de mon opinion, ainsi qu'il l'avait reconnu par la lecture du dernier ouvrage de M. Claude. Et pour seconde déclaration, il dit qu'il ne doutait pas que si mon opinion était reçue dans l'Eglise, les deux grandes sectes des Luthériens et des Calvinistes ne fussent entièrement ruinées. Pour moi, je ne doute pas que si ce n'était quelque honte de ce qui s'est passé, il se déclarerait absolument, ce qui serait d'une grande conséquence, quoiqu'il ait maintenant peu de temps pour étudier, à cause qu'il est fort employé aux négociations. Il ne se défend plus que par le sens qu'il dit que les Pères du Concile de Trente ont dû avoir dans l'esprit, sur quoi M. de Chalons lui dit de très belles choses. Il le pressa aussi de lui dire son sentiment sur les âmes des bêtes, et il se déclara formellement pour M. Descartes, dont il expliqua fort bien les sentiments et les fondements. Vous n'êtes point inconnu à ce prélat, et il est très bien averti de ce qu'on a prétendu faire en Sorbonne contre M. Descartes. Il a voulu avoir copie de l'argument *ad hominem* dont M. de Meaux veut avoir aussi communication. M. le Cardinal me fit l'honneur de me faire manger avec eux, etc... » — Manuscrit de Chartres, P. 505.

admirateurs, et même des disciples. (1) Le pieux et savant Mabillon, qui connaissait sa science profonde, non seulement en philosophie mais encore en théologie, et en histoire ecclésiastique, lui fit remettre une dissertation qu'il venait de composer, où il soutenait contre le P. Sirmond que le pain azyme ou sans levain était en usage dans l'église latine, pour la célébration des Saints Mystères, avant le schisme de Photius, et que les preuves apportées par ce jésuite, n'étaient pas sans réplique. Dom Robert fut profondément touché de cette délicate attention à l'égard « d'un inconnu » et il écrivit au docte religieux une longue lettre, où il exprimait avec effusion sa reconnaissance, et montrait qu'il entendait parfaitement ces matières :

« Quoique je ne sois qu'un pigmée, ajoutait-il, et que je n'écrive que pour remplir un porte-feuille, je suis bien aise, en traitant à ma mode de nos mystères, et en particulier de celui de la Sainte Trinité, d'avoir trouvé des ouvertures qui semblent faciliter la créance de la procession du Saint Esprit, du Père et du Fils. » (2)

On sent dans ces dernières lignes comme une secrète amertume d'un écrivain désabusé, qui croit que le fruit de ses labeurs est à peu près perdu, et que la réputation, cette récompense que l'amour-propre ambitionne par-dessus tout, échappe à ses prises. Et pourtant, bien des années après sa mort, on parlait encore de lui avec vénération dans les monastères de Lorraine, et on réclamait

---

(1) D. Norbert Jomart, né à Hesdin (Artois) qui fit profession à Saint-Faron de Meaux, et mourut prieur de l'abbaye de Saint-Thierry de Reims, a laissé parmi ses écrits une explication du Saint Sacrement selon les principes de M. Descartes (10 pages in-4°) inspirée probablement par les ouvrages de notre bénédictin.

(2) De Breuil, le 17 Mars 1674. — Œuvres posthumes de D. Jean Mabillon, lettres et écrits sur la question des Azymes. — Mabillon répondit à D. Robert, et celui-ci le remercia de sa réponse le 12 Mai 1674 : le Chapitre venait alors de le nommer prieur de son monastère et il profitait de ce que cette nouvelle charge lui donnait « un peu plus de liberté et de commodité d'agir » pour communiquer à son confrère son dernier écrit sur l'Eucharistie, et lui montrer que tous ceux qui avaient pensé combattre son système n'en avaient « touché que l'écorce. » — Lettre autographe de Desgabets à Mabillon. — Bibliothèque nationale, Man. 19,652, fol. 143.

pour chaque abbaye une copie de ses œuvres, comme le témoignent ces lignes du bénédictin D. Claude Paquin :

*Mon Révérend Père Dom Ildefonse Catelinot, religieux bénédictin de l'abbaye de Saint Mihiel,*

*A Saint Mihiel.*

MON CHER ET ANCIEN AMI,

Le Père Prélat de Flavigny, nous a écrit, au R. P. Abbé et à moi pour faire écrire la préface de l'histoire en médailles de Louis XIV pour en mettre une dans son in-folio, et en même temps dans le vôtre, parce qu'il n'a aucun écrivain dans sa maison ; nous lui rendrons volontiers ce service, et en même temps à vous, mais permettez que ce soit à une petite condition, qui est de voir dans ce qui reste des vieux écrits de Dom Robert Desgabets, si vous ne pourriez pas trouver deux lettres de M. Clerselier, qui sont essentielles pour l'histoire des traités de Dom Robert sur l'Eucharistie : elles sont le 3$^{me}$ tome de votre recueil ; vous nous feriez plaisir aussi d'y ajouter les deux lettres de M. Descartes au P. Meland, qui sont dans votre 2$^{me}$ tome, et dont par conséquent vous devez avoir les brouillons.

Dans ce billet que vous voyez ici, vous verrez tous les ouvrages que nous avons de Desgabets, et de tous ceux qui ont eu relation avec lui. J'ai dans mes papiers une copie de D. Pierre Munier, des titres de tous les ouvrages que vous avez dans votre recueil ; et j'y ai vu aussi ceux que nous n'avions pas. Vous avez donc presque tous les ouvrages de D. Robert, et Senones en a encore davantage ; et il convient que l'on ait de tels recueils dans des bibliothèques, comme la vôtre et celle de Senones ; ne conviendrait-il pas que la nôtre les eût aussi, et que l'on y conservât au moins les brouillons de ces ouvrages, dont nous avons déjà une si grande partie. Vous verrez dans ce billet ceux qui nous manquent. Il ne contient que ceux-là ; et nous avons tous les autres. Je m'imagine que vous n'auriez pas de peine de remplir ce défaut par ceux qui vous restent, et qui vous deviennent inutiles. Le grand supplément est si brouillé, qu'on ne peut presque en lire une partie ; si vous nous envoyez le Guide de la Raison Naturelle, il y suppléerait. Le grand traité sur l'Eucharistie est bien écrit, mais vous savez comme il est déchiré pour la bonne partie que l'on ne peut lire qu'en devinant les endroits déchirés. Il me semble que vous en avez encore un autre exemplaire, comme il me paraît par votre recueil ; s'il n'était pas déchiré, je le changerais volontiers contre le vôtre ; enfin, vous serez le maître de m'en envoyer ce qu'il vous plaira.

J'ai égaré la dernière lettre que vous m'avez écrite, où vous me marquiez que vous aviez trouvé un Polidore Virgile ; mais je ne puis, ayant égaré votre lettre, me souvenir du livre que vous me demandiez pour change ; la première fois que vous écrirez par ici, marquez-le moi, et je verrai ce que je pourrai faire là-dessus auprès du R. P. Abbé. Je vous souhaite les bonnes fêtes où nous allons entrer, et suis de tout mon cœur,

Mon cher ami,

Votre très-humble et très-obéissant serviteur,

CLAUDE PAQUIN.

De Moytier ce 15 Xbre 1747.

# CHAPITRE V.

**L'Ecole philosophique de Dom Desgabets.**

*Lettre de Dom Robert à un de ses disciples, touchant le Supplément de la Philosophie de M. Descartes. — Tendance empirique de Régis en métaphysique. — De l'union de l'âme et du corps. — Que toutes les idées viennent des sens. — L'automatisme des bêtes. — Traces de l'influence de Desgabets dans les ouvrages de Régis. Clerselier fidèle disciple de Descartes.*

Robert Desgabets écrivait un jour à l'un de ses plus dévoués disciples :

« J'ai appris avec beaucoup de joie, par la lecture de vos lettres, que je n'ai pas mal employé mon temps lorsque je vous ai engagé dans l'étude de la philosophie de M. Descartes, et que je vous en ai fait le plan, pour vous en faciliter l'intelligence... Vous ne pouvez supposer comme vous faites que c'est ce philosophe qui nous a enfin découvert les vrais principes de la nature, sans lui donner la gloire de nous avoir ouvert l'œil de la raison... Comme la foi et la raison sont proprement les deux yeux de l'âme, je vous accorde que vous ne pouvez avoir trop d'estime pour le travail d'un homme, que vous regardez comme le réformateur du monde raisonnable, etc. »

Le manuscrit d'Epinal ne nous a pas révélé le nom du philosophe à qui cette épître était destinée, mais nous soupçonnerions volontiers Régis. Dom Calmet dit en effet qu' « il eut de nombreuses relations avec le P. Desgabets et qu'il profita beaucoup de ses lumières et de sa méthode, dans les trois tomes de philosophie qu'il a donnés au public. » (1)

Pierre Sylvain Régis, né en 1632 dans le comté d'Agenois, avait fait ses premières études au collège des jésuites de Cahors ; il fréquenta ensuite l'Université de cette ville, et y acquit bientôt une telle réputation, dit Fontenelle, que le corps entier de l'Université le sollicita de prendre le bonnet de docteur, offrant d'en payer tous les frais. Régis refusa avec une rare modestie : il lui semblait, en effet, que pour mériter un tel titre, il devait tout d'abord étudier en Sorbonne. Il se rendit donc à Paris, où il suivit les cours de la faculté de théologie, mais, « s'étant dégoûté de la longueur excessive de ce que dictait un célèbre professeur, sur la seule question de l'heure de l'institution de l'Eucharistie, et ayant été frappé de la philosophie cartésienne..., il s'attacha entièrement à cette philosophie, dont le charme indépendamment même de la nouveauté, ne pouvait manquer de se faire sentir à un esprit tel que le sien. » (2) Tout nous porte à croire que ce fut D. Robert Desgabets, alors procureur général de la congrégation, qui l'initia aux nouvelles doctrines. Quoi qu'il en soit, Régis suivit avec le plus grand intérêt les conférences de Rohault, et devint bientôt si habile à défendre la physique cartésienne, que ce dernier l'envoya à Toulouse, avec une sorte de mission, pour y établir la nouvelle philosophie. Son enseignement fut très goûté : magistrats, religieux, savants, accouraient de tous côtés pour l'entendre. Il alla ensuite à Montpellier, où il obtint un pareil succès, et revint à Paris, mais l'archevêque Harlai lui ordonna de suspendre ses conférences.

Pendant qu'il était à Toulouse et à Montpellier, Régis entretint certainement une active correspondance avec D. Robert Desgabets, qu'il appelle l'un des plus grands métaphysiciens du siècle. (3) Malheureusement,

---

(1) D. Calmet : Bibliothèque Lorraine, V° Desgabets.
(2) Fontenelle : Eloge de Régis.
(3) Usage de la foi et de la raison, Livre III, Chap. XVII. — Ils

en dépit des recherches les plus minutieuses, nous n'avons pu mettre la main sur ces écrits. En l'absence de ces documents, nous sommes contraints de nous en rapporter aux ouvrages publiés par Régis ; nous essaierons donc d'y discerner, d'une manière approximative, ce que ce philosophe doit à D. Robert.

L'étude des philosophies modernes, dit M. André Lefèvre, ne va pas sans quelque désenchantement. On y entre plein d'espoir, on y marche avec surprise. On se demande si la philosophie ne serait pas une sorte de manège, où chaque époque vient reprendre l'ornière une fois tracée, buter aux mêmes cailloux, courir la même bague. Le spectateur ou l'auditeur s'attendait à une révolution : il ne trouve qu'une suite. (1) Il y a dans ces lignes une part de vérité. Comme si c'était le résultat fatal de deux tendances irréductibles de l'esprit humain, on voit en effet reparaître sans cesse, sous des formes diverses, les deux grands systèmes, qui, depuis l'origine de la spéculation, partagent et divisent les intelligences : l'empirisme et le rationalisme. De même qu'aux hypothèses métaphysiques de Platon, succèdent les conceptions plus positives d'Aristote, qui préparent le sensualisme d'Epicure ; ainsi à la doctrine rationaliste de Descartes, succède l'empirisme de Desgabets et de Régis, ces petits cartésiens (2) qui semblent annoncer Locke et Condillac.

*Je pense, donc je suis*, avait dit Descartes : la pensée, voilà ce qu'il y a de plus certain. Je suis avant tout une âme, une chose qui pense (res cogitans), et cette âme, sujet d'inhérence de la pensée, ne contient rien d'étendu :

---

s'écrivaient, dit D. Ca.elinot, ils se faisaient des objections, ils éclaircissaient par là les plus épineuses difficultés qu'ils se proposaient. — Avertissement de l'Editeur, Man. d'Epinal.

(1) A. Lefèvre : La Philosophie, P. 281.

(2) De même qu'après Socrate parurent les petits socratiques, ainsi après Descartes on trouve ce qu'on a appelé très justement les petits cartésiens : Clerselier, Rohault, Desgabets, Regis, Arnauld, le P. Poisson, Corbinelli, Jacques du Roure, Cordemoy, etc.

c'est une substance immatérielle, simple, spirituelle, qui possède en un mot les mêmes caractères que la pensée. Du même coup, la notion de l'esprit est impliquée dans la conscience de la pensée : la notion de corps ne vient que plus tard, « lorsque l'esprit sort de lui-même pour entrer dans le monde extérieur. » (1) — Oui, répond D. Robert, l'âme est une substance pensante, mais la théorie de Descartes sur ce point est incomplète, il faut ajouter que « c'est une substance pensante d'une certaine façon, qui est que ses pensées, qui sont ses modes, exigent naturellement d'être unies avec les mouvements corporels. » Voilà en effet son état naturel, sa « perfection » et cela est si vrai « que l'état de séparation avec le corps lui est violent, de même que l'état d'union l'est à l'égard des démons. » Il faut donc sensualiser tous les concepts de l'entendement : c'est le seul moyen de rejoindre les deux parts de l'être humain, l'esprit et le corps.

Mais n'y a-t il pas là un danger ? Professer une telle théorie, n'est-ce pas faire cause commune avec ceux des libertins « qui philosophent et se piquent d'esprit », n'est-ce pas leur fournir des arguments nouveaux ? Quand cela serait, s'écrie Desgabets, il faudrait malgré tout « laisser triompher la vérité. » Au reste, cette appréhension est mal fondée, car « depuis que M. Descartes a découvert la vraie nature des qualités sensibles, on a des preuves si naturelles et si fortes de la distinction du corps et de l'âme, qu'on n'a que faire pour cela de se jeter dans l'excès contraire à celui des libertins, en cherchant des opérations qui ne dépendraient aucunement du corps. Un homme et une femme ont beau s'unir par le lien de l'amour conjugal, c'est ce lien qui suppose la distinction de leurs personnes, laquelle est plus que prouvée, lorsqu'ils se querellent, lorsqu'ils se battent, qu'ils plaident : ainsi l'âme et le corps. » (2)

Comme Robert Desgabets, son disciple Régis (3) fait

---

(1) Fragments de Philosophie Cartésienne par V. Cousin, Passim.
(2) Lettre de D. R. Desgabets à Malebranche, Manuscrit d'Epinal.
(3) La prétention de Régis, dit M. Bouillier, est de tout embrasser,

dépendre toutes les idées des sens, et de la continuelle impression de l'âme sur le corps, ne les séparant pas de l'idée d'étendue, conséquence nécessaire de l'union de l'âme avec le corps. Comme lui, tout ce qui paraît indécis et flottant dans la doctrine de Descartes, il l'interprète au sens de l'empirisme.

« Entre ceux qui se piquent de science, dit-il, les uns sont persuadés qu'il n'est pas possible de connaître rien de l'âme, ce qui vient de ce qu'ils sont tellement occupés à considérer leurs idées selon leurs êtres objectifs, c'est-à-dire, selon la propriété qu'elles ont de représenter certaines choses plutôt que d'autres, qu'ils ne songent jamais à rentrer en eux-mêmes, pour les considérer selon leur être formel, en tant qu'elles sont des modifications de leurs âmes. Les autres, au contraire, s'imaginent de bien connaître l'âme, en la considérant simplement comme une chose qui pense, sans avoir aucun égard au rapport qu'elle a au corps, avec lequel elle est unie ; en quoi ils se méprennent étrangement, l'expérience faisant voir manifestement que toutes les fonctions de l'âme, considérée en qualité d'âme, dépendent absolument des mouvements du corps auquel elle est unie, ce qui rend la connaissance de cette union tout à fait nécessaire. » (1)

A l'encontre de Descartes, D. Robert Desgabets soutenait dans son « Supplément » que l'âme et le corps sont connus aussi immédiatement et aussi sûrement l'un que l'autre. Sylvain Régis dit aussi que nous les connaissons avec la même évidence. Selon lui, « de même que nous ne pouvons concevoir un mode spirituel, sans concevoir en même temps l'existence de l'âme, de même nous ne pouvons concevoir un mode corporel, sans concevoir l'existence du corps. Si tout mode spirituel nous fait connaître la nature de l'âme, qui n'est autre chose

---

de tout expliquer, sauf la religion et la politique dans son système de philosophie... Il le divise en quatre parties, la logique, la métaphysique, la physique et la morale. En physique, [comme Desgabets] il suit fidèlement Descartes. Il complète la logique avec l'Art de penser de Port-Royal. En morale, où Descartes avait laissé ses disciples sans direction, Régis se rapproche de Gassendi et de Hobbes lui-même... — Histoire de la Philosophie cartésienne, T. I, Ch· XXIV.

(1) Système de Philosophie. — Edition de Paris T. I, P. LXIV : Avertissement.

que ce sans quoi nous ne pouvons concevoir ce mode spirituel, il en est de même de tout mode corporel, et la nature du corps est aussi ce sans quoi nous ne pouvons apercevoir le mode corporel que nous apercevons ». (1)

Régis prétend encore qu'il n'est pas nécessaire d'admettre dans notre esprit, antérieurement à toute expérience, l'existence de certaines tendances, de certains principes, qui lui viendraient, non du dehors, mais de son propre fonds. Il est inutile, d'après lui, pour expliquer notre science, d'avoir recours à une autre faculté que celle qui nous fournit nos intuitions sensibles. Sur ce point, sa déclaration est formelle : « C'est sans fondement, dit-il, que les philosophes modernes assurent qu'il y a des choses dans l'entendement qui n'ont pas passé par les sens, puisqu'il n'y a rien, non seulement dans l'entendement, mais même dans l'âme, qui n'ait passé par les sens médiatement ou immédiatement. Je n'en excepte pas même les idées innées, car il faut remarquer que les idées innées ne diffèrent pas des idées acquises, en ce que celles ci dépendent des sens, et que les autres n'en dépendent pas, mais en ce que les idées innées sont continuellement dans l'âme, et que les idées acquises n'y sont que successivement ; par exemple, je ne vois que successivement les figures particulières dont les idées sont acquises, parce que l'idée de l'une ne renferme pas l'idée de l'autre, au lieu que j'aperçois continuellement l'étendue, parce qu'elle est enfermée dans l'idée de chaque figure particulière. » (2) C'est encore le développement d'un principe cher à notre bénédictin, à savoir qu'il n'y a rien dans l'entendement que par le sens.

Comme Robert Desgabets, Régis admet l'automatisme des bêtes et ne reconnaît en elles d'autre âme que leur sang, selon une interprétation assez commune, quoique peu justifiée d'un texte de l'Ecriture. Rien, dit-il, ne serait plus déraisonnable que d'attribuer aux bêtes une âme

---

(1) Francisque Bouillier : Hist. de la Philosophie cartésienne T. I, Ch. XXIV.

(2) Usage de la raison et de la foi, Livre I, Part. II, Chap. III.

« qui soit une substance réellement distincte du corps, et qui néanmoins ne puisse pas exister hors du corps ». (1) Ce serait la même chose en effet que de dire « que l'âme des bêtes est en même temps une substance et un mode : une substance par la supposition, et un mode, parce qu'elle a besoin d'un sujet pour exister ». Or, cela répugne. En conséquence, il ne voit dans l'animal qu'une matière, où tout s'explique par les lois du mouvement. De même que, dans une montre, le mouvement de l'aiguille dépend de celui d'une roue, que celui de cette roue dépend encore du mouvement d'une autre roue ; ainsi tous les membres de la bête sont mûs par les muscles, mis en jeu par les esprits animaux, qui découlent du cerveau dans les muscles, ou bien remontent du cœur dans le cerveau.

Enfin, notre bénédictin était amené, par sa théorie originale de l'union de l'âme et du corps, à cette conséquence : que les âmes séparées par la mort penseraient différemment, c'est-à-dire que Dieu « pourvoirait » d'une autre manière à leur façon de penser. Régis partage la même opinion. L'âme, dit-il, ne pensant aux choses que dépendamment du corps qu'elle anime, il est bien évident qu'elle sera privée, après la mort, de toutes les facultés de penser qu'elle exerce dépendamment de ce corps, et par conséquent qu'elle n'aura plus d'entendement, ni de volonté.

Tout ce que Régis dit dans sa métaphysique de la possibilité et de l'impossibilité des êtres modaux, des vérités éternelles, des conditions de l'union de l'esprit et du corps, du sens composé et du sens divisé, relève plus ou moins de la philosophie de Dom Robert. Si bien qu'entre lui et notre bénédictin, il y a une véritable filiation, (2) qu'il n'est pas malaisé de retrouver.

---

(1) Système de Philosophie, Physique, Chap. XVII. De l'âme des bêtes. — Edit. de Paris T. II, P. 634.

(2) Citons encore ce passage bien significatif d'une lettre de Foucher à Leibnitz (30 mai 1691). « M. d'Avranche est bien aise de ce que vous estimez son livre de la censure de Descartes. Depuis peu M. Régis lui

Tous deux d'ailleurs reconnaissent pour maître saint Augustin, et s'appliquent à abriter l'exposition de leurs systèmes derrière l'opinion de l'évêque d'Hippone. Et quoique la gloire de Régis soit aujourd'hui obscurcie, il n'en reste pas moins vrai que c'est pour Desgabets un grand honneur de l'avoir pu compter parmi ses disciples.

. . . . . . . . . . . . . .

On s'imaginerait voir Clerselier, cet ardent admirateur de Dom Robert, adopter ses doctrines. Il n'en est rien pourtant. Ce philosophe fait partie des purs et simples cartésiens : il se montre partout disciple fidèle et respectueux du maître. Il ne craint pas de poser des objections sur l'indéfectibilité des substances, qu'il n'admet point, et voici ce qu'il écrit au sujet de l'union de l'âme et du corps : « Que si nous voulions aller plus avant, pour savoir comment notre âme, qui est incorporelle, peut mouvoir le corps, Descartes déclare très judicieusement qu'il n'y a ni raison, ni comparaison tirée des autres choses qui nous le puisse apprendre ; et la raison, qui me fait acquiescer à ce sentiment de Descartes, est que je trouve que nous ne devons et ne pouvons non plus connaître comment le spirituel agit sur le corporel, ou le corporel sur le spirituel, que nous ne pouvons connaître comment Dieu a créé toutes choses, et comment il s'est fait entendre et obéir par le néant ; bref, comment il agit hors de lui : car ce sont des effets de sa toute puissance et de sa sagesse, qui sont au-dessus de la portée de nos esprits, n'étant pas possible que des esprits finis comme le nôtre puissent connaître la manière d'agir de l'esprit infini, ni que la créature puisse comprendre comment elle est sortie des mains de son créateur. » (1)

---

a répondu là-dessus, et n'a presque rien dit à mon avis que ce que dit D. Robert Desgabets ; de sorte qu'en répondant à cet auteur j'ai répondu par avance à M. Régis. » L'abbé Simon Foucher par l'abbé Rabbe : Appendice.

(1) Lettres de Descartes, T. III, P. 645.

# CHAPITRE VI.

**L'Ecole philosophique de Dom Desgabets** (Suite).

*Ce que Desgabets a fait dans l'Ordre de Saint-Benoît pour la Philosophie de Descartes. — En quel sens on peut dire qu'il a fait école. — Ses principaux disciples : D. Nicolas Desbordes ; Dom Barthélemy Senocque ; Dom Nicolas Maillot ; Dom Ildephonse Catelinot. — Quel était le désir de ce dernier : avons-nous réussi à le satisfaire en partie ?*

A la fin de Décembre de l'an 1663, Clerselier recevait de D. Robert Desgabets une courte épître, dans laquelle notre bénédictin lui mandait tout ce qu'il avait fait pour répandre dans son ordre la philosophie cartésienne, qu'il avait tant à cœur de propager et de défendre :

« Je vous dirai, Monsieur, que j'ai travaillé avec tant de succès qu'il n'y a aucun corps de réguliers en France, où la philosophie de M. Descartes ait plus de vogue que le nôtre. Il ne se fait aucun cours de philosophie, où elle ne soit débitée avec éloge, et même on la fait passer en théologie, où je ne l'ai point oubliée ces années dernières, etc. » [Manuscrit de Chartres, P. 272.]

Par philosophie de Descartes, il entendait sans doute les doctrines de ce grand savant, avec les correctifs qu'il prétendait y apporter.

Toutefois, si les triomphes du prosélyt... de Dom Robert furent, comme il le dit lui-même ... complaisance, nombreux et éclatants, en revanche, les noms de ses prosélytes sont presque tous inconnus : avec une modestie qui l'honore, il ne parle jamais d'eux dans sa correspondance. Voici d'ailleurs les seuls passages que nous avons pu relever à ce sujet dans ses volumineux écrits : cela, on va le voir, se réduit à fort peu de chose :

« Comme je suis présentement éloigné de tous mes disciples, je me trouve comme dépouillé de ma propre doctrine. « [Man. de Chartres. — D. R. Desgabets, prieur de Mouzon.]

« Vous ne sauriez croire combien souvent l'opinion de la machine est sur le tapis, et combien j'ai disposé de personnes à goûter cette opinion. » [Ibid. Lettre à Clerselier, P. 304.]

« Le père de Saint-Mihiel (D. Henri Hennezon) depuis six semaines a donné les mains à cette vérité (l'indéfectibilité des créatures) après une guerre à outrance de plus de douze années, ce que je vous débite comme une nouvelle importante de l'empire des lettres, puisque M. le Cardinal de Retz le regarde comme son tout, n'ayant, à ce qu'il dit, jamais pratiqué d'esprit plus fort, ni plus vaste, ni même plus honnête. » [Manuscrit de Chartres, P. 503.]

Par bonheur, nous avons trouvé ailleurs quelques documents qui nous permettront de montrer, dans une certaine mesure, quelle fut son influence dans l'Ordre.

Le mot Ecole a différents sens : il peut signifier une conformité d'opinions presque entière avec la doctrine d'un maître, ou bien encore, la conformité seulement des principes fondamentaux. L'assentiment, dans le second cas, est libre et raisonné. A coup sûr, on peut affirmer, en ce sens, que tous les religieux de la Congrégation de Saint-Vanne furent de l'Ecole de D. Robert Desgabets. Nous en avons la preuve dans cette affirmation formelle d'un bénédictin d'une rare franchise, Dom Claude Paquin : « le bien que Dom Robert a fait dans la Congrégation c'est d'y avoir introduit la bonne philosophie et la bonne théologie, mais l'on n'y est pas entré dans ses opinions singulières. »

Quelques religieux pourtant ne craignirent pas d'adopter les opinions hasardées de Desgabets : c'est ce que nous apprend Dom Calmet.

Parmi ceux-ci, on peut citer d'abord Dom Nicolas Desbordes, qui fit profession de la règle de saint Benoît, en l'abbaye de Saint-Airy de Verdun, le 4 Juin 1673. Il écrivit contre Dom Lami, l'estimable auteur de la *connaissance de soi-même*, et Dom Calmet assure que cette dispute entre les deux écrivains n'altéra en rien l'étroite amitié qui les unissait. Il le représente en outre comme un profond penseur, et de fait, on a de lui trois entretiens fort longs (1), en forme de dialogue, sur les questions les plus élevées de la métaphysique. Dans cet ouvrage, Dom Desbordes suit des principes contraires à ceux du R. P. Malebranche, et même de Dom Lami, s'attachant à Dom Robert Desgabets. (2)

Après lui, vient D. Barthélemy Senocque, natif de Verdun, qui fit profession dans l'Abbaye de Saint-Vanne, le 26 Août 1661, et qui y mourut le 6 Décembre 1701. Il est l'auteur d'un *Supplément à la Philosophie de Descartes*, (3) où il reprend, sans grands changements, les théories de Dom Robert. Dom Senocque écrivit également un opuscule sur le premier principe de la certitude humaine, où il prétendait prouver que toute conception simple a toujours, hors de l'entendement, un objet réel et constant, qui est en lui-même tel qu'il est représenté par la pensée : idée empruntée de toutes pièces à notre bénédictin. Sous le titre de : « *Historiæ et doctrinæ veteris et recentioris philosophiæ brevis enarratio,* » il a fait l'apologie de Descartes : dans cet écrit il discute l'œuvre, mais exalte l'auteur. Enfin, il nous a laissé un

---

(1) Le premier a pour objet : que tout ce dont on a une idée claire et distincte, existe réellement, actuellement, et en la manière qu'il nous est représenté dans l'idée. — Le second traite de la nature de Dieu, et de ses propriétés essentielles et intrinsèques. — Le troisième roule sur la nature des anges.

(2) Nous empruntons tous ces détails et ceux qui suivent à la *Bibliothèque Lorraine* de Dom Calmet, et à la *Bibliothèque générale* de Dom François.

(3) Voyez : *Bibliothèque Lorraine,* V° Senocque.

excellent résumé de la Philosophie de Desgabets, dans son principal ouvrage, qui est intitulé : « *Ordre que peut tenir un religieux dans ses études de philosophie, de théologie, de l'écriture sainte et de ses interprètes, des Saints Pères, des Conciles, de l'histoire ecclésiastique, et de la profane.* » — Après Dom Robert, Barthélemy Senocque répétait que Descartes avait eu tort de douter de toutes choses pour prouver l'existence de son âme, et qu'il devait dire : « J'ai des idées claires et distinctes de la matière, de mon âme, de Dieu, donc ils existent actuellement. » Il soutenait aussi que les idées que nous avons des choses, et même les actions de notre volonté, sont toujours liées avec quelque mouvement des esprits animaux, d'où il tirait cette conséquence que nos pensées succèdent les unes aux autres, qu'elles commencent, continuent et finissent, et qu'on peut mesurer notre pensée à l'horloge, comme le drap à l'aune. Il admettait l'indéfectibilité des substances, et l'automatisme des bêtes. C'est un disciple enthousiaste de la doctrine du maître, comme le prouvent d'ailleurs ces mots de Dom Calmet : « D. Barthélemy Senocque était fort attaché à la doctrine et aux principes philosophiques de D. Robert Desgabets. » (1)

Dom Nicolas Maillot, bénédictin de la congrégation de Saint-Vanne et Saint-Hydulphe, né à Saint-Mihiel le 11 Novembre 1649, fit profession dans l'abbaye de Saint-Avold le 1er Novembre 1669, et de là fut envoyé au prieuré de Breuil, près Commercy, pour s'y perfectionner dans les bonnes études, sous le R. P. Dom Robert Desgabets. C'était en effet dans ce monastère que les bénédictins de Saint-Vanne allaient prendre le degré

---

(1) Biblioth. Lorr. V° Senocque. — Mentionnons ici D. Hyacinthe Alliot, natif de Bar-le-Duc qui fit profession dans l'Abbaye de Saint-Mihiel, le 5 Mai 1656. C'était le fils d'un célèbre médecin. Ayant été envoyé à Paris il y connut les disciples de Descartes, prit goût à la nouvelle philosophie, et se lia avec Dom Desgabets. Ce dernier ayant, comme nous l'avons dit ailleurs, inventé la transfusion du sang, Alliot, qui aimait beaucoup tout ce qui se rapportait à la médecine, « science comme héréditaire à sa famille » fit à ce sujet plusieurs expériences à Bar-le-Duc et en d'autres endroits. — Ibid. V° Alliot.

de bachelier, et la licence en philosophie. (1) Dom Calmet, qui nous a conservé ce détail, ajoute que ce séminaire d'études — nous dirions plus volontiers cette Université bénédictine — y subsista jusqu'après les guerres de Lorraine.

Sous la discipline de Desgabets, le jeune religieux fit de tels progrès, qu'il fut bientôt en état d'enseigner ses confrères. Grâce à notre bénédictin, la philosophie de Descartes était alors en grande vogue dans la congrégation, et Dom Maillot s'y appliqua, paraît-il, avec beaucoup de succès. Il professa la philosophie dans l'abbaye de Münster en Alsace, puis fut chargé en 1682 de la conduite d'un noviciat dans la Lorraine Allemande. Il quitta alors la philosophie, pour se tourner du côté de la dévotion et de la spiritualité. Ses biographes ne nous disent pas s'il avait adopté, en philosophie et en théologie, toutes les innovations de Desgabets. C'est probable, et voilà pourquoi nous avons pensé qu'il méritait une place ici.

De tous les bénédictins qui firent fête aux théories de Dom Robert, il en est un surtout, qui se distingua par son infatigable ardeur à rechercher, et à mettre en ordre tous les écrits de notre philosophe ; nous avons nommé D. Ildephonse Catelinot. Les lettres qu'il écrivit à ce sujet aux différents monastères de la congrégation, nous le font connaître comme une âme enthousiaste, douée de plus d'une grande sensibilité. On en peut juger par ce préambule, qui précède, dans le manuscrit d'Epinal, le catalogue des ouvrages de Desgabets conservés à la bibliothèque d'Hautvillers :

---

(1) En 1606, les Bénédictins de la Congrégation de Saint-Vanne et Saint-Hydulphe avaient fait ériger ce séminaire d'études à Pont-à-Mousson, pour entretenir les jeunes religieux propres à l'étude, sous des supérieurs qui prendraient soin de leur conduite, tant pour les mœurs, que pour ce qui regardait les études. Ces jeunes religieux étaient soumis à un réglement spécial. Ils devaient réciter ensemble les heures de l'office divin, mais non aussi lentement que dans les communautés ordinaires, entendre une messe basse, et obéir aux règles prescrites. Ce fut plus tard que ce séminaire d'études fut fixé au prieuré de Breuil. — Bibliothèque Lorraine.

« Ayant appris de bonne part qu'il y avait des ouvrages de D. Desgabets dans cette célèbre abbaye, je pris la liberté d'écrire au R. P. Prieur, pour en avoir au moins quelque connaissance. Il ne s'est pas contenté d'en donner les simples titres, il y a joint ce qui est traité dans chaque chapitre. C'est comme un abrégé de tout ce que contient chaque ouvrage, et qui en donne une juste idée ; on pourra juger par là combien il est important pour la République des Lettres de mettre au jour ces précieux trésors, qui, jusques ici, sont demeurés cachés dans les bibliothèques, et le sont encore, en attendant qu'ils roulent sous la presse. Je ne saurais trop reconnaître la peine que s'est donnée le Père pour m'envoyer un si riche présent. » (1)

Dom Ildephonse Catelinot naquit à Paris le 5 Mai 1671. Il fit profession à l'abbaye de Saint-Mansui de Toul le 23 mai 1694, et fut l'un des collaborateurs de Dom Calmet. Il entretint avec l'abbé de Senones une active correspondance. Un religieux bénédictin, qui s'est récemment occupé de lui, D. Ursmer Berlière, dit que la bibliothèque du grand séminaire de Nancy ne conserve pas moins de 59 lettres de ce religieux, relatives aux nouvelles littéraires : il est question de Dom Robert dans l'une d'entre elles. La mort l'enleva le 15 juin 1756.

Dans son « *Avertissement de l'éditeur* », document inédit du manuscrit d'Epinal, Dom Catelinot s'étend avec complaisance sur les mérites philosophiques de notre bénédictin, que, dans sa naïve admiration, il ose égaler à Descartes ! Bien plus, il essaie de le disculper des graves accusations portées contre lui au sujet de la philosophie eucharistique : « on a cru, quoique injustement, dit-il, qu'il approchait de l'impanation des Luthériens ». La préface générale sur tous les ouvrages de Desgabets, qui est également de lui, est une apologie du système métaphysique de Dom Robert. Dom Catelinot y trouve le moyen de faire cesser les difficultés de

---

(1) Manuscrit d'Epinal, Pièces ajoutées.

nos mystères « puisqu'on y découvre, dit-il, les manières d'accorder les deux lumières de la foi et de la raison, qui procèdent également d'une même source. ». Il admet avec Desgabets qu'il n'y a rien dans l'entendement qui n'y soit entré par les sens, que tout ce que l'on connaît possède le degré d'être que l'on y aperçoit, en d'autres termes que toute idée a un objet réel, que les qualités secondes de la matière ne sont autre chose que des perceptions de l'âme, que les accidents des substances sont passagers, tandis que la substance, l'être en soi, étant simple et indivisible, ne peut être conçue comme pouvant être détruite, etc. Et il donne ce conseil aux lecteurs des écrits du maître :

« Il ne faut pas se contenter de regarder ces ouvrages chacun en particulier, il en faut considérer l'enchaînement pour voir comment il résulte de tout cela comme un rejaillissement de lumière, qui pénètre dans toutes les sciences, et qui s'en réfléchit pour en faire voir la beauté, la liaison, la solidité, les usages, et pour dissiper les ténèbres fort épaisses qui les ont fait méconnaître. »

Convaincu qu'il était que les nouvelles pensées philosophiques servaient admirablement à trouver la vérité, il se proposait d'éditer les écrits de Dom Desgabets, espérant que ce religieux passerait ainsi à la postérité : les circonstances l'empêchèrent de donner suite à ce projet. Nous ne savons si cette idée d'une édition des œuvres de Dom Robert sera jamais reprise ; mais il nous a semblé que Desgabets représente un moment intéressant de l'histoire du cartésianisme en France, qu'il méritait en conséquence d'être disputé à l'oubli. Que ce soit la justification, ou l'excuse de notre travail.

FIN.

# APPENDICE

# I.

## Avertissement de l'Editeur, par Dom Ildefonse Catelinot.

Le Révérendissime Dom Calmet, illustre abbé de Senones, si connu des savants de nos jours, avait déjà fourni aux Editeurs du Nouveau Dictionnaire de Moreri un assez ample détail de ces ouvrages ; mais sa louable et infatigable recherche à déterrer tout ce qu'il y a de plus caché et de plus curieux, dans les bibliothèques de l'Europe, qui n'a point encore été mis au jour, lui en a fait trouver un plus grand nombre, dont j'ai fait un recueil le plus exact qu'il m'a été possible.

Je me flatte qu'on ne sera pas fâché d'en avoir au moins les titres, en attendant qu'on puisse faire rouler sous la presse ces précieux trésors, pour enrichir la République des Lettres, où ils n'étoient point encore connus. Je commencerai par les ouvrages philosophiques, quoique la théologie l'emporte beaucoup sur la philosophie ancienne et moderne : c'est que Dom Desgabets a particulièrement excellé dans le continuel exercice de cette dernière ; il y alloit de pair avec les plus fameux philosophes de son temps, Descartes, les Pères Magnan minime, Poisson de l'Oratoire, Melan Jésuite et M. Régis, avec qui il étoit en relation, et qui a beaucoup profité de ses lumières, aussi bien que de sa méthode, dans les tomes de philosophie qu'il a donnés au public in-4°. Ils s'écrivoient, ils se faisoient des objections, ils éclaircissoient par là les plus épineuses difficultés qu'ils se proposoient.

On dira peut-être qu'ils ont trop approfondi les matières, et porté trop loin leurs curieuses recherches, surtout Desgabets, qui semble avoir voulu trouver la pierre philosophale. Je réponds à cela, avec Quintilien, qu'il arrive quelquefois que les plus rares génies, qui cherchent toujours ce qui est extrême et au-delà des bornes, trouvent quelque chose de grand et de sublime : « Evenit nonnunquam, ut aliquid grande inveniat, qui semper quaerit quod nimium est. » Lib. II Inst. C. XII. Il est vrai qu'on ne peut pas trouver la pierre philosophale, dont on parle tant et depuis si longtemps, et qu'on ne la trouvera jamais ; mais il est à propos qu'on la recherche, car, en la cherchant, on trouve de fort beaux secrets qu'on ne recherchoit pas. Or, c'est ce que je puis dire de notre Philosophe Bénédictin. Il est aisé de lui en faire la juste application.

Il n'a pas moins excellé dans la Théologie, non pas celle de l'Ecole, qui ne fait qu'embarrasser les esprits, où souvent on s'écarte en des questions indignes de la gravité de notre Religion, où l'on s'éloigne de l'ancienne Tradition, en négligeant l'étude des Pères, de qui seuls on peut l'apprendre ; où enfin, à force de disputer, on devient sophiste, on soutient le sic et non, comme le fameux Abélard du XII<sup>e</sup> siècle, mais une théologie plus épurée et traitée avec plus de dignité, de solidité, de raisonnement, d'utilité, où on ne touche que les principaux mystères de la Foi, la Sainte Eucharistie, l'adorable Trinité, la Justification, la Prédestination, la Grâce etc.

Je ne dissimulerai pas que ses sentiments ont paru nouveaux et hardis, particulièrement touchant la Sainte Eucharistie. On a cru, quoique injustement, qu'il approchoit fort de l'impanation des Luthériens, et, par conséquent, qu'il anéantissoit la vraie créance de cet auguste mystère, savoir la présence réelle du corps et du sang de Jésus-Christ, toujours permanente sous les espèces du pain et du vin, et la transsubstantiation. Qu'on ne craigne rien à ce sujet. Il s'est suffisamment justifié là-dessus, comme on le voit par l'humble réponse qu'il fit à ses supérieurs dans l'interrogatoire, et encore mieux par la lettre de M. de Pontchateau, aussi bien que par la réponse que ce grand seigneur, qui fut un prodige de pénitence et d'humilité, lui fit pour le louer des bonnes dispositions, où il étoit de changer de sentiment, s'il étoit nécessaire. Ces pièces sont au commencement du manuscrit, p. 25. Il me suffira de donner un abrégé de sa vie, afin que l'on sache qui il étoit, quand il vivoit, et quand il est mort.

Il naquit en Lorraine d'une famille assez noble, du village de Dugni ou d'Ansemond, (1) au diocèse de Verdun. Sitôt qu'il se sentit touché de Dieu, après ses études, et qu'il eût formé le pieux dessein de renoncer au monde de bonne heure, il entra dans notre congrégation, qui étoit alors dans la première rigueur de sa réforme, prit le saint habit, et fit profession dans l'abbaye célèbre de Hautvilliers, au diocèse de Rheims, parce qu'alors les trois provinces de Champagne, Bourgogne et Lorraine n'étoient point séparées, et que le noviciat étoit dans cette maison, sous la sage et prudente conduite de nos premiers réformateurs.

---

(1) Robert Desgabets n'était pas né à Duguy, mais au village d'Ancemont qui n'en est pas loin. — Voir à ce sujet Durival, Description de la Lorraine et du Barrois, t. II. p. 362.

L'heureux jour de sa profession fut le 2 Juin 1636. Il brilla entre ses jeunes confrères, dans son cours de philosophie et de théologie. Ces premiers commencements firent juger de ce qu'il seroit dans la suite, je veux dire un subtil philosophe, et un très profond théologien. Le présage ne fut pas trompeur. Il enseigna lui-même en divers endroits, et se perfectionna dans les sciences divines et humaines, autant que dans la vertu, et l'exacte observance de notre sainte règle, persuadé que la science, sans la vertu, n'est que vanité aux yeux de Dieu. Aussi se distingua-t-il par sa piété et son bon gouvernement, dans les premiers emplois de l'ordre, de supérieur, de définiteur, de visiteur jusqu'à deux fois. Il s'y fit partout remarquer par son érudition, et son zèle pour les études. Il en inspira l'amour aux religieux qui vivoient sous lui, et aux autres. Il les protégea, il les avança, et l'on peut dire qu'il est un de ceux qui ont le plus contribué à mettre les études en honneur, et à les rendre florissantes dans notre ordre. Il en est comme un autre Mabillon. Il savait ce que ce savant a dit depuis dans son excellent traité des études monastiques, que notre saint patriarche veut et entend que dans l'élection de l'abbé, on ait principalement égard au mérite et à la doctrine : « vitæ autem merito et sapientiæ doctrina eligatur... » Comment l'auront-ils, cet esprit de sagesse et de doctrine, sans le secours d'une étude assidue et presque continuelle, autant que nos saints exercices peuvent le permettre ?... Comment instruiront-ils les autres, s'ils ne sont pas instruits eux-mêmes ?

Qu'ils ne disent pas, pour s'en dispenser, que cela ne regarde que l'étude de l'Ecriture et des Pères, non pas ces sciences qui flattent l'esprit sans nourrir le cœur ; ces sciences abstraites et embarrassées de mille difficultés ; où il y a plus de curiosité que de profit, qui font perdre l'attention à la prière, l'onction du Saint Esprit, et l'esprit de la religion. Ce sont à la vérité de fâcheux inconvénients, que l'on peut et que l'on doit éviter. Cela n'a pas empêché Dom Desgabets de les cultiver, et d'y exhorter ses frères, comme on le voit par les lettres qu'il a écrites, et qui se trouvent dans le recueil de ses ouvrages.

Il ne faut pas s'étonner du genre d'études qu'il a embrassé. Il s'est trouvé dans un temps, où la philosophie et la théologie commençaient à s'épurer. Il fut envoyé en qualité de Procureur général pour les affaires de la Congrégation à Paris. Il profita du séjour qu'il y fit, pour conférer avec les plus célèbres philosophes de cette grande ville. Il se lia en particulier avec Monsieur Clerselier, intime ami et partisan de Descartes, dont les nouvelles opinions faisaient alors beaucoup de bruit. Il ne s'écrivait rien de considérable dans ce pays des muses, sur la philosophie, la théologie, la controverse, qu'il n'y prit part, et qu'il n'examinât fort sérieusement. Les nouvelles expériences de physique furent ses principaux objets. Il inventa la transfusion du sang, et découvrit ce secret à quelques-uns de ses amis, pour qui il n'avait rien de caché. Mais la chose ayant été négligée pour lors, les Anglais, qui se font honneur de tout, la publièrent quelques années après comme une découverte dont ils étaient les seuls auteurs, lui dérobant la gloire qui devait lui en revenir, s'il en eut été susceptible. Son cœur y fut insensible. Il n'y chercha jamais que la gloire de Dieu, et l'utilité qui pouvait en revenir à son ordre.

Il ne lui fit pas moins d'honneur par sa sage conduite ; il ne se dérangea jamais dans ses pieux exercices. Il a rempli tous les devoirs de son état, non pas en philosophe qui fait vanité de sa science, mais en véritable religieux qui ne tend qu'à l'éternité, où il a passé le 13 Mars 1678, et repose dans l'Eglise du prieuré de Breuil, en attendant le moment de la résurrection universelle. Qu'on ne soit pas surpris, s'il en a été si longtemps prieur, lui qui avait eu la nomination capitulaire de l'abbaye de Saint-Mansui, et qui en aurait joui paisiblement, dans un temps plus tranquille, et moins sujet à de fâcheuses révolutions ; c'est que deux personnes de la première distinction le retenaient, et l'engageaient à se fixer en un seul lieu : le cardinal de Retz, pour lors souverain de la terre de Commercy, et Dom Henri Hennezon, abbé de Saint-Mihiel, l'un et l'autre grands philosophes et théologiens.

Le Cardinal, qui a fait tant parler de lui à cause de ses démêlés avec le cardinal Mazarin, après bien des disgrâces, retiré sur ses terres, passait agréablement le temps avec D. Desgabets. Ils disputoient sans distinction de rang ou de qualité, et l'abbé, comme voisin était l'arbitre de leurs différends littéraires ; de là sont venues les sublimes et ingénieuses réponses du Cardinal, que nous avons encore parmi les écrits de Desgabets, où il vivra à jamais, si on les met au jour, comme il y a tout lieu de l'espérer. C'est ce qui m'engage à en donner les titres, afin qu'on puisse les ramasser tous, sans qu'il en échappe aucun, ce qui est bien difficile, tant le nombre en est grand, car il ne se donnait aucun repos ; il écrivait sans cesse, pour éclaircir ce qu'il y avait de plus obscur, ou pour répondre à ce qu'on lui objectait.

*(Manuscrit d'Epinal : Œuvres Philosophiques. Pièces ajoutées.)*

## II.

### Jugements divers sur Dom Robert Desgabets.

#### Jugement de Clerselier.

« Dom Desgabets est un des bons religieux, et un des esprits les mieux faits et des mieux sensés que je connaisse, avec qui il y a plaisir d'avoir commerce, et que je n'ai jamais vu sortir des termes de la bienséance et de la discrétion ; ce qui fait qu'on peut prendre en lui une pleine et entière confiance, ce qui ne se rencontre pas en toutes sortes de personnes, y en ayant plusieurs, de qui le savoir n'est quelquefois pas moins à appréhender que l'ignorance. Car si celle-ci est capable de faire qu'ils trompent les autres, celle-là les jette quelquefois dans un orgueil qui les rend insupportables, et qui empêche qu'on ne les puisse aborder. Le Révérend Père Desgabets est exempt de ces défauts, ayant une grande douceur et beaucoup de capacité. »

*(Lettre au R. P. Poisson sur l'Eucharistie. — Man. d'Epinal.)*

---

#### Jugement du prieur d'Hautvillers dans sa lettre a D. Ildefonse Catelinot, en réponse a la sienne.

« Je n'ai pas pu plus tôt, mon Révérend Père, satisfaire au vif empressement que je vous avais témoigné avoir de vous donner un précis de ce que j'ai des ouvrages de Desgabets, à cause des mille embarras qui suivent, comme vous savez, les retours de nos chapitres, surtout dans une saison comme est celle où nous venons de le tenir, mais ceci, je pense, ne diminuera rien de l'idée que vous aviez de ma bonne volonté, et du respect parfait que vous croyiez justement que je dois avoir, pour la mémoire d'un homme aussi respectable que le doit être pour nous le R. P. Dom Robert. Il serait à souhaiter que nous puissions retrouver tout ce qu'il a écrit, pour en faire part au public. Cela ne serait que très utile aux gens qui aiment les belles sciences, et honorable pour notre congrégation. Je souhaiterais avoir quelque chose de plus à vous envoyer ; ces motifs seuls suffiraient pour ne rien oublier pour satisfaire à la promesse que je vous avais faite, quand je ne serais pas porté, comme je le suis, de la plus parfaite inclination de vous marquer en toutes choses le respect, avec lequel, j'ai l'honneur d'être,

Mon Révérend Père,

Votre très humble et très obéissant serviteur,

D. Etienne Pierre, Prieur d'Hautvillers.

*20 Octobre 1744.*

## Lettre de Dom Claude Paquin.

*Mon Révérend Père D. Ildefonse Catelinot, Religieux bénédictin de l'Abbaye de Saint-Mihiel,*

*A Saint-Mihiel.*

Mon très cher ami,

Je trouve ici une occasion de vous renvoyer votre prospectus. Je vous ai déjà assez marqué ce que je pensais des ouvrages de Dom Desgabets, et de leur impression. Vous dites dans votre avertissement que ses sentiments ont paru nouveaux et hardis, particulièrement sur l'Eucharistie ; on a cru *quoique injustement* qu'il approchait de l'impanation des Luthériens. On ne peut guère vous passer ce terme *injustement*, en le comparant avec le mot qu'il approchait ; puisque tout le monde l'a cru ainsi, et que c'est sur cela qu'il a fait sa rétractation, et que depuis il n'en a plus parlé, quoiqu'il ait encore bien écrit, pendant les deux ou trois ans qu'il a vécu depuis.

En se rétractant, il a réservé l'indéfectibilité des substances, qui est cependant le fondement de son sentiment sur l'Eucharistie, puisqu'il y établit sur un autre faux principe que l'éternité n'étant qu'un point indivisible, il y aurait contradiction à dire que Dieu, après avoir créé la matière, la détruirait ensuite, fondé encore sur un autre faux principe qu'on lui nie, que durée, temps et mouvement ne sont qu'une même chose.

Le sentiment qu'il a sur la nature de l'âme n'est pas moins dangereux pour son immortalité, par la manière dont il explique l'union ; vous le verrez très bien réfuté dans les écrits qui contiennent les disputes que l'on tint contre lui à Saint-Mihiel, devant et avec le cardinal de Retz. Il y fut pris en forme selon les règles de la bonne dialectique, et il eut tout le désavantage dans ces disputes ; vous pouvez les voir. Voici comment le Cardinal finit ces disputes : « Il ne me reste qu'à témoigner à Dom Robert la reconnaissance que j'ay au nom de tous les Cartésiens des avis qu'il leur donne si souvent de se garder des préjugez. Il ne me reste, dis-je, qu'à lui témoigner ma reconnaissance par l'avis, que je crois lui devoir en cette occasion, de se défendre avec application, de la pente qu'il a un peu trop naturelle à s'imaginer que ce qui est le plus outré dans les sciences est le plus vrai. »

Le bien que Dom Robert a fait dans la congrégation, c'est d'y avoir introduit la bonne philosophie et la bonne théologie, mais l'on n'y est pas entré dans ses opinions singulières, sur lesquelles il a été décrié, même pour son sentiment sur la grâce efficace, et l'on a continué d'enseigner sur cela le principe établi par les thomistes, qui se sont soutenus également et avec plus de raison...

Pour la philosophie, l'on a aussi quitté avec raison le pur Cartésianisme sur les essences des choses, que Descartes, et Dom Robert après lui, a prétendu dépendre des décrets de Dieu, en sorte qu'avant le décret, l'on ne conçoit que la Trinité ou plutôt que Dieu, puisque la Trinité ne se conçoit pas par raison : de sorte que, selon Dom Robert, l'on conçoit toute l'éternité, Dieu avant de le concevoir créateur. Il ajoute un autre principe de sa façon, qui est que l'essence des choses et leur existence ne sont pas seulement distinguées *per mentem*, de sorte que être conçu, et être réellement, c'est une même chose, et c'est ce qu'il appelle l'être objectif, de sorte que nos âmes sont des milliers d'années avant l'union à des corps ; il rebat cela en vingt endroits de ses écrits, aussi bien que tous ses autres principes singuliers.

Il a fait un traité des principes de morale pour un grand vicaire, dont quelques-uns sont des plus outrés.

Enfin je finis, en disant que tant qu'il n'a suivi que saint Augustin pour la théologie, et Descartes pour la philosophie, il n'a écrit que bien. Pour ce qui est de la physique, il me paraît très bon.

J'ai vu dans le catalogue, que Dom Pierre vous a envoyé, un ouvrage avec Dom Charles et lui, sur la nature des anges. Cet ouvrage ne se trouve pas dans tous les catalogues de ses ouvrages, ni dans les recueils : je le verrais volontiers, s'il était possible. Il en parle par-ci par-là dans ses traités, surtout dans son supplément.

Ce supplément est une espèce de somme de ses autres traités philosophiques sur tout ; il est comme son dernier écrit, il le finit en 1676. Il n'y parle plus de l'Eucharistie : il paraît qu'il entendait fort bien la statique. S'il avait été plus modéré dans ses sentiments, il aurait été un grand homme tout court.

Vous savez, sans doute, que le grand traité qu'il a fait sur la grâce et la prédestination, est un beau précis de l'ouvrage que le P. George, chanoine régulier, a fait du deuxième tome de Jansénius, qui se trouve dans la plupart de nos maisons de Lorraine.

J'ai fini ma soixante-et-onzième année le jour de l'Exaltation de la Sainte-Croix. Je me trouve toujours à peu près aussi fort et aussi vigoureux que la dernière fois que vous m'avez vu ; je souhaite qu'il en soit de vous de même. Nonobstant cela, je pense tous les jours à la mort, et je crois n'y pouvoir penser de trop loin pour n'être pas surpris. Ce sera jusqu'à ce moment que je serai toujours en N.-S. J.-C., mon cher Père,

Votre très humble et très obéissant serviteur,

CLAUDE PAQUIN.

*De Moytier ce 20 septembre 1748.*

### Jugement de Dom Jean François.

Si l'on fait attention au nombre des ouvrages et à la réputation de D. Robert Desgabets, on ne balancera pas à lui donner un des premiers rangs parmi les plus savants, et les plus habiles religieux de la congrégation de Saint-Vanne.

*(Bibliothèque générale des Ecrivains de l'ordre de Saint-Benoît.)*

### Jugement d'Amédée Hennequin.

« Par ses principes, l'adversaire du cardinal de Retz appartient à Descartes ; par sa conclusion, il tend vers Spinoza. N'était la foi qui le retient sur le penchant de l'abîme, il tomberait dans le panthéisme. Le système de Dom Robert, sur l'Indéfectibilité des substances, comble une lacune dans l'histoire de la philosophie. Il sert de transition entre le discours de la *Méthode* et le *Théologico-Politicus* ; il aide à faire comprendre le mot de Leibnitz : « Le spinozisme n'est qu'un cartésianisme immodéré. »

Tel fut Dom Desgabets : une âme possédée de l'amour de la science, semblable par l'universalité de ses connaissances, aux grandes renommées du moyen-âge, Roger Bacon et Raymond Lulle ; doué du reste de plus de vivacité d'imagination que de justesse de jugement, il résume, dans un éclectisme singulier, les opinions des philosophes de son temps. Le cardinal de Retz avait bien pénétré le défaut de son esprit, lorsqu'à la fin des conférences de Commercy, il lui adressa ces paroles :

« Il ne me reste qu'à témoigner à Dom Robert la reconnaissance que j'ay au nom de tous les cartésiens des avis qu'il leur donne si souvent de se garder des préjugez. Il ne me reste, dis-je, qu'à lui témoigner ma reconnaissance par l'avis, que je crois lui devoir en cette occasion, de se défendre avec application de la pente qu'il semble qu'il a, un peu trop naturelle, à s'imaginer que ce qui est le plus outré dans les sciences est le plus vrai. »

Claude Paquin abonde dans le sens de M. de Retz, et exprime bien l'impression qui résulte de l'étude de Dom Robert, par ce mot de l'une de ses lettres à Dom Catelinot : « S'il avait été plus modéré dans ses sentiments, il aurait été un grand homme tout court. »

*(Les Œuvres philosophiques du Cardinal de Retz, 1842.)*

---

### Jugement de Victor Cousin.

« Les fragments inédits et entièrement inconnus (?) que nous révèle le manuscrit d'Epinal... illustrent l'histoire littéraire du xvii<sup>e</sup> siècle, en mettant parmi les amateurs de la philosophie cartésienne un des personnages les plus considérables de cette grande époque. Ils font voir aussi que l'unique ouvrage imprimé de Dom Desgabets, *Critique de la Critique de la Recherche de la Vérité*, appartient à un auteur qui avait fait de la philosophie l'étude de toute sa vie, et qui, par le tour de son esprit et le caractère de ses idées, mérite d'être compté, fort au-dessous de Hobbes et de Gassendi, mais au-dessus de Sorbière et de La Chambre, parmi les précurseurs de Locke et de Condillac. »

*(Fragments de Philosophie cartésienne, 1852.)*

---

### Jugement de Francisque Bouillier.

« Si Desgabets est un cartésien, ce n'est qu'un cartésien fort infidèle et fort incomplet, et qui semble avoir voulu embrasser, dans le plus singulier éclectisme, Descartes et Gassendi. Après avoir de bonne heure adopté la philosophie nouvelle, bientôt il s'en sépara sur une foule de points essentiels en métaphysique, et ne lui demeura guère fidèle qu'en physique. L'activité et la hardiesse de son esprit, la vivacité de son imagination, ses innovations hasardeuses, en philosophie et en théologie, lui firent une grande réputation et même des disciples, dans son ordre et dans le monde.

Régis l'appelle un des plus grands métaphysiciens du siècle. Une lettre de Dom Claude Paquin (1), jointe aux manuscrits de Desgabets, nous apprend que Régis avait été très lié avec lui, et avait beaucoup profité de ses lumières et de sa méthode. Peut-être Desgabets a-t-il contri ué à pousser Régis du côté de l'empirisme. »

(Histoire de la Philosophie cartésienne.)

## III.

### Extrait de la correspondance de Leibnitz avec l'abbé Foucher, concernant Robert Desgabets.

(Voyez l'abbé Rabbe : Etude philosophique : l'abbé Simon Foucher, 1 vol. in-8°, 1867. — Didier et C<sup>ie</sup>.)

#### FOUCHER A LEIBNITZ.
(Sans date.) (2)

...Vous trouverez dans ce paquet ce qui a été imprimé de ma façon, depuis que je n'ay eu l'honneur de vous voir. Sçavoir 1° la réponse à Dom Robert ; 2° le commentaire de la moitié de mes vers de la *Sagesse des Anciens*, c'est-à-dire des 52 premiers. Quelque difficulté des libraires m'a fait différer d'achever le reste de ce livre. Il n'est point encore exposé en vente ; je vous enverrais ma *Logique des Académiciens* volontiers, si je pouvais, mais je n'en ay plus qu'un exemplaire, j'espère qu'elle sera bientôt réimprimée. Je dois ajouter à la réponse à Dom Robert, l'*Apologie des Académiciens*. J'ay réservé à lui répondre sur ce sujet, afin de faire pour cela un livre à part ; la matière le mérite bien, ce me semble...

#### LEIBNITZ A FOUCHER.
(Extrait de ma lettre à M. Foucher, 1686.)

Monsieur,

Enfin votre paquet m'a été rendu, je vous en remercie fort, et je n'ay pas cessé de lire, jusqu'à ce que j'ay achevé.

---

(1) Fr. Bouillier fait erreur : Dom Claude Paquin ne parle pas de Régis dans ses lettres, c'est D. Ildephonse Catelinot dans son « Avertissement de l'Editeur. »

(2) Cette lettre est probablement de l'année 1686.

J'ay lu avec un très grand plaisir vos pensées sur la *Sagesse des Anciens*. Il y a longtemps que je sçay qu'ils sont plus habiles que nos modernes ne pensent, et il serait à souhaiter qu'on les connust davantage.

La philosophie des Académiciens, qui est la connoissance des foiblesses de nostre raison, est bonne pour les commencements, et, comme nous sommes toujours dans les commencements en matière de religion, elle y est sans doute propre pour mieux soumettre la raison à l'autorité, ce que vous avez montré fort bien dans un de vos discours.

Mais, en matière de connoissances humaines, il faut tâcher d'avancer, et quand même ce ne serait qu'en établissant beaucoup de choses sur quelque peu de suppositions, cela ne laisseroit pas d'estre utile, car au moins nous sçaurons qu'il ne nous reste qu'à pousser ce peu de suppositions, pour parvenir à une pleine démonstration, et en attendant nous aurons au moins des vérités hypothétiques, et nous sortirions de la confusion des disputes. C'est la méthode des géomètres. Par exemple, Archimède suppose ce peu de choses : que la droite est la plus courte des lignes ; que de deux lignes dont chacune est partout concave d'un même costé, l'incluse est moins que l'includente, et là-dessus, il achève vigoureusement ses démonstrations. C'est ce que j'ay à remarquer, à l'occasion de la page 7 de vostre réponse à Dom Robert de Gabez (1).

Si donc nous supposions, par exemple, le principe de contradiction, *item* que dans toute proposition véritable la notion du prédicat est enfermée dans celle du sujet, et quelques autres axiomes de cette nature, et si nous en pouvions prouver bien des choses aussi démonstrativement que le font les géomètres, ne trouveriés-vous pas que cela seroit de conséquence? mais il faudroit commencer un jour cette méthode, pour commencer à finir les disputes. Ce seroit toujours gagner terrain.

Il est même constant qu'on doit supposer certaines vérités, ou renoncer à toute espérance de faire des démonstrations, car les preuves ne sçauroient aller à l'infini. Il ne faut rien demander qui soit impossible ; autrement ce seroit témoigner qu'on ne recherche pas sérieusement la vérité. Je supposeray donc toujours hardiment, que deux contradictoires ne sçauroient être vrayes, et que ce qui implique

---

(1) Nouvelle dissertation sur la *Recherche de la Vérité*, contenant la réponse à la *Critique de la Critique de la Recherche de la Vérité*, Paris, 1679.

contradiction ne sçauroit estre, et par conséquent que les propositions nécessaires (c'est-à-dire celles dont le contraire implique contradiction) n'ont pas esté establies par un décret libre de Dieu, ou bien c'est abuser des mots. On ne sçauroit rien apporter de plus clair pour prouver ces choses. Vous-même les supposés en écrivant et en raisonnant, autrement vous pourriés défendre à tout moment tout le contraire de ce que vous dites. Et cela soit dit sur la deuxième supposition (1).

Je trouve que vous avés raison, Monsieur, de soutenir dans la troisième supposition (2), en répondant à Dom Robert, qu'il doit y avoir quelque rapport naturel entre quelques traces du cerveau, et ce qu'on appelle les intellections pures. Autrement, on ne sçauroit enseigner ses opinions aux autres. Et quoyque les mots soyent arbitraires, il a fallu quelques marques non-arbitraires pour enseigner la signification de ces mots.

Il me semble aussi que vous avés raison, dans cette troisième supposition (3), de douter que les corps puissent agir sur les esprits, et *vice-versa*. J'ay là-dessus une plaisante opinion qui me paroist nécessaire, et qui est bien différente de celle de l'auteur de la *Recherche*. Je croy que toute substance individuelle exprime l'univers tout entier à sa manière, et que son estat suivant est une suite (quoyque souvent libre) de son estat précédent, comme s'il n'y avoit que Dieu et elle au monde; mais comme toutes les substances sont une production continuelle du souverain Estre, et expriment le même univers, ou les mêmes phénomènes, elles s'entr'accordent exactement, et cela nous fait dire que l'une agit sur l'autre, parce que l'une exprime plus distinctement que l'autre la cause ou raison des changements, à peu près comme nous attribuons le mouvement plustost au vaisseau qu'à la mer et cela avec raison. J'en tire aussi cette conséquence que si les corps sont des substances, ils ne sçauroient consister dans l'étendue toute seule. Mais cela ne change rien dans les explications des phénomènes particuliers de la nature, qu'il faut toujours expliquer mathématiquement et méchaniquement, pourveu qu'on sçache que les principes de la méchanique ne dépendent point de la seule étendue. Je ne suis donc pas ny pour l'hypothèse commune de l'influence réelle d'une substance créée sur l'autre, ny pour l'hypothèse des causes occasionnelles, comme si

---

(1) Des vérités nécessaires.
(2) Lisez, dans la quatrième supposition : de l'entendement pur.
(3) Lisez aussi : dans cette quatrième supposition.

Dieu produisoit dans l'âme des pensées à l'occasion des mouvements du corps, et changeoit ainsi le cours que l'âme auroit pris sans cela par une manière de miracle perpétuel fort inutile; mais je soutiens une concomitance ou accord de ce qui arrive dans les substances différentes, Dieu avant créé l'âme d'abord, en sorte que tout cela luy arrive ou naisse de son fonds, sans qu'elle ait besoin dans la suite de s'accommoder au corps non plus que le corps à l'âme, chacun suivant ses lois, et l'un agissant librement, l'autre sans choix, se rencontre l'un avec l'autre dans les mêmes phénomènes. Tout cela ne s'accorde pas mal avec ce que vous dites dans vostre réponse à Dom Robert, page 26, que l'homme est l'objet propre de son sentiment. On peut pourtant adjouter que Dieu l'est aussi, luy seul agissant sur nous immédiatement, en vertu de notre dépendance continuelle. Ainsi, on peut dire que Dieu seul ou ce qui est en luy, est nostre objet immédiat, qui soit hors de nous, si ce terme d'objet lui convient.

Quant à la sixième supposition (1), il n'est pas nécessaire que ce que nous conterons des choses hors de nous leur soit parfaitement semblable, mais qu'il les exprime, comme une ellipse exprime un cercle vu de travers, en sorte qu'à chaque point du cercle il en réponde un de l'ellipse et *vice versa*, suivant une certaine loy de rapport. Car, comme j'ay déjà dit, chaque substance individuelle exprime l'univers à sa manière, et à peu près comme une même ville est exprimée diversement, selon ses différents points de vue.

Tout effet exprime sa cause, et la cause de chaque substance c'est la résolution que Dieu a prise de la créer; mais cette résolution enveloppe des rapports à tout l'univers, Dieu ayant le tout en veue, en prenant résolution sur chaque partie, car plus on est sage, et plus on a des desseins liés.

Quant à la question, s'il y a de l'étendue hors de nous, ou si elle n'est qu'un phénomène, comme la couleur, vous avés raison de juger qu'elle n'est pas fort aisée. La notion de l'étendue n'est pas si claire qu'on se l'imagine (2). Il faudrait déterminer, si l'espace est quelque chose de réel, si la matière contient quelque chose de plus que l'étendue, si la matière même est une substance, et comment, et il seroit un peu long de s'exprimer là-dessus, je tiens néanmoins qu'on peut décider les choses.

---

(1) Des idées qui représentent sans être semblables.
(2) Septième supposition : Que nous connaissons par les sens qu'il y a de l'étendue hors de nous, P. 42.

Quant à la première assertion (1), et ce que vous en dites à Dom Robert, je tiens que juger n'est pas proprement un acte de volonté, mais que la volonté peut contribuer beaucoup au jugement, car quand on veut penser à autre chose, on peut suspendre le jugement; et quand on veut se donner de l'attention à certaines raisons, on peut se procurer la persuasion.

La règle générale que plusieurs posent comme un principe des sciences, *quicquid clare distincteque percipio est verum*, est sans doute fort défectueuse, comme vous l'avés bien reconnu, car il faut avoir des marques de ce qui est clair et distinct. Autrement, c'est autoriser les visions des gens qui se flattent, et qui nous citent à tout moment leurs idées.

Quand on dispute si quelque chose est une substance ou une façon d'estre, il faut définir ce que c'est que la substance. Je ne trouve cette définition nulle part, et j'ay été obligé d'y travailler moy-même.

Je viens à vostre examen du grand principe des Cartésiens et de Dom Robert (2) ce que j'ay déjà touché : sçavoir que nos idées ou conceptions sont toujours vraies. Et comme j'ay déjà dit, je suis bien éloigné de l'admettre, parce que nous joignons souvent des notions incompatibles, en sorte que le composé enferme contradiction. J'ai examiné plus distinctement ce principe dans une remarque sur les idées vrayes ou fausses, que j'ay mise dans le *Journal de Leipzig*. Et je tiens que pour estre asseuré, que ce que je conclus de quelque définition est véritable, il faut sçavoir que cette notion est possible. Car si elle implique contradiction, on ne peut conclure en même temps des choses opposées. C'est pourquoy j'appelle définition réelle celle qui fait connoistre que le défini est possible, et celle qui ne le fait point, n'est que nominale chez moy. Par exemple, si on définissoit le cercle, que c'est une figure dont chaque segment reçoit partout le même angle, c'est une de ces propriétés que j'appelle paradoxes, et dont on peut douter d'abord, si elles sont possibles, car on peut douter si telle figure se trouve dans la nature des choses. Mais quand on dit que le cercle est une figure décrite par une droite qui se meut dans un plan, en sorte qu'une extrémité demeure en repos, on connoist la cause ou réalité du cercle. C'est pourquoy nos

---

(1) Des jugements de la volonté.
(2) Examen du grand principe de la critique à laquelle on répond, P. 67.

idées enferment un jugement. Ce n'est qu'en cela que la démonstration de l'existence de Dieu, inventée par saint Anselme, et renouvelée par Descartes, est défectueuse. *Quidquid ex definitione entis perfectissimi sequitur, id ei attribui potest. Atqui ex definitione entis perfectissimi seu maximi sequitur existentia, nam existentia est ex numero perfectionum, seu, ut loquitur Anselmus, majus est existere quam non existere. Ergo ens perfectissimum existit. Respondeo : Ita sane sequitur, modo ponatur id esse possibile.* Et c'est le privilège de l'Estre souverain de n'avoir besoin que de son essence ou de sa possibilité pour exister. Mais pour achever la démonstration à la rigueur, il faut prouver cette possibilité, car il n'est pas tousjours permis d'aller au superlatif.

Ainsi, Monsieur, je me suis laissé emporter par le plaisir que j'ai trouvé à vous suivre par toute vostre réponse que vous avez faite à Dom Robert de Gabez, et de vous dire sans façon ce qui me venait dans l'esprit en rappelant un peu mes vieilles méditations, dont je vous fais le juge.

---

FOUCHER A LEIBNITZ.

*De Paris le 28 décembre 1686.*

Monsieur,

Je vous rends grâce de vostre grande lettre. Vous m'avez traité en ami. Je regarde vos sçavantes réflexions comme des trésors, que je conserveray chèrement, etc...

---

# IV.

### Les Conférences de Commercy.

(Suite de la discussion. — Jugement sur le cardinal de Retz philosophe.)

Toutes les discussions, que nous avons vues s'agiter entre le cardinal de Retz et Dom Robert Desgabets, eurent pour sujet les principales doctrines de Descartes. D'autres conférences furent consacrées aux sciences physiques, et roulèrent principalement sur la question de l'immobilité de la terre, ou de son mouvement autour du soleil.

Les rôles sont intervertis dans cette discussion. Le cardinal prétend chasser l'astronomie du chœur des sciences positives. Il nie la certitude de toutes les observations recueillies, et de tous les systèmes inventés par les astronomes ; il n'excepte pas de cette proposition commune les théories de Descartes, et c'est au contraire Dom Robert qui soutient le système cartésien des tourbillons.

Le cardinal (*Réflexions du cardinal de Rais sur la question, si c'est la terre qui tourne à l'entour du soleil, ou si c'est le soleil qui tourne à l'entour de la terre*) croit à la réalité des révolutions célestes : mais, quant à déterminer le centre de ces révolutions, quant à le placer dans le soleil, ou dans la terre, le cardinal s'abstient, et prétend que la science doit s'abstenir, à moins de se contenter d'observations sans fondement et d'hypothèses sans probabilité. Entre Copernic, qui soutient que la terre tourne autour du soleil, Tycho-Brahé, qui affirme qu'elle est immobile, et Descartes, qui propose l'hypothèse des tourbillons, le cardinal ne se décide pas, et soutient qu'il est téméraire de vouloir se décider. Toutes ces objections, clairement et ingénieusement déduites, se fondent sur deux arguments : l'impossibilité d'apprécier le mouvement des corps, dont nous ne connaissons pas la nature, mouvements qui ont lieu dans un espace qui ne tombe pas sous nos sens ; et secondement, la vanité de suppléer à des principes qui manquent de base, par des observations d'apparences contradictoires.

Le cardinal de Retz s'avance donc plus loin contre l'astronomie que Cornélius Agrippa lui-même ; Agrippa se contente d'opposer les unes aux autres les opinions contradictoires des astronomes. Puis il ajoute : « De tout cela, je conclus que jusqu'à présent personne n'est encore descendu du ciel pour nous révéler avec certitude le véritable mouvement des astres (1). » Son scepticisme n'invoque que l'histoire ; Agrippa réserve l'avenir à l'astronomie ; le cardinal de Retz le lui enlève. C'est la méthode même de cette science qu'il accuse, et il lui conteste ainsi la possibilité d'asseoir jamais aucun résultat certain.

Dom Robert réfute M. de Retz (*Réponse de Dom Robert aux réflexions de M. le cardinal de Rais sur le mouvement du soleil et de la terre*). Il distingue avec justesse les deux sortes d'hypothèses qui ont lieu dans les sciences : « On doit savoir, dit-il, qu'il y a deux sortes de suppositions. Les unes sont purement arbitraires, et l'on n'en peut déduire qu'un petit nombre d'effets. Après quoi, il en faut faire de nouvelles, et de cette sorte, on ne fait rien de solide. Les autres suppositions ne portent ce nom que pour marquer

---

(1) *De incertitud. et vanit, scient.*, Cap. XXX.

l'ordre que l'on a suivi, en cherchant la vérité, et elles doivent passer pour prouvées et démontrées, lorsqu'on en déduit, par des conséquences nécessaires, un très grand nombre d'effets, et qu'on voit que tous les autres, qui en pourraient procéder, s'en peuvent déduire de même. » Il fait comprendre que l'astronomie participe à la fois des sciences d'observation, et des sciences de raisonnement. En effet, les apparences du mouvement étant les mêmes, que ce soit l'objet regardé, ou le spectateur qui se meuve, c'est à la raison à expliquer les phénomènes. La cause la plus simple est la plus vraisemblable ; de vraisemblable, elle est admise comme vraie, lorsqu'elle suffit à l'explication de tous les phénomènes observés.

Le cardinal ajoute quelques mots (*Réponse du cardinal de Rais à la réponse de Dom Robert*) pour déclarer qu'il persiste dans son scepticisme timoré ; c'est en effet, il en convient lui-même, dans la crainte « d'encourir la censure dont Rome a notté Galilée », qu'il révoque en doute la certitude des systèmes d'astronomie.

La science se condamnant volontairement au silence ou à l'erreur, tel fut le triste résultat de cet événement déplorable et mystérieux, qui étonne peut-être plus encore qu'il n'afflige, et dont le souvenir, source de deuil et de regret pour tous, ne peut pas plus servir à la philosophie incrédule d'argument contre la révélation, qu'il ne doit causer de trouble et de confusion au catholicisme. La responsabilité de ce malheur pèse tout entière sur la malice, ou la faiblesse de certains hommes, sans compromettre en rien la vérité du dogme. Déjà le malentendu, qui n'existe plus aujourd'hui pour les hommes de bonne foi, commençait à s'éclaircir ; le cardinal de Retz aurait pu savoir que le système du mouvement de la terre ne contredit pas la révélation, et, qu'au contraire, il est propre à inspirer des idées toutes chrétiennes, puisque, humiliant l'orgueil de l'homme en le persuadant que la planète qu'il habite est un des instruments, et non pas la fin de la création entière, il fait concevoir une plus vaste idée de la puissance et de la sagesse de Dieu, et nous donne la clef de l'harmonie céleste.

Les divers fragments que nous avons analysés jusqu'à présent sont des réponses faites par M. de Retz, dans les conférences de Commercy, soit aux discours prononcés, soit aux dissertations écrites par Dom Robert. Le manuscrit d'Epinal renferme un ouvrage plus curieux encore, parce qu'il appartient plus spécialement au cardinal. C'est une méditation intitulée : *Des négations non convertibles.*

Cette question des *négations non convertibles* ne paraît être, au premier abord, qu'une spéculation assez creuse : les auteurs de la *Logique de Port-Royal*, avant de traiter de l'affirmation et de la négation, ont soin de prévenir que les chapitres qui vont suivre sont assez difficiles à comprendre, et qu'on peut sans inconvénient négliger de les lire. M. de Retz n'est pas de l'opinion d'Arnauld et de Nicole. Il est vrai que, pénétrant plus avant qu'eux dans cette matière, il n'examine pas les règles de la conversion du sujet en attribut, et de l'attribut en sujet, dans les propositions soit affirmatives, soit négatives ; il se demande si la négation est une simple forme de langage, ou bien une conception de l'esprit ; en d'autres termes, si le faux et le mal sont des idées existantes par elles-mêmes, et qui aient un sens absolu. A cette question, Bossuet répond, dans sa *Logique*, que le néant n'est pas entendu, qu'il n'a pas d'idée propre, que nous ne connaissons le faux et le mal que dans la vérité et la vertu qui leur sont contraires : il définit l'idée du faux, l'éloignement de l'idée du vrai ; l'idée du mal, l'éloignement de l'idée du bien. Ainsi donc, que les idées soient exprimées en termes positifs ou négatifs, aux termes négatifs répond toujours quelque chose de positif dans l'esprit.

Cette doctrine est faite pour tenter un Cartésien. En effet, quelle meilleure preuve de l'immortalité de l'âme que cette impuissance même de concevoir le néant ? M. de Retz a donc admis cette opinion ; il en a fait l'application aux diverses sciences physiques, et l'a trouvée utile pour l'éclaircissement de toutes sortes de vérités. La plupart des faux raisonnements et des équivoques, qui ont égaré ces sciences, lui a semblé provenir de ce que l'on supposait un sens aux négations non convertibles, qui ne sont que des chimères ; témoin les qualités occultes, les formes substantielles, les facultés, les sympathies de la matière.

Cette première dissertation du cardinal manque dans le manuscrit d'Epinal, il la résume en quelques lignes ; puis il ajoute qu'ayant voulu examiner la théologie au même point de vue, il a été arrêté par la crainte d'altérer la tradition catholique touchant l'anéantissement de la matière, les commandements de Dieu, exprimés en termes négatifs, et le péché. Telles sont les trois difficultés qu'il voudrait aplanir, protestant du reste de sa déférence absolue aux enseignements de l'Eglise, et la faisant juge souveraine des hypothèses, qu'il lui soumet en toute humilité.

Le cardinal glisse sur l'anéantissement possible de la matière, et sur le sens qu'il faut donner à la doctrine du concile de Constance, relativement à cette question : c'eut été rentrer dans la discussion sur l'indéfectibilité de la matière qu'il a voulu éviter.

Aussi se borne-t-il à ces paroles : « Pour ce qui est du concile, l'auteur de l'indéfectibilité m'a fait remarquer que les pères assemblés à Constance n'ont pas inséré l'article de l'anéantissement possible du monde dans l'extrait des propositions qu'ils ont expressément condamnées, quoiqu'ils l'aient rapporté comme l'un des articles de la doctrine de Jean Huss ; mais comme je lui ai fait aussi observer que les Sabelliens, les Manichéens et même quelques autres hérétiques avaient été anathématisés pour avoir enseigné que la matière était éternelle, ce qui semble être fort approchant de la doctrine de son indéfectibilité, la difficulté ne me paraît pas épuisée ; car, quoi qu'il dise que ce qui a été condamné dans l'erreur des Manichéens ne soit que l'opinion qu'ils avaient, touchant une prétendue nature de mal éternel et égal à Dieu, il me semble qu'il ne dissipe pas les nuages qui me paraissent toujours entre la doctrine de l'indéfectibilité et celle de l'Eglise, parce qu'il est encore obligé à recourir à ces sortes d'explications, par lesquelles on pourrait éluder les définitions les mieux reçues et les plus authentiques. »

Le cardinal est plus explicite sur la réduction des commandements de Dieu en affirmatifs ; il suppose qu'ils sont tous compris, et au-delà, dans le précepte : *Tu aimeras ton prochain comme toi-même.*

C'est ainsi que Saint Paul a tranché la question par ces paroles qui sont rapportées par M. de Retz : « Celui qui aime le prochain accomplit la loi, parce que ces commandements de Dieu : Vous ne commettrez point d'adultère, vous ne tuerez point, vous ne porterez point de faux témoignages, vous ne désirerez rien des biens d'autrui, et s'il y en a quelques autres semblables, tous ces commandements, dis-je, sont compris en abrégé dans cette parole : vous aimerez votre prochain comme vous-même : l'amour que l'on a pour le prochain ne souffre pas qu'on lui fasse aucun mal, et ainsi l'amour est l'accomplissement de la loi. »... Je confesse, poursuit M. de Retz, que je me suis satisfait moi-même sur cet article beaucoup plus que sur le premier.

« Reste à traiter ce qui regarde le concours de Dieu au péché. Voici en peu de mots la difficulté : si le péché ne peut être une pure privation, il faut que ce soit une action positive, à laquelle par conséquent Dieu doit concourir, auquel cas il serait auteur du péché.

« Il est donc constant qu'à moins de prouver qu'il n'est pas auteur du péché, quoique le péché soit quelque chose de positif, il faut reconnaitre la négation et la négation non réductible en affirmation, pour vraie et pour bien fondée. Cette difficulté me parait fort grande. »

M. de Retz ne l'aborde qu'avec une réserve extrême. Les explications qu'il met en avant sont plus ingénieuses que solides ; elles ne tranchent pas la redoutable question de l'origine du mal, et ne feront pas oublier le beau traité de saint Anselme sur le libre arbitre. On reconnait cependant que M. de Retz s'est inspiré de ce théologien, et, comme lui, il explique le péché par la liberté donnée à l'homme « par ce pouvoir de vouloir ce qui lui plait, sans incliner plutôt d'un côté que de l'autre ».

M. de Retz distingue nettement, quant au concours de Dieu, la nature physique et la nature morale, les phénomènes dont l'une est le théâtre, et les actions qui se produisent sur la scène de l'autre. Il n'y a aucune liberté dans la nature physique ; Dieu est le moteur premier des forces qui la font agir, mais il n'est pas la seule cause morale libre et agissante ; la volonté de l'homme est une faculté active et libre. L'homme, par sa volonté, par son libre arbitre, qui constitue toute sa dignité, pourrait donc, en se portant au mal, créer une chose positive, le péché, auquel Dieu n'aurait concouru que comme créateur de la liberté humaine...

. . . . . . . . . . . . . . . . . . . . .

Après avoir analysé les œuvres philosophiques du cardinal de Retz, nous essaierons d'apprécier cette forme nouvelle de son talent.

On a pu remarquer que le cardinal de Retz n'est pas un philosophe original ; il fait partie des simples et purs cartésiens... C'est un disciple fidèle, plein de respect et de déférence pour la doctrine du maître. Cette doctrine, il se garde de la contredire en rien ; il s'attache moins à produire ses conséquences les plus légitimes, qu'à l'exprimer avec rigueur et à la commenter avec netteté. Esprit éminemment positif, avide de résultats pratiques, M. de Retz arrête la discussion, dès qu'elle menace de s'égarer dans le vide ou dans l'obscurité.

Peut-être, il faut le dire, a-t-il les défauts de ses qualités. Il effleure les questions, plus qu'il ne les pénètre, de peur de se perdre dans leurs abimes. Il étudie la philosophie de sang-froid, sans enthousiasme, pour posséder des connaissances dont un honnête homme ne peut se passer. Il n'a pas voulu rester ignorant ni indécis sur les questions qui intéressent le plus l'avenir de l'homme ; les solutions données par Descartes aux grands problèmes de la psychologie et de la métaphysique, qui lui ont paru nobles, élelevées, conformes à l'enseignement catholique. Une fois admises, il tient à les conserver.

Ce n'est pas qu'il méprise, et qu'il couvre d'un dédain systématique, toute autre doctrine ; au contraire, son érudition de philosophe ne manque ni de variété, ni d'étendue. Il cite parmi les anciens, Aristote et Sénèque ; parmi les pères de l'Eglise, Saint Augustin, et surtout les maitres encore puissants dans sa jeunesse, Saint Anselme, Saint Thomas, Saint Bonaventure, Suarez, toutes les lumières de la scolastique, qui jettent sur les conférences de Commercy un lointain et majestueux reflet.

Quant au style philosophique du cardinal, il faut pas lui demander le charme et l'éclat qui distinguent celui des Mémoires ; il est abstrait, nu, dépouillé de tout ornement. Cependant sous ces formes, que l'on pourrait trouver sèches, anguleuses, monotones, je reconnais et j'admire un esprit ferme, désabusé de toute coquetterie, une intelligence exigeante, qui ne se paie pas de mots, et que rien ne détourne de son but. Il faut louer surtout, chez M. de Retz, la qualité la plus précieuse peut-être en matière métaphysique : l'absence de toute figure, le dédain de ces concessions séduisantes et trompeuses, que l'imagination arrache à la faiblesse de la raison ; sacrifice toujours méritoire ; car ce n'est rien moins que l'holocauste de la popularité, et du succès offert à la vérité ; sacrifice d'autant plus louable de la part de M. de Retz, que le luxe d'images déployé dans ses Mémoires, prouve assez que la sobriété d'ornements n'était pas causée chez lui par la pénurie.

(A. HENNEQUIN : *Les Œuvres philosophiques du cardinal de Retz*, P. 36 et suiv.)

# V.

## Choix d'opuscules inédits de Dom Robert Desgabets.

« Un choix de ces ouvrages fait avec sévérité et discernement pourrait avoir son utilité pour l'histoire. »
V. Cousin.

A. — Descartes a la lambic *(sic)* distillé par Dom Robert. (1)

*Première partie.*

Article 1. — Descartes dit que pour se garir des préjugez, il faut douter de l'existence des choses sensibles.

Dom Robert dit que ce seroit douter de l'existence de son doute, dans le temps même que l'on doute actuellement, ce qui est chimérique.

Article 7. — Descartes dit que nous pouvons supposer que nous n'avons point de corps, et que néanmoins nous pouvons prononcer pour première vérité : Je pense, donc je suis.

Dom Robert dit que cette proposition ne se peut faire qu'avec dépendance du corps, et par conséquent qu'il est impossible de le faire, si l'on suppose que l'on n'a point de corps.

Article 8. — Descartes dit que cette manière de raisonner : je pense, donc je suis, est la meilleure pour connoître la nature de l'âme, et qu'elle est une substance distincte du corps, parce qu'ainsi nous connaissons que pour être, nous n'avons pas besoin d'extension, de figure, etc.

Dom Robert dit que cette méthode est trompeuse, parce que l'on n'a jamais aucune pensée que dépendemment du corps et de ses mouvements.

Article 9. — Descartes dit qu'il pourroit avoir les pensées qu'il a, en dormant, quoiqu'il n'eut point de corps.

Dom Robert dit que cette proposition ruine la dépendance que toutes les pensées ont du corps.

---

(1) Monsieur F. Douliot, le savant bibliothécaire d'Epinal, a bien voulu revoir notre texte, et s'assurer de son entière conformité avec l'original : qu'il nous soit permis de l'en remercier ici.

Article 10. — Descartes dit qu'il n'est pas nécessaire d'expliquer ce que c'est que penser, parce que cette explication ne feroit qu'obscurcir une chose très claire.

Dom Robert dit que Descartes n'a pas bien connu ce que c'étoit que la pensée, parce qu'il l'a prise pour celle d'un ange, détachée de tout le commerce des sens.

Article 11. — Descartes dit que nous connoissons nos âmes devant que nous connoissions nos corps, et que nous les connoissons même plus clairement que nos corps.

Dom Robert dit que l'âme et le corps se connoissent ensemble, et avec la même clarté.

Article 12. — Descartes dit que le vulgaire s'est trompé en ne distinguant pas assez l'âme d'avec le corps.

Dom Robert dit que Descartes lui-même a trop distingué ou plutôt séparé l'âme d'avec le corps, parce qu'il n'a pas pris garde que toute pensée a du mouvement, quoiqu'elle ne soit pas le mouvement.

Article 13. — Descartes dit qu'il est nécessaire de connoitre Dieu, pour être assuré de la vérité des sciences.

Dom Robert dit qu'il suffit d'avoir l'idée d'une chose, pour être assuré qu'elle est telle qu'on la connoit.

Article 14. — Descartes dit que pour prouver l'existence de Dieu, il suffit de considérer l'idée que nous avons d'un être nécessaire.

Dom Robert dit que ce mystère des idées n'est bon à rien, et que pour juger des choses, il faut les considérer directement en elles-mêmes, et non pas les idées que nous en avons.

Article 15. — Descartes dit qu'il n'y a que l'idée de Dieu, où l'on reconnaisse une existence absolument nécessaire.

Dom Robert dit que toute idée que nous avons, même des choses créées, suppose nécessairement leur existence, quoique dépendante de Dieu.

Article 17. — Descartes dit que la cause de nos idées doit être aussi parfaite que la chose qui y est représentée.

Dom Robert dit que Dieu seul est la cause première de toutes nos idées, sans exception, et que quant aux causes prochaines, les moins parfaites nous peuvent donner les idées les plus parfaites.

Article 18. — Descartes dit que la perfection objective de l'idée de Dieu est une preuve démonstrative de la perfection infinie de sa cause, qui est Dieu.

Dom Robert nie cette conséquence, parce que toute idée

a Dieu pour cause principale, et parce que les plus grandes idées peuvent avoir pour cause instrumentale les moindres choses. A quoi Dom Robert ajoute que Descartes a eu tort de ne pas fonder sa démonstration de l'existence de Dieu sur la correspondance nécessaire qu'il y a entre nos idées et leurs objets, parce que cette voye est la plus simple de toutes, la plus solide et la plus étendue, en ce qu'elle sert à prouver démonstrativement l'existence de toutes les choses auxquelles nous pensons.

Article 21. — Descartes dit qu'il suffit de considérer la nature de la durée, dont les parties ne dépendent pas les unes des autres, pour en conclure que nous ne pouvons subsister, si celui qui nous a produits ne nous conserve.

Dom Robert dit que Descartes confond dans cet article la durée successive de notre vie avec notre être substantiel ; qu'il est vrai que les parties de la durée de notre vie ont besoin d'être conservées, mais qu'il est faux qu'il y ait aucunes telles parties dans notre être substantiel, ni qu'il y ait besoin d'être conservé. A quoi Dom Robert ajoute que cet article est la troisième glissade que Descartes ait faite pour s'éloigner de ses principes, qui le conduisent à l'indéfectibilité des créatures.

Article 48. — Descartes dit que la notion de la durée est du nombre de celles qui se peuvent rapporter à toutes choses.

Dom Robert dit que la durée, n'étant autre chose que le mouvement local, l'on tombe dans une grande erreur, si on l'attribue à des choses qui n'ont point de mouvement.

Article 53. — Descartes dit que penser constitue la nature de la substance qui pense, et il croit que c'est ce qui fait la définition essentielle de l'âme.

Dom Robert dit que la pensée actuelle n'étant qu'un mode de l'âme, l'on ne la peut faire entrer sans erreur dans la nature de la substance de l'âme, qui serait beaucoup mieux définie, en disant que l'âme est la substance intellectuelle dépendante du corps. A quoi Dom Robert ajoute que cette méprise est la source des défauts qui se rencontrent dans les méditations métaphysiques de M. Descartes.

Article 57. — Descartes dit que nous ne concevons point que la durée des choses qui sont muës soit la même que celle des corps qui ne le sont point. Ce qu'il prouve par cette raison : si deux corps, dit-il, sont meüs pendant une heure, l'un vite et l'autre lentement, nous ne comptons pas plus de temps en l'un qu'en l'autre, encore que nous supposions plus de mouvement en l'un de ces corps.

Dom Robert dit que la durée des choses qui ne sont point meuës est un être de raison ; il dit aussi que le mouvement des deux corps pendant une heure se doit prendre par rapport au mouvement du soleil, à l'égard duquel ils se meuvent autant que le soleil se meut à leur égard, d'où il s'ensuit que leur mouvement à cet égard et leur temps est égal. Il ajoute que l'un des mouvements particuliers de ces deux corps, c'est à savoir le plus vitte est très-proprement rarifié et dilaté *ex solido*, et que le plus lent est très-proprement condensé et pénétré *in solidum*. Enfin Dom Robert remarque que cette dilatation et pénétration, qui se rencontre très-proprement dans le mouvement n'étant pas connuë, l'on l'a attribuée faussement à la matière, ce qui a donné lieu à tous les discours chimériques que l'on a faits, touchant la dilatation de ses parties *ex solido*, et leur pénétration *in solidum*. Dom Robert prétend que jamais personne ne s'est avisé de cette méprise.

Article 60. — Descartes dit que de ce que nous avons présentement l'idée d'une chose étenduë, il ne s'ensuit pas que nous sçachions certainement qu'une telle chose est à présent dans le monde, mais que nous en pouvons conclure qu'elle y peut être.

Dom Robert dit que l'idée que l'on a de la substance étenduë suppose nécessairement son existence, et que si elle n'était que purement possible, l'on n'en pourroit avoir d'idée, la pure possibilité n'étant qu'une chimère de ce qu'elle renferme l'Etre et le non-Etre de la même chose.

Article 66. — Descartes dit que nos perceptions ont été toujours regardées jusques ici comme des qualitez corporelles qui étoient hors de nous, et que l'on croioit par exemple que la chaleur telle que nous l'avons, étoit dans le feu, et ainsi du reste ; et il ajoute qu'il n'y a rien de plus mal fondé que cette imagination, et que la chaleur est uniquement en nous, que la couleur, la lumière, le son, la saveur, l'odeur, sont uniquement en nous, parce que ce sont les propres perceptions de nôtre ame, qui sont excitées par l'action des choses extérieures et de nos organes.

Dom Robert admire cette découverte, mais il est bien étonné de ce que Descartes est demeuré en si bon chemin, car il prétend qu'il devoit dire qu'avant cette découverte, il n'y a jamais eu de philosophie dans le monde ; que l'on n'a jamais connu la différence qu'il y a entre les choses spirituelles et corporelles ; que l'on n'a pû disputer solidement contre les pyrrhoniens, académiciens, et autres semblables ; que l'on n'a pu réünir la physique avec la mathématique ; que l'on n'a pû reconnoître que c'est l'âme même qui est blanche ou noire, chaude ou froide, d'un son grave ou aigu ; et que l'on n'a pas pris garde que l'âme est mieux connuë qu'aucune autre chose du monde, puisqu'outre ses autres qualitez, on en connoit la chaleur, les sons, les couleurs, les goûts, les odeurs, etc., que l'on n'a point sçû que les âmes, les anges, Dieu, étoient les propres objets des sens, et que les choses corporelles ne l'étoient que rarement. Dom Robert prétend que Descartes et tous ses sectateurs sont demeurez en cet endroit embourbez dans l'ancien préjugé, touchant les prétenduës qualitez sensibles corporelles.

## Deuxième partie.

Article 1er. — Descartes dit qu'il a douté de l'existence des choses matérielles, et que, pour se les prouver à soi-même, il employe l'impression que les choses extérieures font sur son âme, en lui donnant l'idée de la matière étenduë, laquelle il ne pourrait avoir, s'il n'y avoit de telle matière existante, à moins que Dieu le voulut tromper, ce qui ne se peut.

Dom Robert dit qu'il est impossible de douter de l'existence des choses matérielles, parce que, pour en douter, il y faut penser, et que pour y penser, il faut qu'elles soient déjà existantes.

Article 3. — Descartes dit qu'il faut quitter les préjugez qui ne sont fondez que sur nos sens, et que nous ne nous devons servir que de notre entendement pour connoître la vérité, parce que c'est en lui seul que nos premières notions ou idées se trouvent naturellement.

Dom Robert dit que nous avons nos plus pures intellections par les sens, et que le prétendu entendement pur, distingué des sens, est imaginaire.

Article 21. — Descartes dit que le monde est indéfini, et que le vuide implique contradiction, parce qu'il y auroit espace sans corps.

Dom Robert dit que M. Descartes devoit porter cette lumière jusqu'à l'indéfectibilité des créatures, qu'il a niée en un autre endroit, et qui s'ensuit pourtant de sa doctrine, parce que si Dieu anéantissoit un grain de sable, il y auroit espace sans corps.

Article 36. — Descartes dit que Dieu a créé la matière avec le mouvement et le repos.

Dom Robert dit que cette façon de parler n'est pas exacte, et qu'elle donne occasion de tomber dans de grandes erreurs; comme font ceux qui disent qu'il y a six mils ans que le monde est créé, que l'âme de l'antechrist n'est pas encore créée, que Dieu crée les âmes à mesure que les corps sont organisez; tout cela étant pris à la rigueur est très faux, et donne sujet de prendre deux actions pour une seule. Il fallait donc dire que Dieu a créé la matière, et qu'ensuite il lui a donné le mouvement, et le repos de ses parties, etc.

Item. — Descartes dit que nous ne devons pas supposer d'autres changemens dans les ouvrages de Dieu, que ceux qui se font, en conservant toujours dans le monde la même quantité de mouvement, de peur de lui attribuer de l'inconstance.

Dom Robert dit que cette vérité, se pouvant prouver par des démonstrations invincibles, Descartes devoit les proposer, parce que cette vérité est le fondement de tout son ouvrage.

Article 56. — Descartes dit qu'un corps dur contenu dans un liquide n'étant pas plus poussé d'un côté que d'un autre par les parties du liquide qui le touchent, il ne doit point se mouvoir, s'il ne lui arrive rien d'ailleurs. Il dit encore que la moindre force qui viendra du dehors étant jointe aux parties du liquide, qui le poussent déjà, suffira pour le mouvoir.

Dom Robert dit qu'un corps dur, qui est contenu dans un liquide, n'est point du tout en repos, puisque son contact avec le liquide n'est point continu. Il s'ensuit de là qu'il y a erreur à le considérer comme commençant à se mouvoir; il est donc vrai qu'il se meut toujours, mais il faut prendre garde que c'est en tout sens, et que la détermination totale de son mouvement est composée d'une infinité de déterminations partielles des parties de sa superficie, dont l'une va d'un côté, l'autre d'un autre. Lors donc qu'il semble commencer à se mouvoir, il commence seulement à changer de détermination, en ce que toutes ses parties, qui étoient portées de çà et de là, à l'égard des parties du liquide, s'accordent toutes à se mouvoir vers un même côté. Ceux qui ne prennent pas garde à cela, s'imaginent qu'un batteau qui suit le cours de la rivière a plus de mouvement que quand il est attaché à une muraille, au lieu qu'étant attaché, il a effectivement plus de mouvement, parce qu'outre celui que lui donnent les parties du liquide, il se sépare de la rivière tout entière dont il fend les eaux qui passent à l'entour de lui, et par conséquent il s'en sépare par un mouvement qu'il n'a pas, quand il suit le cours de la rivière.

## B. — DE L'UNION DE L'AME ET DU CORPS.

Nous avons à traiter ici d'un sujet qui peut faire connoître, autant qu'aucun autre, une des plus grandes bisarries *(sic)* de l'esprit des hommes. L'amour que Dieu leur a donné pour la vérité, les engage assés souvent dans une recherche longue et pœnible pour la découvrir, mais lorsque quelquefois elle se présente à eux comme à nud, et avec trop d'éclat, ils sont éblouis par ses lumières, et ils refusent de la reconnoitre pour ce qu'elle est ; néanmoins on ne doit pas attribuer ce caprice à aucune aversion que l'on ait pour une chose qui est le propre objet de l'entendement. Tout ce que l'on peut dire, quand on y regarde de près, c'est que la plupart des jugements que nous formons, touchant les objets des sciences, sont effectivement téméraires et confus, parce que nous les étendons au-delà de ce que nous concevons : ce qui n'empêche pas que nous ne nous imaginions que nous ne disons rien que de fort vray : de sorte que cette précipitation de nos jugements nous accoutume insensiblement à croire que ce mélange confus de lumières et de ténèbres, qui ne vient que de ce mauvais usage que nous faisons de notre raison, est une qualité naturelle de la vérité. C'est ce qui fait que nous regardons assés souvent comme fausses, ou comme méprisables, les choses trop évidentes, qui ne laissent à l'âme aucun appétit, ny aucune de ces inquiétudes secrettes, qui accompagnent les connaissances superficielles, telles que sont celles que donnent les charlatans, les astrologues judiciaires, les alchimistes, et autres telles gens, qui sont écoutés avec plus de plaisir que ceux qui parlent à fond des matières, et qui prouvent ce qu'ils avancent par de bonnes démonstrations.

Quoyque ce défaut ne puisse passer que pour une maladie d'esprit, et pour une pure dépravation du goût de l'âme, assés semblable à la fantaisie de ceux qui n'aiment point les viandes solides, on remarque que peu de personnes en sont exemptes, et que les plus sçavants ne peuvent s'empêcher d'y tomber assés souvent.

Si on leur explique quelques vérités importantes, ils n'en ont pas plus-tôt compris à demi la raison fondamentale, qu'ils veulent qu'on passe aussitôt à un autre sujet : au lieu qu'il faudrait s'y arrêter pour l'approfondir, et pour en pénétrer l'étenduë, les beautés et les usages : parce que c'est le principal fruit de l'étude et de la méditation, qui nous remplit de connaissances solides, dont une seule vaut mieux que toutes celles qui ne sont que superficielles, quelque grandes qu'elles soient en elles-mêmes.

Je dis donc que quoyqu'on touche au doigt l'union de l'âme et du corps, dont il est ici question, et que la manière de cette union soit connue intuitivement, on ne laisse pas de la mettre au nombre des choses les plus cachées, parce qu'on y cherche ce qu'on n'y doit pas trouver.

Nous voions avec étonnement que les plus grands philosophes n'en ont pü dire autre chose, sinon que c'est Dieu qui a voulu que deux substances si proportionnées (1) comme sont un esprit et un corps, fussent unies étroitement, pour composer cette admirable créature qu'on appelle l'homme, en quoy l'on ne dit rien que de très-véritable mais de très-inutile pour l'explication de cette matière importante. Pour en traiter à fond autant que nous en sommes capables, il faut remarquer que ce n'est que, depuis fort peu de temps, qu'on a les ouvertures nécessaires pour parler clairement de la nature de l'âme, dont on se formoit cy-devant des idées fort confuses.

Ces philosophes, aussy bien que le vulgaire, ne distinguoient pas assez les choses spirituelles d'avec les corporelles, et, comme ils donnoient de certains appétits et de certains instincts, et même des connaissances semblables aux nôtres à des choses purement matérielles, aussy ils donnoient à l'ame les propriétés du corps, en luy attribuant une présence locale dans le monde, du mouvement comme à un corps, des facultés et des perceptions, des plaisirs et des douleurs, qu'on prenoit pour des choses corporelles, ce qui mettoit toutes choses dans une telle confusion qu'on peut dire que la plus part des hommes n'avaient pas d'idée propre d'une substance immatérielle. En effet, quand ils raisonnent sur la nature des bêtes, ils s'imaginent que leurs âmes, toutes matérielles qu'ils les supposoient, avoient toutes sortes de sentiments, de connaissances, se rapportant aux nôtres, que si elles venoient à exprimer par la parole les mouvements intérieurs qu'on leur attribue, elles auroient des entrétiens entre elles et avec nous, tout semblables à ceux des personnes du commun, qui ne s'occupent guéres que de choses qui regardent la vie animale.

Mais nous sommes enfin arrivés en un temps de grande réformation, que l'on a commencée par la détermination de la différence précise de l'esprit d'avec le corps. On a fixé la notion du corps à l'étendue en longueur, largeur

---

(1) Il faut lire sans doute « disproportionnées ».

et profondeur, et à toutes ses appartenances et dépendances, qui sont proprement l'objet de la mathématique, qui s'est trouvée par ce moïen réunie avec la phisique, sans que ny l'une ny l'autre aient jamais pu (1) découvrir que la matière soit aucunement capable d'arriver jusqu'à ce que se connoître, et comme on a donné à la substance corporelle toutes les manières d'étendue que nous connaissons, on attribuë à l'esprit les diverses manières de penser dont il est capable, et que notre expérience nous fait assés connoitre. Ainsy, après cette première ouverture, on s'est trouvé en état de pousser la chose plus loing, et de faire une autre découverte fondamentale, qui sert également à faire connoistre la nature de la substance corporelle et de la spirituelle.

Il est important d'en dire icy un mot en passant, et d'avertir qu'on a prouvé par des raisons invincibles, et par un grand nombre d'expériences très claires, qu'il n'y a rien du tout dans les choses extérieures que la matière étendue, dont les parties ont de certaines dispositions locales, qui excitent en nous toutes ces manières de sentiments qui résultent en nos ames en suite de l'impression que les choses extérieures font sur elles, en touchant nos organes; c'est là un moyen assuré de connoitre tout ensemble l'ame et le corps : car si la substance corporelle n'a rien en soy que l'étendue, avec le mouvement, repos, figure, arrangement, grandeur et petitesse des parties, il s'ensuit que l'âme n'a rien aussy dans soy-mesme que la faculté de penser, et toutes les manières de pensées que nous y apercevons par nostre expérience qui doit passer pour une connaissance intuitive. Cela nous réduit à borner à ces seules choses les définitions de la matière et de l'âme, qu'on ne peut manquer d'altérer, si l'on y fait entrer autre chose que l'étenduë et la pensée, et comme il n'y a rien dans le monde dont la différence nous paroisse si grande, que celle que nous apercevons entre les pensées des esprits et les mouvements des corps, on n'a aucune peine, après cela, à reconnoitre que la nature de la matière et celle de l'esprit établissent deux substances distinguées, réellement l'une de l'autre.

Je ne sçais après cela comment on pourroit excuser la témérité de ceux qui ruinent toutes les démonstrations de l'immortalité de l'ame, en s'efforçant de la faire passer pour un corps fort délicat, et en s'imaginant qu'à force de subtiliser et diviser la matière, on passera immédiatement

---

(1) Manuscrit : pus.

du genre de matière à celuy d'âme raisonnable, qui ne sera qu'une flamme, qu'une vapeur, ou qu'un vent fort subtil : (1) ce qui ressemble parfaitement à la supposition de ceux qui voudroient qu'à force de raisonner grossièrement, on arrivât enfin à penser des rochers et des arbres.

Ceux-là ne sont pas plus raisonnables qui se connoissent si peu eux-mêmes, qui s'imaginent que ce n'est pas leur ame qui sent la douleur, le plaisir, et autres telles perceptions qui sont excitées par le corps ; non seulement ils se persuadent que tous ces sentiments sont quelque chose de corporel, mais ils croient encore qu'ils sont reçus dans un je ne sais quel appétit, qui est aussi corporel, en sorte que l'âme qui recherche les plaisirs ne les sent pas, qu'un enfant qui apporte des raisons pour s'exempter du fouët, n'est pas touché de la douleur dans la partie raisonnable, etc.

Tout cela est si contraire à notre expérience intérieure, qu'il ne servirait à rien d'apporter des raisons pour convaincre ceux qui sont capables de résister à une si grande lumière. Il y a encore un préjugé, qui ne contribuë pas peu à nous faire méconnoître notre propre être, c'est qu'on s'est accoutumé à faire des abstractions trompeuses qui ont fait croire que quand nous voions les actions et les propriétez des choses, nous n'en apercevons pas la substance : d'où quelqu'uns tirent cette conséquence, que quand on définit l'esprit par la pensée, et qu'on dit que c'est la substance qui pense, on ne connoit pas proprement l'esprit, mais simplement la pensée qui n'est que l'action ou le mode.

Mais ceux qui ne se sont pas gatté *(sic)* l'esprit par de vaines subtilités sçavent qu'on ne connoit jamais les actions, les modes, les accidents, les qualitez, et les propriétez des choses, sans connoitre plus ou moins parfaitement la nature de la chose même, selon que l'on connoit plus clairement un plus grand nombre de ces accidens.

Il n'y a point de mouvement sans un sujet qui se meut, si l'on connoit la nature du mouvement. Si l'on ajoute à cette connaissance celle de la figure de la chose, elle est encore mieux connue qu'auparavant, et si l'on sçait que c'est de l'or, de l'argent, ou du bois qui se meut, voilà encore une augmentation de connaissance d'une même chose ; il est donc indubitable que lorsqu'on fait réflexion, sur les innombrables manières de penser que nous expérimentons continuellement, on connoit par ce moïen si

---

(1) Manuscrit : subtile.

parfaitement la vraie nature de l'ame, que ny les anges ny Dieu même ne le connoissent point autrement, quoyque leur connaissance soit plus parfaite et plus étenduë.

C'est aussy une chose qui mérite d'être remarquée, que les hommes ayant commencé par l'usage des sens à se connoitre eux-mêmes, aussy bien que les choses qui les environnent, ils prennent pour la mesure et pour le modèle d'une parfaite connoissance celle qu'ils pensent avoir acquise par les sens; de sorte que, quand on leur parle de connoissance claire, ils s'attendent presque toujours à quelque chose semblable à la connoissance que l'on en a, voyant les choses, ou en les touchant; et ils ne pensent pas qu'on puisse leur faire comprendre ce que c'est que l'union de l'âme et du corps, si on ne leur présente quelque chose se rapportant à des crochets, à des liens, ou à la colle dont on se sert pour joindre plusieurs corps ensemble; cependant c'est là une grande erreur, et il faut au contraire être très-persuadé, que les choses d'un genre ne s'expliquent jamais clairement par celles d'un autre, et que la comparaison qu'on en fait ne sert qu'à les obscurcir.

Enfin, il faut avouer que quelque clarté qui se rencontre dans les raisonnemens que l'on fait, touchant les choses spirituelles, la plus part des hommes ne laissent pas de demeurer inquiets, et mal satisfaits de tout ce qu'on peut leur dire. Ils cherchent un certain *quomodo*, et une manière qu'ils distinguent de la chose qu'on leur a fort bien expliquée, et qu'ils pensent ignorer. Mais ceux qui sont accoutumés à raisonner solidement, se mocquent de ces quomodo et de ces manières distingués de la nature d'une chose que l'on a bien pénétrée. Les géomètres ne cherchent point d'autre manière dans les choses que ce qu'ils y découvrent, et qu'ils prouvent par de bonnes démonstrations. On n'est point en peine de chercher comment elle est unie (1). On n'ignore les quomodo que dans les choses obscures; ce qui est si véritable que lorsque les hommes s'imaginent qu'ils connoissent ce qu'ils ne connoissent point du tout, ils ne se mettent aucunement en peine de chercher comment la chose se fait. Par exemple, quoiqu'il n'y ait rien de plus caché au commun des hommes et même des philosophes que la nature de la pesanteur, on ne voit pas qu'il y ait rien à chercher touchant la manière dont les pierres descendent vers le centre de la terre, parce qu'on croit connoitre le principe de ce mouvement.

Après toutes ces considérations qui m'ont paru nécessaires,

---

(1) Le copiste a probablement oublié une phrase.

pour faire comprendre des raisonnements qui procédent plus tôt par voie de retranchement, que par la découverte de quelques grands secrets, il faut supposer que l'union des choses ne se peut faire que par ce qu'elles ont de rapportant, c'est-à-dire par ce qui leur convient effectivement. Il est bon aussy, pour arriver à la nature de la connoissance de l'union de l'âme et du corps qui paroit fort cachée, de considérer quelques autres unions, que nous pensons connoitre plus clairement.

On dit que deux corps sont unis, quand ils se touchent en leurs superficies et que leurs mouvements se font ensemble, et avec dépendance l'un de l'autre ; les esprits qui n'ont ny superficie, ny attouchement, ny mouvement, sont unis quand leurs pensées et leurs volontés ont de la dépendance l'une de l'autre, et qu'elles sont conformes entre elles : et les esprits sont unis aux corps, non pas par l'attouchement des superficies, ny par la dépendance des mouvements, parce que les esprits n'en ont pas, mais par la dépendance qu'il y a entre certaines pensées de l'esprit, et certains mouvements du corps, en sorte que l'un suive de l'autre, ainsy que nous l'expérimentons très-clairement, lorsque nous voions continuellement que certains mouvemens de nos corps se font ensuite de ce que l'âme le veut, ce qui leur fait donner le nom de mouvemens volontaires, et réciproquement, que certaines pensées ou passions de l'âme sont excitées par les mouvemens du corps, comme il arrive lorsque nous ressentons du plaisir, de la douleur, la faim, la soif, etc.

Je dis donc que la difficulté qu'il y a à concevoir comment une âme peut être unie à un corps ne vient que de ce que l'on considère l'âme simplement comme une substance spirituelle, en demeurant dans ce degré générique d'esprit, sans pénétrer le fond de sa nature particulière et de son essence ; ce qui fait que l'on n'a pas moins de difficulté à concevoir l'union de l'âme au corps, qu'à concevoir celle d'un ange à un corps. En effet ceux qui ne considèrent l'âme qu'en général comme une substance qui est le principe de la pensée, n'y voient rien de plus que ce que l'on conçoit quand on parle d'un ange qui ne peut aucunement être uni substantiellement à un corps, quoyque l'on sache qu'il peut luy être uni accidentelement, lorsqu'il le fait mouvoir : ce qui n'appartient pas à la question que nous traitons présentement. Mais ceux qui passent de l'idée générale d'esprit à une connoissance distinguée de l'âme et de ses pensées, n'ont pas plus de peine à comprendre comment une âme et un corps organisé peuvent être unis l'un à l'autre, qu'à comprendre comment deux superficies dont l'une est concave et l'autre est convexe, c'est-à-dire celle d'un trou et celle d'une cheville peuvent être unies (1) étroitement. Or, cette connoissance particulière de l'âme et de ses pensées n'est pas une chose mistérieuse, qu'il faille tirer de bien loing. Il ne faut consulter pour cela que notre expérience intérieure, qui nous fait voir intuitivement ce qui se passe en nous, pourvu qu'on s'en tienne à ce qu'on voit, et qu'on n'y mêle rien d'obscur. Il n'y a donc qu'à discourir par toutes les différentes sortes de pensées que nous expérimentons en nous, et dont l'idée enferme celle de l'âme même comme d'une substance particulière, qui agit et patit dépendament de son corps ; et qui est quelquefois le principe et toujours le sujet de ses pensées : d'où il s'ensuit que l'âme se présente toujours à elle-même sous autant de faces différentes qu'elle a de pensées, dont chacune luy porte la lumière particulière, pour augmenter la connoissance qu'elle a de sa nature et de ses perfections.

On peut commencer cet examen par la considération de toutes les manières de perceptions, de passions, et de sentiments que l'on ressent immédiatement sans discours, et presque continuellement, parce que tous les plaisirs des sens, et toutes les douleurs sont de ces sortes de sentiments, aussy bien que les appétits de faim, de soif, et autres semblables, auxquelles il faut joindre toutes nos connoissances, et toutes ces perceptions innombrables, qui résultent en nous, en suite de l'impression que les choses extérieures font sur nos organes, et ensuite sur nos âmes. Tous ceux qui ne philosophent pas n'ont aussy aucune peine à comprendre cette vérité qui ne contient autre chose que ce que tout le monde ressent continuellement, quant (2) à ceux qui philosophent, quoyqu'ils affectent icy l'obscurité, ils ne la voient pas moins clairement, comme il paraît par leur fameuse maxime qu'ils n'ont rendue que trop dangereuse : *Nihil est in intellectu quod prius non fuerit in sensu.*

Les libertins même n'identifient pas l'âme avec la matière, et ils ne l'imaginent comme un corps fort subtil (3), que parce que c'est sa nature d'avoir un corps, et d'agir dépendament de luy. Il y a donc en nous une faculté passive de connoître, de ressentir ces infinies perceptions

---

(1) Manuscrit : unis.
(2) Manuscrit : quand.
(3) Ibid. subtile.

involontaires qui sont excitées par le corps : et cette faculté n'est autre chose que l'âme même, en tant que c'est une substance intellectuelle, qui ressent les impressions qui luy viennent de son corps.

En suite de cette première considération, il faut passer à une autre, en discourant sur ces pensées innombrables que nous formons volontairement, et qui sont très-souvent suivies de ces mouvemens sans nombre, que nous appellons volontaires, et qui sont presque continuels dans les parties de nos corps, qui sont plus soumises au gouvernement de l'âme.

On a raison de voir que ces mouvements ne cessent presque jamais dans le cerveau, et principalement dans les esprits animaux pendant le temps de la veille.

Et parce que ces esprits sont les instruments immédiats de l'âme, pour tous les mouvemens qu'elle veut faire dans son corps, et par son moien dans les choses qui sont hors de luy ; de même ils sont les instruments par lesquels les choses extérieures et même son propre corps, excitent dans elles les pensées, perceptions ou passions dont nous venons de parler. Mais je diray icy, en passant, qu'on a prouvé autre part, que l'âme non plus que les anges n'a pas proprement la faculté de mouvoir le corps, et que c'est Dieu qui est le seul moteur.

Tout ce qu'elle peut faire, c'est de déterminer le cours du mouvement qui est déjà dans les esprits animaux, afin que par son moien les mouvements qu'elle veut se fassent. Voilà donc encore dans notre âme une faculté de faire une infinité de mouvemens dans son corps, et dans ceux qui l'environnent, de sorte que ses passions et ses actions font également connoitre quelle est sa nature et sa propre essence.

Cette doctrine étant bien entendue, on en peut tirer plusieurs conséquences importantes. Et il s'ensuit que le corps humain doit être une machine, composée d'une infinité de pièces, avec une délicatesse et une subordination admirable, afin qu'il soit capable de cette infinie diversité de mouvements, qui sont nécessaires pour exciter autant de diverses sortes de perceptions que nous expérimentons en nous-mêmes, et aussi afin qu'il soit capable de servir à l'âme pour faire une infinité de mouvements locaux, dont quelques-uns lui servent à exciter dans elle-même les sentiments qu'elle veut avoir, et qu'elle ne sauroit se procurer elle seule, et aussy pour faire dans son corps, et hors de luy, tout ce qui lui plait, autant qu'elle en est capable.

Secondement, il s'ensuit que cette faculté d'agir et de patir par un corps, est sa nature propre et son essence particulière, puisque c'est en cela que consiste sa perfection et sa manière connaturelle d'agir, et que ses fonctions étant empêchées et déréglées, elle est dans un état violent.

Certes on ne peut pas douter que ce ne soit une perfection considérable en l'âme, de recevoir des connaissances, et de pouvoir ressentir une infinité de plaisirs par le moien du corps, dont la pureté et la parfaitte douceur ne se possédera que dans la gloire, après la résurrection.

Troisièmement, il s'ensuit que la foy doit paroître icy parfaitement d'accord avec la raison, en ce que la foy nous représente l'union de l'âme au corps comme un état connaturel de l'un et de l'autre, et la séparation qui s'en fait par la mort comme une chose pœnale, et si contraire à la nature, qu'il n'y a eu que le péché qui l'ait pu attirer. Au contraire, les anges qui ne peuvent être perfectionnés par l'union substantielle à des corps, non plus qu'un grand orateur par la fréquentation des enfans qui apprendroient leur rudiment, ont mérité par leur péché d'être unis au corps de leur flamme par l'effet particulier d'une douleur extrême, ce qui les met dans un état très violent, et absolument contraire à leur nature.

Mais l'état de l'âme, même dans la gloire, nous est représenté comme imparfait, et comme plein de désirs de la réunion à son corps, comme d'un bien inestimable. Cependant ceux qui raisonnent, en suivant les préjugés communs, sont portés à croire, que l'état d'une âme séparée est le plus parfait, sous prétexte que les anges exigent d'être dans cette séparation. Cette manière de raisonner me donne occasion de faire remarquer icy la bisarrie de l'esprit des hommes : quand ils parlent des anges, et de leurs opérations, ils ne peuvent s'empêcher de leur donner les manières de penser des âmes, en leur attribuant du discours, de la durée, de la succession dans leurs actes, de l'irrésolution, etc., et d'autre part, quand ils parlent des âmes, ils les regardent comme des esprits purs, dégagés de tout rapport au corps, en sorte qu'ils regardent l'union des deux comme une chose incompréhensible.

Quatrièmement, cette doctrine fait voir encore un nouvel accord de la foy et de la raison, en ce qui est écrit au commencement de la genèse touchant la manière très-familière dont Dieu instruisoit Adam des moindres choses, et perfectionnoit peu à peu ses connaissances, tant dans l'état d'innocence, que dans la suitte. Les libertins, qui ne rendent pas à l'écriture la soumission qu'ils luy doivent, sont choqués de tant d'apparitions, comme si Dieu auroit dû luy donner tout à coup comme à un ange, les connaissances qui lui étaient dues.

Mais notre doctrine de l'union de l'âme et du corps fait voir clairement que cette voie d'instruction extérieure et familière étoit sa seule voie naturelle de communiquer à Adam les lumières qui lui étoient nécessaires et convenables. Comme l'être de l'âme exige l'union à un corps, l'agir de l'âme est toujours accompagné de quelque dépendance du corps, en ce que les espèces corporelles qui consistent dans les traces que le cours des esprits animaux ont formées dans la substance du cerveau, et les ydées spirituelles de l'âme ont entre elles une liaison fort étroite : en effet tout ainsy que ça été par l'action des choses extérieures qui frappent les sens, et par les espèces que les ydées ont été excitées au commencement, de même dans la suitte de la vie, c'est encore en cherchant les espèces par la direction du cours des esprits, que l'âme envoie de tout cotté dans le cerveau, qu'elle réveille et qu'elle rappelle ses ydées et ses pensées qui étoient anéanties de sa part, de sorte que l'espèce est effacée ; comme il arrive dans la perte de la mémoire, on se trouve au même état que si on n'avoit jamais pensé à la chose oubliée.

Il est donc très-constant que quoyque l'âme reçoive en sa création toutes ses facultés, elle ne peut pas néanmoins les déployer pendant l'état de la vie, si elle n'est aidée par les sens, et par l'instruction, qui servent à approcher d'elle les objets et à les luy proposer, pour en former les ydées qu'elle n'aurait pas sans cela : ce qui se fait d'une manière que nous connoissons par expérience, et qui n'a point d'exemple dans d'autres choses parce qu'elle est primitive en son genre.

Cette doctrine étant supposée, on peut dire qu'il y a deux voies pour expliquer comment, dans les spéculations les plus spirituelles des vérités, et des objets qui n'ont rien de corporel, il y a toujours quelque liaison avec les mouvemens des esprits animaux, qui met de la suite et de la durée dans ses spéculations, ainsi qu'on l'expérimente très-sensiblement.

La première c'est de dire que lorsque l'âme s'applique aux choses les plus spirituelles, elle agit avec contention sur les organes du cerveau, pour empêcher que le cours des esprits animaux ne la distraient en renouvellant d'autres ydées que celles qu'elle veut avoir, ce qui fait une partie de ce que l'on appelle attention.

La seconde, qui est la principalle, et qui fait l'autre partie de l'attention ; c'est de dire que l'âme contourne le mouvement des esprits animaux pour rencontrer les traces ou espèces qui doivent accompagner les ydées qu'elle veut avoir, et qui ont été excitées au commencement par l'action des esprits qui a formé les espèces : or l'expérience nous apprend que tout ce que nous sçavons par voie d'instruction a été lié avec les espèces des mots qui signifient ces choses : d'où il est arrivé qu'on ne peut y penser qu'en employant l'espèce corporelle du mot, ce qui ne se peut faire que successivement, ainsy qu'on l'expérimente.

Mais, outre ces espèces des mots, il y en a d'autres qui servent aussy à fournir certaines ydées, et ce sont celles que les choses extérieures, qui ont agi (1) par les sens, ont formées sans l'aide de la parole, ainsy qu'on le reconnoit, lorsqu'on pense aux différences des saveurs, aux accords des sens, etc.

Après l'explication de toutes ces vérités qui paroissent très-claires, il semble que la difficulté qu'il y a à faire comprendre comment une âme peut être unie à un corps organisé, est plus que résolue ; car tous ceux qui pénétreront le fond de cette doctrine, ne pourront nier qu'il n'y ait en effet infiniment plus de difficulté à concevoir comment une âme peut être séparée de son corps par la mort, que non pas comment elle peut y être unie, parce qu'il n'y a rien dans la nature de l'âme, ny dans celle d'un corps organisé qui ne marque une exigence invincible et réciproque de leur union.

Cependant, à cause que nous voions mourir les hommes, par un effet terrible de la justice de Dieu qui violente en cela toute la nature, de même qu'il la violente en unissant un démon à un corps par un autre effet de sa même justice, nous ne trouvons aucune difficulté à concevoir comment l'âme et le corps peuvent exister séparément l'un de l'autre : au lieu que nous ne pouvons nous persuader que nous voions ce qui saute aux yeux, et ce que nous connoissons par une expérience intuitive ; c'est à sçavoir que le corps et l'âme sont effectivement unis d'une manière qui nous est connuë plus clairement qu'aucune autre chose, puisque nous expérimentons que l'âme et le corps organique sont l'un pour l'autre, non pas par une destination arbitraire de Dieu, en vertu de laquelle il uniroit des choses très-disproportionnées, telles que sont le démon et la flamme, mais parce que leur essence et leur propre nature est d'être l'un pour

---

(1) Manuscrit : agit.

l'autre, et qu'il faudroit faire les dernières violences à la nature pour ne pas les unir ensemble.....

Nous avons vu que toutes les connaissances que nous pouvons avoir de la nature de l'âme, par notre propre et intime expérience, ne nous la représentent que comme une substance spirituelle, exerçant un commerce réciproque et continuel d'actions et de passions avec un corps.

Nous expérimentons aussy que tout aussitôt qu'un corps est organisé, l'âme ne manque pas de luy être unie, et nous sçavons qu'en punition de son péché, ce commerce d'actions et de passions cesse par la mort, aussitôt que les organes du corps sont corrompus ; et par conséquent, encore qu'il soit très-vray que Dieu concourt à l'union des deux, et que cette union se fasse parce qu'il le veut ; il ne laisse pas d'être déterminé à cette volonté par des loix naturelles, qu'il a établies luy même, et par une exigence phisique, la plus forte qu'on puisse imaginer.

Ceux qui ont connoissance des nouvelles découvertes philosophiques, qui sçavent qu'il n'y a point d'autres formes substancielles ou essentielles des corps particuliers que l'assemblage des modes de la matière, qui sont persuadés qu'il ne se fait rien de nouveau dans le monde que par le mouvement local, que les corps n'ont proprement aucune force motrice, et qu'ils ne peuvent faire autre chose que de déterminer le cours du mouvement qui est déjà dans le monde ; de même que la muraille d'un jeu de paume détermine celui de la balle qui la rencontre sans la mouvoir ; que Dieu est moteur non-seulement universel, mais unique ; ceux-là, dis-je, ne peuvent douter que dans toutes les productions des choses, Dieu ne meuve, parce qu'il veut mouvoir, puisque c'est luy seul qui meut ; mais que cela n'empêche pas que ce mouvement ne soit naturel, et non pas purement arbitraire, parce qu'il n'a pu (1) mettre dans le total du monde la quantité de mouvement qu'il y a mise, sans faire en sorte que sa force motrice, s'appliquant tantôt à un corps, tantôt à un autre, suivant les lois de la nature, qui font que le mouvement, n'augmente, ni ne diminue jamais dans le total de la matière.

Enfin, la nature de l'âme et de son union étant bien pénétrée, on voit que tout ainsy que c'est l'état naturel de l'ange d'agir indépendamment d'un corps, c'est celuy de l'âme d'agir par un corps, et que tout ainsy, comme l'ange a mérité par son péché d'être réduit à une manière d'opérer dépendamment d'un corps, ce qui violente extrèmement sa

---

(1) Manuscrit : put.

nature, de même l'âme a aussy mérité par le sien d'agir indépendamment de son corps, après la mort, ce qui ne l'approche point de la perfection de la manière d'opérer des anges : au contraire elle luy ôte la sienne propre qui ne luy sera rendue que dans la gloire.

Je passe maintenant à d'autres considérations, et je dis que cet exemple, qui est tiré de ce que nous sçavons touchant l'état des anges, peut servir à déterminer à peu près ce qu'on doit croire de celuy de l'âme séparée du corps, car on peut dire que cet état pœnal, et l'âme exigeant d'agir toujours avec dépendance de son corps, il semble que si l'on ne consideroit précisement que ce qui luy arriveroit par la mort, on devroit dire qu'il ne luy resteroit qu'une connoissance confuse d'elle-même, comme dépouillée de toutes les lumières.

Mais comme nous sçavons qu'elle passe immédiatement de la vie présente dans les souffrances ou dans la gloire, on ne doit point être en peine de rechercher comment elle pourroit agir dans un état de séparation absolue, en attendant la Résurrection ; car il n'y a point de doute que si elle est condamnée aux flammes de l'enfer ou du purgatoire, elle ne soit à peu près au même état que quand le corps nous cause de la douleur, parce que dans ces lieux de tourments elle est unie au feu pénal, pour cet effet particulier de douleur, en quoy il n'y a rien que de concevable, et se rapportant à ce qui se passe dans nous pendant la vie.

Mais, si l'âme se trouve dans la gloire, on peut penser que Dieu se sert de la lumière corporelle du paradis, qui n'est autre apparament que celle qui sort de l'humanité adorable de Jésus-Christ, vray soleil de la céleste Jérusalem, pour luy faire avoir les connoissances de cet état bienheureux : en quoy il n'y a encore rien d'inconcevable, puisque, pendant cette vie, il y a de certains mouvemens corporels, qui nous font avoir l'idée de notre âme et de Dieu même, que s'il se passe quelque chose de plus caché dans cet état, nous n'avons que faire de nous mettre en peine, il nous doit suffire de raisonner sur ce que nous connaissons très-clairement par notre propre expérience.

Il y a une autre chose, qui donne beaucoup d'inquiétude à ceux qui examinent la doctrine de l'union de l'âme : ils craignent pour la vérité de son immortalité, et ils s'imaginent que pour prouver sa distinction d'avec le corps, il faut chercher tous les moiens possibles d'établir son indépendance de corps, tant en son être, qu'en quelqu'unes de ses opérations. Ils croient que les libertins ont de l'avantage sur nous, si l'on avoue que c'est pour le corps que l'âme reçoit ses ydées, et qu'elle connoit les objets spirituels. Cependant, il faut qu'ils sçachent que c'est une chose très-préjudiciable à la vérité, et à la religion, que de quitter la voie de la bonne foy et d'un raisonnement solide, pour se jetter dans celle des conjectures incertaines, pour ne pas dire dans de purs égarements.

Si l'expérience nous apprend que nous n'avons aucune connoissance même des choses spirituelles, que par l'action du moteur souverain, qui se sert pour cela de nos corps, il en faut tomber d'accord de bonne foy. Cela ne prouve autre chose que l'union dont il est icy question. Mais comme cette même expérience nous fait appercevoir clairement que les ydées qui nous viennent par le corps sont également spirituelles, et qu'elles ne portent aucune marque de la moindre apparence de la matière, il s'en faut tenir à cela et faire triompher la vérité par la vérité même ; ce qui est d'autant plus sûr qu'on ne voit pas qu'un seul homme qui ne se sera pas gâté l'esprit par des jugements téméraires et chimériques, ait jamais pris l'un pour l'autre, par exemple une pierre pour un raisonnement.

Si c'étoit ici le lieu de traiter à fond de la distinction de l'âme et du corps, on feroit voir aisément que la doctrine de leur union suppose la vérité de leur distinction, toutes les choses unies, quelque étroite que soit leur union, peuvent être séparées, ainsy qu'il arrive en nous par la mort, et toutes les choses séparées, quelque éloignées qu'elles soient, peuvent être unies, comme il paroit dans l'incarnation ; mais ces unions ne prouvent pas que les choses unies soient identifiées, ni que toutes les choses qui sont séparées l'une de l'autre, soient dans leur état connaturel et qu'elles n'aient aucune exigence qui les porte à leur réunion.

Cela paroit plus clairement en l'homme qu'en toutes autres choses, puisque nonobstant l'union du corps et de l'âme, leur distinction se fait paroitre jusqu'à combattre souvent l'un contre l'autre, ce qui doit passer pour la plus sensible marque d'une distinction réelle.

Or, qui ne sçait que, dans les grandes passions et tentations, le corps n'excite que trop souvent de fortes inclinations, et de grands mouvemens indélibérés dans l'âme, que l'âme combat de toutes ses forces, et que réciproquement elle fait quelquefois des efforts très-inutiles pour exciter dans son corps des mouvemens qu'elle voudroit lui donner, auxquels il résiste par une disposition contraire.

Cela ne prouve que trop à ceux qui s'entendent en preuves claires et solides qu'il y a en nous deux principes, dont chacun est réciproquement actif et passif, qui sont non seulement distingués réellement, mais qui combattent très souvent l'un contre l'autre, en entretenant dans l'homme cette guerre civile, si connue entre la partie supérieure et l'inférieure, c'est-à-dire entre le corps agissant sur l'âme et l'âme, agissant sur le corps.

Mais, si cette doctrine est véritable, que deviendra le raisonnement si commun, par lequel on prétend prouver que l'âme est distinguée du corps, à cause qu'elle forme des connoissances universelles et abstraites, et qu'elle connoit des objets purement spirituels, tels qu'est Dieu, et la propre substance de l'âme. Pour quoy, j'avoue ingénüment que cette façon de raisonner ne me paroit ny naturelle ny solide, car si l'on considère ce qui se passe dans l'usage de la vie et des sens, lors même qu'il semble que le corps y a plus de part, on reconnoit que l'idée et l'objet premier de l'âme est autant spirituel que dans les autres opérations, où l'on croit qu'il n'y a rien que de spirituel.

Quand un homme touche du feu, par exemple, et qu'il ressent une douleur cuisante, il ne faut pas s'imaginer que cette perception soit un acte de la connaissance du feu, et de ce qu'on appelle la chaleur ; ce sentiment douloureux, c'est une pensée particulière, ou une passion dans l'âme qui est aperçue immédiatement par elle-même, sans qu'il soit besoin pour cela d'y faire aucune réflexion. Il est aussy très constant que la propre substance de l'âme est le premier et le propre objet de cette connoissance, puisqu'il est aussy impossible que l'âme ne se connoisse ensuite de l'impression qu'a faite sur elle cette action du feu, qu'il est impossible qu'elle n'ait point ce sentiment de douleur.

C'est une vérité fondamentale que les actions, les passions, les modes et autres appartenances intérieures, des choses ne se connoissent jamais séparément de leur sujet, et comme s'ils subsistoient *in abstracto*, parce que c'en sont les états et les dépendances. Ainsy l'âme ne peut avoir cette pensée que le feu excite, qu'elle ne connoisse ou plus tôt qu'elle ne sente qu'elle est une chose qui pense et qui pense cette fois d'une telle manière. Après quoy elle pensera d'une autre manière, lorsque l'impression qui vient du corps sera changée ; en quoy il n'y a rien que de très-spirituel, quoyque ce soit par l'action du corps que l'âme vient à avoir de telles perceptions, et à se connoitre.

Quant (1) au feu, qui excite cette pensée, et qu'on regarde communément comme son objet, il est certain qu'il n'est connu d'abord que fort confusément, sous la notion vague de quelque chose distinguée de l'âme qui agit sur elle, et il faut une longue suitte de raisonnemens et d'autres sentimens, pour bien connoitre la nature, ainsi qu'on le prouve dans la phisique méchanique.

Il est donc fort inutile de chercher dans la nature particulière de quelques opérations de l'âme des raisons pour prouver sa distinction d'avec le corps. Toutes ses idées sont également spirituelles, soit qu'elles procèdent d'elle comme ses actions, soit qu'elles y soient reçues comme ses passions, soit qu'elles représentent des esprits ou des corps ; et, par conséquent, l'âme qui en est le sujet, est toute spirituelle, puisque ce n'est qu'une chose intellectuelle, de même que la matière est toute corporelle, parce que ce n'est qu'une chose étendue.

Il semble donc qu'il y ait peu de solidité en ce que quelqu'uns s'imaginent que la connoissance abstraite qu'elle a d'elle-même, comme d'une chose qui pense, et celle qu'elle forme de tous les universaux est la plus forte preuve de son immatérialité car comme les universaux ne sont autre chose que des natures séparées, qui acquièrent une unité extrinsèque qui leur vient de ce que n'étant connuës que confusément, selon ce qu'elles ont de rapportant, on ne voit pas leur distinction ; de même, lorsque l'âme se considère simplement comme une chose qui pense, cette vuë superficielle empêche qu'elle ne voie distinctement qu'elle est une chose qui pense de telle et telle manière en particulier, et par conséquent qu'elle n'entre dans un détail, qui en donneroit une connoissance plus parfaite.

Il n'y a rien que de fort intelligible en tout ce discours, pourvu qu'on se souvienne que les pensées de l'âme et les mouvemens des principaux organes du corps, vont toujours de compagnie. Si l'on a quelques pensées une première fois, on ne l'a que par l'action du corps, *fides ex auditu et manifesta sunt opera carnis quae sunt*, et si l'on a volontairement cette pensée une seconde ou troisième fois, l'action de l'âme s'attache alors aux espèces corporelles, que les choses extérieures et nos organes ont déjà formées, en dirigeant le cours des esprits animaux, et en réitérant

---
(1) Manuscrit : quand.

la pensée qu'elle a déjà eue, lorsque ces espèces ont été formées une première fois ; en quoy il y a tout ensemble de l'action et de la passion de l'âme. Il ne faut donc pas être surpris d'entendre dire que les pensées, toutes spirituelles qu'elles sont, commencent et finissent, qu'elles étoient et qu'elles ne sont plus. Tout cela est une suitte nécessaire de la nature des modes, qui sont liés avec de certains mouvemens locaux, et il ne sert de rien de pointillier sur une chose qui est connue par expérience.

Une personne qui examinera avec soin ce qui se passe dans l'enfance, dans l'âge avancé, dans la sancté, dans la veille, dans le sommeil, et dans le songe, dans le délire, dans les douleurs, dans les plaisirs, dans la contention d'esprit, dans le souvenir, dans les méditations les plus spirituelles, dans les surprises etc., connoitra mieux la nature de son âme et de son union, que s'il rêvait toute sa vie sur son état de séparation du corps, et sur la nature d'une substance spirituelle, considérée dans ce degré générique.

Mais d'autant qu'on pourra dire que cette doctrine obscurcit celle que les plus grands philosophes nous enseignent, touchant la distinction qu'ils mettent entre l'intellection pure et l'imagination, en ce qu'ils pensent que par l'intellection, l'âme ne se tourne que vers ses idées spirituelles, et que par l'imagination, elle se tourne vers les fantômes, ou espèces corporelles ; il est nécessaire d'expliquer la chose en un mot: en remarquant qu'il s'ensuit des discours précédens, que cette différence ne peut consister qu'en ce que dans l'intellection pure, tant des choses spirituelles que corporelles, l'âme se contente de joindre son ydée à l'espèce qui l'a excitée la première fois, et qui l'accompagne toujours, quoyqu'il n'y ait presque jamais une vraisemblance entre l'espèce et l'objet. Mais lorsque l'âme veut imaginer quelque chose, elle s'efforce de former ou d'appercevoir dans le cerveau une espèce corporelle qui ait quelque vraisemblance (1) avec l'objet de la pensée, et pour cela elle use de quelque contention, en poussant les esprits en la manière qu'il faut pour tracer cette image, ou pour l'appercevoir pendant un certain tems, si elle est déjà suffisamment tracée.

Cela fait voir qu'il n'y a que les seules choses corporelles qui soient imaginables, et qu'entre les corporelles celles qui sont les plus simples sont plus propres à être

---

(1) Le texte est évidemment fautif : c'est « ressemblance » qu'il faut lire.

imaginées que les composées, à cause qu'il y a toujours quelque confusion dans les peintures qui représentent trop de choses.

Il y a un autre état de l'âme, lorsqu'elle paroit comme toute détachée du commerce des sens dans les extases, les ravissemens, et autres grandes contentions d'esprit : il me semble que pour lors, l'âme s'attache fortement à la seule espèce corporelle qui est liée avec la pensée dont elle est occupée très-fortement, et qu'elle veut faire durer le plus qu'elle peut ; or il est visible que cette contention doit empêcher les autres sentimens, à cause de la situation violente en laquelle l'âme retient fortement les principaux organes du cerveau, qu'elle n'emploie pour lors qu'à entretenir la pensée qui l'occupe.

Mais, il y a une autre sorte d'extase, qu'on peut appeler passive, lorsque la disposition du corps et l'action des objets oblige l'âme à avoir longtems une même pensée dans l'esprit. On sait aussy que la liaison des ydées avec les espèces corporelles se fait et se défait par des actes violens, et par l'accoutumance, ainsy que l'expérience l'enseigne. Enfin, on voit par toute cette doctrine en quel sens on doit entendre ces maximes : *Nihil est in intellectu quod prius non fuerit in sensu; oportet intelligentem speculari phantasmata; omnis idea ortum ducit a sensibus.* Ce qui ne peut avoir d'autre sens véritable que ce que nous avons dit, c'est à savoir que quoyque toute ydée soit jointe à quelque mouvement corporel, elle n'est aucunement semblable ny à ce mouvement, ny à quoy que ce soit de corporel. Mais il est comme impossible de bien entendre ce qui a été dit jusqu'à présent, à moins qu'on ne connoisse à fonds la dépendance que l'âme a du corps dans toutes ses fonctions.

Ceux qui travaillent pour l'établissement de l'immortalité de l'âme affaiblissent tant qu'ils peuvent cette dépendance, et en cela, ils font un plus grand tort qu'ils ne pensent à la vérité, et même à la religion ; il est dangereux de se réduire à ne pouvoir deffendre la vérité, qui est la chose du monde la plus forte.

Je mettray donc icy en abrégé les raisons, par lesquelles on peut prouver que toutes nos pensées, sans exception, ont de la dépendance du corps.

1° La première qui se présente est fondée sur l'union même du corps et de l'âme, qui est proprement ce qui fait que nous sommes homme et que nous vivons, et, comme cette union n'est autre chose que l'exercice continuel d'actions et de passions entre le corps et l'âme, on peut dire à ceux qui s'imaginent qu'il est ordinaire à l'âme d'avoir des pensées, qui sont absolument indépendantes du corps, qu'il est aussy ordinaire à l'homme de voir cesser et recommencer l'union de l'âme et du corps, c'est-à-dire de vivre et de mourir sans cesse, nonobstant ce qui est écrit : *Statutum est omnibus hominibus semel mori.*

2° Ce qui se passe dans le sommeil nous apprend tous les jours que l'âme est pour lors réduitte à la mercy du corps, qui luy donne toutes sortes de pensées, avec une extrême bisarrie. Cela prouve clairement qu'elle est en un état tout passif et dépendant du corps, ce qui paroit dans la première enfance.

3° L'âme commençant d'agir ne le fait qu'à mesure que le corps se perfectionne, et elle change toutes ses dispositions, conformément à celles du corps, ce qui marque sa dépendance absolue. En effet, ce qui se passe dans l'enfance, dans la vieillesse, la santé, la maladie, le sommeil, la folie, marque une si grande diversité dans nos manières de penser, qu'on ne peut rien apporter de raisonnable contre cette preuve de la dépendance que l'âme a du corps.

4° Ceux qui manquent de quelque sens corporel sont dans une impuissance absolue de former aucune des ydées qu'ont ceux à qui il n'en manque pas, ce qui a donné lieu au proverbe des aveugles qui parlent des couleurs ; il n'en faudroit pas davantage pour prouver que l'âme a toutes ses ydées par les sens.

5° L'entendement, étant une puissance purement *passive*, il faut que toutes les ydées luy viennent par l'impression d'un agent distingué de l'âme, qui ne peut être autre que le corps, par le moien des mouvemens que Dieu lui imprime.

6° Ceux qui ont perdu la mémoire des choses, même les plus spirituelles, sont dans le même état que s'ils n'avoient jamais pensé aux choses oubliées. Or, comme la mémoire est une faculté corporelle, cela fait voir que pour juger, raisonner, spéculer, etc., il faut avoir recours aux espèces contenues dans le cerveau, qui sont proprement le réservoir de la mémoire, étant donc indubitable que le mouvement de ces espèces nous fait avoir les pensées qui y ont été une fois attachées : quel plus grand mistère y a-t-il à dire que le corps nous donne une première fois nos pensées qu'à dire qu'il les donne une seconde, une troisième fois.

7° Toutes nos pensées, sans exception, sont liées avec le mouvement de nos organes, et en dépendent, puisqu'elles ont leur quantité étendue et divisible, qu'on peut mesurer avec une horloge. Or, ceux qui connoissent à fond la nature du mouvement et du temps sçavent que toute durée ou étendue successive est un mouvement local : de sorte que la pensée n'étant point mouvement par identité de nature, il faut qu'elle ait du mouvement par union, de même que le mouvement volontaire n'est pas la volonté, quoyqu'il soit volontaire, parce qu'il dépend de la volonté.

Cette vérité particulière fait voir le fond du plus imperceptible, du plus dangereux des préjugez. Comme toutes nos pensées dépendent du mouvement, qui est une des appartenances du corps, tous les hommes ont une peine extrême à concevoir les esprits comme n'ayant rien en eux de corporel, parce que la pensée qu'on en a, a en soy du corporel. C'est aussy par cette même raison que nous nous imaginons que toutes les choses du monde ont de la durée dans le fond de leur être ; nous ne pouvons penser à quoy que ce soit qu'en commençant, continuant, en cessant d'y penser ; ce qui nous porte à croire que toutes les choses, auxquelles nous pensons, ont aussy de la durée. En effet, elles en ont réellement, mais ce n'est qu'extrinséquement et par la pensée, de même qu'une perche divisée en dix piés lorsqu'on les imagine, qu'un homme a les bonnes grâces du Roy, etc.

Il en est donc icy comme de ceux qui voient jaune à travers un verre jaune, ou qui voient les objets comme étant devant eux quand ils regardent dans un miroir. Cela fait voir combien il est nécessaire de considérer les choses en elles-mêmes, et de ne s'attacher qu'à ce qui paroit dans la nature.

8° Une pensée, qui n'auroit aucune dépendance du mouvement, posséderoit son existence indivisiblement : elle seroit irrévocable, immuable, indéfectible, de même que l'opération d'un ange, ce qui n'est pas, etc.

9° Les mouvemens organiques donnent l'être, le conservent et l'ôtent à nos pensées, de même que nos pensées le donnent, l'ôtent et le conservent à nos mouvemens volontaires, ce qui marque une extrême dépendance.

10° Dieu a voulu que les sens nous donnassent toutes les connoissances que nous avons de notre âme, des perfections divines, des mistères de la religion : *fides ex auditu*.

Cependant, ce sont là les choses les plus spirituelles que nous sommes capables de connoitre, et par conséquent toutes nos pensées ont quelque dépendance des sens, et l'homme n'agit jamais que comme homme, c'est-à-dire comme composé de corps et d'âme.

Au reste, je sais bien que pour résoudre toutes les difficultés de la doctrine de l'union du corps et de l'âme, il auroit fallu (1) traiter à fond de la cause du mouvement.

On regarde le corps et l'esprit comme des choses si disproportionnées qu'on s'imagine qu'on ne conçoit pas comment ils peuvent agir l'un sur l'autre.

Il est vray que nous avons fait remarquer cy-devant qu'on ne peut trouver aucune proportion si grande que celle qu'il y a de corps organisé à esprit tel, c'est-à-dire à une âme raisonnable : ce qui devoit suffir pour faire cesser entièrement la difficulté, mais je ne puis dire qu'il n'en reste pas une ombre, quand on considère que c'est une vérité très-bien établie que les corps ne se meuvent pas l'un l'autre, et que c'est Dieu qui produit tous les mouvemens du monde sans exception.

Après quoy il ne faut plus s'étonner d'entendre dire que les corps, qui sont entre les mains du Tout-Puissant, nous peuvent donner toutes sortes de pensées. Néanmoins cette vérité ne pouvant être traitée qu'avec étendue, et étant prouvée et expliquée en d'autres écrits, je la supposeray ici sans en dire davantage.

Il faut encore remarquer que l'effet le plus général du commerce qu'il y a entre l'âme et le corps consiste en ce que le corps, étant une machine très composée, et sujette aux impressions des choses extérieures, il excite dans l'âme des mouvemens indélibérés, et des inclinations qui la portent à se joindre de volonté aux mouvemens, auxquels le corps est préparé, et à y consentir ; ce qu'elle fait en employant le pouvoir de déterminer le cours du mouvement des esprits animaux, afin de contribuer pour sa part par ce moien à donner à son corps la disposition à laquelle il est déjà porté de luy-même, l'âme se portant ainsy volontairement à quelque chose, les espèces corporelles, qui sont touchées par les esprits qu'elle y envoie, mettent dans le corps une disposition propre à produire les effets que l'âme désire ; cela fait voir que l'âme doit avoir une inclination naturelle pour la bonne disposition de son corps, laquelle ne peut manquer de luy faire sentir de la joye, et au contraire la mauvaise disposition luy fait sentir de la douleur et de l'éloignement de tout ce qui peut causer leur séparation qui se fait par la mort : d'où il s'ensuit que la vie sensuelle consiste à se laisser aller à toutes les choses auxquelles le corps se porte, que la vie austère consiste à les combattre, que la vie modérée

---

(1) Manuscrit : fallut.

consiste à les régler, et que la trop grande contention d'esprit, tenant les principaux organes dans une situation violente, cela empêche le cours des mouvemens auxquels les esprits animaux se portent naturellement, et troublent les fonctions de la vie animalle.

---

## C. — Réponse d'un Cartésien a la lettre d'un philosophe de ses amis.

*Cette réponse est très solide, et fait honneur à Dom Robert ; elle pourrait être imprimée.*

V. Cousin.

Monsieur,

Quoyque je n'aie aucun sujet de me plaindre de ce que vous avez publié une lettre que vous m'avez écrite, touchant la philosophie de Monsieur Descartes, parce que mon nom n'y paroit pas, je puis prendre la liberté de vous dire que si vous m'aviez consulté sur cela j'aurais tâché de vous en détourner, ou du moins de vous porter à ne pas imiter ceux qui ont entrepris jusques à présent de réfuter sa philosophie. Je vous ai dit plusieurs fois que vous la deviez considérer comme un corps entier de principes et de raisonnemens suivis, et comme un système, dont toutes les pièces s'entretiennent par le rapport qu'elles ont les unes aux autres, et non pas choisir çà et là des véritez particulières, et détachées de leur corps, qu'il est aisé de faire passer non-seulement pour fausses, mais aussi pour ridicules, auprès des personnes qui n'ont point étudié à fond cette philosophie. Après l'avertissement formel que M. Descartes en a donné, on devait prendre garde à l'inconvénient qu'il a prévû et prédit en ces mots : « Quant à ceux qui ne se mettront pas en peine de comprendre la suite et la liaison de mes raisons, et qui ne laisseront pas, comme font plusieurs, de vétiller contre quelques points particuliers, ils ne feront pas un grand profit de la lecture de mes ouvrages. Et encore que peut-être ils trouveront occasion de chicaner sur beaucoup de choses, il est malaisé qu'ils fassent des objections considérables qui méritent qu'on y réponde ». Mais au lieu de profiter de cet avis, on voit que tous ceux qui entreprennent de le combattre suivent cette méchante méthode, qui peut également servir à discréditer toutes les sciences et tous les auteurs.

Je me souviens qu'autrefois, vous vous estes mocqué de ce que les ministres de Hollande ont fait contre lui, et que les grands noms de Voetius, Triglandius, Revius, Régius etc. ne vous ont pas empêché de dire qu'ils avoient réfuté M. Descartes peu solidement. Pensez-vous qu'on en ait moins fait en France, et qu'on ait combattu contre lui pied à pied ? Pour moi, qui sçais que vous connoissez particulièrement son plus grand adversaire,(1) qui a écrit contre lui plus qu'aucun autre, et qui est sans doute homme d'esprit, docte et de grande réputation parmi les écrivains du tems, je ne puis m'imaginer que vous croyiez qu'il ait remporté quelque avantage considérable dans cette guerre d'esprit. Il a choisi, comme il a voulu, dans tous les ouvrages de M. Descartes, un point qu'il croit décisif de tout le différent, et dont la fausseté étant reconnuë par les yeux, tout ce qu'il dit de la nature du feu doit passer pour faux, et par conséquent tout le reste de sa phisique tombe par terre. Ce sont les Anglais qui lui ont fourni ces armes triomphantes; lorsqu'ils ont remarqué avec le microscope qu'ayant battu le fuzil sur une feuille de papier, on y voit de petites parcelles de fer, qui ne peuvent être ce que M. Descartes a pris pour les étincelles qui paroissent en battant le fuzil.

Voilà tout ce qu'on a pû trouver jusques à présent de démonstratif et de convaincant contre la philosophie de M. Descartes. Mais prenez garde que cet écrivain célèbre, qui est votre ami particulier, et dont vous estimez avec raison la suffisance, ayant donné cette chiquenaude au parti des cartésiens, il donne le coup de la mort à vôtre secte, et à toutes les autres. Car, après s'être déclaré contre les principes de M. Descartes, il enseigne expressément que personne jusques à nos jours n'a trouvé les vrais principes de la nature, de sorte que si on en croit cet auteur, qui parle en cela de très-bonne foi, vous n'avez pas encore mis le pied sur le seüil de la porte de la philosophie, et tout ce que vous pouvez faire, c'est de chercher avec lui ce que nous pensons que M. Descartes a trouvé.

Je m'étonne aussi de ce qu'il semble que vous voulez faire croire au monde que j'ai usé de voyes indirectes pour persuader que vous étiez de notre parti. A la vérité, j'en serois bien aise, pourvû que ce soit aux conditions que M. Descartes nous prescrit, de n'admettre personne dans dans ce que vous appelez nos mystères, s'il n'est entièrement convaincu de la force de nos démonstrations. Mais vous m'avez toujours paru si préoccupé contre notre philosophie, que je n'ai eu garde de m'imaginer que vous

---

(1) En marge : M. Petit dans son traité des comètes.

étiez cartésien dans vôtre âme. Il est vrai que vous étant déclaré souvent pour quelques opinions qui ont une liaison nécessaire avec tout le système de M. Descartes, j'ai crû que si vous vouliez prendre la peine de vous défaire de vos prejugez, et étudier sa philosophie avec l'application qui est nécessaire pour la bien entendre, vous reconnoitriez qu'on ne peut lui donner une partie qu'on ne lui donne le tout.

Mais quel moien qu'un grand humaniste, rétoricien, philosophe, théologien, historien et prédicateur fameux comme vous êtes (1) puisse donner son tems et son application à une philosophie mathématique, qui, outre la longueur de ses raisonnemens, a encore cette difficulté particulière de combattre nos plus grands préjugez. Soyez donc cartésien si vous voulez, et si vous ne me trouvez pas capable de vous convertir, permettez au moins que je travaille pour ceux, à qui votre lettre pourroit donner de mauvaises impressions contre une philosophie qu'ils n'entendent pas.

Je dis donc que vous devez considérer que quand la philosophie de M. Descartes seroit effectivement aussi solide et aussi véritable que vous la croyez fausse, les choses iroient à son égard tout de même que nous le voyons. Le monde est plein d'ignorans, de fenéans, de téméraires, de malins et de jaloux, qui ne manquent jamais de traverser l'établissement des plus belles choses. Il faut que la vérité se fasse jour peu à peu, à travers les contradictions, qui n'ont pas même été moindres contre les véritez surnaturelles, que contre les philosophiques. Ainsi M. Descartes aura des adversaires qui le combattront faute de lumières. Ce sera la corruption du cœur, la malignité, et la jalousie qui lui en susciteront d'autres, et sans doute, le moindre nombre sera de ceux qui lui feront bonne guerre, et qui agiront de bonne foi, ainsi qu'on l'a vû jusques à présent. Je ne fais point de difficulté de croire que vous êtes du nombre de ces derniers, et que c'est le scrupule qui vous tient au cœur, qui vous fait agir par un principe tout opposé à la mauvaise disposition de ces lâches adversaires de M. Descartes. Je vois bien que c'est la crainte de blesser la religion par des principes inalliables avec ses véritez, qui vous fait prendre parti contre lui. En effet, j'ai remarqué que vous n'avez jamais pu vaincre le préjugé que vous avez formé touchant l'opposition prétendue de ses principes avec la doctrine catholique du très-saint

---

(1) En marge : Comme est le P. Rapin à qui il répond.

Sacrement de l'autel. C'est pourquoi je considère ce préjugé et celui du vuide ou de l'étendüe négative, comme les deux pôles de votre système philosophique, par où j'entrerai en matière.

Vous dites donc que vous trouvez beaucoup de choses dans la philosophie de M. Descartes qui ne s'accordent pas, ce semble, avec la religion. Par exemple, il dit que l'essence du corps c'est d'être étendu en longueur, largeur et profondeur, etc.; que le corps de J.-C. est dans l'Eucharistie sans étendue et sans occuper l'espace qu'il occupoit dans son état naturel. Voilà la grande ou plutôt l'unique machine des adversaires de M. Descartes. C'est sur cela qu'ils lui demandent continuellement : Qui vive ! pour le faire tomber dans leur piège, de même que les Origénistes questionnoient sans cesse saint Jérôme sur le mystère de la Trinité, pour le chasser de la Terre Sainte, où il les incommodoit. Il ne lui servoit de rien de leur répondre qu'il croioit la distinction des trois personnes divines dans une même essence comme tous les catholiques l'entendoient en Orient et en Occident ; ils l'importunoient continuellement sur le nombre des hypostases, qui étoit un mot délicat, dont la signification n'étoit pas encore fixée parmi les Orientaux et les Occidentaux. Ainsi, il ne suffit pas à M. Descartes d'être catholique à la mode des Saints Pères et de tout le commun des fidèles, et même des plus savants et des plus illustres théologiens. On veut qu'il entre, malgré qu'il en ait, dans les conséquences philosophiques que l'on a tirées des principes qui ont été introduits dans l'école en ces derniers siècles. Et quoique ayant à définir le corps ou la matière, il ne dise rien de mystérieux que ce qu'en disent les hommes qui ne sont pas prévenûs des opinions qu'on a fondées sur des conséquences inconnües à tous ceux qui ne sont pas métaphisiciens, qu'il suive en cela la doctrine expresse d'Aristote, que vous rapportez dans vôtre article 3, qu'il parle comme tous les mathématiciens du monde ; il faut qu'il soit seul garant de toutes les difficultez qu'on fait naitre par des conséquences philosophiques qui ne le regardent pas.

En vérité, c'est un grand bonheur pour M. Descartes d'être attaqué par l'endroit le plus fort de sa philosophie, qui ne doit passer que pour une extension de la mathématique, car le solide ou le corps dont elle démontre une infinité de choses, et le corps ou la matière de M. Descartes étant formellement la même chose, il a raison de s'en tenir à ce que disent les gens du monde les plus exacts et les plus infaillibles dans ce qu'ils avancent. Quel sujet y auroit-il donc de douter que le solide ou le corps, conçu avec ses trois dimensions, sans y enfermer autre chose, et même en supposant qu'il n'y a que cela dans son essence, ne soit pas un être très-réel, très-concevable, très-proportionné à nos lumières naturelles, et l'objet le mieux connu de tous ceux que les hommes peuvent connoître, puisque tout ce que la mathématique a démontré depuis le commencement du monde, et ce qu'elle pourroit dans tout le cours de l'éternité, n'est autre chose qu'une suite infinie de preuves de la bonté et de la définition du corps ; prétendez-vous que les sciences humaines soient réduites à ne pouvoir connoître l'essence et la définition propre d'aucune chose naturelle, quelque simple et quelque claire qu'elle puisse être, et à n'en pouvoir juger que conditionnellement et par forme de provision, jusques à ce qu'on aura écouté sur cela ceux qui font dépendre de leurs spéculations les définitions essentielles des choses que nous connoissons par une lumière qui ne vient pas moins de Dieu que celle de la foi, et qu'ils auront tiré leurs conséquences par les principes de leur métaphysique.

Mais n'avez-vous pas fait réflexion sur les suites terribles de votre doctrine, qui ne veut pas que nos idées claires et distinctes soient la règle infaillible de nos jugemens véritables et bien fondez touchant les choses naturelles. Ne voyez-vous pas que c'est étouffer toutes nos connaissances et toutes nos sciences dans leur berceau, s'il est permis de révoquer en doute la vérité et la fidélité de nos idées, qui sont essentiellement des images, qui représentent ce qui est effectivement contenu dans leurs originaux.

Pouvez-vous ignorer qu'on ne se trompe jamais que par un jugement téméraire, et que les hommes ne peuvent former aucun être de raison chimérique, que parce qu'ils peuvent mentir. En vérité, le dessein de ruiner la philosophie de M. Descartes porte ses adversaires à d'étranges extrémitez, puisqu'ils nous réduisent à ne savoir pas si les anges peuvent devenir des corps par miracle, et si les corps peuvent devenir des anges. Pensez-vous que ce fracas épargnera les attributs divins, et que nous pourrons avoir une certitude absolue que Dieu, que nous connoissons par la foi, est le même que nous connoissons par raisonnement.

J'en dis de même de la séparation réelle de l'étendue d'avec le corps étendu, qui renverse absolument ce principe fondamental : *non entis nullae qualitates*, et qui nous réduit à dire qu'il est extraordinaire de voir des néants étendus, colorez, transportez etc. Ce qui n'est pas tant une porte que l'on ouvre à l'erreur, qu'un abysme et un gouffre où toute notre raison se perd. Je ne sçais comment après cela vous avez pû vous résoudre à produire dans l'article 8 les passages qui contiennent l'avis important de saint Augustin, qui nous recommande de ménager tellement les mystères de nôtre religion, que les philosophes n'y trouvent rien de contraire à ce qu'ils peuvent démontrer par la raison, touchant la nature des choses. Y a-t-il rien qu'ils puissent démontrer plus clairement que ce que M. Descartes dit avec eux de la nature du corps ? Et comment osez-vous donner sujet au monde de croire que vous pensez que le corps de J.-C. ne peut être dans l'Eucharistie, si l'étendue ne peut être indivisible.

Mais enfin, qu'aurez-vous gagné quand on vous aura accordé que le corps est séparable de l'étendue, et l'étendue du corps. Vous aurez rendu par là le mot de corps équivoque, de même que celui de chien, quand on s'en sert pour signifier un animal, et une constellation : de sorte que les conséquences philosophiques que vous tirerez touchant l'Eucharistie, ne s'entendront que de votre matière première non étendue, et réduite à un point mathématique, qui n'est de soi qu'une pure puissance métaphisique, ou un pur néant, qui n'a point d'existence propre. Tout ce que vous direz de la quantité s'entendra de la quantité du néant ; et par vos qualitez sensibles, on entendra des êtres métaphisiques, et des universaux *a parte rei* qui existent *in abstracto*, etc. Or, je vous déclare, au nom de tous les Cartésiens, qui ne me désavoueront pas, qu'ils consentent de tout leur cœur, que vous disposiez absolument de tout cela. Anéantissez, séparez, subtilisez, tout leur est égal, parce qu'ils ne prennent aucun intérêt à ces choses, dont ils veulent bien que vous disposiez souverainement.

Mais, quand les Cartésiens auront à parler à leur tour, laissez-les raisonner sur la nature de leur matière, de leur solide ou de leur corps, de leur étenduë, de leurs qualitez, etc. Vous n'avez en cela aucun intérêt ; puisque vous ne croyez pas qu'il y ait au monde de ces sortes d'êtres, de même qu'ils ne croient pas que les vôtres soient quelque chose de réel. Vous voyez par là que nous voilà d'accord si vous voulez. Prouvez qu'il y a dans le monde de ces sortes d'êtres que vous nous produisez, et vous pourrez avoir raison dans ce que vous avancez touchant l'Eucharistie. Prouvons qu'il y en a de tels que nous les concevons, et nous aurons aussi raison de notre part. Ainsi toute cette grande affaire se réduit à l'examen de la vérité des choses que l'on avance, touchant la nature du corps, de l'étendüe, etc.

Ce que vous dittes dans l'article 5, comme pour excuser M. Descartes, que peut-être il a considéré le corps non pas dans un état surnaturel, à quoi la philosophie ne touche point, mais dans l'état où il se trouve suivant l'ordre de la nature, paroit un peu artificieux. On vous accorde que vous avez raison de dire qu'il croit que le corps en tout état est toujours un corps étendu, quoique Dieu en puisse disposer souverainement en la manière qu'il peut disposer de toutes les choses du monde, comme seroit de transporter tout à coup une montagne, pourvu que vous ne prétendiez pas que cela puisse se faire sans mouvement total, et sans lui conserver sa vallée.

Mais vous passez sous silence une chose infiniment loüable dans M. Descartes, et qui lui fait éviter tous les pièges de ses ennemis, qui est qu'en suivant l'esprit et l'instinct de la religion, il s'est toujours défendu autant qu'il a pû contre une infinité d'importuns, qui ont tâché de l'engager dans des discussions théologiques de nos mystères. Outre la soumission très-respectueuse qu'il a toujours eue pour l'Eglise, il savoit qu'une philosophie qui est toute mathématique doit s'éloigner de ces subtilitez inutiles et dangereuses, en quoi il est imité par ses sectateurs, qui trouvent cette modération si chrétienne et si raisonnable, qu'ils empêcheront bien que ceux qui traiteront avec eux ne les engagent mal à propos dans ces questions odieuses. La philosophie de M. Descartes ne consiste uniquement en ce point qu'au retranchement de toute subtilité et de toute métaphysique. Il ne fait ici aucun secret, et il ne débite rien de mystérieux : il parle le langage qu'on a toujours parlé dans le monde, et il entend les choses au sens le plus naturel. Toute l'Eglise même, qui s'est fort bien passée, pendant douze cents ans, de ces doctrines qui lui étaient inconnues, et encore aujourd'hui les plus grands hommes qui sont obligez de traiter de l'Eucharistie en font paroitre un éloignement extrême, et font tout ce qu'ils peuvent pour dégager la foi de l'Eglise de tant d'opinions qu'on a tâché de lui attacher, et qui ont peut-être contribué à l'hérésie, et au schisme qui divise encore l'Eglise.

Tout cela néanmoins n'empêche pas que vous ne vous imaginiez que les Cartésiens ne peuvent aucunement s'empêcher de s'expliquer sur vos conséquences philosophiques, et d'en être réduits à dire avec vous que l'on ne peut mettre à couvert la foi de l'Eucharistie qu'en supposant que l'étenduë devient indivisible, etc., mais que n'en ayant parlé qu'en philosophes, ils se contentent de dire que l'idée qu'ils donnent du corps est une des plus incontestables maximes de la philosophie où ils se renferment ; qu'au reste, si on les met sur la théologie et sur la toute-puissance de Dieu, ils n'en sont pas et qu'ils ne sont pas assez téméraires pour borner son pouvoir. C'est sur ce fondement que, dans l'article 6 et suivans, vous faites faire aux Cartésiens des soumissions à votre mode à la toute-puissance de Dieu qui lui seroient infiniment injurieuses, comme s'ils enseignoient que ce qui est vrai en philosophie peut être faux en théologie, par exemple qu'il pourroit y avoir une manifeste contradiction à croire la création du monde, l'éternité des bienheureux ou des damnez, la résurrection des morts, et que tout cela ne seroit vrai que selon la foi : que Dieu pourroit aussi changer toutes les natures des choses, faire du jour la nuit, que le passé n'ait point été, que Dieu cesse d'être. Et vous ajoutez qu'un cartésien étant pressé dans une assemblée fort célèbre sur tant de propositions étonnantes, prononça cet admirable oracle : Dieu peut faire tout cela non *produxissendo mundum*.

En vérité, si je n'étois persuadé que vous parlez du fond du cœur, je vous dirois que vous donnez sujet de croire que vous vous efforcez de persuader au monde que les cartésiens embrassent une doctrine qu'ils regardent comme folle, afin de pouvoir rendre ridicule une opinion très-sainte et très-solide, que vous n'avez pas bien pénétrée, et contre laquelle vous avez fait des avances que vous n'approuverez peut-être pas, quand vous y aurez fait une plus grande réflexion. Si vous y aviez bien pensé, auriez-vous osé reprendre M. Descartes de s'être déclaré hautement pour les droits de Dieu, en enseignant que sa puissance et son indifférence est si grande, que dans l'instant auquel on ne conçoit pas encore qu'il se soit déterminé à produire quelque chose hors de lui, il est absolument indifférent à faire tout ce qu'il veut sans aucune limitation, sans que cela néanmoins vous donne aucun droit de lui proposer en cet instant, pour objet de son action, aucune de vos chimères, puisqu'il n'y a encore rien de concevable. Quelle hardiesse, au contraire, ne faut-il pas avoir pour soutenir que dans cet instant il voit nécessairement une infinité d'autres choses que son essence, et que parmi ces prétendües créatures, qui sont concevables par elles-mêmes selon vos principes, et que vous lui mettez déjà devant les yeux il peut choisir celles à qui il lui plait de donner l'existence, comme s'il n'était pas également le créateur de l'essence et de l'existence, et que saint Augustin se soit trompé en disant : *Uniuscujusque rei natura voluntas Dei est*. Apprenez de ce saint que l'action par laquelle Dieu crée en pouvant ne pas créer en sens divisé, étant indivisible et subsistante, il est maintenant aussi vrai que jamais qu'il fait et qu'il peut faire tout ce qu'il veut sans exception, et cessez d'attribuer à M. Descartes toutes ces belles pensées pleines de contradictions que je viens de proposer, et tachez de profiter si vous pouvez de l'avertissement qu'il vous donne que ce ne sont là que des égaremens de notre esprit, dont les personnes sages doivent détourner leurs yeux, parce qu'avant que l'on conçoive que Dieu se soit déterminé à agir, on conçoit qu'il ne peut voir ni matière, ni cercles, ni triangle, ni contradiction, ni vérité, ni fausseté. Et cependant les hommes téméraires et ridicules croient qu'ils peuvent étendre leurs pensées plus loin que celles de Dieu, et qu'il leur est permis de raisonner touchant des essences et des natures qui ne tiennent rien de lui, comme s'il n'était point une source libre et indifférente de tout ce qui n'est point Dieu.

Mais si vous voulez achever de vous instruire, apprenez de M. Descartes qu'après que l'on conçoit que Dieu s'est déterminé touchant la production des créatures, il ne peut plus en sens composé ne pas faire ce qu'il fait, et en la manière qu'il le fait, ce qui fonde l'immutabilité de toutes les natures et de toutes les essences, mais c'est une immutabilité créée et dépendante, qui fait que les choses sont ce qu'elles sont, non pas par elles-mêmes comme vous pensez, mais par l'action libre de Dieu, ce que M. Descartes étend avec raison à l'établissement libre des véritez que nous appellons éternelles, et que Dieu pouvoit ne pas établir, s'il avoit voulu.

Je sçais bien que la doctrine des choses possibles qui ne seront jamais, vous cause ici un embarras qui ne fait pas peu de peine aux personnes prévenuës. En effet, les cartésiens ne désavoüent pas que Dieu peut faire une infinité de choses qui ne seront jamais. Les montagnes d'or, les rivières d'argent, etc., sont des choses très-possibles, qu'on ne verra pas apparemment dans toute l'éternité ; mais ceux qui sçavent qu'il est de l'essence du mode, en tant que tel, d'être une chose vraiment possible sans qu'il soit nécessaire qu'il existe actuellement, n'ont garde d'étendre cela à ce qui n'est point être modal, qui a très certainement reçu de Dieu sa possibilité, sa réalité et sa conceptibilité, qui est contenüe réellement dans son sujet, comme Mercure dans un bloc de marbre. C'est pourquoi on a raison de dire à l'égard de ces choses que Dieu peut faire tout ce qui est concevable, et qui n'enferme point de contradiction.

C'est sans doute cette vraie possibilité qui reluit si visiblement dans les choses modales, qui a donné occasion de faire une infinité de discours en l'air, touchant les prétendües créatures purement possibles. Car je sçais bien que vous étendez cette possibilité sans actualité, non seulement à tout ce que Dieu peut faire de son monde, en changeant les états de la matière, mais même à d'autres mondes quant à leur substance, et à d'autres matières que celles qu'il a créées. Les Cartésiens trouveront peut-être en cela de la contradiction, qui consiste à joindre ensemble deux termes incompatibles qui sont très-vrais pris séparément, ainsi qu'il arrive dans tous les êtres chimériques. Qui dit matière simplement et sans contradiction, dit tout ce que Dieu a connu et créé en ce genre, et qui dit autre matière forme un de ces êtres prétendus que les hommes pensent voir, et que Dieu ne voit pas. Il faudrait un plus long discours pour traiter à fond de cette matière, qui va à des veritez si grandes et si importantes que vous pouvez sur ma parole y faire quelques réflexions, sans vous mettre en danger de vous en repentir.

Il ne reste plus, pour sortir de cette matière fondamentale, que de m'ouvrir encore davantage touchant l'Eucharistie, afin de découvrir à ceux qui agissent honnêtement les embusches que l'on y dresse à M. Descartes. Ses adversaires les plus passionnez ne peuvent ignorer que son système philosophique porte assez naturellement à donner une explication de la manière dont le corps de Notre-Seigneur est dans le Saint-Sacrement de l'autel, qui se rapporte à celle que Durand en a donnée, en supposant que le pain est transsubstantié par miracle en son corps, de même qu'il l'étoit naturellement pendant sa vie suivant la pensée de saint Grégoire de Nysse, qui a donné le premier cette ouverture. Ils font donc tous leurs efforts pour attirer les Cartésiens dans ce détroit, où ils prétendent les envelopper et les détruire à coups de foudres et de censures. Mais quoiqu'en faisant voir que l'opinion de Durand n'a jamais été reprise ni condamnée par l'Eglise, cela suffise pour satisfaire les théologiens équitables ; quoique Durand s'appuyant de l'autorité de saint Jean de Damas, qui est comme le saint Thomas des Orientaux, engage par ce moïen toute l'église grecque dans son sentiment, qu'on trouve, à ce qu'on dit, dans les ouvrages des auteurs grecs qui ont traité de cette matière depuis le commencement jusques à nos jours, autant qu'on peut y trouver une opinion qu'aucune hérésie contre ce sacrement n'a obligé de développer ; néanmoins l'opinion contraire étant reçuë communément parmi les gens de lettres, on doit ce respect à sa longue possession et à son grand établissement de ne la pas combattre sans nécessité, et sans y être engagé par des raisons considérables. Or les Cartésiens dont l'esprit et l'instinct va à retrancher des subtilitez que l'Eglise n'ayme pas, et ne disant rien de mystérieux touchant les choses qui se rapportent aux difficultés qui naissent de la foi du S$^t$ Sacrement de l'autel, ils sont moins obligez qu'aucuns autres de changer les opinions reçuës, et si quelqu'un s'efforce d'éclaircir les difficultez de ce mystère par les principes de M. Descartes, ce n'est qu'une œuvre de surérogation qui ne peut être de bon usage que parmi les personnes qui se défont de leur préoccupation, et qui peuvent voir, avec une extrême satisfaction, que c'est particulièrement dans ce mystère que reluit l'accord parfait des lumières de la foi et de la raison. Mais, les Cartésiens doivent éviter, autant qu'ils peuvent, de faire des avances touchant ce point, d'autant que les conséquences philosophiques que l'on tire communément de ce mystère, étant fort éloignées des leurs, et leurs adversaires, paraissant assez mal intentionnez, ils ne manqueroient pas de se servir de l'avantage de leur grand nombre, pour tâcher d'opprimer des gens qui n'ont que la raison de leur coté.

Mais je ne ferai rien contre ce dessein, en touchant en un mot certaines conséquences simples et immédiates, que l'on tire de la foi de ce mystère jointes aux principes de M. Descartes. Premièrement, il n'y a aucun cartésien catholique qui ait des opinions particulières touchant la présence réelle et le changement substantiel du pain, qu'on appelle transsubstantiation, en prenant ces mots en leur sens simple et naturel. Ce qu'ils disent de particulier, mais de très-conforme aux paroles de N. S., c'est que son corps est contenu précisément sous les mêmes dimensions qui contenoient la substance du pain, qu'il est terminé par les mêmes superficies tant intérieures qu'extérieures, et qu'il n'est aucunement privé des trois dimensions qui se rencontrent nécessairement dans tout corps. Ils soutiennent aussi que le corps de N. S., étant contenu sous la même superficie, qui a été celle du pain, et qui est maintenant celle de ce corps, il est vraiment et proprement touché, senti, transporté comme le pain l'étoit, et qu'outre cela il est divisé sans division comme parlent les pères, parce qu'après la division, c'est partout un corps entier, ce qui ne se faisait pas dans le pain. Ils admettent encore la distinction qu'il y a entre matière étenduë et corps humain, laquelle ne vous est pas inconnuë, puisque les pères disent si souvent que nous avons dans l'Eucharistie le même corps qui a été formé dans les entrailles de la Vierge, quoique personne ne soit jamais avisé de dire que nous n'y avons point d'autre matière ni d'autre étenduë.

C'est maintenant à vous à voir, si vous trouverez quelque chose dans l'Ecriture, dans les Conciles, ou dans les Pères, qui soit contraire à cette doctrine séparée du sens de vos conséquences. Quant aux cartésiens, ils s'en tiennent à ce que Nôtre-Seigneur a dit : Que c'est le pain qui est sa chair, que c'est ce qu'il tenoit en main qui est son corps ; ils disent que c'est ce solide ou cette chose étenduë qui est devenuë la partie corporelle de son humanité adorable, par un changement substantiel dont les Pères ont parlé, en lui laissant l'idée que tout le monde lui avait jointe, et qu'on peut appeler très-proprement transsubstantiation ; que les espèces sacramentelles ne sont pas des êtres qui subsistent d'une manière métaphisique, que ce sont du pain et du vin en apparence de laquelle le pain, qui n'est plus pain, ne peut être le sujet, mais que c'est le corps de J. C. qui est devenu le sujet de ces espèces, afin d'être sensible par là, et en sacrement. Voilà nôtre confession de foi et nos opinions particulières. Vous vous contenterez de cela s'il vous plait pour cette fois.

Je suis touché de ce qu'ayant à dire un mot du vuide qui est vôtre seconde difficulté fondamentale, je vous trouve associé avec des gens qui ne combattent M. Descartes que par des raisons d'enfants, et qui a été formé dans le temps àuquel ils ne donnoient de réalité aux choses qu'autant qu'elles faisoient d'impression sur leurs sens. Ils voyoient sortir le vin d'un tonneau, sans apercevoir l'air qui y entroit. Ils se promenoient dans des chambres, où rien ne paraissoit ; ils voyoient des oiseaux voler dans l'air qui leur passoit pour rien etc., de sorte que l'étenduë et l'espace se faisant reconnoitre en tous ces cas et autres semblables, et les corps particuliers, qui étoient cette même étenduë, n'étant point aperçus, on s'est accoutumé dès l'enfance à croire que l'espace n'étoit point un corps, et qu'on pouvait faire toute sorte de mouvemens et trouver toute sorte de mesures dans un espace négatif. En vérité, il est honorable à M. Descartes de n'être combattu que par des gens qui ne sont point capables de vaincre un préjugé si grossier et si reconnaissable. Si l'exemple du contact des murailles d'une chambre prétenduë vuide vous passe ainsi que vous dittes, servez-vous de celui d'un soufflet, dont on ne peut faire sortir tout l'air, à moins que les panneaux ne se touchent, pourvu que vous n'y opposiez pas un néant étendu, ce qui seroit une pétition de principe, ou bien servez-vous de l'exemple des hommes qui étant tous sortis de l'église il n'y est demeuré aucune nature humaine, car, après tout, vôtre vuide prétendu n'est que l'étenduë réelle, considérée en général, de même que la nature humaine n'est autre chose que les hommes particuliers conçus parfaitement. Or, vous savez que le genre n'est pas distingué réellement de l'espèce ni l'espèce de l'individu.

Ce que vous dittes dans l'article 13 et suivans, touchant l'étendue immense que M. Descartes attribuë au monde, vous paroit beaucoup plus relevant et plus fort contre lui, et vous lui faites encore ici une querelle de religion. Mais grâces à Dieu, tout le monde est en ce point tellement contre lui, que tout le monde est pour lui. Les cartésiens et leurs adversaires conçoivent les choses tout de même, mais les cartésiens accordent leurs paroles avec leurs perceptions, et leurs adversaires détruisent par un jugement contradictoire ce qui étoit contenu dans leur idée. Le monde infini ou indéfini de M. Descartes n'est autre chose que ce que vous pensez concevoir si clairement sous le nom d'espace imaginaire, dont vôtre vuide enfermé dans une chambre fait partie. Vous ne lui donnez aucunes bornes, vous le concevez comme étendu, vous dittes que cet espace interposé fait la distance des murailles d'une chambre vuide, vous y trouvez toute sorte de mesures, les corps s'y peuvent mouvoir par le renouvellement de l'attouchement de leurs parties avec celles du vuide etc. Or, M. Descartes vous déclare qu'il ne demande rien du tout de plus que cela, pour prouver l'étenduë immense de son monde, que toute sorte de personnes conçoivent malgré qu'ils en ayent quand ils pensent à l'espace pris simplement et sans restriction, parce que c'est l'existence effective d'un monde immense, qui détermine l'esprit de tous les hommes à le concevoir tel que Dieu l'a fait. La seule différence que vous mettez entre l'espace réel et l'imaginaire, c'est que vous n'attribuez pas à celui-ci les propriétez qui se connoissent par les sens, comme d'être dur, d'être impénétrable, d'avoir ses parties dans le mouvement à l'égard l'une de l'autre, ce qui tient beaucoup de la prévention de l'enfance. Vous n'avez donc qu'à séparer le mot (d'imaginaire) de celui (d'espace) et vous voilà cartésien sans autre cérémonie.

Vous dittes encore que M. Descartes a évité le mot d'infini comme odieux, et qu'il nous joue, en le changeant en celui d'indéfini ; mais la bonne foi de cet auteur est si connuë, qu'il ne craint pas ce reproche. C'est son exactitude qui lui fait distinguer deux sortes d'infinitez, qui ne se ressemblent pas mieux que les nuages de l'air, et ceux d'un esprit confus. Dieu est infini en sa manière particulière, qui fait qu'il ne peut jamais être conçû proprement que comme la souveraine perfection, simple sans aucun entassement de parties, étant impossible de le concevoir qu'on ne le conçoive tout entier, quoique plus ou moins clairement, ainsi que les théologiens l'expliquent. Mais l'indéfini ne se conçoit que comme une chose résultante de l'assemblage de plusieurs parties, dont on ne connoit jamais distinctement qu'un nombre fini ; tout le reste, qui y est enfermé, n'y étant vu que confusément. Vous n'avez pas raison de nous objecter qu'il est étrange dans l'Eglise de dire que le monde est infini ou sans bornes : elle n'a jamais dit un mot contre cette opinion. Cela ne paroit pas étrange parmi ceux qui ont donné au monde les bornes que leur imagination lui a prescrites : mais il devroit être au contraire fort étrange, ou plutôt insupportable, d'entendre dire dans l'Eglise que tout ce qui est au-delà d'une certaine boule, et que l'on est contraint de concevoir comme une chose indéfinie, ou si vous voulez, infinie, et comme ayant toutes les propriétés de l'espace réel, n'a pas néanmoins reçu de Dieu ce que l'on y conçoit nécessairement quand on y pense. Cependant si on vous en veut croire, il faut dire que ce que Dieu auroit créé effectivement auroit moins de proportion avec ce qu'il n'auroit pas créé, que le moindre grain de sable avec la grande boule du monde. Mais vous n'avez rien à craindre de la part de l'Eglise. Le mot d'imaginaire anéantit tout, outre que la qualité et le nombre de ceux qui sont de votre sentiment vous met assez à couvert.

Je ne sais comment vous prétendez dans cet article 14 tirer une conséquence de l'étendue indéfinie du monde à son éternité, et à son indépendance dont vous parlez dans l'article 15. Autant qu'il est nécessaire de concevoir un vrai espace, et de vrayes dimensions, au-delà de toutes les bornes prétenduës du monde, autant il est chimérique d'imaginer du tems avant la création du monde, et avant le commencement du mouvement de ses parties, qui est le vrai tems. Mais, par une étrange fatalité de vôtre philosophie, il arrive qu'ayant détaché le vrai espace de tout corps particulier, vous ne voulez pas qu'il ait rien au-delà de vôtre boule. Et ayant regardé le tems comme une durée détachée de tout mouvement particulier, vous voulez qu'il y ait du tems avant le monde, et vous tombez par là dans le piège, où vous vouliez prendre M. Descartes. Car, à moins de vous couvrir du bouclier imaginaire qui vous paroît impénétrable, vous mettez un monde éternel, incréé, et indépendant de Dieu avant la création de celui-ci. Car enfin croiez-vous qu'une vraye durée, où l'on trouve comme vous dittes dans l'article 20 un tems étendu par siècles, par années, par mois, et où l'on peut se déterminer à agir plutôt ou plus tard, etc., puisse être autre chose qu'un vrai mouvement, qui n'a jamais eu de commencement, et qui a pour sujet un vrai mobile réel et existant, c'est-à-dire en un mot un monde non moins réel que le nôtre. Avouëz-moi que vous ne sortirez jamais de là que par la porte imaginaire, quoiqu'il ressemble parfaitement au vrai tems. Combien est-il plus raisonnable de s'élever au-dessus des pensées du vulgaire, en bannissant de la philosophie ces mots, hors du monde, avant le tems, après le tems, etc., comme des choses qui conduisent à l'erreur. Qui dit : hors du monde, donne à entendre qu'il y a de vrais lieux répandus au-delà de ceux que Dieu a faits. Qui dit : avant le temps, suppose que le tems n'a pas eu de commencement. Qui dit : après le temps, suppose que l'éternité qu'on appelle *a parte post* est toute écoulée. On ne doit souffrir ces façons de parler que lorsqu'on s'exprime improprement pour marquer l'ordre des instans de raison et la priorité qu'on appelle de nature. Je ne sais comment vous ne voyez pas, en tout cela, le faible de cette disposition d'esprit que donne une philosophie trop métaphisique, qui fait regarder les choses abstraites par la pensée, comme si elles pouvoient exister hors de nous, dans cet état d'abstraction.

Je ne sais pas non plus par quelle conséquence vous prétendez prouver que la grandeur ou la petitesse du monde, son infinité ou son indéfinité sert à prouver qu'il dépend ou ne dépend pas de Dieu. Mais lorsque vous vous imaginez dans l'article 16 que M. Descartes a supposé que le monde étant créé, quant à sa matière, Dieu l'a laissé là pendant un tems, avant que de lui donner son mouvement, vous tombez dans la pensée de ceux qui veulent qu'il y ait de certaines houssines, qu'on peut ploier ou redresser comme on veut, quoique avant cela elles ne fussent ni droites ni courbes.

L'éternité prétendue du mouvement, que vous tirez de la doctrine de M. Descartes dans l'article 17 se détruit par la doctrine de tous les philosophes, qui comprennent la composition du continu. Ils vous diront que le mouvement a eû son commencement, mais qu'il est absolument nécessaire que celui qui commence à mouvoir continue aussi à mouvoir ; le commencement indivisible du mouvement n'étant autre chose que le bout du mouvement continué. C'est ainsi que vous parlez de la création et de la conservation comme d'une même action ; et sans doute ceux qui ne connoissent d'autre action corporelle que la motion locale, peuvent mettre sous le titre d'axiome qu'une action ne peut être continuée que par l'agent qui l'a commencée.

J'admire aussi la complaisance que vous avez pour vôtre vuide enfermé dans une chambre qui est telle que rien ne vous semble plus facile à concevoir que de mettre un corps entre ses murailles, sans rien déplacer. Mais si vous consultiez la raison plutôt que les préjugez de l'enfance, vous verriez qu'on ne peut mettre un corps entre deux autres, ou qu'en les écartant, quand il n'y a rien entre deux, ou qu'en faisant sortir le corps qui les sépare. Les cas métaphisiques que vous faites, touchant des anéantissemens absolus, et des reproductions du monde, après de certains tems, m'emporteroient trop loin, si je voulois m'y arrêter. Il vous suffit de passer légèrement sur les matières que vous avez choisies, pour réfuter M. Descartes, et pour lui faire perdre toute créance parmi les dames et les honnêtes gens dont vous parlez, lorsqu'ils mêlent la philosophie à leurs belles conversations. Mais pour moi, je ne saurais vous répondre qu'en parlant du fond des choses, quoiqu'en peu de mots, et d'une manière qui ne peut plaire à ces sortes de gens, parce que quand je serais aussi éloquent que vous êtes, je n'y pourrois joindre les beaux ornemens du langage qui brillent dans vôtre lettre. Ainsi, nous combattons avec des armes si inégales, que si je pouvois remporter quelque avantage sur vous, il ne faudroit point d'autre preuve de la bonté de nôtre cause. Au reste, quand je pourrai comprendre comment on peut joüer aux eschets sur des véritez et des mensonges disposez en échiquier, je serai capable d'entrer dans votre pensée, touchant des ames rangées d'une certaine manière, après l'anéantissement de tout le monde.

Vous ne viendrez jamais à bout de réduire les hypothèses de M. Descartes avec les opinions impies d'Epicure. Ce que vous dites touchant cela, dans l'article 20 et suivans est renversé par tout le corps des opinions de M. Descartes, qui ne reconnoit point de vrai agent corporel, et qui prouve que Dieu fait tout, étant le moteur unique, continuel et nécessaire. Je dois aussi passer sous silence ce que vous dittes dans l'article 24 contre les démonstrations de M. Descartes, pour prouver l'existence de Dieu, après ce qu'il en a écrit dans ses *Méditations*, qu'il ne suffit pas de parcourir légèrement, pour les bien entendre, ainsi qu'il nous en a assez averti.

Ce que l'on trouve dans votre lettre depuis l'article 26 jusques au 37e touchant les formes, les accidens, et l'union de l'ame, est si nettement expliqué dans la philosophie de M. Descartes que je ne dois pas ennuier le lecteur par des redites importunes.

Je dirai seulement, en un mot, que ce sont les abstractions métaphisiques, qui ont obscurci la doctrine de l'union de l'âme, en la considérant simplement comme une substance spirituelle, sans passer plus avant. Mais ceux qui considèrent que c'est son essence d'être faite pour le corps, afin d'y exercer un commerce continuel d'actions et de passions réciproques, et que le corps humain est aussi formé comme il le doit être pour cela, ne sont pas non plus surpris de voir une âme unie à un corps, que de voir une cheville, dont la superficie est toute convèxe, remplir un trou, dont la superficie est toute concave.

Mais ce que je trouve depuis l'article 37 jusques au 46 touchant la cause du mouvement mériteroit d'être traité avec beaucoup de soin et d'étenduë, à cause de l'importance et de la beauté de la matière que vous tâchez de faire paroitre pleine de confusion. Je me contenterai de dire en un mot en faveur des personnes intelligentes et équitables, que Dieu, en créant le monde, a mis ses parties en un état déterminé de repos et de mouvement, qui exige naturellement de se conserver, et qui ne tend jamais de soi-même à sa destruction, ou au changement. C'est cette exigence, que Dieu a donnée à ses créatures, qui le détermine à conserver les choses comme il les a faites, en sorte qu'il ne tirera jamais de lui-même la raison de combattre cette exigence qui est proprement la nature des choses ; d'où il s'ensuit que tout ce qui change d'état dans le monde corporel, ne le fait que parce qu'il y a une autre exigence particulière et contraire, qui fait que le foible cède au fort. Voilà ce qui vous devroit apprendre qu'il y aura toujours autant de mouvement dans le total de la matière, que Dieu y en a mis au commencement, et quand il arrive que des corps qui ne se mouvoient pas auparavant viennent à se mouvoir, c'est qu'étant rencontrez par d'autres corps qui se meuvent, ils deviennent partie d'un mobile total, et par ce moien la force motrice, s'étendant sur ce nouveau corps, le mouvement diminuë autant *intensive* qu'il augmente *extensive*. La raison ne trouve en cela rien qui la choque, et ceux qui consultent l'expérience avec quelque soin y trouvent une confirmation continuelle de cette vérité. Quand on veut avoir quelque mouvement particulier, on ne manque pas d'employer la force des corps qui se meuvent déjà, telle qu'est celle de l'eau ou du vent, pour faire tourner les moulins, personne ne s'est jamais imaginé qu'un musnier qui lâche l'eau, et qui tourne le moulin du côté du vent, soit la vraye cause physique de ces grands mouvemens qui se font dans les moulins. Et, par conséquent, la vraye cause efficiente du mouvement n'est jamais un corps, mais c'est Dieu qui meut immédiatement par lui-même. Si vous avez eu assez de curiosité pour voir tourner la rouë d'un moulin, vous avez pû remarquer que le courant de l'eau perd autant de son mouvement qu'il en communique à la rouë, et que si ce principe n'était vrai et que l'eau gardat sa même rapidité, il ne faudroit qu'un courant d'eau pour faire tourner autant de rouës qu'on voudroit. Tout ce que les corps peuvent faire, c'est de déterminer le cours du mouvement : par exemple, la muraille d'un jeu de paulme est la cause de ce que la balle qui la frappe prend un chemin plûtôt qu'un autre, sans pourtant lui donner le moindre degré de mouvement. Nous expérimentons aussi que notre âme a la même force de déterminer le cours des esprits animaux, qui sont déjà en mouvement avant que l'âme les envoye dans les muscles. Et je ne doute pas que les anges n'ayent le même pouvoir.

Mais ceux qui veulent être philosophes de toutes sectes à peu de frais, ne voyant rien de plus dans les liquides que ce que les paysans y voyent, excepté les formes substantielles, n'ont garde d'approuver ces principes. Il faudroit pour cela avoir fait réflexion sur mille expériences aidées du raisonnement, qui prouvent invinciblement que les parties des liquides se meuvent en tout sens avec une rapidité extrème, et qu'il s'y forme une infinité comme de petits torrens qui passent à travers les pores de tous les corps les plus durs. C'est là proprement le trésor de tout ce qu'on peut appeler causes naturelles, qu'on ne connoitra qu'autant qu'on avancera dans le développement de tout cela, en quoi consiste en partie le système du monde. Mais les adversaires de M. Descartes ne veulent pas se donner la peine de courir après toutes ces causes fuiardes. Il leur suffit de dire quand on met le feu à la poudre à canon, ou quand ils voyent un grand embrazement, que c'est la nature du feu de faire tout cela. Ils voyent que des choses qui ne se mouvoient pas, se détachent les unes des autres et sont emportées de tous côtés avec rapidité, et quand on leur demande comment il se peut faire qu'une cause corporelle qui ne se mouveroit pas pourroit donner tant de mouvement, comme si le néant pouvoit avoir de vrais effets, ils n'ont rien à dire de plus touchant cela que les plus simples du peuple, et ils se mocquent de M. Descartes qui s'amuse à chercher les causes cachées de ces effets si connus.

Certes, il n'y a pas grand mal à ignorer plusieurs véritez particulières que tout le monde n'est pas obligé de connoitre, mais c'est une chose insupportable de voir que des gens qui n'ont aucun système philosophique, et qui n'oseroient se vanter de connoitre les vrais principes de la nature, ayment mieux consentir au renversement des premières preuves de la raison, que de travailler pour acquérir des connoissances solides, ou de suspendre leur jugement touchant les choses qu'ils ne sçavent pas.

Nous voilà enfin hors des difficultez qui regardent toute la religion, à ce que vous dittes. Passons donc à ce qui ne regarde plus que la pure physique, et voyons si ce que vous objectez contre la glande pinéale, et les valvules des muscles, met en désordre toute la philosophie de M. Descartes. Vous dittes que Sténon, et quelques autres, n'ont pas trouvé cette glande dans la situation qu'il dit, et qu'on ne voit pas ces valvules ; mais prétendez-vous faire rejeter par là ce que tant d'autres ont vu par leurs yeux, et ne savez-vous pas combien les Anglais s'accordent peu dans ce qu'ils disent de semblables délicatesses. Tant de livres qu'on a fait contre la circulation du sang, tant de disputes contre le canal thoracique empêchent-ils que ces découvertes ne soient vrayes, et qu'elles ne soient préférables à toute la théorie de la vieille médecine ?

Vous combattez dans l'article 48 les lois de la nature et

du mouvement de M. Descartes, par l'autorité d'un de vos amis qui n'approuve que la première, dans un discours qu'il a fait du mouvement local que vous fortifiez de vôtre approbation. Mais comment des gens qui ne jugent de la nature et de la cause du mouvement que comme les derniers des hommes, pourroient-ils comprendre des règles qui sont fondées sur une doctrine qui est toute contraire à leur prévention. Ils voyent que le mouvement augmente ou diminue en quelques corps particuliers, selon l'exigence de leur rencontre, dont la cause n'est pas toujours sensible, et ils concluent brusquement qu'il y a tantôt plus ou tantôt moins, de mouvement dans le monde total, et ils rejettent tout cela sur la conduite irrégulière de la Providence divine.

Mais quand une philosophie n'a point de fondement, et que l'on raisonne sans principes, il n'y a rien de plus bizarre que les opinions que l'on tire de la seule fantaisie. Le repos est un état opposé au mouvement : nous voyons que si une bourse ou une pierre ne se trouvent plus où on les avait vues, on est très persuadé qu'elles ne se sont point portées d'elles-mêmes à changer de place : personne ne s'attend à voir danser la Bastille, etc. Or, si on demande la raison de cette persuasion si ferme, on ne répondra autre chose, sinon que les choses qui sont une fois en repos ne se portent jamais d'elles-mêmes à commencer à se mouvoir. Vous n'avez qu'à joindre à cela ce que la raison, ou plûtôt la foi, nous enseigne de l'action de Dieu qui est l'auteur de tout être et de toute exigence, et vous pourrez passer de là à cette vérité fondamentale : que la raison de tous les changemens particuliers qui se font dans le monde, se tire de ce que la matière ne peut conserver son état général de repos et de mouvement, qu'en déterminant la cause souveraine à dispenser la même force motrice, suivant l'exigence de la rencontre des corps, ce qui suffiroit pour vous rendre cartésien, si vous voùliez prendre la peine d'approfondir les choses.

Vous nous donnez encore pour raison, que ce fameux discours du mouvement local est demeuré sans réponse. Mais à quoi bon répondre à un homme qui n'entre pas dans le sens de l'auteur qu'il réfute ?

On ne sçait aussi que trop ce qui se passe dans le monde où on ne se contente pas de combattre M. Descartes à force ouverte : on y ajoute les caballes, pour ôter à ses sectateurs la liberté de se défendre, et pour opprimer la vérité. Mais j'ai beaucoup plus de raison de vous faire une semblable question, à laquelle vous ne répondrez jamais.

Je vous demande donc, d'où vient que depuis que la philosophie de M. Descartes a paru, et qu'elle lui a suscité tant d'ennemis, qui ont toute liberté de faire et de dire ce qu'ils veulent, il ne s'en est pas trouvé un seul, qui ait osé entreprendre de le combattre pied à pied, et de réfuter solidement son système philosophique? Jusques à présent, on n'a vu que des picquoteries et de petits artifices, propres à tromper les personnes superficielles, au lieu d'ouvrages suivis et bien conduits, tels qu'un si grand sujet le demande, ce que vous ne devez pas néanmoins attribuer au deffaut de champions capables d'entreprendre cette guerre : mais c'est que ceux qui ont voulu travailler tout de bon à approfondir les matières sont devenus cartésiens malgré eux, et à force de méditer sur des véritez qu'on ne peut comprendre, sans en être convaincu. C'est la déclaration qu'en ont faite plusieurs grands hommes, et c'est ce qui arrivera tandis qu'il y aura des anti-cartésiens sur la terre, ce qui est plus avantageux à la cause de M. Descartes que tout ce qu'on pourroit faire pour lui. Quant aux âmes préoccupées et pleines de passion, il ne leur arrivera jamais d'entrer dans l'intérieur du sens de M. Descartes, ni de rien objecter contre lui qui puisse aucunement ébranler les personnes raisonnables. Je ne dis rien contre vôtre article 49, où vous n'attaquez la doctrine de la lumière que par l'autorité de quelques remarques inconnuës, dont vous ne citez aucune chose.

Enfin, monsieur, vous commencez dans l'article 50 à parler d'Aristote, en avançant un paradoxe qui n'est pas moins étrange que de dire qu'on se peut sauver en toutes religions, ou que deux contradictoires peuvent être véritables en même tems. Vous dittes que vous pouvez être convaincu de la vérité de ce que vous avez combattu jusques à présent, mais qu'avec tout cela ce n'est rien faire, si on ne vous montre que la méthode cartésienne est préférable à la péripatétique, c'est-à-dire, en un mot, deux corps d'opinions qui s'entre-détruisent peuvent subsister ensemble.

En vérité, vous vous seriez fort bien passé de déployer votre éloquence sur ce sujet avec tant d'art, qu'on aura peine à croire que cette galanterie ne soit un peu artificieuse. Préférez tant qu'il vous plaira Aristote à M. Descartes ; mais ne faites pas croire au monde que lui ou ses sectateurs ayent jamais parlé avec mépris de ce grand homme. Nous verrons tantôt ce qui doit passer pour méprisable. Cependant vous me permettrez de dire qu'on peut soûtenir avec fondement qu'il n'y a que les seuls cartésiens qui puissent bien connoitre Aristote, et lui donner les justes loüanges qu'il mérite. Ce sont eux seuls qui voyent les beautez de ses ouvrages, sans lui attribuer les deffauts monstrueux, qu'une grande partie de ceux qui se disent péripatéticiens lui attribuent. Et comme la plûpart de ceux qui ne sont point cartésiens sont de la secte péripatétique, on a raison de dire en général qu'ils n'y a que les cartésiens qui puissent bien connoitre Aristote, et l'estimer autant qu'il mérite. Aussi, vous ne trouverez pas que ni M. Descartes, ni aucun de ses sectateurs se soit jamais avisé de rabaisser Aristote : au contraire, ils font tout ce qu'ils peuvent pour allier ses pensées avec les leurs, ce qui leur est presque toujours assez facile, d'autant qu'ils n'y trouvent d'autre différence que celle qui se rencontre entre le général et le particulier, dont le premier retombe toujours dans le dernier.

Je n'ai donc garde de m'opposer ici au torrent de vôtre éloquence, qui se répand si magnifiquement sur le sujet d'éloge d'Aristote. Ce n'est point du tout de cela dont il est question, ainsi que vous tachez de le persuader, mais de savoir si ceux qui se vantent d'être les sectateurs d'Aristote ne lui ont pas attribué des opinions très-fausses, et indignes d'un homme de bon sens, s'ils n'ont pas pris le général pour le particulier, s'ils n'ont pas attribué aux choses, qui sont hors de nous, la manière abstraite dont on les conçoit, s'ils n'ont point corrompu ce qu'il a dit de bon par des interprétations fausses ; s'ils ne se sont point attachez à des spéculations creuses et vuides de sens, au lieu de profiter des belles ouvertures qu'il nous a données ; s'ils n'ont pas prétendu le rendre auteur d'un vrai système philosophique, et s'ils ne lui ont pas attribué la découverte des vrais principes de la nature et de la phisique, quoiqu'il n'en ait jamais eu la moindre pensée, etc.

Avoüez-moi franchement que si cela se pouvoit dire avec fondement, ceux qui se glorifient du titre de péripatéticiens ne seroient qu'une troupe de chimériquains, pour lesquels on ne sauroit avoir trop de mépris, et dont la philosophie prétenduë ne sauroit être qu'un amas de visions. Voyez donc comment vous vous deffendez de ce reproche si sensible qu'on vous a déjà fait si souvent, à quoi nous ne voyons pas qu'on ait encore répondu solidement. Pour moi, je n'ai garde de m'engager ici dans une course de longue haleine. Il me suffit de dire en un mot que vous avancez dans vôtre lettre, des exemples de tous les deffauts qu'on reproche aux faux péripatéticiens.

Vous voulez qu'une matière non étendue par sa nature, dans laquelle on ne considère ni quantité déterminée, ni qualité, ni quelque autre état que ce soit, puisse subsister en particulier dans cet état d'abstraction, et que de soi ce ne soit qu'un pur néant, sans existence propre. Vos formes substantielles, corporelles, distinguées de l'assemblage des modes de la matière, sont aussi nécessaires dans la nature que le seroit un esprit follet, que l'on supposeroit être joint à un horologe quand il est achevé, afin de le gouverner. Tout ce que vous dittes des qualitez sensibles subsistantes *in abstracto*, des accidens séparez, d'un tems avant le monde, des espaces hors du monde, prouve que vous attribuez aux choses ce qui ne leur convient que par abstraction mentale. Vous reconnaissez que nos livres de philosophie sont pleins de questions abstraites et inutiles, ce qu'on ne reconnoît que trop par expérience, et vous ne voyez pas qu'aucun philosophe de vôtre secte n'a jamais pu se persuader de tant de belles connoissances particulières d'Aristote, dont vous avez fait l'extrait, sans vous précautionner contre la confusion qui vous en revient. Car quel usage, par exemple, a-t-on fait de ce que vous dittes qu'il a sçû touchant le poids de l'air ? Ne devoit-on pas, depuis deux mille ans, expliquer par là tant de phœnomènes, dont on connoit maintenant la vraie raison, au lieu de s'enfoncer de plus en plus dans un sale bourbier, et de s'imaginer qu'on a dit tout ce qui se peut dire, quand on a apporté pour raison de tout cela, l'horreur du vuide, les attractions, les simpathies, les antipathies etc. Enfin Aristote, n'ayant jamais eû la moindre pensée de dresser un système de physique, ni de traiter des choses qui appartiennent à cette science, pour les vrais principes de la nature, dont il ne s'est jamais attribué la découverte, ses disciples prétendus croyent voir ce système dans ses œuvres aussi distinctement que les alchymistes voyent le secret de la pierre philosophale dans les mots hébreux du commencement de la Genèse.

Vous voulez pourtant être crû sur vôtre parole ; il faut, malgré qu'on en ait, que ceux qui prennent la qualité de péripatéticiens, ayent trouvé dans Aristote le vrai système philosophique, dont celui de M. Descartes n'est tout au plus à leur comte *(sic)*, qu'une méchante ébauche. Ce pauvre philosophe, à qui vous faites la grâce de dire qu'il n'est pas vrai qu'il n'ait trouvé rien du tout en philosophie, quoiqu'on ne lui soit redevable que de très peu de choses, s'attache à l'écorce et au dehors des choses, mais ses adversaires passent jusques dans leur intérieur, et dans le fond, par une métòde certaine, et qui doit être fort naturelle, puisqu'elle est suivie par les philosophes de Canada, qui n'ont jamais eû de commerce avec Aristote. Ils voyent les rouës et l'action des poids de nos horologes qu'ils appellent capitaines du jour, mais ils n'en demeurent pas à ces connoissances de serruriers et d'horologiers, qui ne s'attachent qu'à cette écorce. Leurs principes les conduisent jusqu'à la connoissance de l'âme, qui gouverne ces machines avec tant de justesse. Voilà un exemple assez naturel de la manière, dont vous jugez de l'application et du travail des Cartésiens, lorsque vous les voyez occupez à découvrir les usages de leurs principes, et à voir ce qui peut résulter dans une matière étendue de l'assemblage, et de la combinaison des infinis mouvemens, repos, figures, arrangemens, grandeurs, petitesses de ses parties les plus insensibles, ce qui leur tient lieu de principes formels et constitutifs de tous les corps particuliers, en tant qu'ils diffèrent l'un de l'autre. Il n'est pas hors de propos de mettre ici un exemple, et de dire que les cartésiens s'imaginent que le changement qui arrive à un verre de christal, quand il est réduit en poudre dans un mortier, consiste en un dérangement de ses parties, et en de nouvelles dispositions locales, dont ils pensent sçavoir la démonstration.

Mais vous vous mocquez de tout cela, et vous dittes que ce dérangement ne vous est point inconnu, et que ce n'est pas là le secret, que c'est philosopher en villageois de s'imaginer que c'est cela qui fait un si grand changement, et que puisque ce christal n'est plus qu'une poussière méprisable, et qu'il n'est plus luisant, transparent, sonnant, dur, poli, etc., il faut qu'on en ait fait sortir à coups de pilon la forme substancielle de christal, avec toute la suite de ses qualitez de lueur, de transparence, de son, de dureté, de politesse, etc., qu'il est impossible qu'il soit devenu obscur, opaque, non sonnant, mol, mal poli, différent et si dissemblable à lui-même, à moins qu'on n'y ait fait entrer la forme substancielle de poussière avec les qualitez d'obscurité, d'opacité, surdité, molesse, impolitesse, etc.

C'est donc ici proprement mais improprement où vous plantez les picquets, pour tirer la ligne qui vous sépare exactement des Cartésiens. Vous sçavez, dittes-vous, tout ce qu'ils sçavent de l'étenduë et de ses modes, mais ils ne sçavent pas ce que vous sçavez touchant les formes substancielles, et les qualitez réelles. C'est en ce point particulièrement, dittes-vous en l'article 64, que consiste le caractère de la philosophie d'Aristote. Quand un cartésien sçauroit en particulier la composition la plus secrette de toutes les parties insensibles d'un potiron, dont vous lui faites un service dans l'article 84, il n'auroit rien avancé s'il n'avoit pénétré jusqu'à la forme substancielle de potiron, sans laquelle il n'y a rien de fait, ainsi que vous le persuadez aux dames, plûtôt par la force de votre rétorique, que de votre philosophie.

Mais nous sommes ici dans des pensées bien différentes. Nous disons que vous ne connoissez notre solide, et les dispositions locales de ses parties, que comme les dames, pour lesquelles vous écrivez, les connoissent, et comme les Canadois voyent nos horologes ; et que ce que vous pensez connoître de plus que cela, vous réduit à un degré infiniment plus bas que celui de la simple ignorance. Car, ne vous imaginez pas que pour connoître le monde en cartésien, il suffise de sçavoir qu'il y a une matière étendue, dont les parties se remuent. Ce n'en est là que l'écorce et le dehors, et si vous ne pénétrez jusques à la manière dont les esprits naturels en dépendent, et que vous ne les apperceviez comme y étant contenus, et comme en pouvant être réduits, en raisonnant, comme on dit, a priori, ce n'est point connoître à fond ce que c'est que corps, ni mouvement, ni figures etc., puisqu'on ignore ce qu'il y a de plus intime et de plus grand dans leur essence, qui est d'être les vrais principes de la nature.

Eclaircissons ce point, et nous voilà d'accord. Je dis donc que l'on connoit très certainement par expérience que le seul changement des dispositions locales des parties d'un corps, le fait paroître tout autre qu'auparavant, et avec des qualitez très différentes. Il ne faut pour cela que considérer en quel état est un agneau, quand il est mangé du loup etc. M. Descartes, qui étoit un grand mathématicien, au jugement même de ses adversaires, a trouvé qu'en ne considérant que les mouvemens, les arrangemens, les figures etc., des parties de la matière, on en déduisoit, par les loix infaillibles de la méchanique, tout ce qu'on connoît de la nature des principales parties de ce monde visible, et d'une infinité de choses particulières, et qu'on en pouvoit déduire tout le reste de la même sorte, à mesure qu'on y travaillera. Mais vous, qui, de toutes les sciences, n'ignorez presque que la mathématique, vous voulez nous persuader que vous savez précisément jusques à quel point la matière peut être diversifiée par les mouvemens de ses parties, selon les loix de la méchanique, et, qu'étant arrivé à ce point fixe, ces principes demeurent épuisez, et qu'au delà il y a une autre étenduë infinie de choses, dans la composition desquelles il est absolument nécessaire qu'il entre une certaine manière d'être, qui n'a aucun rapport avec la chose étenduë, mouvement, figure, et tout ce qui en peut dépendre, et qu'on appelle forme substancielle et qualité réelle. Vous raisonnez justement comme ces subtils, qui sçavent si bien jusques à quel point peut arriver l'addresse des joueurs de gobelets, qu'ils distinguent précisément ce qu'ils font de naturel, d'avec ce qu'ils font par magie et par fascination. Voilà purement de quoi il est question entre nous. Voyons maintenant si ayant renoncé expressément à nos principes, et vous étant réduit à la matière première, à la forme substancielle et à la privation, vous pourrez fonder là-dessus un système philosophique, et une vraie suite de principes de la nature, qu'obscurcit celui de M. Descartes. Mais à quoi bon vous pousser pour vous faire quitter un poste que vous abandonnez expressément dans l'article 80, où vous confessez qu'on ne sauroit arriver, par l'application de vos principes, à aucune connoissance particulière, c'est-à-dire que vous ne sauriez faire touchant la nature que des discours vagues et généraux : sur quoi vous vous appliquez ce passage de l'*Ecclésiaste :* Toutes choses sont difficiles, et il n'y a personne qui les puisse expliquer. A la bonne heure, demeurez-en là, puisque vous ne sçauriez passer outre, mais laissez faire les autres, dont vous ne connoissez point les forces, et ne prétendez pas que parce que la plûpart du monde n'étant pas capable de comprendre ce que dit M. Descartes touchant les mouvemens de la matière, par laquelle il explique les propriétez de l'aiman, trouve tout cela ridicule et imaginaire, vous ayez droit de lui dire qu'il a fait en cela le métier de serrurier, et qu'il faut s'en tenir à ce que vous dittes dans l'article 79 que l'aiman est d'une certaine nature, et qu'il a en lui-même une certaine qualité qui attire le fer, que vous n'en savez pas davantage, et qu'il est inutile d'en faire des recherches plus particulières, et ainsi de tout le reste.

On diroit, à vous entendre parler, que vous reconnoissez, ici de bonne foi vôtre pauvreté, et que vous en êtes très-satisfait, pourvû que le monde ne croie pas que M. Descartes est plus riche que vous. Il vous suffit de pratiquer l'art de démolir, sans vous mettre en peine de rien bâtir que quelques cabanes sur le sable. En effet, vous êtes associé avec des gens qui ne sont pas honteux de dire qu'on n'a point encore trouvé les vrais principes de la nature : que le système péripatétique n'a rien que de confus et de général : que ceux qui en ont voulu dresser en nôtre siècle n'y ont pu réussir : que celui des chimistes n'a rien de philosophique : que les Helmontistes sont des visionnaires, et que les deux systèmes que l'on suit communément hors les collèges, c'est à savoir celui d'Epicure renouvellé et illustré par M. Gassendi, et celui de M. Descartes manquent par les fondemens : que Galilée, le chancelier Bâcon et quelques autres, ont fait de belles découvertes, mais que ce ne sont que des connoissances détachées : enfin qu'il faut reconnoître franchement qu'on n'a pas encore trouvé les vrais principes, et que peut-être les hommes ne sont pas capables d'arriver à cette connoissance.

Tout cela, néanmoins, n'empêche pas que quand vous parlez des prérogatives de vôtre philosophie, à laquelle vous donnez fort mal à propos le nom de philosophie d'Aristote, vous ne la proposiez comme un système parfait de physique, auquel il se faut arrêter. Mais en vérité, vous devriez penser à ce que vous dittes, et ne vous pas glorifier d'avoir acquis cette disposition d'esprit, que donne la créance que vous avez, que tout se fait dans le monde par les formes substantielles, par les qualitez réelles, par les instincts, inclinations, aversions, horreurs du vuide, attractions, etc., et que les principes de la méchanique n'ont aucune part dans la production des effets naturels. Je puis vous dire, au contraire, que c'est la mathématique qui a conservé presque tout ce qui est resté de bon sens dans les sciences, et que les fantaisies des payens, qui ont attaché des vertus extraordinaires et divines aux grands arbres, au soleil, aux lacs, au feu, etc., que les rêveries de ceux qui ont sans cesse recours aux opérations des sorciers, et qui ont une crédulité excessive pour les faux miracles et pour les effets surnaturels : que les égarements de ceux qui brouillent ensemble les fonctions du corps et de l'âme, qui ont des tentations contre son immortalité et contre la vérité d'une partie de nos mystères, etc., ont leur racine dans cette disposition d'esprit dont je parle, qui est au fond la même chose que la pente que nous donnent les préjugez de l'enfance. Combien vous seroit-il plus honorable d'imiter M. Descartes et ses sectateurs, qui se contentent de bien savoir ce qu'ils ont déjà pû expliquer par leurs principes, et de confesser qu'ils ignorent le reste, que de leur reprocher qu'ils n'ont pas encore pû expliquer la nature particulière d'un potiron. Qu'aurez-vous gagné quand vous leur aurez objecté qu'il est honteux de voir qu'il n'y a pas encore de lieu propre à placer un fauteüil, et à attacher un miroir dans cette masse de batimens, commencez avec tant de frais et d'appareil, dont M. Descartes est l'entrepreneur, comme s'il n'avoit assez fait d'avoir pû jetter tous les fondemens et élever toutes les maitresses murailles, et achevé les toits du plus grand et du plus beau palais qui fût jamais. Vous ne diminuerez aucunement sa philosophie auprès des personnes intelligentes, en disant qu'on trouve quelques-unes de ses pensées dans d'autres auteurs, non plus que la réputation de saint Thomas ne dépend pas de la recherche du tems auquel a vécu Vincent de Beauvais, qui a, à ce qu'on dit, fourni à ce saint ce qu'il y a de plus beau dans sa seconde partie.

Vous vous imaginez aussi qu'il est aisé de faire des hypothèses semblables à celles de M. Descartes, que vous comparez à ce qu'il y a de plus ridicule dans l'antiquité ; ce qui ne peut servir qu'à faire douter si vous vous connoissez davantage en hypothèses que ceux qui croient qu'il n'y a rien de plus aisé que de trouver le secret de déchiffrer une lettre écritte en chiffre, parce que ce secret n'est en effet qu'une hypothèse. Mais vous devez savoir qu'il y en a de bonnes et de mauvaises, et que comme toutes celles de M. Descartes dépendent nécessairement de l'hypothèse fondamentale de la création du monde, avec autant de mouvement dans le total de ses parties, qu'il y en a présentement, et qu'il est impossible d'en faire une plus simple, ni qui se puisse mieux prouver en remontant des effets à la cause, on ne trouvera jamais d'autre voye plus courte, plus ouverte, et plus assurée pour arriver à la vérité.

Il n'en faut pas davantage pour réfuter la comparaison que vous faites des démonstrations de M. Descartes, avec les rêveries de Cardan, touchant l'astrologie judiciaire. Ce n'est point prédire le passé que de démontrer *a priori* comment un effet se tire de sa cause, encore que peut-être cet effet soit déjà produit ; car il faut pour cela connoitre la cause aussi parfaitement que si l'effet n'y était encore contenu qu'en puissance. Celui qui connoit parfaitement le principe méchanique, qui a fait qu'un horologe marque et sonne les heures, sait tout ce qu'il faut sçavoir pour prédire qu'il les marquera. Il est vrai que les cartésiens ont besoin d'expériences pour reconnoitre la voye particulière que prend la nature, pour la production de quelques effets qui peuvent être déduits de leur cause en plusieurs manières, et que même le hazard leur a donné quelquefois des ouvertures pour faire une infinité de belles expériences, qui servent toutes à prouver démonstrativement la solidité de leurs principes et qui peuvent tenir lieu de démonstrations morales de la vérité des hypothèses particulières. Si vous aviez été assez curieux pour aller voir faire les belles expériences qui supposent les principes de M. Descartes, vous auriez remarqué qu'ayant une fois une première ouverture, on s'en sert heureusement pour prévoir l'avenir, en disant : si c'est là la vraye cause de cet effet, et que l'on dispose les choses d'une telle façon, nous verrons qu'un tel effet s'en ensuivra, ce qui n'ayant jamais manqué lorsque des personnes intelligentes s'en sont mêlées ; il ne faut point d'autres preuves pour préférer nôtre philosophie à la vôtre dont les principes qui lui sont particuliers, n'ont jamais servi à découvrir la moindre vérité. Car, en effet, comment est-ce qu'une physique, qui considère le corps naturel comme n'enfermant point l'étenduë, et qui suppose que ces prétenduës formes substancielles sont distinguées réellement des vrais attributs du corps étendu, pourroit démontrer quelque chose, puisqu'il n'y a point de tel objet dans le monde, et par conséquent que cette prétenduë physique ne peut être une vraye science, et ne peut servir qu'à faire perdre la raison en ce point à ceux qui la cultivent, et à les mettre infiniment au-dessous de ceux qui ne philosophent pas. Le moindre bourgeois de Paris est plus riche qu'un homme qui s'imagine qu'il est roi de la Chine. Mais la physique de M. Descartes, consistant en sa réünion avec la méthématique, et ayant pour objet le solide, ou le corps étendu et tout ce qui en dépend, est une science démonstrative, et capable de remplir le monde de lumières, si la mauvaise humeur des hommes ne les prive d'un bien, dont ils ne se rendent que trop indignes.

Enfin, Monsieur, vous terminez vos objections par la doctrine de M. Descartes touchant les qualitez sensibles, que vous proposez dans l'article 86, comme s'il s'étoit rendu ridicule, en changeant les façons de parler du vulgaire, touchant cela, et en ne disant rien de plus que ce qui a toujours été connu par tous les philosophes. Il y a de l'addresse dans vôtre discours, qui sert à vous tirer de la nécessité ou d'approuver toute la philosophie de M. Descartes, ou de demeurer dans une vieille erreur qu'on ne peut connoitre sans avoir honte de l'avoir suivie. Mais il est aisé de rendre inutile ce petit artifice, en proposant simplement ce point fondamental de la philosophie de M. Descartes, et en vous obligeant de répondre catégoriquement touchant cela.

Tout le monde sait que la connoissance de la nature des

qualitez sensibles est proprement l'entrée de la vraye physique, parce que toutes les choses qui sont hors de nous, et qui sont l'objet de cette science, ne peuvent être connuës que par leurs qualitez ; d'où il s'ensuit qu'on ne peut aucunement sçavoir ce que c'est que le monde, si on n'est d'accord de ce qu'il faut chercher hors de nous : s'il n'y a rien de plus que la matière avec les dispositions locales de ses parties, ou s'il y a, outre cela, quelque autre sorte d'être qui en est tout différent. C'est aussi une chose constante, qu'avant M. Descartes, tous les sçavans et les ignorans se sont imaginez que les qualitez sensibles étoient non-seulement dans les objets extérieurs, mais qu'elles y étoient parfaitement semblables à ce qui nous paroit quand nous en sommes frappés. On a crû ce que vous croyez éternel : la lumière du soleil, le son des cloches, la chaleur du feu, le goût du vin, l'odeur de la rose sont cela même que nous pensons apercevoir si clairement dans l'objet, quand nous nous servons de nos sens. Or comme la perception de l'âme intervient toujours en tout sentiment, et que chacun l'expérimente en soi, M. Descartes, s'élevant au-dessus du plus grand de tous les préjugez, a reconnu que c'était cette même perception intérieure que nous rapportions faussement aux objets extérieurs, non pas sous l'idée et sous le nom de perception, ce qui serait très absurde, ainsi que vous lui imputez, mais sous celui de lumière, chaleur, son, et autres qualitez sensibles, et c'est cette connaissance sans pareille qui a fait naître une extrême confusion, et une admirable bizarrerie dans les opinions que l'on a euës de tout cela, et dans les mots que le vulgaire a attachez aux idées de ces qualitez tantôt comme vous appartenant, tantôt comme étant considérées de la part des objets. Ceux qui pensent être cruches ne le sont que par imagination, mais ils n'ont garde de s'attribuer cela par forme d'imagination.

C'est donc ici que M. Descartes a fait un usage de ses principes, qu'on ne saura jamais assez admirer, ni témoigner la reconnaissance qu'on lui doit d'une telle découverte. Ayant fait voir, que tout ce qu'on appelle qualité sensible étant considéré dans les objets extérieurs, n'est autre chose que la disposition locale de leurs parties en tant qu'elle est capable de faire impression en infinies manières sur les organes de nos sens, et ensuite sur notre âme, ainsi que nous avons dit que le changement local qui se fait en brisant un verre de christal le fait paroître tout autre qu'il n'étoit auparavant : et que tout ce qui nous paroît si clairement comme hors de nous, quand nos sens sont frappez, ce sont les propres perceptions de nos âmes qui sont excitées par l'action des objets, et qui sont très-certainement de nôtre côté, de même que la douleur qui est excitée par la piqûre d'une épingle. En effet, il n'y a personne qui, ouvrant les yeux pour voir le soleil, apperçoive comme deux choses la lumière et la perception de la lumière ; quand on s'approche du feu, chaleur et sentiment de chaleur sont la même chose ; ainsi M. Descartes a eu raison de débroüiller l'équivoque des mots qui conduisent dans la plus grande de toutes les erreurs, non pas pour changer le langage du vulgaire, ce qui seroit ridicule, mais pour apprendre aux philosophes à éviter ces pièges, dont le langage des hommes est tout rempli.

Il ne reste maintenant qu'à vous déclarer et à prendre parti. Laissons-là les équivoques des mots de lumière, chaleur, dureté, etc., afin de ne rien dire que tout le monde ne puisse entendre. Je vous demande donc que vous choisissiez celui des trois partis qui se trouvera le plus selon vôtre goût, car il n'y a point de milieu ni aucun moyen de tergiverser. Y a-t-il dans les objets de nos sens un assemblage et une diversité de dispositions locales de leurs parties, qui soit suffisante pour agir sur eux, et pour nous faire ressentir ces perceptions innombrables qui sont reçues dans nos âmes ? Y a-t-il dans ces objets quelque chose de semblable aux perceptions qui s'excitent dans nos âmes à leur occasion ? Y a-t-il dans ces objets quelque autre sorte de qualitez qui excitent en nous ces perceptions et qui soient d'autre nature que ces dispositions locales ou que ces qualitez, que tout le monde pense y apercevoir comme parfaitement semblables à ce qui est excité en nous ? Si vous embrassez le premier parti, vous êtes cartésien purement et simplement. Si vous embrassez le second, vous êtes dans la plus dangereuse de toutes les erreurs, en prenant les sentimens de vôtre âme pour des qualitez corporelles. Si vous embrassez le troisième, vous n'avez aucune idée propre de ces prétenduës qualitez qui ne sont que des mots vuides de sens, et un je ne sais quoi, dans lequel vous enveloppez confusément les dispositions locales de M. Descartes et vous vous réduisez à ne pouvoir rendre raison des effets naturels, qu'en disant que c'est quelque chose, quoi que ce puisse être qui en est la cause. C'est là tout ce que vous avez à nous dire, et à quoi aboutit ce grand appareil de raisonnemens que vous avez ramassez dans vôtre lettre. Vous comptez pour rien l'explication particulière de la nature de la lumière et des couleurs, quand il serait vrai que M. Descartes y auroit réussi, et ainsi du reste; et vous lui portez compassion de le voir occupé à calculer toutes les réfractions et les tournoiëmens de la matière subtile, au lieu de pénétrer dans l'intérieur de la nature, et de reconnoître avec vous qu'il ne faut pas prétendre passer plus avant que de dire qu'il y a quelque chose dans les corps qui est cause de ce que nous y apercevons, et qu'on appelle qualitez sensibles.

Voilà, Monsieur, ce que j'ai crû devoir répondre aux difficultez que vous me proposez, dans l'assurance que j'ai que vous ne le trouveriez pas mauvais, car d'ailleurs vous savez l'estime que j'ai pour vous en particulier, et pour ce nombre infini de gens de lettres qui suivent la philosophie péripatétique, et dont la plûpart en jugent avec assez d'équité. Mais il n'y a rien de plus méprisable que cet entêtement ridicule de certaines gens, qui pensent tout de bon qu'Aristote a formé un vrai système de physique, et qu'il nous a découvert les vrais principes de la nature qu'il ne faut point chercher ailleurs. Au reste, je vous laisse la liberté tout entière que vous me demandez de choisir ce qu'il vous plaira de M. Descartes, et de vous en accommoder comme vous pourrez. Je suis, etc.

---

### D. — Lettre de Desgabets a Monsieur l'Évêque de Condom (Bossuet).

*A Breuïl, le 5 Septembre 1671.*

Monseigneur,

Je suis assez persuadé que tous les honneurs ne peuvent changer les qualitez que jay autrefois reconnues en vostre personne pour me promettre que vostre Grandeur aura la bonté de me donner un moment d'audience, quoique peut-estre elle aura perdu le souvenir d'un certain D. Robert des Gabets, qui a jouy quelquefois de l'honneur de son entretien à Toul, touchant les matières de la grâce et de la Philosophie de M. Descartes, et dont le nom a fait quelque bruit, à l'occasion de la transfusion du sang, et de certaines manières d'expliquer le mystère du Très-Saint Sacrement. Comme il y a plus de 25 ans que jay commencé d'estre la victime parmi nous des nouvelles doctrines, et que l'Esclat que l'on a fait sur ce sujet a porté les choses jusqu'à brouiller le dernier des hommes avec M. Arnauld et Messieurs de Port-Royal, dont on m'objectoit les plaintes et les menaces, jay esté obligé de faire quelques petits escrits pour m'expliquer à ceux d'entre nous qui me harceloient sur mes opinions, quoyque je ne les proposasse que comme de simples pensées à examiner. Mais comme la délicatesse et la crainte des affaires est extrême dans les communautez, jay eu ordre de nos supérieurs de leur mettre en mains quelques-uns de ces escrits, et entr'autres celuy que j'avois fait pour prouver que Messieurs de Port-Royal establissoient dans leur Art de penser ce qu'ils condamnaient sans l'avoir examiné avec soin, et sans avoir daigné faire lecture d'une très-belle lettre manuscrite que M. Descartes a laissée sur ce sujet. Cet avorton, qui n'estoit pas fait pour voir le grand jour, et que j'appelois *Considérations sur l'estat present de la Controverse touchant le Très-Saint Sacrement de l'Autel*, estant sorty de mes mains, et enfin passé sous la presse, sans que je puisse sçavoir comment cela est arrivé, M. Arnauld et ces Messieurs n'ont pas manqué de me l'attribuer, et de faire paroistre beaucoup d'indignation de ce que je mettois en jeu le Port-Royal en un sujet odieux ; et en effet j'aurois violé les lois de l'honnesteté et de la justice, si j'avois contribué à faire imprimer cet écrit en l'estat qu'il est. Je ne parlerois pas de ces particularités, si un Docteur de Paris ne m'avoit raconté sa principale aventure, qui est d'avoir esté leu par vostre Grandeur, quoy qu'il n'ayt pu m'apprendre le jugement qu'elle en a fait. C'est ce qui m'oblige de vous supplier très-humblement, Monseigneur, d'excuser l'innocence de mes intensions et de ma conduite, et de me faire cette justice de croire que je nay eu aucun dessein de me produire, ni de prendre en cela aucune part en la fameuse controverse de la perpétuité. Il est vray que je suis touché de voir que M. Arnauld ne prend pas tous les grands avantages que nous donne M. Claude en ce qui touche la tradition grecque, et l'innovation qui a commencé parmi les scholastiques, environ le temps de Pascase. Mais je ne prétends pas avoir aucun droit de parler dans une affaire publique de l'Eglise, où je nay point d'autre rang que le moindre de ses enfants.

Il faut, Monseigneur, qu'à la faveur de cette première ouverture, Vostre Grandeur me donne, s'il luy plaist, la liberté de luy dire un mot de la philosophie de M. Descartes. La chose me parait d'une conséquence infinie, en ce que si cet auteur nous a donné les vrays principes de la nature, c'est là le plus grand événement qui paroistra dans le monde après la publication de l'Evangile. Cependant outre ce que j'en ay pu découvrir par mon estude particulière, je voy que les plus sages en tombent d'accord, et que mesme le dernier ouvrage de Port-Royal dit nettement que pendant plus de 3,000 ans, on n'a pu rien découvrir dans la nature, et que ce philosophe tout seul y a vu plus clair que tous les autres ensemble. Une faveur si extraordinaire de la Providence envers notre siècle, ne laisse pas d'estre traversée, non seulement par les gens d'Ecole qui n'ont point appris cette philosophie, mais encore par une cabale d'âmes jalouses, qui sacrifient la réformation générale du monde à leurs différens personnels avec feu M. Descartes, et à leurs passions peu honnestes. (1)

Il me semble donc que pouvant dire sans témérité qu'il n'y a peut-être personne sur la terre, qui ait fait tant d'escritures et de réflexions que moy, sur les principes de cette philosophie, pour les faire servir à l'éclaircissement et à l'établissement des plus grandes véritez, que nous sommes capables de connoistre en cette vie, j'ay un droit particulier de m'addresser à la personne du monde qui a le plus d'engagement à prendre connoissance de toutes les choses qui appartiennent aux sciences, et à empescher par son authorité, et par sa prudence, qu'on ne flestrisse cette philosophie naissante.

Vostre Grandeur ne doit pas souffrir que la France se déclare contre sa propre gloire ; au contraire, il semble que la Providence luy ayant donné précisément en mesme temps la Personne du Roy et les découvertes inestimables d'un de ses sujets, cela oblige à mettre au nombre de tant de merveilles d'un règne incomparable, la première ouverture qui s'est faite du second œil de l'âme, qui est celui de la raison naturelle. Jay esté ravy d'apprendre qu'on avait la pensée d'enseigner à Monseigneur le dauphin les principes généraux de cette philosophie, qui sont si simples, si naturels, et si rapportant aux lumières du bon sens qu'il n'y a rien qui puisse rendre un homme plus capable de bien juger de tout ce qui dépend du raisonnement.

Vostre Grandeur aura, s'il luy plaist, la bonté d'excuser les saillies de zèle du moindre des hommes, et du plus grand de ses admirateurs, qui tient à une gloire inséparable de pouvoir se dire avec la plus grande soumission, Monseigneur, etc.

*(Manuscrit de Chartres, fol. 499 et suiv.)*

---

(1) En marge : les jésuites.

## VI.

## Documents rares ou inédits concernant l'histoire du Cartésianisme chez les Bénédictins.

### I

LETTRE PHILOSOPHIQUE DE DOM FRANÇOIS LAMI. (1)

Mon Révérend Père,

Les petits présens que j'ay l'honneur de faire à V<sup>tre</sup> R<sup>ce</sup> ne valent pas les remerciemens qu'elle a la bonté de m'en faire. Je me tiens assez honoré qu'elle veuille bien les recevoir agréablement ; sur tout me faisant encore la grace de me faire part de ses avis et de ses lumières. J'ay bien de la joye que le 2<sup>d</sup> traité de la connoissance de soy même ait esté un peu de votre goût ; car, à la reserve de ceux qui sont un peu philosophes, qui assurément sont en petit nombre, et a qui il a eu le bonheur de plaire, je ne trouve que des gens qui lui préfèrent de beaucoup le premier traité ; et qui traitent le 2<sup>d</sup> de philosophique, ou de métaphysique ; c'est ainsi que chacun juge des ouvrages, selon son goût, et suivant la portée de son esprit. Qu'on est donc heureux, M. R<sup>d</sup> père, d'en trouver du carractere du votre ; à qui ces matieres non seulement ne paroissent pas un payis perdu, mais deviennent meme un sujet d'une judicieuse critique. C'est avec un extrême plaisir que je vas suivre la votre ; et vous dire de bonne foy ce que j'en pense.

1° Quelques convaincantes que vous paroissent les preuves de l'immortalité de l'ame, vous ne croyez pas cependant M. R. P. qu'elles soient capables d'assujettir entierement l'esprit. Bien des gens sont d'un sentiment contraire, et entre autres, M<sup>r</sup> Nicoles. Mais ce n'est point icy une affaire d'authorité : c'est une affaire de raison. Voyons donc celles que vous croyez qu'un libertin pourra opposer à ces preuves.

[Il pourra, selon vous, M. R. P. dire qu'il faut juger de la fin de l'ame, comme de son origine, et que comme Dieu n'a créé l'ame que par exigence, et pour s'accommoder aux dispositions du corps, de même les parties du corps venant

---

(1) Cet écrit de Dom François Lami, faisait partie de la riche collection d'autographes bénédictins de M. Henri Wilhem. Il se trouve maintenant à la Bibliothèque de Colmar.

à se déranger il est naturel qu'elle cesse d'être, n'y ayant plus de dispositions qui exigent son existence.]

Mais M. R. P., pour peu que ce libertin ait de raison, et qu'il veuille s'appliquer au $2^d$ traité de la connoissance de soy même, il sera malaisé qu'il puisse tenir longtems dans ce poste là. Dire que Dieu n'a créé l'âme que par exigence, et pour s'accommoder aux dispositions du corps, est une si étrange extravagance, qu'il faut n'avoir nulle idée ni du corps, ni de l'âme, pour en estre capable. Car enfin si, comme je crois l'avoir démontré dans la $1^e$ partie du $2^d$ traité et dans les $1^{es}$, les $2^{es}$, et les $3^{es}$ reflexions de la $2^e$ partie, l'esprit et le corps sont si étrangement différents l'un de l'autre, qu'ils n'ayent rien de commun, que le suprême degré d'être ; s'ils n'ont naturellement nulle convenance, ni par le fonds de leur essence, ni par leurs manieres d'être, si le corps n'est capable de nulle pensée, ni l'esprit d'aucune étendüe ; comment comprend-on que le corps puisse exiger l'esprit, et l'exiger jusqu'a obliger Dieu à le créer, pour s'accommoder a ses dispositions ? Quelles dispositions conçoit-on dans le corps qui puissent avoir raport a celle de l'esprit ? est-ce l'étendue ? il n'y en a point dans l'esprit : sont-ce les figures ? il n'y en a point dans l'esprit : est-ce le mouvement local ? il ne peut n'y en avoir dans l'esprit. Le corps n'a donc nulles dispositions qui ayent rapport à l'esprit ; non plus que l'esprit n'en a nulles qui ayent rapport au corps. Sur quoy seroit donc fondée cette prétendue exigence ? Ce n'est ni sur la nature de ces estres, ni sur leurs proprietez, ni sur leurs manières d'estre. Elle est donc purement chimérique ; et c'est un de ces termes d'échole qui ne signifient rien, qu'on croit comprendre a force de les entendre prononcer ; c$^t$ qui n'a pas d'autre fondement, que ce que l'on sçait que dès que les principales parties du corps humain sont suffisamment formées et arangées, Dieu y unit une âme. Et certes, il faut bien que cela soit ainsi : puisque Dieu a dessein de former des hommes : car, puisque l'homme est un composé d'esprit et de corps, il faut bien qu'en consequence du dessein que Dieu a de former des hommes, dès que le corps est formé, il crée une ame et qu'il l'y unisse : mais on voit bien alors que ce n'est que le décret de Dieu qui l'y oblige ; et nullement le corps qui l'exige. Car à quoi bon, je vous prie ce corps exigeroit il une âme toute spirituelle ? Seroit ce pour estre plus corps, et pour estre perfectionné dans sa nature de corps humain : mais un estre étendu et organisé peut-il estre rendu plus parfait dans son étendue et dans ses organes, par son union avec un estre qui n'a ni étendue ni organes? est-ce pour estre plus capable de ses divers mouvemens ? Mais un estre parfaitement incapable de mouvemens locaux, peut-il en rendre plus capable un estre étendu ? D'ailleurs on convient que l'ame n'est unie au corps, que lorsqu'il est suffisamment organisé, et que ses mouvemens naturels s'executent parfaitement en luy. Y a-t-il donc rien de plus chimerique que l'exigence de question? prenez la peine M. R. P. de revoir ce que j'ay dit sur cela, dans les 3$^{es}$ reflexions de la 2$^e$ partie.

S'il n'est donc point vrai que l'ame n'ait été créée qu'à l'exigence du corps ; il ne sera point vrai non plus, que le corps venant à se déranger, l'ame doive perir.

Au contraire il faut dire que comme c'est avec une pleine liberté, et indépendemment d'aucune exigence, et d'aucun estre créé, que Dieu crée des âmes (puisque, selon ce libertin, il faut juger de la fin de l'âme comme de son origine) il ne les anéantira jamais pour le derangement d'aucun corps, ni à l'exigence d'aucun estre créé.

D'ailleurs si l'un de ces deux estres avoit a suivre la fortune de l'autre, ce seroit bien plutost au corps a suivre la fortune de l'esprit, qu'à l'esprit à suivre celle du corps, substance qui lui est extremement inferieure ; et de beaucoup au-dessous de son excellence. Mais en voila trop sur cet article : je passe au 2$^e$.

2° Non, M. R. P. je vous assure au contraire que je suis si bien persuadé des premieres raisons qui prouvent l'immortalité de l'âme, et que je leur crois une telle force, que je suis seur qu'on y répondra jamais rien de raisonnable. Et vous me feriez plaisir de me marquer ce que vous croyez qui pourrait, je ne dis pas les renverser, mais même les affaiblir. Mais encore une fois, il faut quelque chose de clair et de direct.

3° Au reste je crois ces 1$^{es}$ raisons bien plus fortes que celles qui sont prises de l'amour de la gloire, de la vérité etc., car ces 1$^{es}$ sont métaphysiques, au lieu que celles-cy ne sont que morales.

4° Mais quoique cela soit ainsi, il n'est point vrai (avec votre permission M. R. P.) que ces morales ne subsistent que par des prejugez, ou des préventions, fondées sur ce que la Relligion nous enseigne qu'aprèz cette vie, nous sommes destinez à jouir d'une félicité éternelle, d'une gloire immense, du souverain bien, de la vérité incréée, de la derniere perfection. Non, M. R. P. mes raisons sont générales, communes à tous les hommes, soit qu'ils soient élevez dans la relligion, ou non ; et prises d'inclinations si universellement répanduës dans toute la nature humaine ; qu'il sufit d'estre homme tel quel, pour y avoir quelque part. Non, M. R. P. il n'y a point de payens, point de barbares, point d'idolâtres, point de libertins, point d'impies, point d'incrédules, qui ne soient touchez comme moy de ces sentimens et de ces inclinations, pour la gloire, pour l'estime, pour la vérité, pour le bonheur, pour la perfection : quoique pas un d'eux ne sçache où se trouve veritablement cette perfection, ce bonheur, cette vérité, cette gloire. Si vous n'avez jamais conversé avec ces gens-là ; il ne faut que lire les ouvrages des philosophes payens ; et vous verrez jusques où ils ont poussé tous ces sentimens et ces inclinations, sans pourtant qu'ils se crussent immortels. Tous ces monumens de leur esprit qu'ils nous ont laissez, toutes ces inscriptions à leur gloire, tous ces édifices qu'ils tachoient de rendre éternels, pour supléer en quelque maniere à leur immortalité, ne marquent-ils pas sensiblement l'amour qu'ils avoient pour la gloire, et même pour une gloire immortelle ; et peut-on dire que ce sentiment ne fut qu'un préjugé de relligion ? Enfin, M. R. P., j'ay remarqué qu'il n'y avoit pas jusqu'aux paisans les plus grossiers, jusqu'aux valets et aux marmitons, qui ne fussent touchez de ces sentimens d'honneur et de gloire ; et y a t il de lapparence que ce soit de la gloire du paradis dont tous ces gens sont touchez, eux qui pour l'ordinaire ne savent seulement pas s'il y en a un ? C'est au nom de tous ces gens-là, M. R. P. que j'ay parlé, et que j'ay raisonné dans les 4 dernières reflexions de la 1e partie, je veux dire au nom des payens, des idôlatres, des gens les plus grossiers, des libertins, des incrédules, des gens sans relligion. Et voilà a peu près sur quoy roulent mes raisonnemens (ce que je vous prie d'observer ; car il me paroit que vous n'avez point du tout pris ma pensée en ces endroits). J'ay une inclination invincible pour la gloire, pour lestime, pour le plaisir, pour la vérité, pour la perfection : cette inclination ne m'est point particulière : elle est commune a tous les hommes : aux athées, aux hommes sans relligion, à ceux-mêmes qui ne doutent point que leur âme ne soit mortelle : cette inclination si universellement répanduë dans toute la nature, n'est donc point un préjugé de Relligion : c'est donc une impression de la nature : or cette impression seroit vaine et inutile, s'il n'y avoit point une autre vie aprez celle-cy, puisque cette inclination n'est nullement satisfaite en cette vie. Il y en a donc une autre, où elle le sera pleinement. Voilà M. R. P. mon raisonnement dans lequel je ne suppose pas, dans les premisses, (comme il paroit que vous le croyez) qu'il y ait une autre vie, bienheureuse, parfaite, glorieuse : mais je le prouve, et j'en fais une conséquence qui suit nécessairement de cette inclination générale. Rendez donc, s'il vous plaît, M. R. P. plus de justice à ces preuves, ou bien cessez de dire que le 2e traité est plus fort que le premier : car si, selon vous, ces preuves morales sont plus fortes que les premieres, et que cependant elles ne soient fondées, comme vous le dites, que sur des préjugez : que deviendront toutes ces preuves ? et que deviendra tout le traité ?

5° A l'égard du système du libertin, je vous diray franchement que je le trouve plus raisonnable que celui des péripatéticiens : et que dès qu'on fait tant que de donner de la connoissance aux bêtes, il faut leur donner une âme spirituelle, et parfaitement semblable à celle de l'homme ; car les differences de genies, que vous remarquez même entre differens hommes, ne viennent que de la diversité de l'organe intérieur.

Mais 1° outre que ce système, qui ne roule que sur de pures conjectures, est très difficile à soutenir, et exposé a essuyer de grandes difficultez : il ne faut point en faire a deux fois; dès qu'on fait l'âme des bêtes spirituelle : il la faut faire immortelle : car comme la spiritualité ne consiste que dans la pensée, dès que nous avons fait voir qu'un estre pensant est immortel, et qu'il ne peut périr avec le corps ; nous avons fait voir aussi que toute ame spirituelle, soit quelle soit dans les bêtes ou ailleurs, est parfaitement immortelle : et que ce libertin ne revienne pas a dire que ces ames n'ayant été créées qu'a l'exigence de la matiere ; elles doivent perir des que la matiere se derange : car c'est un poste que je crois avoir suffisamment ruiné, et je vois bien M. R. P. que ce n'est que pour vous eguayer un peu que vous avez fait quelques efforts pour l'y maintenir.

6° Enfin M. R. P. à l'egard du formel de l'union de l'esprit et du corps, vous en usez a peu prez comme du reste : c'est-à-dire, qu'aprez m'avoir flatté que l'explication que j'en donne vous a beaucoup plu, vous y trouvez une difficulté qui (si l'on vous en croyoit) ne tend à rien moins qu'à le renverser : car sur ce que j'ay dit que cette union consiste formellement dans la correspondance des pensées de l'âme avec les mouvemens du corps et des mouvemens du corps avec les pensées de l'ame ; vous prétendez faire voir que cette correspondance n'est que l'effet de l'union et qu'elle la suppose : et voicy comment vous vous y prenez.

Il faut que deux choses soient unies ensemble, avant

qu'on puisse juger de la correspondance qu'elles peuvent avoir entre elles : d'ou vous laissez a tirer la conséquence. A prendre cet argument à la lettre, je vous avoue M. R. P. qu'il n'a rien de pressant : car je puis et nier et accorder votre proposition, sans que vous en puissiez rien conclure et : 1° Je nie que pour juger de la correspondance que deux choses peuvent avoir entre elles, il soit nécessaire qu'elles soient unies ensemble, car on ne peut juger sur leurs idées avant meme leur union ; et c'est ainsi que Dieu de toute eternité a jugé de la correspondance que l'esprit et le corps pouvoient avoir ensemble.

2° Je vous accorde votre proposition, et vous n'en conclurez rien : car il est vrai qu'il faut que deux choses soient unies ensemble avant qu'on puisse juger de leur correspondance, mais il n'est pas nécessaire qu'elles soient unies, avant que cette correspondance existe : puisque ce n'est que dans cette correspondance que consiste leur union.

Mais je prens l'esprit de votre raisonnement, et non pas la lettre ; et je reponds a ce que vous pretendez que deux choses doivent estre unies, avant qu'elles ayent entre elles une correspondance mutuelle : je repons, dis-je, en niant absolument cette proposition : et je la nie parce que le formel de l'union dit nécessairement relation, correspondance, raport : on ne peut sans cela former l'idée d'une union. Mais, dites-vous, *il faut estre, avant d'agir* : d'accord : je vous passe ce principe : car en Dieu, il est de la dernière fausseté : donc il faut que deux choses soient unies avant qu'elles ayent correspondance : je le nie. Vous voyez M. R. P. qu'à moins de prendre juste les principes, on en tire souvent de très-fausses conséquences. Il faut donc distinguer nettement celui-cy : *prius est esse, quam agere : prius est esse simpliciter, quam agere : concedo ; prius est esse unitum, quam agere : nego ;* puisqu'il peut fort bien se faire que l'union consiste dans l'action mutuelle de deux estres ; et effectivement on ne conçoit pas que deux anges puissent estre unis autrement : puisqu'ils n'ont nulle étenduë. J'en ay donné, comme vous voyez M. R. P. une très longue à cette lettre et je crains fort de vous y avoir plus ennuyé que satisfait. Rien cependant n'a été plus éloigné de ma pensée, et je n'ai point eu d'autre vuë que de vous marquer l'éstime que je fais de vos lumières ; et l'attachement tendre et respectueux avec lequel je suis

Mon Révérend Père,
Votre très humble et très obeissant Relligieux,
François LAMY.

*Ce 14 Fevrier.*

Mais mon R<sup>d</sup> Père, oserois-je vous demander, tout vous a-t-il donc déplu dans le premier traité ? Ne s'est-il rien trouvé de votre gout dans ce que je dis de la nature et de l'étenduë, de l'étude et des travaux ? des diverses manières d'étudier, et de travailler ? du silence, etc.

## II

MÉMOIRE DE DOM J. MÈGE CONTRE UN ÉCRIT DU P. GAL, AU SUJET DE L'EUCHARISTIE. (1)

*A Paris ce 25 May 1672.*

Mes Révérends Pères,

Il y a trente ans que j'ay l'honneur de porter l'habit de l'ordre et d'estre religieux de la congrégation. Il s'est fait depuis dix chapitres généraux, et je n'ay pas encore pris la liberté d'écrire à aucune de ces assemblées ; je me suis contenté de prier Nostre Seigneur pour leur heureux succès. Je me serois tenu dans le mesme respect, et dans le mesme silence, si la cause de Dieu, de l'Eglise, et de la Congrégation ne m'avoit obligé de parler. Mais ma retenue seroit coupable dans cette occasion : je prendrais part à tous les désordres qu'a causez, et que peut encore causer, un des plus pernitieux escrits qui ait jamais attaqué l'Eglise. Il a esté composé par un religieux de la congrégation. Il en a soutenu la méchante doctrine, et en a répandu le venin autant qu'il a pu ; et si on n'y remédie bien tost, c'est un feu qui causera un très-grand embrasement. Tous les désordres de l'Allemagne, qui ont perdu presque tout le septentrion, toute l'Angleterre, et une partie de la France, ont eu de plus petits commencements. C'est ce qui m'a obligé de m'adresser à vos révérences pour leur demander justice de l'autheur de ce malheureux écrit, et un remède prompt et efficace, pour étouffer cet embrasement dans sa naissance.

Plusieurs de nos RR. PP. qui composent le deffinitoire et plusieurs des capitulans connoissent l'autheur de cet ouvrage ; je croy mesme qu'on vous présentera quelque copie

---

(1) Arch. nat. L. 810, n° 21. La note abrégée : contre le P. Gal — doit, d'après le contexte, s'entendre de Le Gallois. (Revue Bossuet : Examen d'une nouvelle explication du mystère de l'Eucharistie.) Dom Mège qui dans ce mémoire paraît hostile à Descartes fit imprimer en 1682 le Traité de la circulation des esprits animaux de Dom Jamet, traité inspiré par la philosophie cartésienne. — Nous tenons à remercier ici M. Levesque, professeur au Séminaire Saint-Sulpice, qui a bien voulu nous communiquer une copie de ce manuscrit.

et quelque réfutation de cet écrit. Je me contenteray donc de vous raporter icy un petit abrégé de sa pernitieuse doctrine, et de vous en représenter les suites horribles.

Je ne vous parlerai point de sa témérité, qui égale celle des plus insolens hérétiques. Il traite Saint Thomas, Saint Bonaventure, et généralement tous les scholastiques avec un mépris insupportable. Il les apelle des ignorans, des aveugles, et des théologiens hétéroclites. Il ajoute dans la marge de son ouvrage escrit de sa main, qu'on peut croire pieusement, que Dieu a permis que les scholastiques aient chancelé et soient mesme tombez, en expliquant la manière avec laquelle J. C. est dans le Saint Sacrement. Il dit que les explications de ce mystère que Saint Thomas, Scot, Gabriel et les autres ont données sont fausses et imaginées, prises d'Aristote, d'Averroès et leurs semblables. Il dit que Lanfranc a corrompu la doctrine des anciens. Il apelle toute la théologie scholastique l'école de Baäl.

Je ne vous parleroy point non plus de sa vanité qui est ridicule. Il se vante d'estre le premier autheur de cette hérésie, qu'il appelle une nouvelle façon d'expliquer le très-saint Sacrement, quoy qu'il l'aie tirée de Durand, et que dans le fond ce ne soit qu'un pur luthéranisme rafiné. Il se vante d'avoir tiré cette misérable doctrine des Pères et des Conciles, et il est certain qu'il ne les a jamais leus et qu'il seroit très-facile de luy montrer qu'il n'a presque cité aucun lieu qu'il n'ait tiré d'Aubertin, de Marc Antoine, de Dominis, et de semblables sources corrompues. Il accuse d'erreur généralement tous les scholastiques, et se vante qu'on ne l'en peut pas accuser. Et cependant tout son dialogue n'est qu'une erreur continue et tout remply de cheutes grossières contre le bon sens et contre les principes les plus communs et les plus connus de la véritable philosophie.

Je ne vous parleroy point aussy de la manière impertinente et outrageuse, avec laquelle il explique les décisions des Conciles de Constance et de Trente. Car lorsque le premier deffinit que dans ce mystère sacré les accidens demeurent sans sujet, il prétend que le concile entend seulement qu'ils demeurent sans sujet qui soit véritablement pain, quoiqu'il soit actuellement dans la matière qui estoit pain et qui ne l'est plus. Et lorsque le 2e dit que la transsubstantiation est une conversion de toute la subst[ance] du pain et du vin au corps et au sang de J.-C., il dit qu[e le] concile entend seulement que tout ce qui estoit pain et vin commence d'estre le corps de J.-C. sans que la mesme matiere qui estoit pain et vin cesse d'estre.

Je ne vous diray point que c'est par un dessein concerté (1) qu'il a composé et publié autant qu'il a pu ce misérable ouvrage, afin de destruire dans l'Eglise le sentiment commun touchant ce grand mystère qui est de foy divine, surtout depuis que le Concile de Trente l'a déterminé contre les impanateurs ; pour établir son hérésie. Cela paroist par l'application sacrilège qu'il fait des paroles de Gamaliel dans les Actes des Apotres, qu'il a mises à la teste de son escrit, et en insinuant assez clairement qu'il a esté éleu de Dieu et envoyé du Saint-Esprit pour éclairer l'Eglise de cette nouvelle lumière, par laquelle il prétend confondre les hérésies.

Je ne vous diray point aussy qu'il a dicté cette doctrine par une affectation visible dans sa philosophie à de jeunes écholiers pour corrompre leur esprit : en quoi il a si bien réussy qu'il y en a plusieurs qui en sont empoisonnez ; qu'il en a fait luy-mesme de sa main plusieurs copies qu'il a répandues, et sur lesquelles on en a tiré quantité d'autres ; qu'il ne s'est pas contenté de les communiquer à nos pères et à nos confrères, il l'a fait au dehors ; et contre les deffences qu'on luy en avoit faites, et les paroles qu'il avoit données ; il a communiqué cette peste à autant de séculiers qu'il a cru en estre susceptibles à Rouen et partout ailleurs, ayant mesme donné son dialogue écrit de sa main à un ecclésiastique qui logeoit chez Monsieur le premier président de Rouën, nommé Monsieur Garance, qu'on a bien eu de la peine à retirer de ses mains, et on ne peut pas douter qu'il n'en ait tiré une copie, puisqu'il demanda quinze jours de terme avant que de la rendre.

Enfin je ne vous diray point que lorsqu'il enseignait cette détestable doctrine dans l'abbaye de Saint-Vandrille, quelques-uns de nos pères, qui en entendoient tous les jours parler au maistre et aux écholiers, en estoient affligés, et un d'eux, qui est supérieur et excellent religieux, m'a dit que cela luy ostoit la dévotion envers ce saint mystère. Et ce qui vous inspirera des sentimens d'horreur et une juste indignation, j'ay sceu par un de nos pères que le jour du Très Saint Sacrement, lorsqu'on chantoit à matines les leçons du second nocturne, dans lesquelles Saint Thomas explique ce divin mystère, ces leçons furent sifflées par quelques écoliers.

Je ne vous parleroy point de tout cela, je vous expliqueray

---

(1) Nous supprimons quelques mots qui rendent la phrase inintelligible. Le manuscrit porte : Je ne vous diray point que pour faire voir à toute la terre que c'est etc.

seulement son hérésie et en abrégé Il n'aura pas sujet de se plaindre que j'altère son sentiment ou que je luy en impute qu'il n'a pas. Car je l'ay tiré de son écrit original, et l'ay entendu de sa bouche, dans une conférence que le R. P. dom Bernard Audebert pour lors supérieur général voulut que j'eusse avec luy et avec dom François d'Elfaut, à la présence du R. P. D. Claude Martin pour lors assistant. Voicy les chefs sur lesquels on l'accuse, et sur lesquels on demande justice.

1° Aprez la consécration, la mesme matiere *numero* qui estoit dans le pain et dans le vin demeure dans le Saint-Sacrement : non desinit, non cessat. Et elle devient le corps et le sang de Jésus-Christ, par une nouvelle union de l'âme, de la divinité et de la personne du fils de Dieu à cette matière, de la mesme façon que la matière des alimens que nous mangeons devient nostre corps par l'union et l'information de nostre ame (1).

2° Le corps de J.-C. est dans le Saint-Sacrement véritablement et très proprement divisible et il se divise en effet réelement et substantielement. C'est ainsi qu'il explique ces paroles de la confession de foy de Béranger *sensualiter* : ce que pourtant tous les théologiens expliquent par *vere et realiter*, comme lorsque l'apostre dit que la divinité a voulu demeurer dans J.-C. *corporaliter* c'est-à-dire *substantialiter* (2).

3° Que le corps de J.-C. est plus grand dans une plus grande partie de l'hostie et plus petit dans une plus petite. C'est une suite incontestable de sa doctrine.

4° Que le corps de J.-C. reçu dans l'estomac des fidèles y est digéré et corrompu, et que lorsque la matière qui la composoit dans le Sacrement cesse d'avoir les accidens ou les dispositions de pain et de vin, elle passe elle-mesme en la propre substance de leurs corps, en sorte que la mesme matière qui estoit le corps de J.-C. devient le corps de ceux qui l'ont receu.

Il y a beaucoup d'autres propositions hérétiques, qui ne sont que des conséquences nécessaires de celles-cy ou plus tost elles suivent toutes de la première qui est le capital de sa doctrine, et qu'il inculque presque partout.

Afin qu'on ne doute pas de ma sincérité, j'ay cru devoir transcrire icy mot à mot quelques endroits de son écrit. Ils sont tirez d'un manuscript qu'il a luy mesme écrit de sa

---

(1) Il establit cette doctrine depuis la page 54 jusqu'à la page 60.
(2) Sœpissime.

main en 1670. Les pages sont chifrées et je les marqueray fidelement.

1° In Eucharistia, substantia panis per Spiritum Sanctum convertitur in idem corpus illud quod gloriosum in cœlo triumphat... adeo ut duo corpora non sint ex sanguine virginali matris, materiaque panis, sed unum et idem quod tamen in diversa materiae portione consistit quam ea sit qua constat in sacramento (les paroles sont dans l'original page 77).

2° Huic materiæ portioni, quæ prius panis erat, moxque propriissima Christi substantia facta est, ipsumque corpus Domini, anima Christi unitur verbique persona, quomodo materiæ per vim nutritivam alias aggeneratæ jungebantur. (Page 78).

3° Totus Christus sed non in eadem materia quam habet alibi sensualiter dentibus atteritur, ut concilium romanum definivit : si summus Pontifex Nicolaus II et episcopi 114, eamdem numero materiæ partem, qua Christi corpus constat in cœlo, sub accidentibus, id est sacramento indivisibilem, inextensam, intangibilem latitare credidissent, putas definissent individuum illud frangi insensibile tractari sensualiter ? (Pag. eadem).

4° Cum illæ modificationes illam ipsam primam subtantiam pro subjecto habeant quam prius afficiebant, manet inconcussa philosophica veritas de accidentibus a subjecto entitate distinctis impossibilitas. (Page 90).

5° Manentibus iisdem quæ prius erant, panis consueti modificationibus eadem etiam materia manente, materia tamen non manet ejusdem sed in aliam divina virtute per se et immediate transsubstantiatur (Page 160).

6° Materiæ aliter modificatæ quam corpus humanum exigat, anima Christi nihilominus unitur (Pag. eadem).

7° Anima Christi simul unitur divisæ materiæ portionibus quæ divisiones multiplicationesque materiæ, numericæ corporis unitati non obstant, idemque corpus in omnibus habetur. (Ibidem).

8° Illæ portiones materiæ non se habent ut partes ad Christi corpus gloriosum in cœlo sed quælibet ut totum. (Page 104).

9° Cum accidentia substantiarum modi sunt nec possit dici qualis eorum, entitas, vel unde proveniat, aut a quo ex nihilo tam sui quam subjecti producantur, nihil mirum si sine subjecto actuali illa esse nulla vi posse dicamus. (Pag. 269).

10° Ut autem iterum ostendatur quam necesse sit asserere corpus ipsum Domini vere et per se, non solum per species posse dividi, concilii romani incurri anathema videtur eo ipso quod hoc negatur. (Pag. 225).

11° Cum illa materia desinit esse sub panis accidentibus, jam non est amplius materia corporis Christi, sed fit nobis admixta et concorporata. (Pag. 257).

Voilà un abrégé de sa doctrine exprimée dans ses propres termes ; on ne pourra pas dire qu'on les ait alterez, ou qu'on en ait subtitué d'autres pour leur donner un mauvais sens. On ne peut pas dire aussy que ces expressions aient un autre sens, prises dans tout l'ouvrage, en ce qui les précède et ce qui les suit, different de celuy qu'elles ont, prises séparément, car c'est le fond de sa doctrine qu'il répète, et qu'il inculque dans tout son dialogue. Et pour en découvrir clairement le venin, il faut supposer deux vérités qui sont incontestables, puisque ce sont des articles formels de notre foy.

La première que tous les fidèles sont obligez de croire et de confesser sous peine d'anathème, que dans le très-saint Sacrement il se fait une transsubstantiation, qui est un changement réel et substantiel de toute la substance du pain et de toute la substance du vin au corps et au sang de J.-C., sans qu'il reste aucune partie, aucune chose ny du pain ny du vin que les seuls et uniques accidens, ou dispositions, ou modifications que le concile de Trente appelle espèces. C'est la pure doctrine de l'Eglise exprimée par ce dernier concile œcuménique, session 13, chapitre 4, en ces termes : persuasum semper in Ecclesia Dei fuit, idque nunc denuo sancta haec synodus declarat, per consecrationem panis et vini, conversionem fieri totius substantiæ panis in substantiam corporis Christi domini nostri, et totius substantiæ vini in substantiam sanguinis ejus, quæ conversio convenienter et proprie a sancta catholica Ecclesia transsubstantiatio est appellata.

Il faut remarquer que le concile prétend que ce changement de toute la substance du pain et du vin, sans qu'il reste ny matiere ny forme de ce pain ny de ce vin, est la doctrine de l'Eglise depuis sa naissance jusqu'à présent, contre l'erreur du traité que j'accuse, qui dit que les Pères ont cru et enseigné que la matière du pain et du vin demeuroit aprez la consécration, et qu'il n'y a que les scholastiques qui ont persuadé aux fideles que cette matiere cessoit d'estre : persuasum semper in Ecclesia Dei fuit. Il ne faut que voir le 2ᵉ concile de Latran et celui de Constance contre les articles de Wiclef. Mais le Concile de Trente en a fait un canon qui condamne cette hérésie par des expressions si claires qu'on ne sçauroit les expliquer en autre sens. Je vay encore transcrire ce canon, car il est important.

Si quis dixerit : in sacrosancto Eucharistiæ sacramento remanere substantiam panis et vini, unà cum corpore et sanguine domini nostri J.-C., negaverit et mirabilem illam et singularem conversionem totius substantiæ panis in corpus et totius substantiæ vini in sanguinem, manentibus duntaxat speciebus panis et vini, quam quidem conversionem catholica ecclesia optissime transsubstantiationem appellat, anathema sit. (Concil. Trident. Sess. 13, Can. 2.)

L'autheur du dialogue tache d'éluder la force invincible de cette autorité par une interprétation ridicule ; il dit que cette matière qui demeure après la consécration n'est plus la matière du pain mais seulement la matière qui estoit pain. Comme si le Concile ne pretendoit pas dire que nulle partie substantielle du pain et du vin qui estoient pain et vin avant la consécration ne reste après cette consécration. En ce sens il faudroit donc dire que les accidens ou les espèces du pain et du vin ne restent pas non plus, puisque ce ne sont plus les espèces du pain et du vin, mais les espèces qui estoient dans le pain et dans le vin. Et cependant le concile veut que toute la substance du pain et du vin cesse d'estre, et que les accidents ou les espèces ne cessent pas, mais restent encore après la consécration : manentibus duntaxat speciebus panis et vini.

La deuxième chose qu'il faut supposer, c'est que la foy catholique nous oblige de confesser dans ce mystère quatre veritez admirables : 1º l'absence reële de toute la substance du pain et du vin. — 2º la présence reële du corps et du sang de J.-C. — 3º la mesmeté numérique du corps eucharistique et du corps qui a esté conceu du Saint-Esprit, qui est né de Marie, qui est mort, qui est ressuscité, du corps qui a esté livré pour nous, et du sang qui a esté répandu pour nous, corpus quod pro vobis tradetur, sanguis qui pro vobis effundetur — 4º l'existence des accidens ou des espèces sans aucun sujet substantiel. Et si l'on montre évidemment que dans la doctrine du dialogue pas une de ces quatre veritez ne peut subsister, il ne restera plus aucun doute que cette doctrine ne soit hérétique.

1º On ne peut pas douter que l'autheur ne détruise l'absence reële de toute la substance du pain et du vin puisque le capital de son opinion est que la matière du pain et du vin reste encore après la consécration. Et la matière est au moins une partie de la substance. Mais cela est encore bien plus évident dans l'opinion de l'autheur du dialogue. Car dans ses principes qui sont ceux de René Descartes il n'y a aucune forme substantielle dans le pain et dans le vin. La seule matière fait toute la substance. Il est donc vray que dans ce sentiment on ne peut pas dire que toute la substance du pain et du vin est absente, au contraire il faut dire que toute la substance du pain et du vin y demeure présente. Qu'est-ce qui manque à cette matière pour estre la substance du pain et du vin, comme elle estoit auparavant ? Qu'a-t-elle perdu pour cesser de l'estre ? Ce pain n'est composé que de sa matière et de ses espèces ou de ses modifications. La matière demeure selon l'autheur, les modifications ou les espèces demeurent aussi, selon le Concile de Trente et la foy de l'Eglise. Il faut donc dire que tout le pain y reste et le vin aussy, et si l'on y reconnoit la présence reële du corps et du sang du Sauveur du monde, n'est-ce pas l'hérésie des impanateurs et le luthéranisme tout pur.

Je sçay que Durand a enseigné que la matière demeuroit après la consécration, mais il a écrit avant les conciles de Constance et de Trente, dans un temps auquel l'Eglise n'avoit pas expliqué si fort ses sentiments sur cet adorable sacrement. Ajoutez que son sentiment estoit bien plus suportable que celuy de l'autheur du dialogue parce que Durand reconnaissait dans le pain et le vin, outre la matière, une forme substantielle et confessoit qu'elle cessoit d'estre et ne restoit plus après la consécration, et comme cette forme est la plus noble et la principale partie de la substance, on pouvoit dire, en un sens que la substance cessoit d'estre par la cessation de la forme. Et cependant l'opinion de Durand est condamnée d'hérésie par les théologiens surtout depuis le Concile de Trente, où l'Eglise expliquant la transsubstantiation a dit qu'elle estoit une conversion de toute la substance du pain et du vin, ne restant que les espèces seulement : totius substantiæ panis et totius subtantiæ vini, manentibus duntaxat speciebus.

L'autheur du dialogue, lorsque je luy proposay ce raisonnement, dans la conférence que j'eus avec luy à Saint-Germain par l'ordre du Très Révérend Père Supérieur général, me répondit que véritablement la matière et les modifications extérieures demeuroient dans le Saint Sacrement, mais qu'il manquoit une dernière et intrinsèque modification qui l'auroit déterminée à estre pain et laquelle n'y estant pas, cette matière n'estoit plus pain. Jugez de cette réponse et demandez luy dans quel lieu de l'Ecriture, des Conciles et de la tradition il a trouvé cette disposition ou modification intrinsèque et chimérique. Et s'il ne l'y a pas trouvée, a-t-il deu abandonner le sentiment commun de toute l'Eglise et de tous les théologiens sur un fondement qu'il a luy-mesme imaginé. Demandez-luy s'il faut traiter le plus redoutable et le plus important de nos mystères par une chicane si vaine et si indigne d'un théologien, demandez lui avec quelle justice il méprise, il blâme, il déchire tous les théologiens scholastiques parce qu'ils se sont servis de la dialectique, de la physique et des subtilités d'Aristote pour expliquer ce sacrement, luy qui fait son dernier retranchement de cette modification intrinsèque qu'il ne sauroit luy-mesme expliquer. Car à la réserve de la quantité, de la figure, de la couleur, et des autres accidens sensibles que le Concile apelle especes, qu'il nous marque cette admirable modification intrinsèque qui seule manque à la matière pour la déterminer à estre pain et vin, si bien qu'au lieu de toute la substance du pain et du vin qui doit cesser et n'estre point dans ce divin sacrement, il se trouvera que dans ce sentiment tout y est présent, la matière, les modifications extérieures qui sont la forme du pain et du vin, selon luy cette modification sera absente. Et le sens du Concile et de la foy quand nous confessons que toute la substance du pain et du vin est absente, c'est que tout y est présent excepté une modification intrinsèque, que personne ne peut concevoir, et que l'autheur d'un misérable dialogue a imaginée.

2º La présence réële du corps et du sang du fils de Dieu ne peut pas subsister non plus dans ce sentiment, parce qu'elle est incompatible avec celle du pain et du vin. Il en faut raisonner comme du sentiment de Luther et de tous les impanateurs que Calvin mesme juge monstrueux et incroyable. Les paroles de J. C. que le prestre dit en son nom et qui ont la force de faire ce divin changement ne seroient point véritables dans leur propre sens. Car il n'est pas vray qu'elle soit changée en son corps, s'il est vrai qu'elle subsiste et est encore la mesme numero qu'elle estoit avant la prononciation de ces saintes paroles : Hoc est corpus meum.

Il est vray que l'autheur du dialogue veut que l'âme de J. C. s'unisse à cette matière ; mais cette union n'en peut pas faire son divin corps puisqu'elle n'en fait pas un corps humain et une véritable chair parce que cette matière n'a point des dispositions nécessaires à un corps humain, et que mesme elle en a de contraires dans son propre sentiment : materiæ aliter modificatæ quam corpus humanum exigat anima Christi unitur. Ce ne sera donc point un corps humain, comme il n'en seroit point un si Dieu, par son pouvoir absolu, mettoit une âme humaine dans une masse de matière qui n'auroit ny les dispositions, ny les membres, ny les organes d'un corps humain. Adjoutez que l'âme sainte de J. C. ne donne à cette portion de matière ny les organes ny les dispositions d'un corps humain, elle n'en fait donc pas un corps humain. Et comme les SS. Pères ont dit contre Marcion que J. C. ne seroit pas homme s'il n'eust pris un corps humain dans le sein d'une vierge, du sang de laquelle son corps a esté formé et organisé, de mesme on pourra dire que cette matière eucharistique unie à l'âme et à la personne de J. C. ne sera pas de la chair ni un corps humain, et partant ce ne sera pas le corps de J. C. ; diroit-on que cet hérétique qui disoit que le corps de J. C. n'estoit composé que de l'air luy donna un corps humain, il luy donnoit pourtant la matière de l'air, les dispositions même visibles d'un corps humain, la figure et la taille, ce n'estoit pas un corps humain. Il faut donc dire que l'autheur du dialogue destruit la présence réelle du corps et du sang de J. C.

3º Cette doctrine destruit encore absolument la mesmeté numérique du corps de J.-C., et il est de la foy que nous adorons et que nous recevons dans ce divin sacrement, le mesme corps de J.-C. qui est à présent dans le ciel, le mesme qui a été conceu, qui est né de la Vierge, le mesme qui a souffert et qui est ressuscité, le mesme qui estoit au Cénacle quand il institua ce sacrement et qu'il consacra le premier : corpus quod pro vobis tradetur, sanguis qui pro vobis effundetur. Cette mesmeté de corps ne peut subsister avec la doctrine du dialogue. Car l'autheur tombe d'accord que le corps de J.-C. qui est sur l'autel n'a rien de commun avec le corps de J.-C. qui est au ciel, que l'âme, le verbe et la divinité ; que leurs matières sont toutes séparées, en sorte qu'aucune particule de la matière du corps de J.-C. qui est sur l'autel ne se trouve dans le corps de J.-C. qui est dans le ciel, et qu'aucune particule de la matière du corps de J.-C. qui est dans le ciel, ne se trouve dans le corps de J.-C. qui est sur l'autel. Et il n'y a pas plus d'union ou d'unité entre le corps de J.-C. naturel et le corps de J.-C. eucharistique, qu'il y en auroit entre deux portions de matière, dont l'une seroit à Constantinople et l'autre à Paris, si Dieu par un effort de son bras les animoit d'une mesme âme. Aussy l'autheur du dialogue ne dit pas que le corps de J.-C. qui est au ciel s'unit à la matière du pain sur l'autel ; mais l'âme seulement, le verbe et la divinité s'unissent à tant de matières différentes séparées de lieu, de temps et de tant d'autres circonstances. Peut-on avec cela sauver l'unité numérique et la mesmeté du corps de J.-C. dans le Saint-Sacrement ? On ne peut pas dire que ce corps, que cette matière eucharistique a esté conceu dans le sein pudique de Marie, que ce corps est né dans l'estable, qu'il a süé, qu'il a souffert, qu'il est mort, qu'il est ressuscité. On ne peut pas dire mesme que le verbe et que l'âme sainte de J.-C. a agy, a souffert dans ce corps et dans cette matière.

Les comparaisons que l'autheur du dialogue raporte sont impertinentes pour prouver cette mesmeté du corps. 1° C'est sans raison qu'il se sert de la manière dont nostre corps se nourrit et de la conversion de la matière de l'aliment en sa substance qui ne fait qu'un mesme corps avec le nostre, parce que le corps de J.-C. ne se nourrit pas de cette matière de pain et de vin, il est dans le ciel dans un estat parfait où il n'use d'aucun aliment, cette matière demeure sur la terre ; l'âme seule de J.-C. s'y unit et non pas son corps, cette matière ne monte pas au ciel pour s'y joindre. Et puis, ou le corps de J.-C. croistroit prodigieusement si toutes les matières qu'on consacre par tout le monde lui estoient adjoutées, ou il decroistroit perpétuellement en perdant à tout moment quelque portion de sa substance : il seroit donc dans un flux et un reflux continuel. 2° Il se sert encore de la comparaison d'une rivière qui est toujours la mesme, quoy que les mesmes eaux ne remplissent pas son canal. Mais cette comparaison est ridicule et digne d'un esprit égaré. Car il est constant que la rivière n'est la mesme numero qu'en tant qu'on la prend pour le canal qui ne change pas, et qu'elle est distincte, si on la prend pour les eaux qui la remplissent à présent et pour celles qui l'ont remplie il y a dix ans et celles qui la remplissent aujourd'huy. Et c'est une impiété de dire que le corps sacré de J.-C. est dans un flux et reflux de matière, qu'il croit et diminue, qu'il gaigne et qu'il perd. Il est donc vray que ce ne sera plus le mesme corps.

4° La quatrième vérité qui fait la foy des catholiques sur le saint Sacrement de l'autel, c'est que les accidens ou les espèces y sont et y subsistent sans aucun sujet substantiel, soutenues par le seul bras de Dieu qui ne fait ce miracle que dans cette occasion. C'est un point de foy, le concile de Constance l'a définy et c'est une insolence punissable que de l'expliquer comme fait l'autheur du dialogue, en disant que ce concile prétend seulement que les espèces ne sont point dans un sujet qui soit pain, mais qu'il ne prétend pas nier qu'elles ne soient dans la mesme matière qui a esté pain. Le concile de Trente est clair pour ce point lorsqu'il dit que les seules espèces restent après la consécration : manentibus duntaxat speciebus. Le concile de Cologne : quid enim panis, vinique species post consecrationem sunt, nisi species sacramentales, et accidentia sine subjecto. (Concil. Coloniense part. 7, cap. 15).

Toute l'Eglise a regardé et regarde encore cette subsistance des accidens sans aucun sujet comme un des plus grands effets de la force de Dieu, et un miracle des plus surprenans. Mais elle est abusée, s'il est vray que la matière du pain et du vin reste encore, et si les espèces y sont soutenues comme dans leur sujet propre et connaturel. L'autheur du dialogue n'est point ambigu en ce point, il ne sçauroit s'expliquer plus clairement : il ne faut que voir ces termes que nous avons raportez. Cum illae modificationes illam ipsam primam substantiam pro subjecto habeant, quam prius afficiebant, manet inconcussa philosophica veritas de accidentibus a subjecto entitate distinctis impossibilitas.

Vous voyez donc bien clairement le venin mortel de cette doctrine qui renverse toute la foy de l'Eglise sur le très-saint Sacrement, puisqu'il est constant qu'elle établit la présence réelle de la substance du pain et du vin dans ce mystère, qu'elle détruit la présence réelle du corps et du sang de J. C., qu'elle détruit encore l'unité et la mesmeté numérique du mesme corps, et qu'elle soutient que les accidens n'y sont point sans sujet puisqu'ils y subsistent sans miracle, et dans leur propre et naturel sujet.

Je n'ajouteray plus icy que des conséquences justes et pernitieuses de cette mauvaise doctrine.

1º Supposé la doctrine du dialogue, il ne se fait plus de transsubstantiation, mais seulement une transformation, puisqu'il n'y arrive point d'autre changement que du mesme sujet d'une forme à l'autre, de la matière qui passe de la forme du pain à l'âme, de J.-C., qui commence de l'informer.

2º Cette doctrine est manifestement contraire au Concile romain sous Grégoire VII, au Concile de Latran sous Innocent III, au Concile de Constance sess. 8, au Concile de Florence, dans les lettres d'union. Enfin elle est contraire au Concile de Trente, comme je l'ay fait voir.

3º Elle est encore contraire à tous les Pères qui se sont servis des mots de changement, de conversion, de mutation, de transmutation, de translementation ou de transsubstantiation, pour expliquer ce grand mystère. Car il est vray que s'il ne s'accomplit que par la seule union de l'âme, de la personne, et de la divinité de J.-C. à la matière, cette matière demeurant la mesme numericè et avec les mesmes dispositions, il n'y arriverait aucun changement ny substantiel ny mesme accidentel. Car on ne peut pas dire en parlant juste qu'une chose soit changée, soit convertie, soit transélementée ou transsubstantiée, quand elle demeure la mesme qu'elle estoit. Cette nouvelle union de l'âme de J.-C. ne l'altère point, ne la corrompt point, ne l'engendre point de nouveau, et de mesme que l'âme de J.-C. n'est pas changée, ny transsubstantiée par son union à la matière du pain et du vin, de mesme la matière du pain et du vin n'est pas transsubstantiée ou changée par son union avec cette âme sainte. Il faut ajouter que ce changement, s'il s'en faisoit, devroit estre plus tost de la matière du pain à l'âme, que non pas au corps de J.-C. Car ce n'est pas le corps de J.-C. qui s'unit à cette matière, mais c'est son âme. Le moyen de concevoir que cette matière s'unisse au corps sacré du Sauveur du monde, demeurant toujours séparée de luy d'autant d'espace qu'il y en a du ciel à la terre !

4° Le mot de transsubstantiation emporte plus que ceux de changement, de mutation, transmutation, génération, nutrition, altération, transélementation, et parce que l'Eglise a toujours travaillé en détruisant les hérétiques de régler la foy des fidèles et de l'expliquer par des expressions plus fortes, elle a jugé que puisque les hérétiques avoient éludé les noms qu'elle avoit donnés à ce changement merveilleux qui se fait dans ce sacrement du pain au corps et du vin au sang de J.-C., il fallait en inventer un qui fut si fort et si clair qu'on ne put pas l'expliquer en un sens qui fust contraire à ses sentimens. C'est pour ce sujet qu'elle a commencé de s'en servir dans le Concile de Latran sous le pape Innocent III et que, dans le Concile de Trente, elle l'a plus clairement et plus fortement expliqué. Elle n'a pas seulement suivy cette conduite à l'occasion du Très Saint Sacrement, elle l'avoit fait contre les Ariens, dans le Concile de Nicée et contre les Nestoriens dans celuy d'Ephèse. Et parce que plusieurs esprits téméraires avaient encore usé d'adresse pour éluder la force de ce mot, que les uns avoient dit que par la force des paroles sacramentales la seule forme du pain demeuroit, et que la matière estoit détruite ou cessoit d'estre, d'autres que c'estoit la matière qui restoit et que la forme substantielle cessoit d'estre, d'autres que toute la substance n'estoit plus, que la forme et la matière estoit détruite et que la seule substance du pain et du vin demeuroit, d'autres encore que la forme, la matière, et la substance mesme cessoient d'estre, que la seule existence restoit, enfin d'autres disoient que dans ce mystère toute la substance du pain et du vin restoit, le Concile de Trente pour s'expliquer encore plus clairement a ajouté que par cette expression de transsubstantiation elle entend un changement du tout au tout, à la réserve des seuls accidens ou espèces : totius substantiæ panis, totius substantiæ vini, manentibus duntaxat speciebus. Et on ne peut point dire sans blesser la foy et encourir l'anathême du Concile, ny que la forme demeure, ny que la matière reste, ny la subsistance, ny l'existence, ny rien de ce qui n'est pas espèce ou accident.

5° C'est cette opinion qui a dissipé toutes les erreurs et qui a éblouy tous les sacramentaires. C'est la raison pour laquelle ils ont tant crié et crient encore tant contre ce mot ; ils l'ont appellé novum, portentosum, barbarum, hactenus inauditum. S'il n'exprimoit autre chose que l'union de l'âme, de la personne et de la divinité de J.-C. à cette matière du pain et du vin qui reste encore dans ce sacrement avec toutes ses dispositions et modifications extérieures, ils n'eussent pas porté avec tant d'impatience ce mot nouveau. Il y a mesme apparence qu'ils souscriroient à ce sentiment, car ils ne refusent pas de croire et de dire que ce pain eucharistique est tout remply, tout inondé de l'efficace de l'âme, de la personne et de la divinité de J.-C. et l'on peut dire, sans témérité, que l'auteur du dialogue n'en demande pas plus qu'eux, puis qu'il s'éloigne de l'esprit et de la foy de l'Eglise et qu'il ne reconnoist point d'autre transubstantiation que l'union de l'âme, de la personne et de la divinité de J.-C. à cette matière du pain et du vin qui reste encore avec ses espèces et ses dispositions.

6° Et puisque l'Eglise non contente des mots dont on s'estoit servy pour expliquer ce mystère en a trouvé un nouveau, il faut dire qu'elle a jugé tous les autres trop faibles pour exprimer ce changement, ou au moins il faut dire qu'elle a creu que celuy de transsubstantiation étoit plus propre et plus clair pour exprimer son sentiment et pour l'opposer aux vaines illusions que les esprits hérétiques inventoient tous les jours pour faire glisser leurs erreurs dans le cœur des fidèles. Il exprime donc plus que celui de transmutation, de conversion, de transformation, etc., et s'il estoit vray que la matière du pain et du vin demeure après la consécration, qu'il ne se fit qu'une union nouvelle de l'âme de J.-C. avec cette matière, toutes les autres expressions seroient trop fortes, et à plus forte raison ce mot de transsubstantiation diroit plus qu'il ne faut, et marqueroit un changement trop grand, parce qu'il exprime un changement total de la substance de pain en la substance du corps, en sorte que tout ce qui composoit, ce qui faisoit la substance du pain passe à la substance du corps de J.-C. et passe si bien que toute la premiere substance, matière et forme, cesse d'estre et ne reste pas dans le corps de J.-C.; et quand on dit que du pain et du vin se fait le corps de J.-C. et son sang divin : ex pane fit corpus, ex vino fit sanguis, ces particules de et ex n'expriment que le terme a quo purement et simplement, et n'expriment pas que du pain et du vin se fasse le corps et le sang de J. C., comme l'homme se fait du corps et de l'âme, en sorte que l'une et l'autre partie demeure et se trouve le tout composé, ou de mesme que, de la substance de l'aliment et de la substance du corps qui s'en nourrit, il ne se fait qu'un mesme corps, la substance de l'aliment passant en sorte dans la substance de celuy qui s'en nourrit qu'elle y demeure comme une partie de ce mesme corps. Mais quand on dit que du pain et du vin se fait le corps et le sang du Sauveur du monde, le sens catholique est que le pain et le vin sont le term. a quo de ce changement, le corps et le sang de J. C. sont le terme ad quem, mais tout y cesse, y est détruit à la réserve des seuls accidents. Et la raison pour laquelle la destruction, la cessation de la substance du pain et du vin n'est pas un vray anéantissement, c'est parce qu'il y a un terme positif qui borne ce changement : desinunt, et facta desitione incipit esse corpus et sanguis Christi eorum loco, et sub eorum speciebus. Et le vray et pur anéantissement se doit terminer au pur néant tum sui, tum omnis alterius. Et par cette doctrine catholique, on résout très-clairement toute la subtilité de l'autheur du dialogue, et de ses partisans qui croient que si la matière du pain et du vin ne demeure, la consécration sera un pur anéantissement, et non pas une transsubstantiation.

7º Dans l'opinion du dialogue la transsubstantiation ne seroit pas une conversion véritable parce que la matière du pain ne passeroit pas en la matière du corps de J.-C. puisqu'elles demeureroient toutes deux très-distinctes et très-séparées et l'on devroit plus tost nommer ce mystère une corruption, une génération, une aggénération, une nutrition qu'une transsubstantiation. L'Eglise n'avait donc pas besoin d'introduire l'usage de ce nom, puisque les autres dont les Pères se sont servis expliquent mieux ce qui se fait dans ce sacrement, supposé l'opinion du dialogue.

8º L'auteur du dialogue donne un juste sujet de croire ou de soupçonner qu'il entre dans le sentiment des hypostatiques qui expliquaient la transsubstantiation par l'union hypostatique du Verbe à la matière ou à la substance du pain et du vin. Car il est bien vraisemblable qu'ils n'excluaient pas l'âme et la divinité de J.-C. de cette union. L'auteur du dialogue ne l'explique pas autrement. On attribue cette hérésie à Jean de Paris. Quelques théologiens l'ont aussi attribuée à l'abbé Rupert, et ont cité pour l'en convaincre quelques lieux assez difficiles tirez du 2e livre des offices divins, Ch. 9, où il dit que le pain et la chair de J. C. s'unissent ensemble, medio Verbo. Ils l'alléguaient aussy au livre 5 sur Saint Jean sur ces paroles : panis quem ego dabo caro mea est. Et au livre 2 sur l'Exode Ch. 10. Mais nostre dom Gabriel Gerberon a fort bien justifié ce saint abbé dans sa sçavante apologie. Et l'autheur du dialogue ne s'en sçaurait laver, sans tomber dans une hérésie encore plus grossière et plus funeste.

9º Saint Thomas traitant de ce mystère dit expressément que dans la transsubstantiation il se fait un passage du pain au corps de J.-C. mais en sorte qu'il n'y demeure ou reste rien de commun sous ces deux termes que les seuls accidens qui couvraient la substance du pain et qui commencent de couvrir le corps de J.-C., tout le reste qui estoit dans ce pain et qui estoit pain n'est plus. Et c'est proprement en quoy la transsubstantiation est différente de la corruption, de la génération, de la transformation et de tous les autres changemens, que dans ceux-cy il y a un sujet commun qui passe d'une forme à l'autre et qui ne perd pas absolument son estre puisqu'il demeure le mesme sous la forme nouvelle qu'il reçoit, et dans la transsubstantiation tout généralement ce qui composoit le sujet transsubstantié perd son estre, sans qu'il demeure ou reste rien que les accidens, modifications ou espèces, qu'on les appelle comme on voudra. Et cela fait voir clairement que la doctrine du dialogue destruit la transsubstantiation et la foy de l'Eglise.

10º Quoyque l'auteur du dialogue s'efforce de persuader que dans son sentiment le fils de Dieu n'aura pas plusieurs corps et que celuy que nous adorons à l'autel est le mesme que celui qu'il a dans la gloire, il est pourtant très constant qu'il en aura plusieurs, et autant que son âme sainte informera de diverses parties de matière qui n'ont aucune liaison de lieu, de temps et d'autres circonstances ; je l'ay assez prouvé. Mais quand on le luy accorderoit, il ne peut pas éviter cet inconvenient insupportable que le corps de J.-C. croistra continuellement par une continuelle addition de diverses parties de matière, et qu'il se diminuera sans cesse par une perte continuelle que l'on fait tous les jours dans tous les lieux où l'on consomme cette sainte hostie.

11º Le corps de J.-C. sera plus grand dans une grande hostie que dans une petite, et il ne sera pas vray que tous les fidèles le reçoivent également, et qu'on n'en reçoit pas plus que l'autre. Car l'autheur ne distingue pas la matière de la quantité. Et partant où il y aura plus de quantité il y aura aussy plus de matière et plus de corps de J.-C.

12º Il ne sera donc pas tout dans le tout, et tout dans chaque partie à la manière des substances, ou comme l'âme est dans le corps, et le tout y sera plus grand que sa partie, aussy bien que dans tous les corps.

13º Enfin il prétend que le corps de J.-C. receu par les fidèles y est corrompu, et que la mesme substance, la mesme matière qui estoit son corps commence d'estre le nostre, et il s'en suit par une conséquence inévitable que ce corps saint ainsi digéré se change en partie au corps des communiants.

Il y a bien d'autres réflexions à faire sur cette pernicieuse doctrine et bien d'autres conséquences à tirer de ses principes. Je ne doute pas que d'autres de nos Pères plus habiles que moy ne les expliquent plus au long et ne les réfutent avec plus de force. Ce que j'en ai écrit à vos Révérences est plus que suffisant pour leur découvrir le venin de ce funeste écrit, qui fait l'idole de son auteur et qui n'est en effet qu'une rapsaudie ramassée de plusieurs lieux hérétiques qu'il a toujours affecté de lire quoy qu'il n'aie pour cela ny caractère ny permission. Cela suffira aussy pour exciter notre zèle et pour nous obliger de punir sévèrement l'autheur d'un si méchant écrit et le propagateur d'une hérésie si manifeste et si dangereuse, dont il a déjà empoisonné l'esprit de plusieurs de nos confrères.

Ce n'est pas icy une affaire qu'on doive négliger ou passer légèrement ; les soins et la vigueur de vostre deffinitoire se doit régler sur l'importance de ce sujet ; il y va de la foy de l'Eglise. Ce n'est pas une opinion nouvelle et téméraire, c'est une hérésie manifeste, un luthéranisme qui n'est presque pas déguisé. Et prenez garde que les grands embrasements qui ont perdu plus de la moitié du christianisme ont commencé par de plus petites étincelles. Si Charles Quint et le cardinal Cajetan eussent agi avec plus de vigueur, l'Allemagne serait encore catholique. S'ils se fussent assuré de Luther, tant de royaumes ne seroient pas perdus. Et Dieu révéla à une âme sainte qu'il affligera la maison et la postérité de Charles Quint, parce qu'il avoit laissé échapper Luther son ennemy. Les supérieurs de cet hérétique agirent mollement contre luy, et quand ils eussent bien voulu l'arrester, ils ne le purent pas. Dans des affaires de cette conséquence il ne faut rien négliger. Les plus grandes précautions sont les meilleures, les remèdes les plus prompts et les plus caustiques sont nécessaires à ces sortes de maux.

Il n'est plus temps d'user de douceur et de donner du terme. Les écrits, les paroles, la conduite de l'autheur de ce funeste écrit ne laissent point de juste sujet d'espérer de l'amendement. On l'a prié de changer de sentiment, il a refusé. On luy a offert de le remettre dans la régence s'il vouloit renoncer à cette méchante doctrine ; il a mieux airé ne point enseigner. On lui a deffendu de communiquer ses sentimens ny à nos confrères, ny aux séculiers et il n'a pas laissé de le faire ; il a mesme donné à des ecclésiastiques séculiers une copie du dialogue écrite de sa main. Il a dit plusieurs fois à des religieux dignes de foy qu'il se croiroit le plus misérable homme du monde s'il avoit d'autres sentimens sur le Saint-Sacrement et qu'il ne les quitteroit jamais. On l'a fait venir à Paris, ses supérieurs et plusieurs de ses amis l'ont prié, l'ont exhorté de renoncer à cette doctrine, il ne l'a point voulu faire. On l'a envoyé à Vendome, et par une conduite qui a scandalisé Monsieur le grand vicaire de Rouen, on luy a permis d'aller au Mans et de ly laisser prêcher le jour des Rameaux, dont il s'est vanté par lettres à un séculier de Rouen. Et Monsieur le grand vicaire me l'apprenant, me dit qu'il ne pouvoit ny comprendre ny approuver la conduite de nos supérieurs, d'exposer à la chaire et à la conversation un homme qui a des sentimens si manifestement hérétiques, qui les soutient, qui les publie, qui en estant averty ne peut pas les quitter. Il m'ajouta et plusieurs fois, qu'on ne devroit pas permettre à ce Religieux de dire la messe, et qu'il ne concevoit pas de quelle manière il consacroit. Aussy m'a-t-on dit en Normandie qu'il s'en dispensoit assez souvent et que mesme on en avoit donné avis au très Révérend Père supérieur général.

Dans la conférence qu'on eut avec luy à Saint-Germain par l'ordre du très R<sup>d</sup> Père supérieur et à la présence du R<sup>d</sup> Père assistant, Dom Claude Martin, on le convainquit évidemment que sa doctrine estoit hérétique et manifestement contraire au Concile de Trente. Et quoi qu'il ne put répondre que par des distinctions ridicules et indignes de ce mystère et d'un théologien, bien loin de se rendre, il traita après, avant que de sortir de Saint-Germain et du depuis par lettres et par paroles d'ignorants et de gens qui n'ont pas le sens commun, tous ceux qui condamnoient son sentiment. Il voulut voir Monsieur Nicole et luy expliqua son sentiment et ce sçavant homme eut peine d'entendre cette doctrine et luy dit qu'elle estoit hérétique. Je ne trouvais pas fort étrange qu'il eut méprisé ses confrères, qu'il ne se fut pas rendu à leur sentiment et à leurs preuves, mais il y avoit lieu de croire qu'il deféreroit au sentiment d'un homme si éclairé que M. Nicole surtout sur le sujet du Saint-Sacrement dont il défend et explique si bien la doctrine contre les sacramentaires. Mais l'esprit de cet homme enflé de vanité comme un ballon de vent, qui a plus de présomption dans la teste que de sang dans les veines, méprise tout ce qui n'est pas favorable à son erreur.

Il n'y a donc point de juste sujet d'espérer ou d'attendre de changement et quand mesme il en promettroit, on ne peut sans imprudence et sans témérité se reposer sur ses paroles, puisqu'il les a violées tant de fois. Les exemples funestes d'Arius, de Pelage et de Bérenger vous rendront inexcusables dans la postérité, si vous ajoutez foy à ses paroles. Il faut bien recevoir la rétractation, s'il l'offre, mais il faut s'assurer de sa personne.

Je suis obligé de vous rapporter deux importantes paroles que feu le R. P. Anselme des Rousseaux a dit à l'occasion de cet auteur, et que j'ay apprises des deux personnes auxquelles il les a dites. Il dit la première à un de nos RR.PP. qui a servi la congrégation plus de quarante ans dans la régence de la philosophie et de la théologie, et dans les principales charges du gouvernement. Parlant du personnage, il dit ces mots : habet spiritum hereticum. Et parlant à un autre de nos pères, il dit en soupirant : Je prie Dieu que je sois faux prophète en ce point, mais je vois dans sa personne un vipereau qui déchirera le ventre de sa mère. La grande vertu et la piété éminente du R. P. Anselme me permet bien de le comparer à saint Fulbert, et l'hérésie manifeste de l'autheur contre lequel j'écris me contraint de le comparer à Bérenger. L'une et l'autre m'oblige à vous prier de vous ressouvenir des paroles de ce saint, parlant de cet hérétique.

Le zèle, la vigueur et l'exactitude que la congrégation a montré à toute l'Eglise à empêcher que les erreurs des cinq propositions condamnées par le pape Innocent dixième ne se répandissent parmi nos confrères, les soins qu'on a mis de faire signer le formulaire dressé par les prélats de France et autorisé par le pape Alexandre septième, les décrets et les avis dressez pour ce fait au chapitre général de l'année 1651, la rigueur qu'on a exercée contre ceux qui ont témoigné du penchant pour cette doctrine, nous font espérer que vous arrêterez celle-ci avec d'autant plus de force et plus de soin qu'elle est incomparablement plus pernitieuse, que c'est un homme qui porte notre habit et qui passe pour un des nostres, qui s'en fait le deffenseur, et qu'elle attaque le plus saint et le plus redoutable de nos mystères.

C'est assurément une dernière ruse du démon pour soutenir ou pour relever le parti des sacramentaires déjà renversé en France ou au moins fort affaibli. Tant de beaux et forts escrits composez depuis quelques années pour soutenir la perpétuité de la foy de l'Eglise sur le Saint Sacrement ont mis l'hérésie et les hérétiques à l'extrémité. Les plus grands et les plus éclairez du party se sont rendus ou sont fort ébranlez. Et pour relever ce party presque abattu, le démon a suscité la philosophie nouvelle, et l'armant contre la foy de l'Eglise, excite une nouvelle guerre à cette bonne mère par ses propres enfants. Quel avantage pensez-vous que prendront les sacramentaires de l'erreur du dialogue ? Et quand ils sçauront que c'est un catholique qui l'a composé, un religieux bénédictin, ne diront-ils pas que les catholiques ne sçavent ce qu'ils croient de ce mystère et que la transsubstantiation est une chanson que chacun chante à sa façon. Il ne tient qu'à vous de leur oster cet avantage, mais il faut y travailler promptement et vigoureusement. On sçait bien que cette tempeste qui s'élève contre l'Eglise s'est formée dans le cabinet de René Descartes, p ut-estre contre son intention. Mais les disciples du nouveau philosophe se sont jusqu'à présent tenus dans la modération : ils se sont contentez de raisonner et d'appliquer les principes de leur maître sur les matières naturelles. Ils ont respecté nos sacrements et si quelques-uns des plus hardis ont fait quelques applications de leur philosophie sur le Très-Saint Sacrement de l'Eucharistie, ils n'ont parlé que des accidens et d'une manière si retenue qu'on n'a pas grand sujet de les blamer de témérité. Et falloit-il que deux bénédictins et tous deux reformez passassent toutes les bornes de la modération, et que sans pouvoir estre arrestez par les décisions les plus claires et les plus formelles des conciles ils écrivissent hautement que les matières du pain et du vin demeurent les mêmes après la consécration qu'elles estoient auparavant, et que les accidens n'y sont plus sans sujet puisqu'ils sont soutenus sans miracle par la même matière qui les soutenait auparavant. Sera-t-il dit que l'ordre de Saint-Benoit produise de ces monstres, dans un temps et dans un royaume où Dieu le rétablit par un secours si visible et si puissant ? S'il a produit des hérétiques, c'est luy-même qui les a étoufez, si Erigène en est sorty, Pascal Lanfranc et Alberic ont establi ce que ce faux frère vouloit détruire.

Faites réflexion sur la conduite de l'Eglise romaine et de la cour de France. Si l'auteur que je réfute estoit à Rome, il seroit mis entre quatre murailles, pour toute sa vie, où il sentirait le fagot ; si son ouvrage y estoit porté et déféré il seroit brulé par la main du bourreau. Et vos RR$^{ces}$ sçavent bien qu'il n'y a guère plus de six mois que Sa Majesté fit faire des plaintes à nos RR. PP. par Monseigneur l'Archevêque de Paris, de ce que quelques religieux de la congrégation suivoient la philosophie de René Descartes, et que mesme on avoit composé un mauvais ecrit. (1) L'ouvrage de Monsieur Rohault est fort modeste et respectueux et cependant on l'a deffendu et on n'ose plus l'imprimer ny le débiter ; que seroit-ce si le pernicieux dialogue dont je parle paraissoit. On feroit le procez au livre et à l'auteur, et pour estre religieux sera-t-il impuny ? Il faut craindre que si la congrégation n'en fait une justice exemplaire, éclatante et assez forte pour arrester le cours de ce sentiment, qui n'est déjà que trop répandu et pour mettre l'Eglise à couvert de toutes les blessures qu'elle en peut recevoir, on ne soit obligé d'avoir recours à un autre tribunal ou plus fort ou plus rigoureux. Car si l'Eglise nous oblige de déférer nos pères et nos mères, quand il s'agit d'hérésie, il n'y aura point de considération qui nous empêche de defferer et l'auteur et l'ouvrage au Pape et aux prélats. Car il ne restera plus aucun moyen d'apaiser le trouble de nos consciences et d'en acquérir le repos.

Les supérieurs de la congrégation ont témoigné beaucoup de zèle et bien de la chaleur quand on a attaqué le régime et nos constitutions. On en a vu des marques en années 45, 46, etc. Et on ne blâme pas cette conduite, elle est juste, elle estoit mesme nécessaire. Mais s'ils montrent moins d'ardeur à punir cet excès qui attaque l'Eglise et qui met la foy des fidèles en danger, qui décrie la congrégation et

---

(1) Allusion à D. Robert Desgabets.

qui luy attirera sans doute l'indignation de Dieu et la juste colère du Saint-Siège et de l'Estat avec l'infamie de tous les siècles, on aura sujet de se plaindre et de dire que nous fesons plus d'estat du régime et de nos constitutions que de la foy de l'Eglise.

Si cette hérésie se répand dans nostre corps et qu'elle passe au dehors, comme il n'a pas tenu à l'auteur du dialogue et de ses fauteurs et approbateurs, si ce pernicieux dialogue se publie, si l'on le fait imprimer, ce qu'il y a bien lieu de craindre puisque l'auteur l'a communiqué et dedans et dehors, qu'il en a fait luy mesme de sa main plusieurs copies, et qu'on en a fait beaucoup d'autres sur les siennes, peut-on douter qu'on ne le défère aux prélats et au Saint-Siège ?

Et l'autheur qui a fait tant de choses pour se faire connoistre n'en sera-t-il pas recherché et la congrégation blâmée et peut-être mesme affligée, persécutée, pour avoir eu le malheur d'élever un homme funeste à toute l'Eglise ? Et si l'on voit que les supérieurs avertis, éclaircis et convaincus que cette doctrine hérétique se publioit, en connoissant et l'autheur et l'ouvrage, ont agy mollement, l'ont laissé en liberté, ont permis mesme qu'il ait conversé et qu'il ait prêché, qu'ils se sont contentez de lui oster des écholiers dont il avoit empoisonné l'esprit et ne lui ont pas osté les moyens d'en empoisonner d'autres, se sont contentez de lui défendre de parler et de communiquer ses sentiments, sans luy oster les occasions de le faire et dedans et dehors, comme il a toujours fait nonobstant ces défenses, si on sçait tout cela comme on ne peut pas manquer de le sçavoir, puisque tant de personnes le sçavent, croyez-vous que les prélats, que le Pape, que le Roy n'aient pas sujet de se plaindre de la conduite de nos supérieurs, et de tout le corps, et mesme de les soupçonner tous d'estre d'intelligence et de soutenir cette théorie.

Nous sçavons qu'un petit nombre d'esprits téméraires ont fait passer de grands corps, des congrégations entières pour Jansénistes et suspectes en la foy, et que cette réputation leur a attiré mille persécutions et a servy d'obstacle à leurs progrez. Et que faut-il attendre pour nous, si l'on sçait, comme on sçaura infailliblement qu'un des nostres, ou au moins qui en porte l'habit a levé le premier l'étendard en faveur d'une hérésie si manifeste et si pernicieuse ? Mais surtout si l'on sçait qu'on s'en est plaint plus de six fois aux superieurs majeurs et qu'on a porté les plaintes au définitoire du chapitre général et qu'on n'y a pas mis de remède ou qu'on en a mis de si doux et de si faibles que le mal a prévalu au scandale des fidèles et à la ruine de l'Eglise?

Nous avons sujet d'espérer que le zèle que vous avez pour la religion, pour la foy de l'Eglise et pour l'honneur de la congrégation vous obligera d'appliquer des remèdes prompts et efficaces à un mal si funeste et si contagieux et que si vostre prudence n'a pas pu empescher la naissance d'un si grand mal, vostre justice l'a arresté ; et que si nostre histoire doit être souillée par le récit de la naissance de ce monstre, elle sera purgée et même embellie par la justice sévère que vous en aurez fait, et par les moyens prompts et efficaces que vous aurez employé pour l'étoufer dez le commencement et pour empescher que son venin ne fit aucun progrez.

Ce n'est pas à moi à vous donner des lumières pour ce sujet, vous connaissez assez ce que vous avez à faire. Le S$^t$ Esprit qui préside assurément dans vostre assemblée vous inspirera les moyens de remédier à un si grand mal. Et l'expérience vous apprendra assez qu'il faut : 1° faire de forts décrets pour deffendre à tous les professeurs de la congrégation d'enseigner jamais aucune de ces doctrines nouvelles et ces principes de René Descartes qui précipitent à ces erreurs ; 2° qu'il faut faire une censure plus forte de cette hérésie enseignée par l'auteur du Dialogue ; 3° qu'il faut exclure de toutes les chaires de philosophie et théologie, et encore plus interdire la prédication à tous ceux de nos confrères qui seront dans ces sentimens ou qui les deffendront ou fomenteront ; 4° qu'il faut aussy les déclarer incapables de toutes les charges et supérioritez de la congrégation ; 5° qu'il faut charger les visiteurs des provinces d'en faire une exacte perquisition ; 6° qu'il faut que les mesmes visiteurs dans tous les monastères de leurs provinces obligent publiquement tous les religieux à souscrire à la condamnation que vous aurez fait de cette hérésie ; 7° qu'ils les obligent aussy sous peine de désobéissance et d'excommunication à rendre toutes les copies qu'ils ont de ce malheureux dialogue et de déclarer tous ceux qui en ont, etc. Et pour la personne de l'auteur vous connoistrez qu'il faut l'arrester et s'assurer de sa personne, le mettre dans un état auquel il ne puisse ny échapper, ny troubler le repos de l'Eglise. C'est ce qu'on attend de vostre équité et du zèle que vous avez toujours fait paroistre pour l'Eglise et pour la pureté de sa foy.

Je ne vous fais point d'excuse sur la force de cet écrit. On ne peut pas excéder quand on parle pour la foy contre l'hérésie.

Si je m'estois teu ou si j'avois escrit foiblement, je serois indigne d'estre et de me dire,

Mes Révérends Pères,

Vostre très humble et obéissant fils en Notre Seigneur,

Joseph MEGE, M. B.

## III.

*Réponse du Bénédictin Cartésien, D. Maur Fouquet, à la lettre d'un Docteur de ses amis, qui avait établi 23 principes contre la physique de M. Descartes.*

### A. — LETTRE D'UN DOCTEUR A UN DE SES AMIS. (1)

Monsieur,

Le sujet de vostre dernière lettre était curieux, parce qu'il n'y a point de question plus importante dans la physique que celle du mouvement. Pour moy je croy qu'il faut user souvent d'indulgence avec M. Descartes, sur les termes avec lesquels il s'explique en cette matière.

1. — Quand il parle du mouvement local, il n'entend pas l'application successive ou le transport ou la translation d'un lieu en un autre. Or je ne puis donner ny communiquer ce passage, il faut donc entendre que la vertu qui causait le mouvement se désaisit de ce mobile pour s'appliquer à un autre mobile.

2. — Cette vertu n'est pas une qualité qui reçoive du plus ou du moins, mais c'est Dieu ou quelque intelligence, etc.

3. — Je ne voudrois pas nier que M. Descartes eut dit que le même mouvement que j'aurois eu de Paris à Saint-Denis ne se vint placer sur une autre personne pour la faire aller de Saint-Denis à Argenteuil ; il le dit en effet, on le luy a objecté, et Messieurs du port royal disent aussi la même chose.

4. — Pour ce qui est de la seconde difficulté, il ne faut pas vous y arrester parce que M. Descartes ne tient pas le monde étendu sans bornes.

---

(1) Le Docteur est M. Piques, docteur de Sorbonne, qui demeurait au Séminaire des Bons Enfants, à Paris. L'ami est Adrien de la Rue, chanoine de Chartres, qui envoyait à D. Maur Fouquet copie des objections du Docteur.(Lettres d'Adrien de la Rue, Archives Nationales, n° 825.)

Vostre preuve pour montrer qu'une matière infinie est immobile du mouvement circulaire est une solide démonstration et non pas une bagatelle. Tout mouvement circulaire a une circonférence et un centre. Or ce qui est étendu sans bornes n'a ny centre ni circonference, etc.

Je voy bien par ce que vous me mandez qu'il se trouve à Chartres d'aussy habiles Cartésiens qu'en quelque lieu que ce soit, vous m'obligerez fort de me mander leur sentiment sur les doutes qui suivent, et sur les quatre propositions couchez cy-dessus.

5. — Y a-t-il quelque chose de naturel ?
6. — Est-il possible qu'un corps existe sans occuper un lieu ?
7. — Peut-on douter de tout sans être athée ?
8. — Qu'est-ce que le sommeil de l'âme ?
9. — Le mouvement n'est-il que pour le sujet où il est ?
10. — Les corps peuvent-ils s'entredonner les figures dont ils sont revêtus ?
11. — Y a-t-il quelque chose dans un corps, pourquoy Dieu ne luy donne qu'une certaine quantité de mouvement, ensuite de quoy il cesse de le mouvoir pour en mouvoir un autre ?
12. — La volonté concourt-elle au mouvement processif de l'homme et comment l'explication qu'en donne le Père Poisson ne me satisfait pas.
13. — Si Dieu seul est cause physique du mouvement, d'où vient que la main droite pousse une boulle plus fortement et plus loin que la gauche ?
14. — La nature n'est-elle pas la règle du mouvement ?
15. — La nature a-t-elle en vertu de ses principes essentiels quelque fin ou raison de tendre plutost d'un coté que d'un autre ou quelque force ou moyen d'arriver à sa fin ?
16. — Monsieur Descartes, qui admet Dieu comme le principe universel de tous les mouvements physiques, reconnoist-il l'existence de Dieu comme une vérité physique.
17. — La quantité du mouvement est-elle plus déterminée que l'étendue de la matière ?
18. — Dans les principes de la véritable physique connoist-on : 1° une intelligence libre de tout corps ; 2° un esprit qui vivifie un corps ; 3° une nature fondamentale qui soit une vertu substantielle ; 4° une composition réelle et physique de deux parties, dont l'une soit acte et l'autre puissance.
19. — Toute matière est-elle nécessairement étendue autant qu'elle le peut être.

20. — Peut-on se dispenser d'admettre des qualités occultes ?

21. — L'ange peut-il naturellement être principe du mouvement d'un corps, comme par exemple dans les Energumenes.

22. — En quel sens peut-on dire que le corps est sous le pouvoir de l'âme ?

23. — Le moindre mouvement demande-t-il un principe d'une force infinie.

### B. — Réponse d'un Cartésien (D. Maur Fouquet) aux 23 articles.

1. — Il ne faut point user d'indulgence avec M. Descartes sur les termes dont il use en matiere de mouvement, d'autant qu'il s'estudie à en bien parler.

2. — Article 25$^{me}$ de la seconde partie des principes : Dicere possumus motum esse translationem unius partis materiae etc.

3. — Ce que dit l'auteur des propositions n'a point de sens et ne se peut inférer de ce que dit René Descartes.

4. — Article 23$^{me}$ de la seconde partie. Cognoscimus hunc mundum nullos extensionis suæ fines habere. Je ne conçois pas qu'il soit nécessaire qu'un mouvement circulaire ait une circonférence.

5. — Le nom « naturel » étant fort équivoque on ne sçauroit répondre distinctement à cet article que l'équivoque ne soit levé par l'auteur.

6. — Le nom d' « occuper » est équivoque; pour respondre il faut oster l'équivoque.

7. — On peut douter de tout en un bon sens sans être athée.

8. — L'auteur veut rire en cet endroit, mais qu'entend-il par le sommeil de l'âme.

9. — Cette proposition n'est pas claire, elle doit être expliquée pour avoir réponse.

10. — C'est de meme que si on demandait si les corps se peuvent mouvoir et se diviser les uns les autres par ce mouvement.

11. — Cette proposition est si embrouillée qu'il est bien difficile de la débrouiller. A prendre les choses en general c'est au prorata de la matiere que la quantité de mouvement est distribuée. La nature de la matière est telle que celle qui se meut se réunit toujours autant qu'il est en elle.

L'auteur considère icy le mouvement, comme on fait dans l'école ce qu'on appelle qualité impresse.

12. — La volonté concourt au mouvement progressif et comment, c'est qu'elle veut marcher.

13. — Dieu, selon René Descartes, est la cause universelle et première du mouvement : or, il ne s'ensuit pas de là, que la main gauche doive pousser aussi fortement que la droite. Et quelque cause que l'on puisse assigner au mouvement, ce ne sera pas elle qui fera que la main droite pousse plus fortement que la gauche.

14. — Je n'entends pas le sens de la quatorzième proposition.

15. — Je n'entends point non plus la quinzième. Toutefois je conçois qu'il a été entièrement libre à Dieu de faire que les astres fussent meus d'Orient en Occident, au lieu qu'ils se meuvent d'Occident en Orient.

16. — Qui peut douter que ce ne soit une vérité métaphysique : tout ce qu'on peut penser au contraire n'est que vétille.

17. — La quantité du mouvement est plus déterminée.

18. - On conçoit une intelligence libre de tout corps, cela est équivoque. Ce qui est sans équivoque est qu'on connoist une substance spirituelle entièrement distinguée de la matérielle. Je n'entends point le reste de la proposition : tout y est ambigu.

19. — Ouy : je suppose qu'on y procède de bonne foy.

20. — Ouy : prenant le mot d'occulte au sens qu'on le prend en l'école.

21. — Ouy : aussi bien que l'âme en quoy je parle comme à l'aveugle.

22. — En tant qu'elle le meut comme elle veut, qu'elle change les impressions des passions et qu'elle peut même faire de nouvelles impressions sur les corps.

23. — Non.

## IV.

*Thèses Philosophiques et Cartésiennes, soutenues en l'Abbaye de Saint-Bénigne de Dijon, les 7 et 8 Juillet 1708.*

### Ex Metaphysica.

#### I.

Metaphysica ens generatim, ut proprium objectum contemplatur. Ens autem nullum est praeter ipsum quod existit aut existere potest : unde chimericum seu repugnans, merito proscripseris : cum nullam, ne in mente quidem, sedem habere possit. Cognitionis nostræ non unicum est primum principium. Inter Cartesiana duo eminent imprimis. Primum : QUIDQUID IN CLARA ET DISTINCTA etc., alterum : EGO COGITO, ERGO SUM. Quod utrumque pro varia philosophandi methodo, nostra sibi schola vindicat. Veritatis ergo regulam in sensibus frustra quæsieris. Quippe quibus nec ipsa corporis natura dijudicari, vi ac ne vix quidem ipsiusmet existentia demonstrari queat.

## II.

ESSENTIAM inter et existentiam rerum, non aliam nisi rationis solius, distinctionem agnoscimus. An gradus metaphysici ejusdem individui, formaliter actu et ex natura rei distinguantur, an virtualiter intrinsece, an extrinsece duntaxat, vix serio disputem qui verba ventis dare nolim. Contendere tamen, si placet, hos inter gradus distinctionem non aliam, nisi eam quæ tota ducitur ex effectibus, propugnabimus. Existantne naturæ universales in rebus ipsis, an per mentem ; dissidiorum fomes alter : suam ad quos spectat litem inter se componant, judicesque si velint, veteres illos sophistas homines otiosos, hujus concertationis auctores advocent, per me licet ; nos vero, ratione sola judice, ideas universales esse contendemus : quibus si terminos addideris, non reclamem.

## III.

RELATIO est actio animi duo vel plura inter se comparantis, propter aliquam rationem in subjecto aut termino similem. Causa est principium alteri largiens naturam distinctam a sua. Unica proprie causa effectrix, causæ nomen ac titulum promeretur : causas enim secundas, corporeas saltem, occasionales melius quam efficientes dixeris. Idea entis generatim unica est, et supremum rerum omnium genus : univoce convenit Deo et rebus creatis. Substantia est ens existens in se ; modus ens existens in alio, verum tota re non distinguitur a subjecto, sed tamen plus quam cogitatione. Accidens sine subjecto naturaliter esse repugnat ; an ita divinitus ? Sub judice lis est.

## IV.

DEUM O. M. existere, præter quam quod unanimis omnium hominum consensus, homo ipse, natura denique universa clamat, ipsamet entis perfectissimi possibilitas nec non idea innata manifeste demonstrat. Unde propositio illa,

DEUS EXISTIT, non tantum nota est quoad se, verum etiam quoad nos. Deus ergo sine crimine, saltem ab his qui ratione utuntur, ignorari non potest, cum ejus ignorantia nunquam ejusmodi sit, ut labore et studio depelli non possit. Nec plures hujusce modi Deos annumeraveris, quanto namque plures forent, tanto minores essent futuri : unicus ergo est, nec ullus alius esse potest, præter ipsum O. M. omnipotentem, cui nihil par est aut æquale.

### V.

DIFFERENTIA Dei in aseitate, aut in solo cognoscendi facultate minus recte posita videtur, cum ipsa sola rerum omnium perfectissima cognitio sit radix et fons perfectionum Dei omnium, ipsique soli convenire queat. Enti autem perfectissimo cum nulla perfectio desit, DEUM simplicissimum, immutabilem, infinitum, æternum, immensum, etc. merito dixeris. Ipsum tamen quasi toto orbe diffusum animo ne fingas ; non enim est in loco corporum instar ; sed tantummodo per actionem externam. An in Deo sit summa sapientia, an scientia summa, quis inficiabitur ? Quippe qui omnem habet scientiam et futura omnia certissima novit ac prænovit.

### VI.

DEUS summe bonus, quæ semel libera voluntate condidit, hæc eadem, constanti potentia continuo creat et conservat; ita ut si opem aut auxilium subducat, naturam universam dilabi et ruere necesse sit. Qua vero ratione id fiat, cujus generis sit auxilium illud, operosa quæstio ; quam quæstionem dirimere sic enitimur. Deus humanam voluntatem ad actus bonos et supernaturales movet et præmovet præmotione non generali quidem, sed speciali, non physica, sed morali ; certa tamen : illa nimirum suavissima et efficacissima gratiæ suæ delectatione, qua operatur in nobis velle et perficere pro bona voluntate.

### VII.

ANGELUS definiri solet spiritus quidam creatus, suo modo completus : de quo lumine naturali veritatem investigantibus, pauca admodum nota sunt. Mentium omnium cum cogitatio sit communis, mens generatim definiri potest, substantia cogitans. Verumtamen in anima rationali vix assignari potest aliqua perfectio quæ sit velut radix et fons omnium ejus perfectionum ; corporis ipsius obscuriorem esse contendimus, tametsi existentia adeo manifesta sit, ut etiamsi de omnibus dubitares, animæ tamen existentiam nusquam in dubium revocare posses.

## VIII.

Cum anima sit a corpore omnino distincta, corpore sane non indiget ad subsistendum. Frustra ergo Epicurei spiritalitatem ejus oppugnant, ut eam mortalem faciant. Quamvis simplicissima, duplex tamen in ea concipitur facultas, intellectus qui percipit, et voluntas quæ vult : nec ullus est intellectus agens creatus a patiente distinctus ; intellectus enim non agit, dum percipit, sed patitur. Verum species corporeæ ab objectis proficiscentes non sunt entitates ab ipsis objectis decerptæ, aut imagines iisdem objectis similes ; sed potius impressiones quædam, quibus velut totidem occasionibus, certæ quædam affectiones aut sensationes vividæ in mente nostra excitantur.

## Ex Physica.

### I.

Physica seu scientia rerum naturalium, multa de objecto suo demonstrat, plura conjecturis duntaxat assequitur, infinita de subjecta sibi materia in medio relinquit. Hinc etiamsi titulo scientiæ gaudeat, nec invideam, perfectam tamen eam dicere non ausim. Ejus objectum adaequatum aut attributionis, non est ens mobile, non res sensibus subjectæ, quæ et tenuissima etiam omnemque sensum fugientia corpuscula contemplatur ; sed corpus naturale est, cujus duo sunt principia tantummodo, materia scilicet et forma. Privationem enim inter principia annumerare nolunt, utpote ad rerum productionem omnino utilem.

### II.

Nullam materiæ parit ideam qui eam definit, quod neque est quid, neque quantum, neque quale, etc., vagam duntaxat, qui eam tanquam primum rei cujusque subjectum proponit : clariorem forte qui substantiam, eamque extensam esse contendit. Verum hinc laesæ-fidei quot criminationes ! Fidei sit suum jus, si et philosophiæ suum. Utrumque num redderet utrique, qui materiam in solo ad affectus naturales ordine considerans, eam substantiam in longum, latum et profundum actu extensam definiret ? Propriam habet existentiam independenter a forma. Ingenerabilis est et incorruptibilis, ejusdem in omnibus corporibus rationis, magnitudine, figura, motuque tantum diversa.

### III.

Non exstat neque exstare potest spatium omni corpore destitutum ; vel enim spatium illud perire, vel extensionem remanere necesse est. Mundus tamen nostro similis non repugnat ; certis namque finibus, vel continetur noster iste ; vel saltem contineri potuit. Perpetuitatem proxime excipit divisibilitas partium an in infinitum sectilium, nec ne ; labyrintus inextricabilis, grave mentis offendiculum, quae dum altiora superbe rimatur, in tenuem aranulam, hebes impingit. Tuto in re difficili admodum processisse videbitur qui vim ingenii exiguam confessus, se divisibilitati fines praescribere non posse, pronuntiaverit.

## IV.

Formas substantiales admittendas esse, quis inficiabitur ? Verum eo nomine, in rebus saltem cognitionis expertibus, nihil aliud intelligimus quam aptam materiae dispositionem, totam ex motu, figura, magnitudine, situ vel ordine, aut harmonia partium pendentem. His autem mutationibus variis plurimum inserviunt elementa ; non vulgata quidem, Aer, Terra, Ignis et Aqua. Non chymica sal, sulphur, oleum, etc., quibus nullatenus convenit ratio elementi. Elementa namque sunt corpuscula, omnium tenuissima, unius naturae, formae simplicis ; ab Epicureis tamen atomis in eo discrepantia, quod tandem dividi posse fingantur, tametsi naturae viribus nullis unquam possint.

## V.

Elementorum numerus infinitus esse potest. Haud inepte nihilominus ad tria genera cum Cartesio revocari posse arbitror, materiam nempe subtilem, globosam et ramosam : quorum elementorum origo, fabulam sapit quidem, sed usus infinitos propemodum effectus, veritates innumeras explicat et prodit. Locus duplex est interior et exterior. Ille est ipsa cujusque corporis propria magnitudo ; hic superficies prima et proxima rem collocatam undique circumfundens. Loco exteriori immobilitatem aliquam tribui debere nemo negaverit. Ast unde ducenda sit, vix definias. Rem tamen attigisse videtur qui eam a corporibus vicinis duntaxat, iisque, ut immutabilia sunt, spectatis, deducit.

## VI.

Quid familiarius et notius in loquendo quam tempus ? explicatu vero quid difficilius ? difficultatem Aristoteles sua non solvit definitione ; imo auxit potius. Pro rebus durantibus sumptum, est aliquid reale ; non tamen res aliqua, seu entitas a rebus ipsis distincta. Motus recte definitur perpetua vel minime interrupta corporis ab uno loco proximo in alium, eumque continentem translatio. Varia pro variis quibus fungitur munus sortitur nomina, ad unum idemque genus motus localis, revocanda. Quies est firma et constans corporum in iisdem locis iisque proximis et continentibus permansio. Verus est modus coporis.

## VII.

Omnium motuum unica causa effectrix, Deus est. Continuati causam in aëris a tergo recurrentis impulsu, rarefactione, etc., frustra reposueris : eadem est enim causa, tum prima, tum secunda motus continuati in corpore, quæ fuit causa motus primum impressi. Res enim in eo statu quem semel acceperit perseverat, quandiu per causas externas licet. Desinentis ergo motus, quænam alia potest esse causa quam mundi plenitudo, corporum concursus et collisio ? Quis igitur definitum alium, ad quem motus tendat terminum, quam qui ab occurrentibus et motui obsistentibus corporibus præstituitur, assignet ? motus celer, saltus omnes ; tardus, morulas excludit.

## VIII.

Leges motuum, quibus orbis universus regeretur, Deus instituit. Generales sunt, corpus in eo statu motus quietisve quem obtinet, perseverat, quandiu per causas externas licet. Corpus quod movetur, quantum potest, recto itinere pergit. In orbem actum a centro sui motus nititur recedere. In omni motu corporum depulsorum fit quædam circuitio. Quæ leges, ut aliæ plurimæ, experientiæ rationique adeo sunt consonæ, ut iis quasi fundamentis, motuum scientiam superstruere necesse sit. Pro varia moventis dispositione, corpus in unam potius quam in aliam partem dirigitur ; Hinc motus determinatio. Obvium cum penetrare nequit, resilit ; Hinc reflexio : quæ in puncto reflexionis suæ quietem quarumdam, non omnium totius corporis partium admittit.

## IX.

Motus alius est communis, alius proprius, alius verus, alius apparens, alius simplex, alius compositus, violentus nullus : omnis fit per impulsionem. Qui sympathiæ et antipathiæ cœterisque hujusmodi nominibus vacuis accepti referuntur effectus, hos vera philosophandi ratio ex corpusculorum continenter manantium profluvio repetit, quorum corpusculorum, cum eadem sit figura, eadem manante causa, haud difficile in eosdem et consimiles motus conspirant. Secus, cum vel diversa est figura vel cum mutatur causa. Hinc pulveris sympatici vis prope incredibilis. Hinc stupendi virgulæ divinæ effectus. Procul ergo qualitates omnes occultæ, aut alia ejusdem generis, veritati aperiendæ plane imparia.

## X.

Ut ad duritiem non sola confert partium quies et dispositio, sed maxime materiæ subtilis circumambientis pressio : sic liquiditatem, non solus partium motus, efficit; sed earumdem etiam tenuitas, figura et contextus, quæ liberum materiæ subtiliori præbentes aditum indesinenter ab ipsa moventur. Corporis pressi restitutio, lacrymarum vitrearum subita contritio eidem materiæ subtili turmatim in poros irrumpenti, non male habetur accepta. Corporum gravitas, unde ducenda sit, quis certo definiat? Principium habet externum, sed quodnam illud sit, conjecturis assequi potes, certa ratione vix definiri potest. Accelerantium proportio, res non minus obscura.

## XI.

Non in aëre solum, sed in propriis etiam sedibus, ut loquuntur, corpora gravant. Aër ipse, sicut et ceteri liquores, gravitate non caret. Metum ergo ponat natura. Qui enim inanitatis horrori, referri solebant effectus, sexcentis experimentis, elationi aërisque ponderi restitui debere, plus aequo jam notum est. Calor in motu non quolibet quidem, sed perturbato ac celeri partium minimarum ; frigus vero in quiete, vel etiam in motu directo earumdem consistit. Saporum varietatem constituit corpusculorum figura, magnitudo et motus. Odorum diversitas non aliunde quam ab eorumdem corpusculorum effluvio profluit. Sonorum propagatio non undulationibus, sed tremulo potius aëris motus perficitur. Lux nihil aliud est quam celerrima globulorum impulsio quæ certa ratione modificata, colores efficit.

Has theses Deo Duce et Auspice Dei-para propugnabunt Monachi benedictini, e congregatione Sancti Mauri, diebus 6ª et 7ª mensis Julii —, a Prima ad Vesperam.

In Aula Monasterii Sancti
Benigni Divionensis.

## V.

*Extraits de thèses philosophiques et anti-cartésiennes soutenues au Collège Saint-Vaast à Douai, le 28 mai 1754, sous la présidence de Dom Ambroise Riche, de l'Ordre de Saint-Benoit.*

### CORPORIS NATURALIS PRINCIPIA.

#### Principia compositionis.

Principia compositionis vocamus ea ex quibus constat corpus naturale. In assignandis principiis ex quibus primo componitur corpus physicum, mira inter philosophos varietas. Fabricata in suis fumigantibus furnis elementa ostentant chymici. Tria, nota satis, particularum genera corporum naturalium prima esse elementa pronuntiat Cartesius. Atomos suas divenditant Epicurei cum veteres, tum recentiores. Aristoteles materiam et formam assignat : Aristoteli adhæremus. Si quid de hypothesi Cartesii circa mundi genesim sentiamus, fortasse rogitas ; respondemus eam non bene sibi cohærere.

#### Materia.

Materiam, quam primam vocant, esse primum cujuscumque rei subjectum confitentur pariter Cartesiani et Peripatetici. Verum quid sit subjectum istud primum, habeat-ne essentialiter extensionem actualem, an ipsam dumtaxat exigat ; en de quo tantopere Cartesianos inter et Peripateticos litigatur. Peripateticis calculum damus, atque materiæ essentiam in extensionis exigentia putamus reponendam. Materia prima adeo pura potentia nobis est ut nullum omnino actum videatur includere. Habet materia existentiam a forma sine qua, etiam divinitus, existere nequit.

#### Forma.

Forma (utique substantialis) est actus primus materiæ. Duplex in scholis agnoscitur, spiritualis et materialis. Formam materialem absolutam, quamquam reclament Cartesiani, nedum profitemur possibilem, sed et ipsam in omnibus compositis inanimatis agnoscimus : agnoscimus et in belluis, quibus, præter mechanicam materiæ dispositionem, animam sensitivo-cognoscitivam arbitramus esse tribuendam. Admittendas esse quoque in corporibus formas quasdam accidentarias, a subjectis quibus insunt, itidem realiter distinctas evincere nobis videtur authoritas.

. . . . . . . . . . . . . . . . . . . . . . . . . .

## CORPORIS NATURALIS CAUSAE.

### Causa efficiens.

Causa efficiens rectè definitur principium a quo primo profluit motus. Dispescitur ipsa inter primam et secundam, principalem et instrumentalem, totalem et partialem. Dudum sepultam nonnullorum Arabum, qui causas secundas sustulere, sententiam, infeliciter suscitavit Cartesius; immeritoque substantiæ creatæ cum spirituali, tum corporeæ veram denegavit efficientiam. Eumdem numero effectum a pluribus causis efficientibus partialibus prodire, nihil vetat. Verum ejusdem effectus plures esse causas efficientes totales, nisi diversi fuerint ordinis, videtur impossibile. Nequit causa agere in passum distans.

. . . . . . . . . . . . . . . . . . . . . . .

## CORPORIS NATURALIS AFFECTIONES.

### Vacuum.

Vacuum, juxta vulgi opinionem, dicitur id quod caret corpore cui continendo est destinatum: at Philosophis vacuum est locus carens omni corpore. Vacuum philosophicum distribuitur in disseminatum et coacervatum. Admittenda esse vacuola corporibus interspersa docent Epicurei : omnia plena esse affirmant Peripatetici, contendentes corpora, ad impedienda vacuola, innato impetu feliciter conspirare : audent Cartesiani, aiuntque nedum vacuum non esse sed nec divina virtute posse introduci. Epicureos atque Peripateticos in suo sensu permittimus abundare : interim vero vacuum esse divinitùs possibile dijudicamus.

. . . . . . . . . . . . . . . . . . . . . . .

Præside Reverendo Domino Ambrosio Riche, Religioso Monasterii Sancti Vedasti, Ordinis Sancti Benedicti, Artium Doctore ac Philosophiæ Professore Primario. (1)

Propugnabunt in aula Sancti Vedasti Duaci.

Doct. Dom. Joannes Franciscus Faille Insulensis
Doct. Dom. Petrus Antonius Lucas ex Marcoing

Die 28 Martii medio 9 matut. ad II.

Duaci, apud Viduam F. R. Leclercq, Typographi Regii, sub signo Regio, 1754.

---

(1) L'année précédente, le 21 Août 1753, le pape Benoît XIV, dans une bulle spéciale avait interdit aux professeurs de théologie, d'enseigner d'autres doctrines que celles de Saint Thomas d'Aquin, sous peine de censures à lui réservées. Cette pièce est jointe au cahier de philosophie naturelle, dicté aux étudiants de Douai par le bénédictin Dom Ambroise Riche, en 1754. C'est peut-être pour se soumettre aux ordres de Benoît XIV, que Dom Riche se déclare contre Descartes.

## VI.

### LES ÉTUDES PHILOSOPHIQUES CHEZ LES RELIGIEUX BÉNÉDICTINS AU XVIIIe SIÈCLE.

*(Extrait des statuts de la Congrégation de Saint Vanne et Saint Hydulphe, 1769.)*

Rhetoricam excipiet philosophia. Meminerint professores logicam esse scientiam ratiocinandi, non autem contemnenda subtilitate quæstiones obnubilandi. Logica igitur sit clara et brevis; ab ipsa exulet sartago inutilitatum. Elementa geometriæ una cum logica tradantur.

In metaphysica, philosophiæ parte præcipua, agetur de Deo et anima. Ad tractatum de Deo, accedit de religione tractatus, in quo legis naturalis insufficientiam, ac proinde revelationis necessitatem, ad secernendam a falsis religionibus veram, probare satagent philosophiæ professores. Circa problematicas vero quæstiones, singula quibus innitantur momenta tradent.

In physica seu corporum natura, spiritus a materia discremine motus legibus agatur. Quantum ad physicam particularem, varia mundi systemata, quæ sint eorum verisimiliora, exponat professor. A brevi cœli descriptione, ad hominem redeat; et ejusdem mechanicam corporis structuram exponat. Tandem de plantis, mari, aestuque ejusdem reciproco, paucis agat.

Quantum ad Ethicam, de ea sermo fiet in theologia. Philosophiæ vacabunt juniores religiosi decem et octo mensium spatio.

*(Bibliothèque générale des Ecrivains de l'Ordre de Saint-Benoist, par D. François, IVe vol. Append.)*

## FIN.

---

Vu et lu
à *Grenoble*, le 23 Mai 1901.
Le Doyen de la Faculté des
Lettres de l'Université de Grenoble,
J. DE CROZALS.

Vu et permis d'imprimer,
*Grenoble*, le 31 Mai 1901.
Le Recteur,
Président du Conseil de l'Université,
E. BOIRAC.

# TABLE DES MATIÈRES

|                                                                      | Pages. |
|----------------------------------------------------------------------|--------|
| Bibliographie                                                        | 5      |
| Introduction                                                         | 23     |
| Chapitre préliminaire                                                | 39     |

## PREMIÈRE PARTIE

### DOM ROBERT CARTÉSIEN

| Chapitre | I. — D. Robert Desgabets défenseur et apologiste de Descartes | 59 |
| » | II. — La physique cartésienne et D. Robert Desgabets | 72 |
| » | III. — D. Robert Desgabets partisan de la mécanique cartésienne | 85 |
| » | IV. — La philosophie eucharistique | 99 |
| » | V. — La philosophie eucharistique (suite) | 123 |
| » | VI. — Dom Desgabets défenseur et critique de Malebranche | 134 |

## DEUXIÈME PARTIE

### LE SYSTÈME

| Chapitre | I. — Exposé général | 145 |
| » | II. — Théorie de la connaissance | 153 |
| » | III. — De la succession de nos pensées | 164 |
| » | IV. — De la connaissance de soi-même | 169 |
| » | V. — De la connaissance du monde extérieur | 172 |
| » | VI. — Distinction de l'âme et du corps | 177 |
| » | VII. — De l'union de l'âme et du corps | 185 |
| » | VIII. — De l'immortalité de l'âme | 191 |
| » | IX. — La métaphysique de D. Robert Desgabets | 197 |
| » | X. — La métaphysique de Dom Desgabets (suite) | 203 |
| » | XI. — De la perfection des causes de nos idées | 217 |
| » | XII. — Théodicée de Dom Robert Desgabets | 224 |
| » | XIII. — De l'existence des choses matérielles | 231 |
| » | XIV. — Les conférences cartésiennes du château de Commercy | 235 |

TROISIÈME PARTIE

# L'INFLUENCE, LES RELATIONS, L'ÉCOLE

| Chapitre | I. — L'influence dans les salons | 249 |
| » | II. — Rapports avec les philosophes cartésiens. | 257 |
| » | III. — D. Desgabets et les solitaires de Port-Royal. | 265 |
| » | IV. — Les relations dans l'ordre de Saint-Benoît | 276 |
| » | V. — L'école philosophique de Dom Desgabets. | 282 |
| » | VI. — L'école philosophique de Dom Desgabets (suite). | 290 |

APPENDICE . . . . . . . . . . . . . . 299

---

CAMBRAI. — IMPRIMERIE D'HALLUIN-CARION, RUE DE NOYON, 9 ET 11.

# ERRATA

Page  46, ligne 30, lire : *à la place d'érudits on eut de véritables savants.*

Page  52, ligne 33, lire : *M. De Retz écrivit à Rome pour qu'il lui fût permis* etc.

Page  55, ligne 31, lire : *invite à l'étude.*
En note 1, lire : *Lettre de D. Catelinot à D. Augustin Calmet.*

Page  88, ligne 25, lire : *M. Descartes devait commencer à traiter des mécaniques par le levier...*; ligne 41, lire : *la balance romaine ou crochet à peser.*

Page 104, ligne 4, lire : *jusque sur son lit de mort.*

Page 113, ligne 5, lire : *leur propre pensée en étant fort éloignée.*

Page 126, note 3, lire : *La paix de Clément IX (1668).*

Page 151, ligne 7, lire : *auxquels elles ont un rapport essentiel.*

Page 188, note 2, lire : *voir le traité de l'union de l'âme et du corps.*

Page 194, ligne 24, lire : *il n'y a pas eu, il n'a pu y avoir...*

Page 212, ligne 23, lire : *des tissus organiques primitifs il n'est resté* etc.

Page 219, en note, ligne 2, lire : *il est très-vrai.*

Page 221, ligne 36, lire : *une forme de maison qui leur convient extrinsèquement.*

Page 236, ligne 8, lire : *il est juste de remarquer que les écrits.*

Page 375, ligne 26, lire : *sa réunion avec la mathématique.*

Page 386, ligne 8, lire : *car on en peut juger.*

Page 388, ligne 27, lire : *Marc Antoine de Dominis.*

Page 407, ligne 13, lire : *ou il sentirait le fagot.*

# BIBLIOTHEQUE    NATIONALE

## SERVICE DES NOUVEAUX SUPPORTS

58, rue de Richelieu, 75084 PARIS CEDEX 02  Téléphone  266 62 62

Acheve de micrographier le :    26/3/1976

Défauts constatés sur le document original

Contraste insuffisant ou
différent, mauvaise qualité
d'impression

Under-contrast or different,
bad printing quality

www.ingramcontent.com/pod-product-compliance
Lightning Source LLC
Chambersburg PA
CBHW050920230426
43666CB00010B/2258